K. Reiss M. Reiss H. Spandl (Hrsg.)

Maschinelles Lernen

Modellierung von Lernen mit Maschinen

Mit 96 Abbildungen und 11 Tabellen

Springer-Verlag
Berlin Heidelberg New York
London Paris Tokyo
Hong Kong Barcelona
Budapest

Professor Dr. Kristina Reiss
Dr. Matthias Reiss

Stedingerstraße 40, W-7000 Stuttgart 31

Dr. Horst Spandl

Karlstraße 86, W-7500 Karlsruhe 1

ISBN-13: 978-3-540-55641-1   e-ISBN-13: 978-3-642-77623-6
DOI: 10.1007/978-3-642-77623-6

33/3140 – 5 4 3 2 1 0 – Gedruckt auf säurefreiem Papier

Matthias Reiss

Einführung

Der vorliegende Band vereint Beiträge von Informatikern und Psychologen zum Lernen. Es geht dabei zum einen um Maschinelles Lernen, zum andern um die Modellierung von Lernprozessen auf Rechnern. Ob es sich um die Weiterverarbeitung einer Wahrnehmung handelt, die Planung, Ausführung oder Steuerung einer Tätigkeit, das Lösen eines Problems, das Fällen einer Entscheidung, Menschen waren mit ihren Lernprozessen bisher Rechnern deswegen überlegen, weil sie während des Lernprozesses darüber reflektierten, wie dieselbe Aufgabe das nächste Mal besser ausgeführt werden könnte. Hatte man zunächst versucht, Expertensysteme durch die ständige Erweiterung etwa mit Hilfe eines immer größeren Satzes von Regeln veränderten Bedingungen anzupassen, so geriet dieser Forschungszweig in eine Sackgasse, weil Probleme der Konsistenz auftraten. War es da nicht naheliegend, das System selbst lernen zu lassen, anstatt ständige externe Erweiterungen des Systems vorzunehmen? Dieses Buch zeigt Versuche, künstliche Systeme zu befähigen, selbst zu lernen bzw. menschliche Lernprozesse nachzubilden.

Lernprozesse können, wenn man Michalski und Kodratoff (1990) folgt, nach mehreren Gesichtspunkten klassifiziert werden: nach der verwendeten Strategie, nach der Art der Wissensrepräsentation, dem Anwendungsgebiet und einer Reihe anderer Dimensionen. Am wichtigsten erscheint ihnen jedoch die Unterscheidung nach dem Zweck des Lernprozesses: Soll neues Wissen hervorgebracht oder altes neu strukturiert werden? Ziel synthetischer Verfahren sei es, neues oder besseres Wissen zu erzeugen, während der Zweck analytischer Verfahren darin bestehe, vorhandenes Wissen nach einem gegebenen Ziel zu transformieren und zu strukturieren. Synthetische Verfahren kommen häufig mit weniger Hintergrundwissen aus, beruhen auf Beispielen und Beobachtungen und bedienen sich induktiver Schlußfolgerungen (hier werden also Konsequenzen auf Voraussetzungen zurückgeführt); analytische Verfahren benötigen hingegen weniger Input von außen, orientieren sich vorwiegend an internen Repräsentationen und erzeugen neues Wissen auf deduktivem Wege (hier leitet man also Konsequenzen aus Voraussetzungen ab). Zu letzterem zählen die verschiedenen erklärungsbasierten Lernverfahren, zu ersterem neuronale Netze, *conceptual clustering* und die konstruktive Generalisierung. Lernen durch Analogien nimmt dagegen eine Mittelstellung zwischen analytischen und synthetischen Verfahren ein.

Dies ist keineswegs der erste Versuch, Formen des Lernens zu klassifizieren. Die letzten hundert Jahre der Forschungen auf dem Gebiet des Lernens begannen mit Untersuchungen an Tieren, es wurde versucht die Resultate auf den Menschen zu übertragen; der Begriff des Lernens wurde in der Folgezeit durch den Behaviorismus diskreditiert und blühte dann erneut durch die kognitive Wende innerhalb der Psychologie und durch Untersuchungen zum Maschinellen Lernen innerhalb der Kognitionswissenschaften auf. Es soll in dieser Einführung kurz skizziert werden, wie diese Entwicklung in den letzten hundert Jahren vor sich ging (zu den Einzelheiten vgl. Hilgard & Bower, 1983).

Thorndike hat gegen Ende des letzten Jahrhunderts die Grundlagen für eine Reiz-Reaktionstheorie des Lernens gelegt. Vor allen Dingen durch Untersuchungen an Tieren war er zu der Auffassung gekommen, daß Lernen am besten durch Versuch und Irrtum erklärt werden kann. Ist etwa ein Tier in einem Käfig eingesperrt und versucht alles mögliche, um auszubrechen, dann könnte es zufällig eine Klappe betätigen, eine Tür öffnet sich, und das Tier kann herauslaufen. Sollte das Tier erneut eingesperrt werden, so steigt die Wahrscheinlichkeit, daß es diese Klappe erneut betätigt. Thorndike (1966) erklärte diesen Lernvorgang durch das *law of effect*: Das Tier verfolgt den Zweck, aus dem Käfig auszubrechen. Eine zufällig ausgewählte Reaktion führt dazu, daß dieses Ziel erreicht wird, also entsteht eine Bindung zwischen der Auswahl einer Reaktion und diesem Ziel.

Zur gleichen Zeit führte Pawlow (1927) seine eher physiologisch ausgerichteten Lernexperimente an Hunden durch. Legte man den Tieren Nahrung vor, so kam es automatisch zu einer Speichelabsonderung. Pawlow kombinierte nun das Zeigen der Nahrung mit einem Glockenton. Nach einigen Trainingsdurchgängen erfolgte die Speichelabsonderung, auch wenn nur der Glockenton dargeboten wurde. Ein unkonditionierter Reiz, die Nahrung, löst eine unkonditionierte Reaktion aus, den Speichelfluß. Kombiniert man einen anderen, neutralen Reiz lange genug mit einem unkonditionierten Reiz, so erfolgt die Reaktion auch, wenn nur dieser neutrale Reiz dargeboten wird. Der Glockenton wird zum konditionierten Reiz, der zu einer konditionierten Reaktion führt. Lernen wird nach dieser Auffassung, die später als *klassisches Konditionieren* bezeichnet wurde, eher als ein passives Reagieren des Organismus aufgefaßt.

Aufbauend auf Thorndike hat Skinner (1969) eine aktivere Form des Lernens beschrieben, das sogenannte *operante Konditionieren*. Hier liegt eine Auffassung des Lernen vor, bei der sich die Häufigkeit eines Verhaltens als Folge einer Belohnung verändert. So bekamen Tauben, die einen Hebel niederdrückten, Getreidekörner. Dieses Verhalten wurde erst dann nicht mehr gezeigt, wenn die Belohnung über längere Zeit ausgesetzt wurde. Lernprozesse wurden in diesem Ansatz auch auf die geringere Wahrscheinlichkeit eines Verhaltens nach Strafe oder Ausbleiben einer Belohnung ausgeweitet.

All diese grundlegenden Lernmechanismen wurden zunächst an Tieren untersucht, dann jedoch auf Menschen verallgemeinert. Es wird wohl auch heute nicht bestritten, daß diese Formen des Lernens beim Menschen vorkommen. Doch die Tatsache, daß in diesen Auffassungen kognitive Prozesse völlig außer acht gelassen wurden, daß man sich lediglich auf beobachtbare Reize und Reaktionen konzentrierte, wurde kritisiert. Den Ansätzen gemeinsam ist darüber hinaus, daß Lernen hier individuell erfolgt und nicht im sozialen Zusammenhang.

Es war Albert Bandura, der das Lernen mit seinen sozial-kognitiven Komponenten begriff. Er legte die Mechanismen offen, wie Menschen von anderen Menschen lernen (z. B. Kinder von ihren Eltern). Dabei muß es sich nicht um eine bloße Imitation eines anderen Verhaltens handeln, sondern es kann eine Verallgemeinerung erfolgen; es werden Verhaltensklassen und Situationsklassen gebildet, die einander zugeordnet werden können. Bandura (1979) bezeichnet dies als *Lernen am Modell.*

Obwohl das Lernen durch Einsicht auf Köhlers Versuche mit Menschenaffen zurückgeht, gilt diese Lernform als die höchste Stufe menschlichen Lernens. Köhler hatte eine Banane an die Decke eines Raumes gehängt, in dem sich eine in mehrere Teile zerlegte Angelrute befand. Tiere versuchen normalerweise ihre Ziele mit Hilfe eines einzelnen Gegenstands zu erreichen. Für diese Aufgabe war es jedoch erforderlich, die Angelrute zusammenzustecken und damit nach der Banane zu greifen. Das Ziel, die Banane zu erreichen, konnte also nicht direkt verfolgt werden, sondern es mußten Zwischenschritte aufgebaut werden. Köhler (1925) bezeichnete diese Lernform, die er an einem einzelnen Affen beobachtete, als ein *Lernen durch Einsicht.*

In Abgrenzung von behavioristischen Positionen war das Lernen durch Einsicht der Ausgangspunkt für die neuere Forschung zum Problemlösen, die mit Newell und Simons (1972) Versuch begann, einen General Problem Solver zu modellieren. Dies ist die radikale Abwendung von Lernprozessen, wie sie durch das Pawlowsche und Skinnersche Modell gekennzeichnet ist. Im Vordergrund des Interesses steht nicht mehr der Reiz und die Reaktion, sondern es geht vor allem um die beim Lernprozeß auftretenden kognitiven Prozesse. Die Rolle des Gedächtnisses gewinnt in diesem Ansatz eine immer größere Bedeutung.

Der Versuch, einen allgemeinen Problemlöser zu modellieren, lieferte zwar bahnbrechende Erkenntnisse für die neu entstehende Kognitionswissenschaft, aber in seinem globalen Anspruch mißlang er. Vielmehr waren die Ansätze erfolgreich, die Problemlöseprozesse an einem ganz konkreten Gegenstandsbereich untersuchten (der Physik, der Mathematik etc.). Hier gewannen Forschungen an Bedeutung, die das Problemlöseverhalten von Experten mit dem von Anfängern in einem Gegenstandsbereich verglichen.

Diese eher bereichsspezifischen Untersuchungen stehen auch am Anfang des vorliegenden Bandes. Die vorgestellten Ansätze zeigen im ersten Teil den Aufbau bereichsspezifischer Schemata. So untersuchen Andrea Meyering und Helge Ritter, wie visuelle Erkennungsleistungen mit Hilfe neuronaler Netze modelliert werden können. Olaf Schröder und Claus Möbus beschäftigen sich mit der Modellierung des Lernprozesses beim Programmieren. Horst Spandl beschreibt, wie ein Roboter befähigt werden kann, sich autonom durch ein Raum mit Hindernissen zu bewegen. Für den zweiten Teil sind Fragen der Schemaanwendung im Lernprozeß zentral. Hier haben alle drei Beiträge das Lernen einer Programmiersprache zum Gegenstand. Rainer

Goebel und Dirk Vorberg beschreiben konkrete Schemata bei der Lösung rekursiver Probleme. Birgit Tausend untersucht, wie Schemata zum Lernen von Hornklauseln führen. Gerhard Weber stellt ein fallbasiertes Lernmodell vor und demonstriert, welche Mechanismen für die Effektivität kognitiver Prozesse verantwortlich sind. Im dritten Teil geht es um die Effektivität bereichsspezifischer Heuristiken. Klaus-Dieter Althoff zeigt anhand einer Simulation der Fehlerdiagnose in technischen Systemen, welche Heuristiken dort erfolgreich sind. Ralph Bergmann, Stefan Boschert und Franz Schmalhofer beschäftigen sich mit den kognitiven Prozessen, die beim Erlernen einer Programmiersprache aus Texten, Beispielen und komplexen Programmierproblemen auftreten.

Nach dieser Einordnung sollen die einzelnen Beiträge kurz vorgestellt werden: *Andrea Meyering* und *Helge Ritter* beschäftigen sich mit Fragen der Bilderkennung und des visuellen Lernen. Konkret geht es darum, wie ein System die Stellung einer Roboterhand erkennen kann. Zu diesem Zweck wird ein neuronales Back-Propagation-Netz auf der Grundlage des Local Linear Mapping eingesetzt. Die optischen Signale werden in den Knoten des Netzes verarbeitet. Nach einer Trainingsphase hat das System die wesentlichen Merkmale typischer Handstellungen gelernt. Die Autoren diskutieren im einzelnen, wie sich die Erkennungsgenauigkeit in Abhängigkeit von der Netzgröße verändert, wie groß die Anzahl der Lernschritte zweckmäßigerweise sein muß, wie umfangreich die Trainingsdaten beschaffen sein müssen, welche Eingabemerkmale ausgewählt werden müssen, ob eventuell auch mehrere kleine Netze kombiniert werden können und wie robust die Erkennungsleistung ist.

Olaf Schröder und *Claus Möbus* beobachten Studenten beim Erlernen der Programmiersprache Absynt in einer visuellen Lernumgebung. Von besonderer Bedeutung waren für sie die sogenannten Stocksituationen, das sind Situationen, in denen der Lernende nicht weiter weiß und besonders empfänglich ist für Planungshilfen und Lösungsvorschläge. Das System baut ein internes Modell des Lerners auf und kann ihm eine an seinen Wissenstand optimal angepaßte Rückmeldung geben. Seine weiteren Schritte werden protokolliert und für eine Veränderung des internen Modells genutzt. Es erfolgt also eine dynamische Modellierung des Wissenserwerbs. Auf der Grundlage des Modells lassen sich spezifische Handlungs- und Verbalisationssequenzen vorhersagen. Zusätzlich wurde ein externes Modell entwickelt, das dazu dient, die Wissensveränderungen, die durch das interne Modell beschrieben werden, zu erklären.

Horst Spandl betrachtet die Aufgabe, einen mobilen Roboter durch einen Raum mit Hindernissen fahren zu lassen. Er soll sich dabei nicht auf Schienen bewegen, sondern seinen Weg autonom suchen. Dazu ist es erforderlich ein internes Modell der Roboterumwelt aufzubauen. Für die Bahnplanung ist es sinnvoll, Situationen zu klassifizieren, um nicht für geometrisch ähnliche Situationen immer wieder neue Trajektorien errechnen zu müssen. Induktive Lernverfahren erweisen sich hier als nützlich. Zusätzlich gilt es, die Planungsaufgabe hierarchisch zu strukturieren, um deduktiv einzelne Makros ableiten zu können. Entscheidungen können auf diese Weise schneller getroffen werden. Der Ansatz verknüpft ähnlichkeits- und erklärungsbasierte Verfahren des maschinellen Lernens.

Rainer Goebel und *Dirk Vorberg* untersuchen Schüler beim Lösen rekursiver Programmierprobleme und entwickelen ein Simulationsmodell für die dabei ablaufenden kognitiven Prozesse. Das Ziel des Modells besteht darin zu zeigen, welche Bedeutung Rekursionsschemata für die Planung eines Programms haben können und welches heuristische sowie Programmierwissen für den Entwurf rekursiver Prozeduren erforderlich ist. Im einzelnen wird unterschieden zwischen einem Teil-Rest-Schema, einem Reduce-Schema und einem Map-Schema; dies sind Schemata, die zu einem spezifischen Aufbau von Prozeduren in der Programmiersprache führen.

Birgit Tausend beschreibt das Lernen von Hornklauseln beim Erwerb der Programmiersprache PROLOG. Sie diskutiert dabei die Bedeutung verschiedener Verfahren des maschinellen Lernens wie des induktiven und des analogen Lernens. Sie geht auf die Rolle des Hintergrundwissens beim Aufbau eines Programmierschemas ein. Und es wird das CAN-Verfahren vorgestellt, das top-down aus Beispielen lernt, die als n-stelltige Beispiele repräsentiert sind. Der Vorteil dieses Verfahren besteht darin, daß es flexibler ist als andere und ermöglicht, Programmierschemata aus dem Hintergrundwissen zu extrahieren.

Gerhard Weber entwickelt ein intelligentes tutorielles System zum Erlernen der Programmiersprache LISP. Der Beitrag zeigt, daß fallbasiertes Schließen und Lernen durch Analogien zwei Seiten einer Medaille sind, und stellt das Lernen durch Analogien dem erklärungsbasierten Lernen gegenüber. Anhand empirischer Daten werden Vor- und Nachteile beider Lernverfahren diskutiert. Analoge Lernverfahren sind gut geeignet, den Abrufprozeß von Analogien aus dem menschlichen Gedächtnis zu simulieren. Aufgrund des enormen Zeitaufwands beim Aufbau eines Hypothesennetzwerks, der bei jedem Abruf eines Analogons erneut erfolgen muß, sind sie jedoch nicht geeignet als Abrufkomponente in Alltagssituationen zu dienen. Erklärungsbasiertes Lernen dagegen berücksichtigt im stärkerem Maße strukturelle Ähnlichkeiten und verwendet bereits abgespeicherte Erklärungsstrukturen. Dieses Lernverfahren kann deshalb eher direkt für ein intelligentes tutorielles System genutzt werden.

Klaus-Dieter Althoff stellt ein Lernmodell im Bereich der Fehlerdiagnose bei technischen Systemen vor. Dazu wurde das diagnostische Problemlöseverhalten eines erfahrenen Servicetechnikers modelliert. Im Gegensatz zu einem Laien arbeitet er nicht mit dem vollständigen Problemraum, sondern mit einem aufgrund von Vorwissen reduzierten. GenRule ist ein inkrementelles induktives Lernverfahren, das Hypothesen auf der Grundlage eines Fallgedächtnisses generiert. Mit Hilfe von Regeln werden baumartige Strukturen aufgebaut. Allgemeines Diagnosewissen und qualitatives Technikwissen werden integriert.

Ralph Bergmann, *Stefan Boschert* und *Franz Schmalhofer* beschäftigen sich mit den Anfängerschwierigkeiten beim Erlernen der Programmiersprache LISP. Prinzipiell lassen sich die Konzepte einer Programmiersprache durch die Vorgabe eines lehrbuchähnlichen Texts oder durch Beispiele erlernen. Nach dem von den Autoren vorgestellten Modell wird aus den Beispielen eine Schablonenbasis extrahiert und aus dem Text eine Textbasis; beide gehen in das Situationsmodell ein, das sich aus dem Zusammenwirken zwischen Systemwissen über Syntax und Semantik mit dem Prozedurwissen ergibt. Der Unterschied zwischen Programmierneulingen und erfahrenen Programmierern besteht nun darin, daß die Fortgeschrittenen allgemeine Lösungsschemata verwenden, die von der Programmiersprache relativ unabhängig sind (z. B. die Rekursion). Die Instanziierung allgemeinen Systemwissens für die konkrete Problemstellung erfolgt effektiver als bei Programmierneulingen. Diese Annahmen werden auch durch empirische Ergebnisse gestützt.

Kurt Reusser zeigt, wie Verstehensprozesse beim Lösen mathematischer Aufgaben modelliert werden können. Als zentral wird dabei die Übersetzung verbaler Information des Aufgabentextes in die mathematische Symbolsprache betrachtet. Mit Hilfe des Textverstehens wird aus dem Problemtext eine Textbasis extrahiert, aus dem durch ein Situationsverständnis zunächst ein episodisches Situationsmodell und dann ein episodisches Problemmodell entsteht. Der entscheidende Schritt besteht darin, daß aus diesem durch Reduktion und Abstraktion ein mathematisches Problemmodell entsteht. Dies ist die eigentliche Mathematisierung. Durch weitere Reduktion und Abstraktion ergibt sich eine Verknüpfungstruktur, aus der durch arithmetische oder Zähloperationen die numerische Antwort hervorgeht. Durch eine semantische Interpretation ergibt sich der Antwortsatz zum Problemtext. Der Beitrag zeigt, wie das System als Texte formulierte Aufgaben mathematisch lösen und einen Antwortsatz als Text ausgeben kann.

Literatur

Bandura, A. (1979). *Sozial-kognitive Lerntheorie*. Stuttgart: Klett-Cotta.

Hilgard, G.H. & Bower, E.R. (1983). *Theorien des Lernens. Band 1 und 2*. Stuttgart: Klett-Cotta.

Michalski, R & Kodratoff, I. (1990). Research in machine learning. Recent progress, classification of methods, and future directions. In R. Michalski & I. Kodratoff, *Machine Learning. An Artificial Intelligence Approach*. San Mateo, Kalifornien: Morgan Kaufmann.

Newell, A. & Simon, P. (1972). *Human Problem Solving*. Englewood Cliffs, New Jersey: Prentice-Hall.

Köhler, W. (1925). *The Mentality of Apes*. New York: Harcourt, Brace & World (dt. Original 1917: Intelligenzprüfungen an Menschenaffen).

Pawlow, I.P. (1927). *Conditioned Reflexes*. London: Clarendon.

Skinner, B.F. (1969). *Contingencies of Reinforcement: A Theoretical Analysis*. Englewood Cliffs, New Jersey: Prentice-Hall.

Thorndike, E.L. (1966). *Human Learning*. Cambridge: MIT Press (Original 1931).

Teil I

Aufbau bereichspezifischer Schemata

Visuelles Lernen mit neuronalen Netzen[1]

Andrea Meyering und Helge Ritter

1   Einleitung

Eine der anspruchsvollsten Aufgaben in der Bildverarbeitung ist die Erkennung dreidimensionaler Objekte. Was für uns Menschen eine nahezu selbstverständliche Fähigkeit ist, entzieht sich auch heute noch einem ausreichend genauem Verständnis seiner zugrundeliegenden Mechanismen, um eine vergleichbar leistungsfähige Nachbildung in künstlichen Systemen zu ermöglichen.

Künstliche Bilderkennungssysteme folgen bei der Identifikation von Objekten meist einem hierarchischen Schema. Einen guten Überblick geben Marr (1982) und Fischler & Firschein (1987). Zunächst werden einfache Bildmerkmale, wie zum Beispiel Liniensegmente, extrahiert. Diese werden dann auf ihre Beziehungen untereinander untersucht und zu komplexeren Einheiten, wie etwa Umrissen einzelner Flächenstücke, zusammengesetzt. Durch Wiederholung dieses Verarbeitungsschrittes auf einer Reihe von Ebenen zunehmenden Abstraktionsgrades versucht man schließlich, komplexere Objekte und ganze Szenen zu rekonstruieren.

Dieses Verfahren ist jedoch nicht unproblematisch. Auf jeder Ebene gibt es a priori eine sehr große Anzahl von Kombinationsmöglichkeiten von Merkmalen beim Übergang von einfacheren zu komplexeren Einheiten. Die Berücksichtigung auch nur eines Teils dieser Möglichkeiten führt leicht zu einer kombinatorischen Explosion und damit zu einem untragbar großen Bedarf an Rechenzeit. Die Vermeidung dieses Problems erfordert die Verwendung von Regeln zur Einschränkung der erlaubten Kombinationsmöglichkeiten bei der Konstruktion komplexerer Einheiten. Die Formulierung geeigneter Regeln aber stellt selbst wiederum eine schwierige Aufgabe dar, deren Lösung auf den unteren Verarbeitungsebenen Annahmen über die Art der zu berücksichtigenden Merkmale und der statistischen Häufigkeiten ihrer möglichen Kombinationen erfordert, während auf den höheren Ebenen die Berücksichtigung von Vorwissen über die Struktur der zu erwartenden Objekte bzw. der Relationen zwischen ihren Teilen notwendig wird (für eine Überblicksdiskussion dieser Fragen siehe etwa Hurlbert & Poggio, 1989). Erschwerend kommt dabei hinzu, daß sich der Erkennungsprozeß meist nicht auf "ideale" Merkmale stützen kann, sondern auch bei Abweichungen der real vorhandenen von den ideal zugrundegelegten Merkmalen zum Erfolg führen soll. Die Gesamtheit dieser Faktoren gehört zu dem enormen "visuellen Wissen", über das unser eigenes visuelles System zur Erkennung von Objekten implizit verfügt, dessen

---

[1] Das diesem Bericht zugrundeliegende Vorhaben wurde mit den Mitteln des Bundesministerium für Forschung und Technologie unter dem Förderkennzeichen ITN9104AO gefördert. Die Verantwortung für den Inhalt dieser Veröffentlichung liegt bei den Autoren.

explizite Formalisierung zum Einsatz in Bildverarbeitungssystemen jedoch erst begonnen hat, da wir gegenwärtig aller Wahrscheinlichkeit nach erst einen kleinen Teil aller relevanten Faktoren gut kennen.

Ein vielversprechender Ansatz zur Umgehung der Schwierigkeiten, die mit dem Versuch einer Formalisierung unseres impliziten visuellen Wissens verbunden sind, bietet die Verwendung von *Lernverfahren* (Hurlbert & Poggio, 1988; Aloimonos & Shulman, 1989). Die Hoffnung dabei ist, wesentliche Teile der zur Erkennung erforderlichen Fähigkeiten anhand einer ausreichenden Anzahl von geeigneten "Trainingsbeispielen" in das System einzubringen. Die meisten in der klassischen KI entwikkelten Lernverfahren (für einen Überblick siehe etwa Michalski, 1986; Carbonell, 1990) gehen dabei von *symbolischen Beschreibungen* der Trainingsbeispiele aus und versuchen, daraus einen Satz von Regeln zu generieren, die das in den Beispielen stekkende Wissen mehr oder weniger explizit repräsentieren. Die Übertragung dieses Ansatzes auf die Bilderkennung ist überall dort gut möglich, wo sich eine geeignete symbolische Beschreibung der Bilddaten ausreichend leicht erbringen läßt.

In der Mehrzahl der Fälle liegen die Eingabedaten jedoch in Form kontinuierlicher Intensitätsverteilungen vor, und auch in nachgeschalteten Verarbeitungsstufen spielen kontinuierliche Größen oftmals eine wichtige Rolle.

Künstliche neuronale Netze bieten hier eine besonders attraktive Alternative, die sich durch gute Implementierbarkeit von Lernverfahren, einfache Verarbeitung sowohl kontinuierlicher wie diskreter Daten, leichte Parallelisierbarkeit sowie Fehlertoleranz auszeichnet (für einen Überblick siehe etwa Kohonen, 1984; Rumelhart & McClelland, 1984; Hertz, Krogh & Palmer, 1991; Ritter et al., 1991). Darüber hinaus stellen biologische Neuronennetze diejenige Architektur dar, in der die einzigen uns gegebenen Vorbilder gut funktionierender visueller Systeme realisiert sind. Zwar lassen sich heute erst Teilaspekte der visuellen Vorgänge von Tieren oder Menschen in künstlichen neuronalen Netzen nachbilden, doch ist bereits die Übertragung eines Teils dieser Fähigkeiten auf ein künstliches System sowohl von erheblichem wissenschaftlichen als auch von großem technischen Interesse.

In dem folgenden Beitrag wollen wir einen derartigen Ansatz näher beschreiben. Im Gegensatz zu den meisten Anwendungen neuronaler Netze im visuellen Bereich, die vornehmlich auf die Erkennung zweidimensionaler Objekte, wie beispielsweise die Erkennung von Buchstaben (Fukushima, 1988; Le Cun et al., 1990) ausgerichtet sind, besteht die Zielsetzung des im folgenden entwickelten Ansatzes in der Extraktion *dreidimensionaler Forminformation* aus zweidimensionalen Grauwertbildern (für vergleichbare Ansätze zu diesem Fragekreis siehe Knill & Kersten, 1990; Poggio & Edelman, 1990; Weinshall, Edelman & Bülthoff, 1990). Dabei wollen wir - im Unterschied zu den Arbeiten von Poggio & Edelman (1990) bzw. Weinshall et al., die von Bildkoordinaten markanter Objektpunkte ausgehen - nur solche Bildmerkmale benutzen, deren Berechnung *keine vorherige Identifikation einzelner Objektteile* erfordert. Als konkrete Aufgabenstellung werden wir dabei die Identifikation der räumlichen Postur einer mehrfingrigen Hand anhand ihres zweidimensionalen Bildes diskutieren. Diese Fragestellung unterscheidet sich von den vorgenannten Arbeiten durch eine höhere geometrische Komplexität des zu erkennenden Objekts und bezieht ihre Motivation aus der Robotik. Dort ist der Greifvorgang eine Operation von zentraler Wichtigkeit, und die visuelle Erkennung und Auswertung komplexer Handstellungen daher von großer Bedeutung.

Die Ermittlung der Handstellung aus der Bildinformation geschieht durch ein künstliches neuronales Netzwerk, dessen Struktur nur grob vorgegeben werden muß. Erst im Laufe einer Lernphase, während der es wiederholt eine große Anzahl verschiedener Bilder, zusammen mit dem korrekten Erkennungsergebnis, präsentiert bekommt, strukturiert es sich intern und erwirbt die Fähigkeit, anschließend neue Bilder von ähnlicher Art wie die Trainingsbeispiele korrekt zu verarbeiten. Die Akquisition des für diese Erkennung erforderlichen visuellen Wissens geschieht dabei durch einen "überwacht" ablaufenden Lernvorgang und bedarf somit lediglich einer ausreichenden Anzahl korrekter Trainingsbeispiele.

Im Unterschied zu traditionellen Verfahren liegt das erlernte Wissen jedoch anschließend nicht in symbolischer Form vor, sondern wiederum lediglich implizit, und zwar in Form der internen "Gewichtsparameter" des verwendeten neuronalen Netzes. Eine Analyse der genauen Funktionsweise des trainierten Netzwerks auf der Basis der gewonnenen Gewichtsparameterwerte erweist sich in der Regel als außerordentlich schwierig und oft nur bis zu dem Grade als machbar, bis zu dem von den klassischen Verfahren her bekannte Strukturen "wiedergefunden" werden (Lehky & Sejnowski, 1988). Aus der Sicht eines "Knowledge Engineers" mag dies als Nachteil erscheinen. Vom Gesichtspunkt einer erwünschten Funktion ist die geringere Transparenz der Wirkungsweise derartiger System jedoch von eher untergeordneter Bedeutung. Es ist durchaus die Möglichkeit in Betracht zu ziehen, daß in bestimmten, hinreichend komplexen Bereichen die explizite Repräsentation von Wissen nicht oder zumindest nicht in effizienter Weise möglich ist, und daß neuronale Netze als Systeme anzusehen sind, die in diesem Falle wenigstens eine die gewünschte Funktion nachbildende, jedoch implizite Repräsentation von Wissen zu konstruieren gestatten (für eine Diskussion siehe hierzu Dreyfus & Dreyfus, 1989).

Eine ausführliche Beschreibung der Struktur und des Verhaltens des verwendeten Netzes erfolgt in Kapitel 3. Zuvor wollen wir jedoch das Anwendungsproblem der Handposturerkennung vorstellen und dabei auch auf die einzelnen Vorverarbeitungsschritte näher eingehen. Natürlich wäre auch die Verarbeitung von anderen visuellen und sogar anders gearteten, sensorischen Eindrücken möglich, worauf wir hier aber nicht näher eingehen wollen. In Kapitel 4 wird dann der Einfluß der Netzparameter besprochen und die einzelnen Ergebnisse vorgestellt. Abschließend demonstrieren wir die Robustheit des Netzes gegenüber Veränderungen einer Reihe von Einflußfaktoren, wie die Änderung der Lichtverhältnisse oder die Modifikation der Handform.

2   Visuelle Erkennung von Handstellungen

Zunächst wollen wir die für das neuronale Netz gewählte Aufgabenstellung näher umreißen. Erkannt werden soll die räumliche Form einer dreidimensionalen Hand, wobei als Eingabeinformation lediglich ihr zweidimensionales Grauwertbild zur Verfügung steht.

2.1 Aufgabenbeschreibung

Allgemein ausgedrückt, besteht die Aufgabe des Netzes darin, die in der zweidimensionalen Helligkeitsverteilung des visuellen Bildes implizit enthaltene Information über ein Objekt in eine geeignete explizite Repräsentation der Lage und der dreidimensionalen Form dieses Objekts umzusetzen. Mathematisch läßt sich diese Aufgabe auffassen als Transformation von einem Eingaberaum, der die mögliche Helligkeitsverteilung eines Bildes beschreibt, in einen Ausgaberaum, der die relevanten Eigenschaften des Objekts repräsentiert.

Als Eingabebilder dienen mittels einer Computersimulation erzeugte monokulare Bilder einer 10-gelenkigen, künstlichen Roboterhand (siehe Abbildung 1). Gegenüber der Verarbeitung realer Bilder ergibt sich dabei als wichtiger Vorteil die genaue Kenntnis der durch den Erkennungsprozeß zu rekonstruierenden Objektgestalt. Dies bildet eine wichtige Voraussetzung für eine systematische Untersuchung des mit dem Erkennungsprozeß einhergehenden Fehlers. Darüber hinaus läßt sich auf diese Weise relativ leicht eine große Anzahl genau spezifizierbarer Trainingsdaten erzeugen, wobei Einflußfaktoren wie Beleuchtung und geometrische Auslegung der Hand genau kontrolliert und jederzeit leicht verändert werden können. Darüber hinaus lassen sich ungewollte Störungen, wie sie bei der herkömmlichen Kameratechnik auftreten können, vermeiden.

Die naheliegendste Wahl für die Parameter der künstlichen Hand bilden Winkelangaben. Jedoch läßt eine derartige Parametrisierung die enge Korrelation zwischen den Gelenkwinkeln für reale Handposturen gänzlich unberücksichtigt. Derartige Korrelationen führen zu einer drastischen Einschränkung des für die Erkennung zu berücksichtigen Konfigurationsraumes der Hand und damit zu einer wesentlichen Vereinfachung der Erkennungsaufgabe und einer Verringerung des dafür erforderlichen Lernaufwands. Eine einfache Überlegung soll diesen Sachverhalt noch etwas näher veranschaulichen. Eine menschliche Hand besitzt mehr als 16 Freiheitsgrade für die Einnahme unterschiedlicher Stellungen. Angenommen, jedes Gelenk könnte die willkürliche Zahl von 5 verschiedenen, voneinander völlig unabhängigen Gelenkwinkeln einnehmen, dann würde sich damit eine Anzahl von 5^{16} oder mehr als 10^{11} verschiedenen Handstellungen ergeben. Bedenkt man, daß ein Mensch weniger als 10^{10} Sekunden lebt, erkennt man leicht, daß wir nur einen Bruchteil aller möglichen Handstellungen jemals verwirklichen.

Diese Betrachtung motiviert die Idee, von einer geringen Anzahl *prototypischer Handstellungen* auszugehen, und nur Kombinationen von diesen als Handposturen zuzulassen. Damit lassen sich alle diejenigen Handstellungen realisieren, die sich durch den Übergang von einem Prototyp zu einem oder mehreren anderen ergeben. In Abbildung 1 sind die von uns verwendeten Prototypen einer "gestreckten Hand", eines "Pinzettengriffes" und einer "Faust" dargestellt. Alle noch folgenden Bilder von Handposturen wurden durch Kombination dieser drei Prototypen realisiert. Mathematisch läßt sich die Kombination dieser Handstellungen als *konvexe Linearkombination* darstellen. Es zeigt sich, daß die drei gewählten Prototypen bereits eine gute Approximation der meisten tatsächlich auftretenden Handstellungen ermöglichen. Durch Hinzunahme einiger weniger weiterer Prototypen ließe sich die Güte der erzielten Approximation weiter verbessern. Desweiteren ist es nun auch nicht mehr notwendig, alle Winkel explizit zu spezifizieren, sondern es reicht aus, den Anteil eines Prototyps in

der Linearkombination, die der zu analysierenden Handstellung entspricht, festzulegen.
Dies geschieht durch Angabe je eines Linearkoeffizienten für jeden Prototyp. Dies
führt auf einen dreidimensionalen Ausgaberaum.

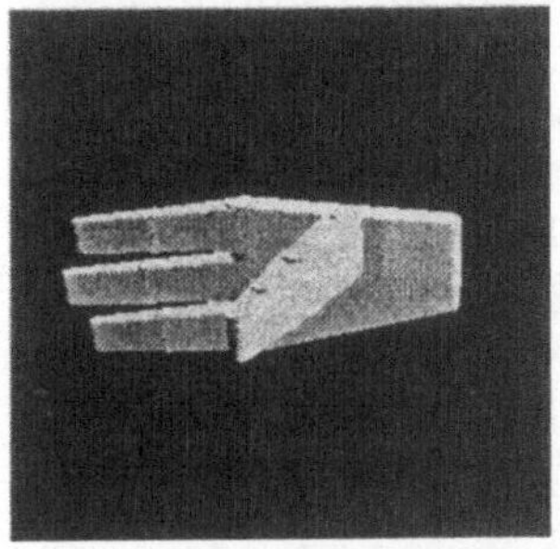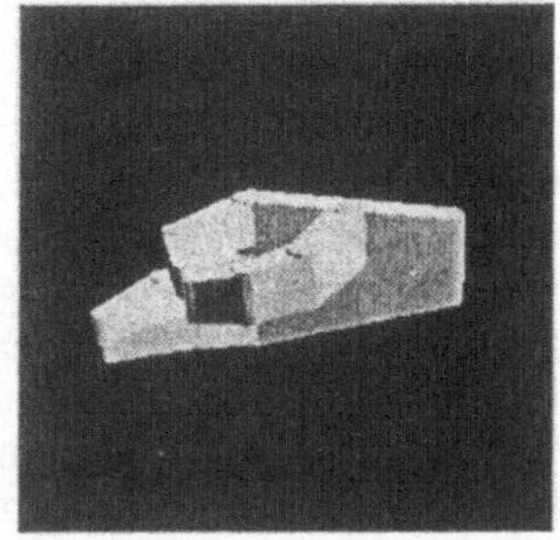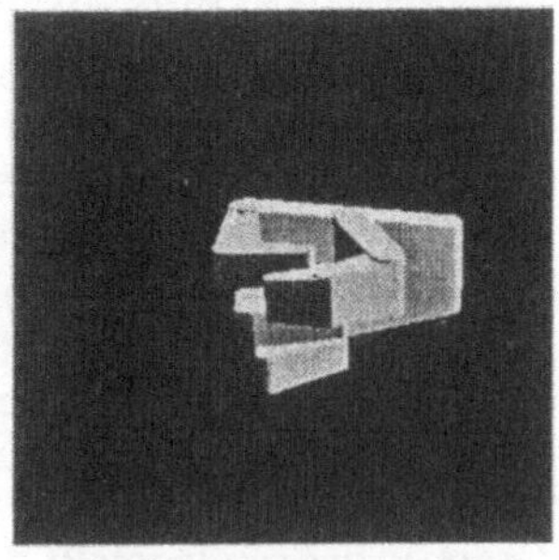

Abbildung 1:   Darstellung der drei verwendeten prototypischen Handstellungen ("gestreckte Hand",
"Pinzettengriff", "Faust") einer 10-gelenkigen Roboterhand.

Wie die Transformation von den Bilddaten zu den drei Koeffizienten im einzelnen
zustande kommt, soll in Kapitel 3 erläutert werden. Zuvor wollen wir auf die Eingabe
des Netzes und die damit verbundenen Bildvorverarbeitungsschritte näher eingehen.

2.2   Bildvorverarbeitung

Als Ausgangsinformation dient ein Grauwertbild aus 400x400 Bildpunkten. Die
Hochdimensionalität der Pixeldaten verbietet jedoch ihre unmittelbare Verwendung als
Eingabe für das Netzwerk. Daher erfolgen zunächst einige einfache Vorverarbeitungsschritte, die als Ziel eine Verringerung der Datendimensionalität haben. Diese Schritte
sind in Abbildung 2 veranschaulicht.

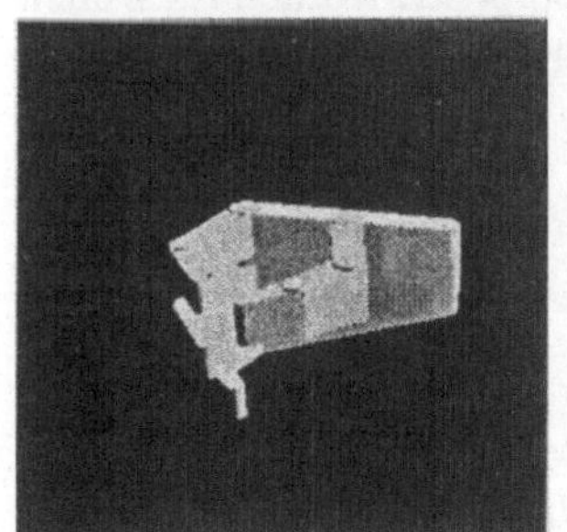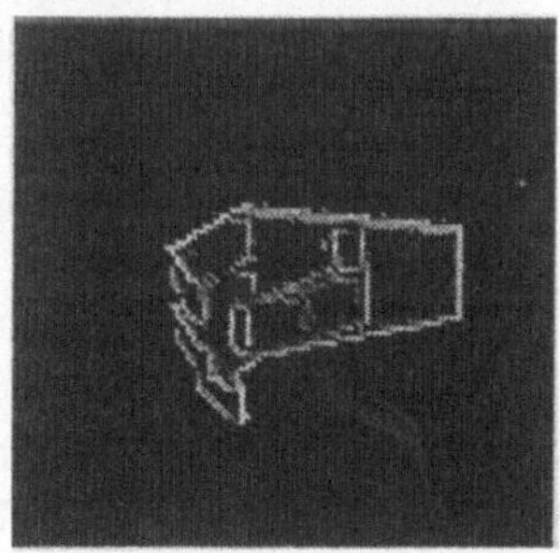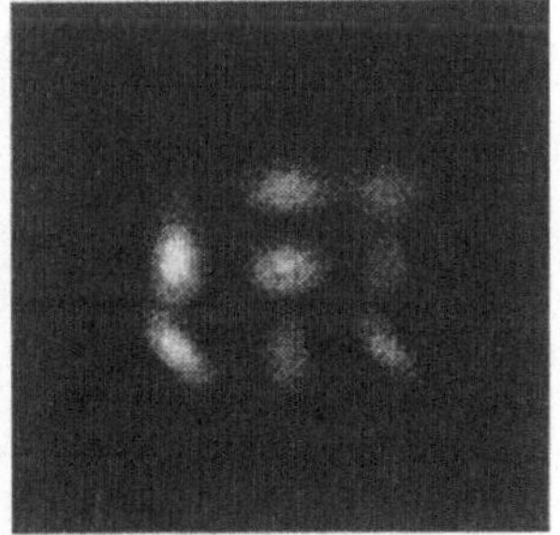

Abbildung 2:   Verschiedene Stadien der Vorverarbeitung: Eingabebild, vergröbertes Bild nach Verwendung eines Kantenfilters, Veranschaulichung einiger Merkmale.

Zunächst erfolgt eine Vergröberung des Grauwertbildes auf 100x100 Pixel. Dies bewirkt eine erhebliche Aufwandsreduzierung für nachfolgende Berechnungen, ohne daß
unvertretbar viel Information für den nachfolgenden Verarbeitungsprozeß verloren
geht. In einem zweiten Schritt wird ein Kantenfilter (3x3-Laplace-Operator) auf das
Bild angewendet, der die Kanteninformation des Bildes extrahieren soll. Bei diesem
Verfahren werden Helligkeitssprünge betont und Bereiche gleichförmiger Intensität

ausgeblendet (Jähne, 1991). Nach einem anschließenden "Abschneiden" negativer Werte werden die Intensitätswerte des gefilterten Bildes mittels einer logarithmischen Transformation auf einen eingeschränkten Bereich normiert. Das so erhaltene Bild (Abbildung 2b) dient im weiteren als Grundlage für die Berechnung eines 36-dimensionalen Merkmalsvektors.

Wie zu Anfang bereits angedeutet, wollen wir ohne die Verwendung von Bildmerkmalen auskommen, deren Berechnung die vorherige Identifikation von Objektteilen erfordert. Daher scheidet etwa die in den Arbeiten von Poggio & Edelman (1990) und Weinshall et al. (1990) zugrundegelegte Verwendung von Koordinaten markanter Objektpunkte als Merkmale aus. Statt dessen verwenden wir richtungsempfindliche Gaborfilter, die entsprechend ihrer Orientierung auf Helligkeitskanten reagieren. In dem Modell werden dazu vier Arten von Filtern mit einer Maskengröße von 41x41 Pixeln für die Richtungen "horizontal", "vertikal" und zweimal "diagonal" zu einer Gruppe zusammengefaßt. Die Zentren dieser Gruppen werden an 9 Bildpunkten positioniert, die als 3x3 Gitter angeordnet sind. Die Werte, die sich bei der "Faltung" der 3x3x4 Filtermasken mit dem Bild ergeben, dienen im weiteren als 36-dimensionaler Eingabevektor für das Netzwerk. (Für Hintergrundinformation zu dieser sowie ähnlichen Bildvorverarbeitungstechniken siehe Jähne, 1991.)

In Abbildung 2c sind einige dieser Faltungsergebnisse veranschaulicht. Allerdings wurde der besseren Übersichtlichkeit wegen an jedem der 9 Gitterplätze nur eine Maske berücksichtigt. Die erkennbare ovale Form der einzelnen "Flecken" ergibt sich aus der speziellen, richtungsempfindlichen Maskendefinition, wohingegen der errechnete Faltungswert durch die Intensität der Helligkeit wiedergegeben wird. Zu beachten ist, daß zur besseren Unterscheidung der Gaborfilter für die Abbildung 2c nur Masken mit 40% der tatsächlich verwendeten Ausdehnung verwendet wurden.

Damit stellt sich dem Netz nun die Aufgabe, aufgrund von Trainingsbeispielen eine Transformation von einem 36-dimensionalen Eingaberaum in einen Ausgaberaum zu leisten, der in unserem Fall dreidimensional ist (siehe 2.1).

Nachdem nun die Art der Eingabe und der Ausgabe besprochen worden ist, wollen wir uns im folgenden Kapitel dem Aufbau und der Wirkungsweise des Netzwerks, das die Transformation leisten soll, zuwenden.

3   Das neuronale LLM-Netzwerk

Bei dem verwendeten Netzwerk handelt es sich um einen von dem üblicherweise verwendeten *Multilagen-Perzeptron*, auch als "Back-Propagation-Netzwerk" bekannt (Werbos, 1974; Rumelhart, Hinton & Williams, 1986) abweichenden Netztyp, den wir im folgenden mit *LLM-Netz* (Local Linear Mapping - Netz) bezeichnen. Dieser Netzwerktyp geht auf eine Reihe von Vorarbeiten zurück (Ritter et al., 1989, 1991; Martinetz, Ritter & Schulten, 1990; Ritter & Cruse, 1991) und hat sich bereits bei Anwendungen im Bereich des Roboterlernens gut bewährt (Walter, Martinetz & Schulten, 1991).

Allgemein läßt sich ein künstliches neuronales Netz als ein System auffassen, das aus einer Menge von Elementen, oft auch "*Knoten*" genannt, besteht, welche über eingehende Verbindungen Signale empfangen, diese verarbeiten und das Resultat anschließend selbst über ausgehende Verbindungen weiterleiten. Die Art und Weise, wie die Knoten miteinander verbunden sind, legt die Funktion des resultierenden neuronalen Netzes fest (für einen Überblick siehe etwa Rumelhart et al., 1984; Hertz et al., 1991; Ritter et al., 1991).

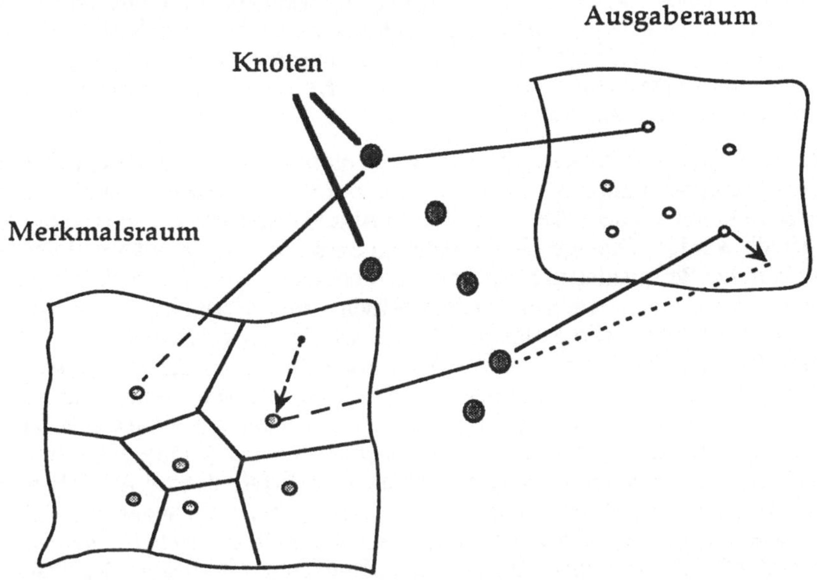

Abbildung 3: Schematische Darstellung der Wirkungsweise des LLM-Netzwerks.

Im Falle des LLM-Netzwerks, dessen Struktur für einen jeweils zweidimensionalen Ein- bzw. Ausgaberaum in Abbildung 3 schematisch skizziert ist, sind jedem Knoten eine Matrix (interpretierbar als "assoziativer Speicher") sowie je ein Punkt im Eingabe- bzw. Ausgaberaum zugeordnet. Diese beiden Punkte sind für jeden Knoten durch zwei Referenzvektoren (auch als "Verbindungen" interpretierbar) repräsentiert. Beim Vorliegen einer Eingabe wird einer der Knoten zur Bestimmung der Netzantwort ausgewählt. Diese Auswahl geschieht durch Vergleich des 36-dimensionalen Merkmalsvektors des Eingabebildes mit den eingabeseitigen, ebenfalls 36-dimensionalen Referenzvektoren aller Netzknoten und ermittelt den "besten", d. h. denjenigen Knoten mit der geringsten Abweichung zwischen Merkmalsvektor und entsprechendem Referenzvektor. Dieser bestimmt dann allein die Netzantwort, weswegen man in diesem Fall auch von einem "*winner-takes-all*"-Netzwerk spricht. Die Gesamtheit aller Eingabevektoren, die zur Auswahl desselben Knotens führen, bilden dessen *Zuständigkeitsbereich*. In der Abbildung 3 sind diese Zuständigkeitsbereiche im Merkmalsraum als Polygongebiete dargestellt, deren Grenzen sich aus den Mittelhalbierenden (im höherdimensionalen Raum "Hyperebenenflächen") zwischen den durch die Referenzvektoren eines Knotens und seiner Nachbarn gegebenen Punkte ergeben.

Die Antwort des Netzes wird in erster Linie durch den zweiten, d. h. den ausgabeseitigen Referenzvektor festgelegt. Für den Fall, daß die Eingabe direkt mit dem Referenzmuster des ausgewählten Knotens übereinstimmt, d. h. der Merkmalsvektor entspricht genau dem eingabeseitigen Referenzvektor, werden direkt die Komponenten des (in unserer Anwendung dreidimensionalen) ausgabeseitigen Referenzvektors als Netzantwort ausgegeben. Andernfalls muß jedoch die Abweichung zwischen Merkmalsvektor und eingabeseitigem Referenzvektor (in Abbildung 3 als Pfeil in der vorderen Fläche erkennbar) berücksichtigt werden. Dies geschieht mittels der jedem Knoten zugeordneten Matrix, die eine *lokale lineare Abbildung* spezifiziert, die zur Berechnung einer Korrektur (Pfeil in der hinteren Fläche in Abbildung 3) der drei Werte des Referenzvektors auf der Ausgabeseite dient. Jede einzelne dieser linearen Abbildungen, die dem Modell seinen Namen geben, ist unabhängig festlegbar und wird im Verlaufe einer Lernphase (siehe unten) für den Zuständigkeitsbereich ihres zugehörigen Knotens optimiert (daher der Ausdruck "lokal"). Im Falle unserer Anwendung ergeben die Komponenten des so ermittelten Antwortvektors die Koeffizienten der Linearkombination der prototypischen Handstellungen.

Bevor jedoch die beschriebene Transformation eines Merkmalsvektors in eine Darstellung der Handpostur sinnvolle Resultate liefert, müssen zunächst sowohl die beiden Referenzvektoren als auch die lokale lineare Abbildung$g$ jedes Knotens an die Aufgabe angepaßt werden. Dies geschieht während einer *Lernphase*, während der dem Netzwerk korrekte Beispieldaten, bestehend aus Merkmalsvektor und gewünschtem Ergebnisvektor, vorgelegt werden. Zu jedem präsentierten Merkmalsvektor wird der "beste" Knoten ermittelt. Die Referenzvektoren werden dann so verändert, daß bei Wiederkehr desselben oder eines ähnlichen Wertepaars die Abweichung zwischen Referenzvektor und Merkmalsvektor geringer ausfällt. Eine geeignete Veränderung ergibt sich durch eine Verschiebung der Referenzvektoren in Richtung des Merkmalsvektors. Dieses Vorgehen hat das Verfahren der *Vektorquantisierung* (Linde, Buzo & Gray, 1980) als Vorbild. Auf ähnliche Weise wird auch die lokale lineare Abbildung, die hier die Rolle einer Jacobi-Matrix spielt, an die Trainingsbeispiele angepaßt. Während der Lernphase werden diese Schritte mit unterschiedlichen Trainingsbeispielen wiederholt, wobei der Grad der durchgeführten Veränderungen mit der Dauer des Trainings allmählich verringert wird. Auf diese Weise wird zu Anfang relativ schnell eine Grobanpassung der Referenzvektoren und der linearen Abbildungen erreicht, während sich zum Ende hin eine Feineinstellung ergibt.

Eine im Hinblick auf Adaptationsvorgänge in biologischen neuronalen Netzen wichtige Modifikation ergibt sich, wenn bei jedem Lernschritt neben dem ausgewählten Knoten noch eine Anzahl benachbarter Knoten in den Adaptationsprozeß miteinbezogen wird. Der Hintergrund ("selbstorganisierende topographische Karten") einer derartigen Erweiterung des Verfahrens, die wir hier nicht weiter besprechen wollen, ist in Kohonen (1982, 1984, 1990), Ritter (1990) bzw. Ritter et al. (1991) näher dargestellt.

Nach Abschluß der Trainingsphase haben sich die Referenzvektoren so im Merkmalsraum verteilt, daß sie sich in Regionen, aus denen viele Trainingsbeispiele angeboten wurden, konzentrieren. Die dementsprechend kleineren Zuständigkeitsbereiche entsprechen einer höheren Spezialisierung der zugehörigen Knoten und gewährleisten eine bessere Differenzierung für ähnliche Eingabebilder mit Merkmalsvektoren aus diesem Bereich. Demgegenüber leisten Knoten mit einem großen Zuständigkeitsgebiet eine eher grobe Zuordnung.

Diese qualitative Darstellung wollen wir nun durch eine formale Beschreibung ergänzen. Diese ist jedoch zum Verständnis weiter Teile der nachfolgenden Kapitel nicht zwingend notwendig, und kann daher beim ersten Lesen übergangen werden.

Das Netz soll eine Transformation

$$\varphi: \quad \mathbb{R}^N \quad \longmapsto \quad \mathbb{R}^M$$

$$x \quad \longmapsto \quad y$$

vom Eingaberaum IR^N der Merkmalsvektoren in den Ausgaberaum IR^M der Postur-koeffizienten lernen (in unserem Fall ist N=36 und M=3). Das Netz besteht aus R Knoten, die im weiteren mit einem Index r indiziert sind. Die eingabeseitigen Refe-renzvektoren werden mit $w_r^{(in)} \in IR^N$ bezeichnet, während die ausgabeseitigen Refe-renzvektoren mit $w_r^{(out)} \in IR^M$ bezeichnet werden. Diese Referenzvektoren lassen sich auch, wie bei vielen Netzwerkbeschreibungen üblich, als vektoriell geschriebene Gewichte an ein- bzw. ausgehenden Verbindungen von Knoten auffassen.

Zur Bestimmung der Netzantwort wird derjenige Knoten s ausgewählt, der die Be-dingung des kleinsten euklidischen Abstands $d_s = \min_r d_r$ mit $d_r = \|x - w_r^{(in)}\|$ erfüllt. Daraus ergibt sich als Zuständigkeitsgebiet eines Knotens s die Menge

$$F_s = \{\ x \in IR^N \ |\ d_s(x) \leq d_r(x)\ \forall r\ \}$$

des Eingaberaums. Diese Menge umfaßt genau alle diejenigen Eingaben, die zur Aus-wahl desselben Knotens s führen.

Die Ausgabe $y^{(net)} \in IR^M$ zu einer gegebenen Eingabe $x \in IR^N$ berechnet sich dann aus dem ausgabeseitigen Referenzvektor des ausgewählten Knotens zuzüglich der eventuell notwendigen Korrektur durch die lokale lineare Abbildung gemäß

$$y^{(net)} = w_s^{(out)} + A_s\ (x - w_s^{(in)}),$$

wobei A_s eine MxN-Matrix bezeichnet, die die lokale lineare Abbildung (Jacobi-Matrix) am Punkt $x = w_s^{(in)}$ des Eingaberaums darstellt.

Damit das Netzwerk eine sinnvolle Transformation φ repräsentiert, müssen den Gewichten $w_r^{(in)}$ und $w_r^{(out)}$ sowie der Matrix A_r jedes Knotens r noch geeignete Werte zugewiesen werden. Dies erfolgt während der Lernphase. Dazu werden dem Netz eine Menge korrekter Beispielpaare $(x^{(\alpha)}, y^{(\alpha)})$, $\alpha = 1, 2, ..., n$ präsentiert.

Für jedes Paar $(x^{(\alpha)}, y^{(\alpha)})$ erfolgt ein *Adaptationsschritt* nach folgenden Fehler-korrekturregeln:

$$\Delta w_s^{(in)} \quad = \varepsilon_1\ (x^{(\alpha)} - w_s^{(in)})$$

$$\Delta w_s^{(out)} \quad = \varepsilon_2\ (y^{(\alpha)} - w_s^{(out)})$$

$$\Delta A_s \quad = \varepsilon_3\ (d_s^2)^{-1}\ (y^{(\alpha)} - y^{(net)})\ (x^{(\alpha)} - w_s^{(in)})$$

(für eine nähere Begründung dieser Formeln siehe Ritter et al., 1991). Dabei wird auch in diesem Fall ausschließlich der Knoten r mit dem geringsten Abstand $d_s = \min_r d_r$ verändert. Die Werte $\varepsilon_i \geq 0$, $i = 1, 2, 3$ bestimmen dabei die Lernschrittweite. Sie star-ten mit Werten nahe unter Eins und werden während des Trainings nach und nach auf Werte nahe Null reduziert. Ähnliche Lernregeln, jedoch ohne Verwendung der Ma-trizen A_r, liegen dem sogenannten GRBF-Verfahren zugrunde (Moody & Darken, 1988; Saha & Keeler, 1990).

Der Erfolg des soweit dargestellten Lernverfahrens hängt von einer Reihe von Faktoren ab, wie etwa der Dimensionierung des Netzes, der Anzahl der benötigten Trainingsbeispiele und der Anzahl der Lernschritte. Die Untersuchung des Einflusses dieser Faktoren und die Diskussion der dabei erzielten Ergebnisse nehmen wir im folgenden Kapitel auf.

4   Ergebnisse und Diskussion

Für die Beurteilung des untersuchten LLM-Netzes im Hinblick auf das Erlernen visueller Erkennungsaufgaben ist es wichtig, eine Reihe zentraler Fragen beantworten zu können. Zu diesen Fragen gehören insbesondere

1. Wie hängt die erreichbare *Erkennungsgenauigkeit* von der Größe des Netzwerks ab?

2. Wieviele *Lernschritte* sind zum Training eines Netzes vorgegebener Größe erforderlich?

3. Wie hängt die erreichbare Genauigkeit vom *Umfang* der verfügbaren Trainingsdaten ab?

4. Wie kritisch ist die *Auswahl* der verwendeten Eingabemerkmale?

5. Wie kann man die von mehreren, kleineren Netzen gewonnene Information über ein dargebotenes Objekt *kombinieren*, etwa um die Genauigkeit der Einzelnetze zu steigern?

6. Wie *robust* ist die Erkennungsleistung? Wie stark wirken sich Störungen aus und wie gut läßt sich das trainierte Netzwerk zur Identifikation ähnlich aussehender, jedoch im Training nicht dargebotener Objekte verwenden?

Die quantitative Beantwortung dieser Fragen für das gewählte Anwendungsbeispiel ist der Gegenstand dieses Kapitels.

In Abbildung 4 ist eine typische Erkennungsleistung wiedergegeben. Auf der linken Seite ist das Eingabebild zu sehen. Rechts daneben ist zum Vergleich diejenige Handpostur abgebildet, die exakt zu den Ausgabewerten des Netzwerks gehört. Wie man sieht, ist die Übereinstimmung beider Posturen sehr gut, d. h. das Netzwerk hat aus dem gezeigten Bild die räumliche Postur der Hand mit großer Genauigkeit extrahiert. (Um einen im Bild einigermaßen deutlich erkennbaren Fehler zu erhalten, wurde für Abbildung 4 ein Beispiel mit einem *überdurchschnittlich großen* Fehler gewählt.)

Das hier verwendete Netzwerk kommt mit 10 Knoten aus und wurde während der Lernphase mit 1000 Trainingsbeispielen traininert. (Bei einem Vergleich mit anderen Netzwerktypen ist jedoch zu beachten, daß es sich bei den Knoten eines LLM-Netzes gegenüber den Knoten der meisten anderen Netztypen um größere Funktionseinheiten handelt, die eher als "kleine assoziative Speicher" anzusehen sind.) Jedes einzelne Trainingsbeispiel besteht dabei aus Eingabe- und Ausgabevektor und wurde nach einem Zufallsverfahren generiert. Dabei waren begrenzte Abweichungen bezüglich Translation (± 10 % der Bildbreite) und Rotation (± 8 Grad um alle drei Raumrichtungen) des Objektes erlaubt. Auf die gleiche Art wurde ebenfalls eine unabhängige Menge von Testbeispielen erzeugt. Während der Trainingsphase wurde nun jedes Beispielpaar mehrere Male dem Netz präsentiert. Dabei hat man die Möglichkeit, entweder von einer konstanten Anzahl an Lerndurchgängen auszugehen, oder die Anzahl in Abhängigkeit von einem Parameter zu wählen. Um eine faire Vergleichsmöglichkeit von Netzen mit unterschiedlicher Anzahl Knoten zu erhalten, wählten wir die Anzahl der Präsentationen (=Lernschritte) proportional zur Knotenzahl. Damit wird gewährleistet, daß ein Knoten in einem großen Netz ungefähr genauso häufig aktiviert wird, wie ein Knoten eines kleineren Netzes. Bei dem vorgestellten Netz wurden pro Knoten 30000 Lernschritte ausgeführt.

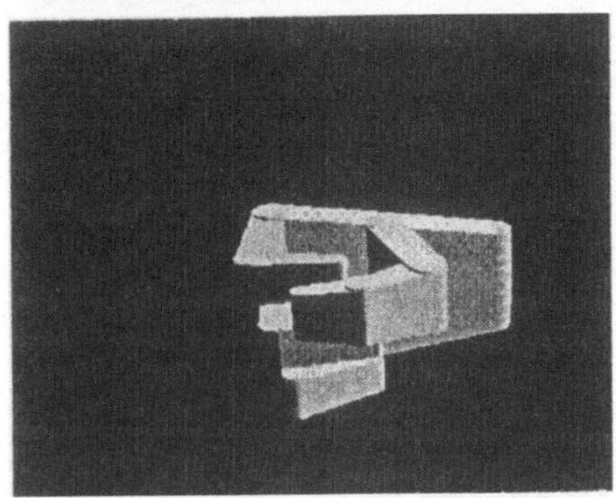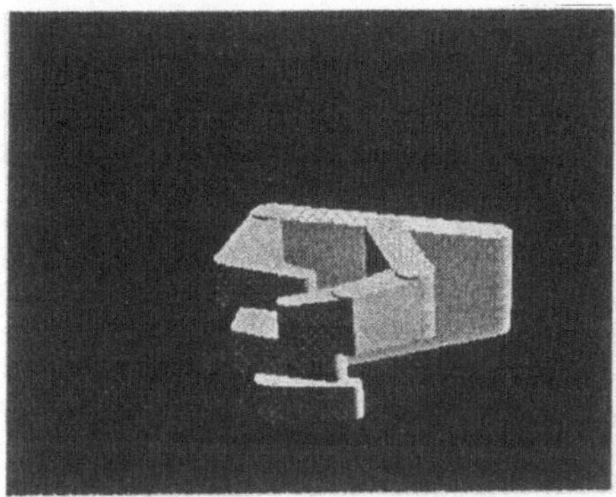

Abbildung 4: Erkennungsleistung eines LLM-Netzwerks (10 Knoten, 1000 Trainingsdaten): links: Eingabebild; rechts: die aus der Netzantwort rekonstruierte Darstellung der erkannten Handstellung.

Zum quantitativen Vergleich der Erkennungsleistungen unterschiedlicher Netze bzw. unterschiedlicher umfangreicher Trainingsmengen bildet die Wurzel des normierten mittleren quadratischen Antwortfehlers eine geeignete Beurteilungsgröße. Die Normierung erfolgt dabei mit der Varianz der Datenmenge, d. h. es ergibt sich beispielsweise ein Fehler von Eins, wenn das Netzwerk stets mit dem Mittelwert der Datenmenge antwortet. Um die mit jedem einzelnen Netzwerk vorliegende statistische Schwankung des so berechneten Antwortfehlers auszugleichen, wurde eine weitere Mittelung über stets mindestens 10 Durchläufe pro Netztyp und Parametersatz durchgeführt.

Aus der Differenz zwischen dem Trainingsfehler und dem Testfehler lassen sich Aussagen über die *Generalisierungsfähigkeit* des Netzes ableiten. Damit ist die Fähigkeit gemeint, Handposturen aus noch unbekannten, aber von der Art her gleichen Bildern ("Testdaten") wie beim Training zu erkennen. Eine kleine Differenz zwischen den Fehlern für Trainings- und Testdaten zeigt eine gute Generalisierungsfähigkeit an. Bei einer hohen Differenz hat sich das Netzwerk dagegen vorwiegend auf die präsentierten Lernbeispiele spezialisiert. Dies ist nicht wünschenswert, da man bei einem Lernverfahren gerade auf die Übertragung der in einer begrenzten Trainingsdatenmenge enthaltenen Information auf die Erkennung neuer Eingabebilder interessiert ist.

Im Falle des oben angesprochenen Beispielnetzes (10 Knoten, 300.000 Lernschritte mit 1000 Trainingsbeispielen) ergibt sich beispielsweise eine Differenz von 25% zwischen dem für die Trainingsdaten erzielten Fehler (0.23) und dem Fehler für eine gleichgroße Menge noch nicht präsentierter Testdaten (0.29). Dies zeigt, daß im allgemeinen der beim Training erzielte Fehler kein geeigneter Indikator für die Qualität der Erkennungsleistung des Netzwerkes ist. Im nächsten Abschnitt werden wir näher auf diese Problematik eingehen und diskutieren, welche Faktoren neben guten Resultaten beim Training auch zu einer guten Generalisierungsfähigkeit führen.

4.1 Einfluß der Netzparameter und der Trainingsdaten

Von Hauptinteresse ist dabei die Auswirkung der Anzahl der Knoten, der Trainingsbeispiele sowie der Lernschritte auf die Erkennungsgenauigkeit. Aus diesem Grund wurden mehrere Netzwerke mit unterschiedlichen Parameterwerten getestet. Dabei wurden
Netze von einem bis zu 100 Knoten mit Mengen bestehend aus 100, 1000 und 10000
Posturbildern trainiert. Eine detaillierte Darstellung für den Erkennungsfehler in Abhängigkeit von der Anzahl der verwendeten Knoten wird in Abbildung 5 gezeigt.
Dabei geben die dunklen Balken jeweils den Fehler für die Trainingsbeispiele und die
hellen Balken den Fehler für die Testergebnisse wieder. Die Anzahl der Trainingsbeispiele ist dabei konstant auf 1000 festgesetzt, jedoch nimmt die Anzahl der Trainings-
schritte proportional zur Anzahl der Knoten zu.

Die Grafik zeigt deutlich, wie mit steigender Anzahl Knoten der Fehler für eine
feste Anzahl an Trainingsbeispielen monoton abnimmt. Dies liegt daran, daß dem
Netz immer mehr Freiheitsgrade zur Berücksichtigung der vorgegebenen Trainingsbeispiele zur Verfügung stehen. Durch Verwendung hinreichend großer Netze läßt sich
der Erkennungsfehler für einen festen Satz an Trainingsbeipielen daher auf beliebig
kleine Werte drücken. Jedoch sagt ein auf dieser Weise erzielter, sehr kleiner Fehler für
die Trainingsbeispiele nur wenig über den Fehler für die *Testdaten* aus, da die mit
einer Erhöhung der Knotenzahl stattfindende Verbesserung der Approximationsfähig-
keit des Netzes mit einer Verschlechterung seiner Generalisierungsfähigkeit einher-
geht. Dies wird in Abbildung 5 daran sichtbar, daß der Fehler für die Testdaten nur anfangs der Abnahme des Fehlers für die Trainingsbeispiele folgt, nach Erreichen eines
Minimums jedoch wieder ansteigt. Dabei nimmt die Differenz der Fehler für die Test-
bzw. die Trainingsbeispiele mit wachsender Knotenzahl monoton zu, d. h. die Generalisierungsfähigkeit nimmt entsprechend monoton ab.

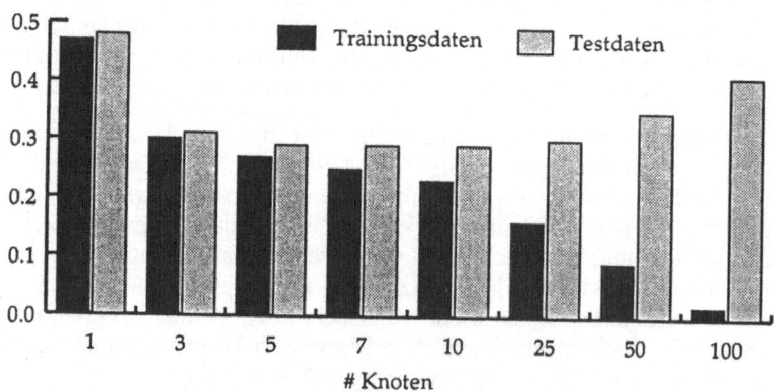

Abbildung 5: Erkennungsleistung eines LLM-Netzwerks in Abhängigkeit von der Anzahl der Knoten
(aufgetragen ist der gemittelte normierte Fehler, vgl. Text).

Die optimale Netzgröße ist durch die Lage des Minimums des Testdatenfehlers gegeben. Wie hier nicht näher wiedergegebene Resultate zeigen, ist die Lage dieses Minimums von der Anzahl verfügbarer Trainingsdaten abhängig. Sie verschiebt sich mit wachsender Anzahl Trainingsbeispiele zu größeren Knotenzahlen, wobei der erreichbare Fehlerwert zugleich abnimmt. Dies läßt sich so interpretieren, daß es zu jeder Trainingsdatensatzgröße eine Größe des Netzes gibt, die zu einer im Sinne der Aufgabe *optimalen Informationsextraktion* aus dem Datensatz führt.

Im Gegensatz zu Abbildung 5 ist in Abbildung 6 die Anzahl R der Knoten festgehalten ($R = 10$) und die Abhängigkeit des Fehlers von der Anzahl verfügbarer Trainingsbeispiele wiedergegeben. Man erkennt, daß jetzt der Fehler für die Testdaten mit zunehmender Anzahl zur Verfügung stehender Trainingsbeispiele monoton abnimmt und sich einem – von der gewählten Netzgröße abhängigen – Grenzwert nähert. Dies erklärt sich daraus, daß eine größere Anzahl an Trainingsbeispielen eine genauere Festlegung der Netzwerkparameter ermöglicht, jedoch nur bis zu dem Genauigkeitsgrad, der mit der Gesamtzahl verfügbarer Parameter in Verbindung mit der gewählten Netzwerkarchitektur realisierbar ist. Andererseits steigt der Fehler für die Trainingsdaten mit der Anzahl der Trainingsbeispiele an, da mit einer festen Anzahl Parameter immer mehr Datenpunkte im Merkmalsraum zu berücksichtigen sind.

Wichtig ist dabei, daß mit einer größeren Anzahl an Trainingsdaten die Differenz zwischen dem Fehler der Trainingsdaten und dem der Testdaten immer kleiner wird. Dies bedeutet einen Anstieg der Generalisierungsfähigkeit des Netzes.

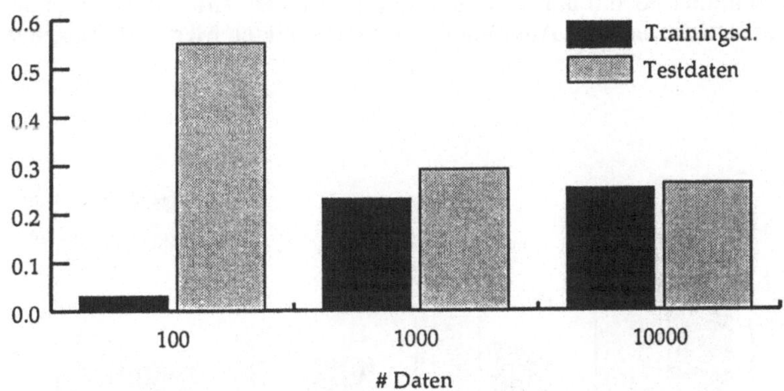

Abbildung 6: Erkennungsleistung eines LLM-Netzwerks in Abhängigkeit von der Anzahl der verwendeter Daten.

Zusammenfassend läßt sich also deutlich erkennen, daß eine Erhöhung der Knotenzahl lediglich *eine* Voraussetzung für die Steigerung der Genauigkeit bildet. Eine zweite ganz wichtige Voraussetzung bildet eine *ausreichende Anzahl* verfügbarer Trainingsbeispiele. Erst beide Voraussetzungen zusammen, verbunden mit einer ausreichenden

Anzahl an Lernschritten für ein Erreichen stationärer Werte aller Netzparameter führen zu einer guten Erkennungsleistung des Netzes.

4.2 Verwendung multipler Netze

Neben der im vorstehenden Abschnitt diskutierten Abhängigkeit von den Netzparametern und der Anzahl verfügbarer Trainingsbeispiele ist eine weitere wichtige Frage, inwieweit die erreichbare Genauigkeit von der Auswahl der verwendeten Merkmale, in unserem Fall der Gaborfilter, abhängt. Unter den willkürlich gewählten Masken mit einer ad-hoc gewählten Festlegung der einzelnen Maskenparameter sind sicherlich nicht alle gleich relevant für die Aufgabe. Wünschenswert wäre also eine Auswahl besonders signifikanter Merkmale. Hier wollen wir diese Frage nicht in ihrer vollen Allgemeinheit diskutieren, sondern von den vorgegebenen Masken ausgehen und lediglich betrachten, inwieweit die erzielbare Genauigkeit von der Auswahl einer Teilmenge dieser vorgegebenen Merkmale abhängt. Da diese Entscheidung nicht ohne weiteres getroffen werden kann, betrachten wir nach einem Zufallsverfahren ausgewählte Merkmalsteilmengen unterschiedlicher Größe.

Die in Abbildung 7 dargestellten Werte geben den mittleren Fehler aus den Ergebnissen für jeweils 20 verschiedene Zufallsmengen von jeweils 9, 18 bzw. 27 Merkmalen an. Zum Vergleich wurden auch die Ergebnisse bezüglich eines vollen Merkmalssatzes mitangegeben. Die Ergebnisse bestätigen die intuitive Erwartung, daß mit abnehmender Zahl an Merkmalen die erzielbare Erkennungsgenauigkeit ebenfalls abnimmt. Doch es ist erfreulich, daß dieser Abfall erst bei relativ kleiner Anzahl an Merkmalen relevant wird. Mit der auf die Hälfte reduzierten Anzahl an Merkmalen lassen sich immer noch relativ gute Ergebnisse erhalten. Allerdings bleibt der Wunsch nach einer Optimierung der Auswahl der berücksichtigten Merkmale bestehen.

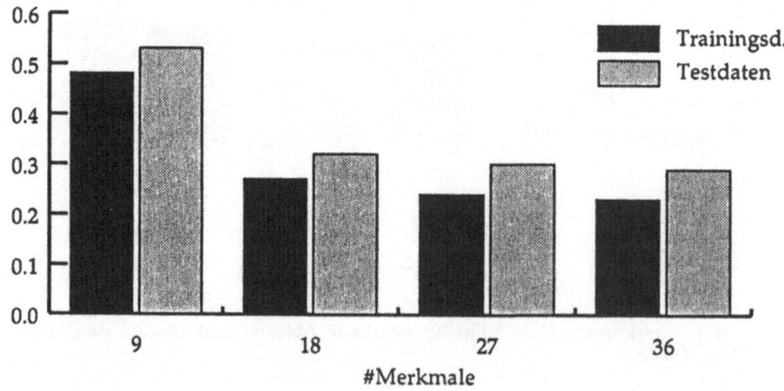

Abbildung 7: Erkennungsleistung eines LLM-Netzwerks in Abhängigkeit von der Anzahl der verwendeten Merkmale.

Ein möglicher Ansatz besteht darin, mehrere Netze gleichzeitig zu benutzen, wobei jedes eine andere Teilmenge an Merkmalen verwendet. Damit verbindet sich die Hoffnung, daß sich einige Netze aufgrund ihrer Eingabemerkmale auf spezielle Gebiete des Eingabebildes oder auf spezielle Typen von Handposturen spezialisieren. Ein weiterer Vorteil besteht darin, daß diese Verarbeitung parallel erfolgen kann. Ein Problem ergibt sich allerdings spätestens dann, wenn die einzelnen Netzausgaben zu bewerten sind. Welches Netz soll ausschlaggebend für die Gesamtantwort sein? Oder soll jedes Netz an der Gesamtantwort teilhaben?

Die naheliegendste Vorgehensweise wäre die Bildung des Mittelwertes aller Einzelnetzausgaben. Jedoch können bei diesem Verfahren Teilnetze mit einem großen Fehler den Ausgabewert stark verfälschen. Als bessere Alternative betrachten wir statt dessen den *Medianwert* der Ausgabe der Einzelnetze. Dieser Medianwert wird für jeden der drei Ausgabewerte gesondert berechnet.

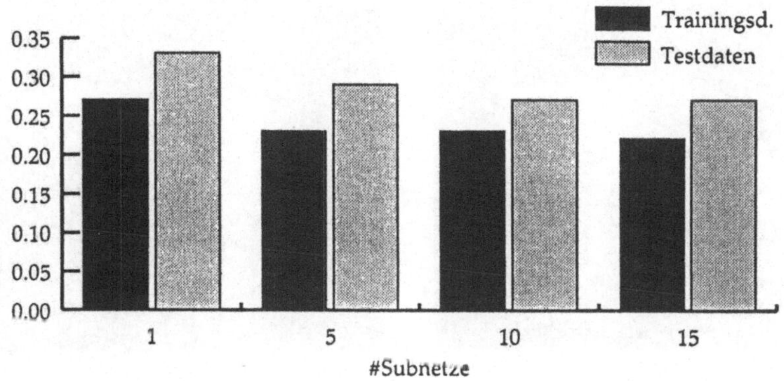

Abbildung 8: Erkennungsleistung eines aus mehreren Subnetzen aufgebauten LLM-Netzwerks in Abhängigkeit von deren Anzahl.

Abbildung 8 zeigt, daß diese Strategie zu einer weiteren Verringerung des Fehlers führt, wobei allerdings relativ rasch ein asymptotischer Endwert erreicht wird.

Merkmale	1 Netz		10 Netze	
	Training	Test	Training	Test
36 Merkmale	0,23	0,29	0,22	0,27
18 Merkmale	0,27	0,32	0,23	0,27

Tabelle 1: Direkter Vergleich der Ergebnisse des LLM-Netzwerkes in Abhängigkeit von der Anzahl an Merkmalen und Subnetzen

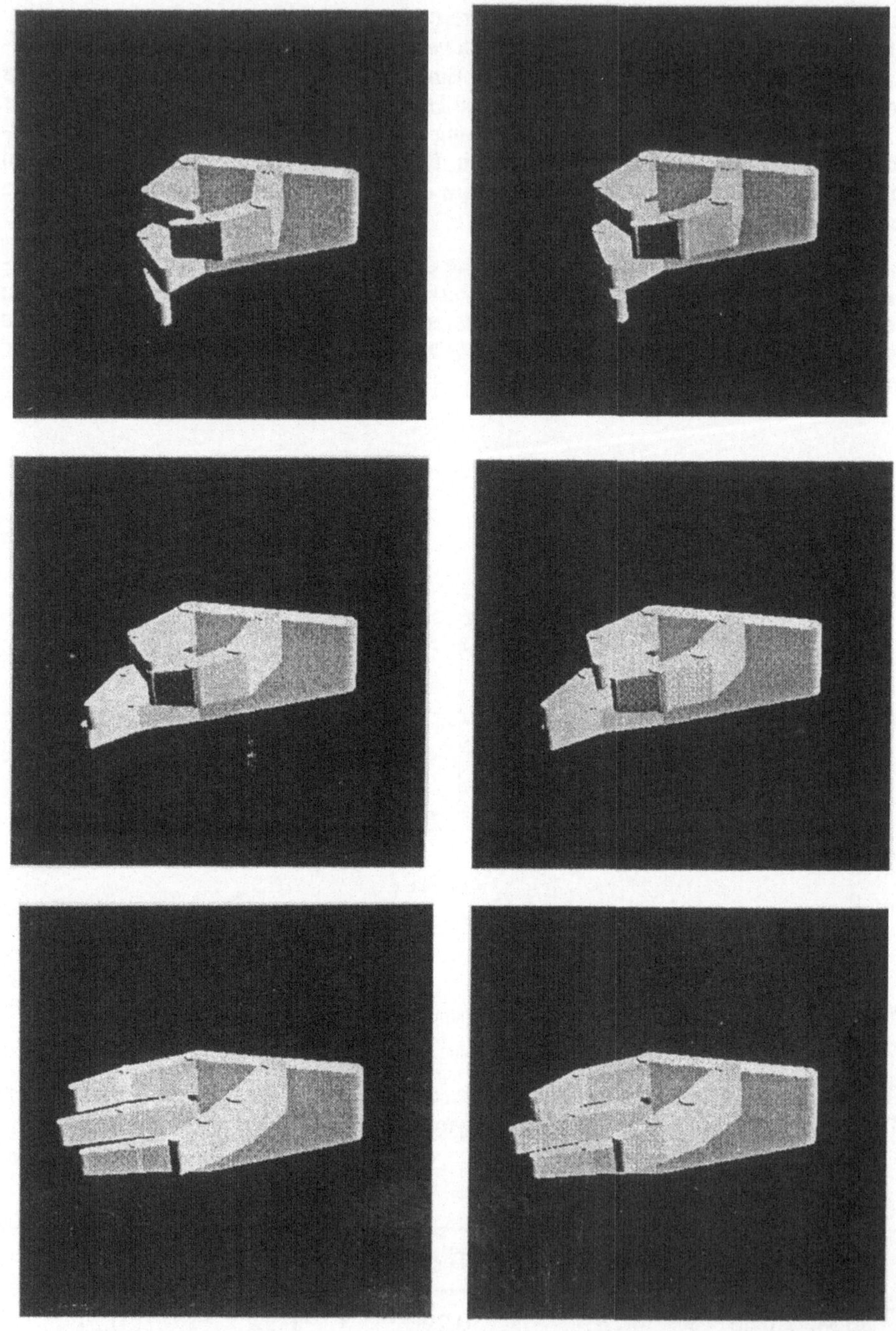

Abbildung 9: Beispiele für die Erkennungsleistung eines LLM-Netzwerks mit 10 Knoten, 18 Merkmalen und 1000 Trainingsbeispielen.

Tabelle 1 faßt die erzielten Verbesserungen abschließend zusammen. Durch Reduzierung der Anzahl der verwendeten Merkmale von 36 auf 18 Merkmale wird zwar ein schlechteres Ergebnis erzielt als bei Verwendung aller zur Verfügung stehenden Merkmale, dies wird bei der Verwendung von mehreren solcher Netze jedoch wieder ausgeglichen. Dabei reichen 10 Netze bereits vollständig aus. Die Ausnutzung aller Merkmale bei mehreren Netzen würde keine zusätzliche Verbesserung bringen. Abbildung 9 zeigt abschließend noch einige Beispiele der Erkennungsleistung eines Netzes, bestehend aus 10 Knoten unter Verwendung von 18 Merkmalen nach einem Training mit 1000 Datenbeispielen. Die Bilder auf der linken Seite entsprechen dabei den Eingabebildern, während die Bilder auf der rechten Seite die jeweils vom Netzwerk erkannte Postur zeigen. Dargestellt sind in dieser Abbildung drei der schlechtesten Ergebnisse aus 1000 zufällig gewählten, unbekannten Testbeispielen.

4.3 Robustheit der Erkennungsleistung

In diesem Abschnitt wollen wir diskutieren, wie robust die Erkennungsleistung des trainierten Netzwerkes gegenüber Bildveränderungen ist, die in den Trainingsdaten nicht vorkommen. Für die Trainingsdaten wurden ausschließlich Bilder verwendet, bei denen der Lichteinfall konstant und in denen neben der Hand kein zweites Objekt sichtbar war. Im folgenden wollen wir darauf eingehen, welche Erkennungsleistung sich für das trainierte Netzwerk einstellt, wenn Handposturen in Bildern erkannt werden sollen, für die die oben genannten Bedingungen mehr oder weniger stark verletzt sind. Diese Frage ist für den praktischen Einsatz von großer Bedeutung, da hier begrenzte Abweichungen von der Trainingssituation kaum zu vermeiden sind. Dies betrifft besonders die Anwesenheit zusätzlicher Objekte im Gesichtsfeld oder die Änderung der Formgeometrie der Hand. Im Fall zusätzlicher Objekte erfordert das hier beschriebene Verfahren deren vorherige Absegmentierung durch eine geeignete Vorverarbeitungsstufe. Hier ist zu fordern, daß sich die Erkennungsleistung des Netzwerks gegenüber begrenzten Fehlern bei der Segmentierung robust verhält und nur wenig verschlechtert, wenn noch "Reste" anderer Objekte in unmittelbarer Nähe der Hand sichtbar bleiben, oder Teile der Hand selbst fälschlicherweise vom Segmentierungsprozeß miterfaßt werden.

Im folgenden bilden wir den Einfluß derartiger Fehler grob nach, indem wir dem trainierten Netzwerk zur Erkennung Posturbilder einer Hand anbieten, bei der gegenüber der für die Erzeugung der Trainingsdaten verwendeten Hand ein Fingerglied fehlt oder ein zusätzlicher Finger hinzugefügt ist. Bilder dieser Art sind in der oberen Reihe der Abbildung 10 dargestellt. Wie in Abbildung 9 zeigen auch hier die Bilder auf der rechten Seite der Abbildung 10 die jeweils vom Netzwerk erkannte Postur. Wie aus der Abbildung gut hervorgeht, ergibt sich auch für den Fall der veränderten Handgeometrie noch eine recht gute Erkennungsgenauigkeit. Diese Robustheit ist eine wichtige Voraussetzung für die Integrierbarkeit des beschriebenen Erkennungsnetzwerks in umfangreichere, hybride Bilderkennungssysteme, etwa auf der Basis semantischer Netzwerke (Niemann, Sagerer, Schröder & Kummert, 1991), die unter Einsatz von Bereichswissen eine grobe Segmentierung nach Einzelobjekten vornehmen, die dann von Netzwerkmodulen der hier untersuchten Art weiteranalysiert werden können.

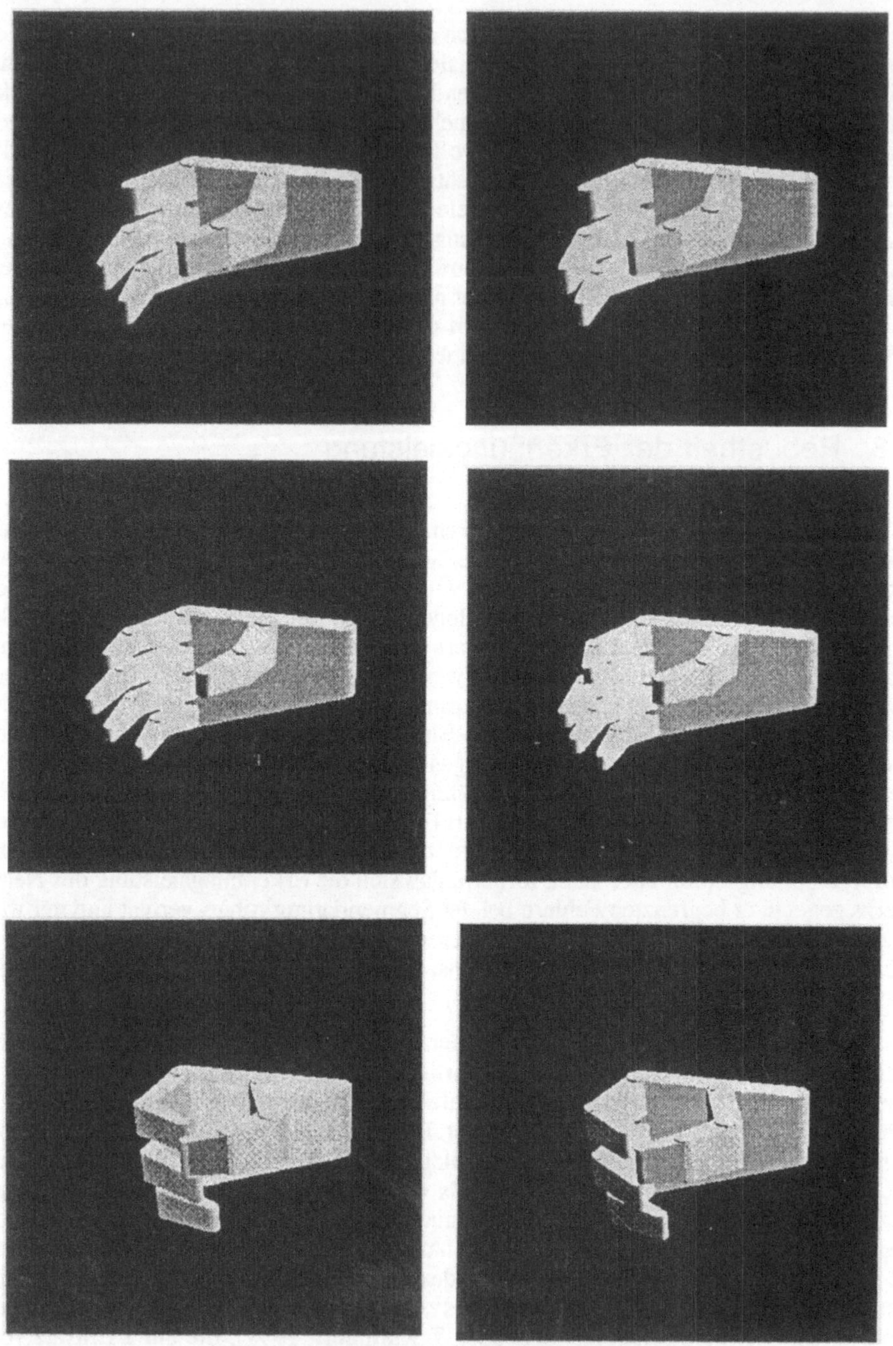

Abbildung 10: Beispiele für die Erkennungsleistung eines LLM-Netzwerks (5 Knoten, 36 Merkmale, 1000 Trainingsbeispiele) unter veränderten Bedingungen der Beleuchtung und der Handform.

Ein weiterer wichtiger Einflußfaktor in diesem Zusammenhang ist die Position der Lichtquelle. Diese wirkt sich besonders stark auf die zur Merkmalsberechnung zugrundegelegten Kantenintensitäten aus. Daher führt eine Verlagerung der Lichtquelle auch hier zu Abweichungen (dritte Reihe in Abbildung 10), doch sind diese geringer als im Fall der "Amputation" eines Fingergliedes oder des Hinzufügens eines Fingers.

5   Zusammenfassung

Ziel dieses Beitrags war es, zu zeigen, wie neuronale LLM-Netze bereits mit wenigen Knoten (z.B. 10 Knoten, bei Verwendung von nur 18 der 36 möglichen Merkmale und 1000 Datenbeispielen) und einem entsprechend geringen Rechenaufwand komplexe visuelle Erkennungsaufgaben wie etwa die räumliche Erkennung dreidimensionaler Handposturen gut lösen können. Im Gegensatz zu den meisten traditionellen Ansätzen gelingt dies ohne Identifikation einzelner Objektbestandteile oder Vorprogrammierung komplexer Erkennungsalgorithmen. Statt dessen wird das benötigte *visuelle Wissen* im Verlauf einer Lernphase allein aus korrekten Beispieldaten akquiriert. Insbesondere ergibt sich daraus eine leichte Übertragbarkeit des Verfahrens auf andere Anwendungsbereiche. Durch die Verwendung einfacher Merkmale wie Gaborfilter ist die Übertragung auf andere Sensordaten denkbar, für die ähnliche Methoden zur Merkmalsextraktion einsetzbar sind, etwa die haptische Erkennung der Gestalt eines Objekts aus *Tastbildern*. Neben der *Programmierung durch Lernen* zeichnet sich der LLM-Ansatz auch durch Robustheit gegenüber Objektänderungen aus, eine gute Voraussetzung für den Einsatz in hybriden Systemen, die symbolische und neuronale Komponenten vereinen.

Literatur

Aloimonos, J. & Shulman, D. (1989). *Integration of visual modules*. Boston: Academic Press.

Carbonell, J. (1990). *Machine Learning*. Cambridge, Massachusets: MIT-Press.

Dreyfus, H.L. & Dreyfus, S.E. (1989). Making a Mind versus Modeling the Brain: Artificial Intelligence at a Branchpoint. In S. Graubard (ed.), *The Artificial Intelligence Debate - False Starts, Real Foundations*, S. 15-44,. Cambridge: MIT-Press.

Fischler, M.A. & Firschein, O. (Eds.) (1987). *Readings in Computer Vision*. Los Altos: Morgan Kaufman .

Fukushima, K. (1988). A neural network for visual pattern recognition. *IEEE Computer, 3*, 65-75.

Hertz, J., Krogh, A. & Palmer, R.G. (1991). *Introduction to the Theory of Neural Computation*. Redwood City, Kalifornien: Addison Wesley.

Hurlbert, A.C. & Poggio, T.A. (1988). Synthesizing a color algorithm from examples. *Science, 239*, 482-485.

Hurlbert, A.C. & Poggio, T.A. (1989). Making Machines (and Artificial Intelligence) See. In S. Graubard (ed.), *The Artificial Intelligence Debate - False Starts, Real Foundations*. S. 213-240. Cambridge, Massachusets: MIT-Press.

Jähne, B. (1991, 2. Auflage). *Digitale Bildverarbeitung*. Heidelberg: Springer.

Knill, D.C. & Kersten, D. (1990). Learning a Near-Optimal Estimator for Surface Shape from Shading. *Computer Vision, Graphics and Image Processing, 50*, 75-100.

Kohonen, T. (1982). Self-organized Formation of Topologically Correct Feature Maps. *Biological Cybernetic, 43,* 59-69.

Kohonen T. (1984). *Self-Organization and Associative Memory* . Heidelberg: Springer.

Kohonen, T. (1990). The Self-Organizing Map. Proceedings of the IEEE, 78, 1464-1480.

Le Cun, Y., Jackel, L.D., Boser, B., Denker, J.S., Graf, H.P., Guyon, I., Henderson, D., Howard, R.E. & Hubbard, W. (1990). Handwritten Digit Recognition: Applications of Neural Net Chips and Automatic Learning. In F. Fogelman-Soulié & J. Heraults (eds.), *Neurocomputing.* NATO ASI Series F68, S. 303-318. Berlin, Heidelberg: Springer.

Lehky, S.R. & Sejnowski, T.J. (1988). Network model of Shape from Shading.: Neural function arises from both receptive and projective fields. *Nature, 333,* 452-455.

Linde, Y, Buzo, A. & Gray, R.M. (1980). An algorithm for vector quantizer design. IEEE Transactions on Communication, 28, 84-95.

Marr, D. (1982). *Vision.* San Francisco: Freeman.

Martinetz, T., Ritter, H. & Schulten, K. (1990). Three-dimensional Neural Net for Learning Visuomotor-Coordination of a Robot Arm. IEEE-Trans. Neural Networks, 1, 131-136.

Michalski, R., Carbonell, J. & Mitchell, T. (1986). *Machine Learning - an AI approach* (Vol. 1 und 2). Los Altos, Kalifornien: Morgan Kauffman Publishers.

Moody, J.&Darken, C.(1988).Learning with Localized Receptive Fields. Proceedings of the 1988Connectionist Models Summer School (pp133-143). San Mateo:Morgan Kaufman.

Poggio, T. & Edelman, S. (1990) A network that learns to recognize three-dimensional objects. *Nature, 343,* 263-266.

Ritter, H. & Cruse, H. (1991). Neural Network Approaches for Sensory-Motor-Coordination. In W.Brauer & D. Hernández (eds.), *Verteilte Künstliche Intelligenz und kooperatives Arbeiten,* S. 498-507. Berlin, Heidelberg, New York: Springer.

Ritter, H., Martinetz, T. & Schulten, K. (1991^2). *Neuronale Netze.* Bonn: Addison-Wesley.

Ritter,. H. (1990). Self-Organizing maps for internal representations. *Psychological Research, 52,* 128-136.

Ritter, H., Martinetz, T. & Schulten, K. (1989). Topology Conserving Maps for Learning Visuomotor-Coordination. Neural Networks, 2, 159-168.

Rumelhart, D.&McClelland,J. (1984).*ParallelDistributed Processing.*Cambridge: MIT-Pr.

Rumelhart, D., Hinton, G.E. & Williams, R.J. (1986). Learning Representations by Back-Propagating Errors. *Nature, 323,* 533-536

Niemann, H., Sagerer, G., Schröder, S. & Kummert, F. (1991). ERNEST: A Semantic Network System for Pattern Understanding. *IEEE Transactions on Pattern Analysis and Machine Intelligence, 12,* 883-905.

Saha, A. & Keeler, J.D. (1990). Algorithms for Better Representation and Faster Learning in Radial Basis Function Networks. In D.S. Touretzky (ed.), *Advances in Neural Information Processing Systems 2,* S. 482-489. San Mateo, Kalifornien: Morgan Kaufman.

Walter, J., Martinetz, T. & Schulten, K. (1991). Industrial Robot Learns Visuo-motor Coordination by Means of "Neural-Gas" Network. In T. Kohonen, K. Mäkisara, O. Simula & J. Kangas (eds.), *Artificial Neural Networks, vol. 1,* S. 357-364. Amsterdam, New York, Oxford, Tokyo: North-Holland.

Weinshall, D., Edelman, S. & Bülthoff, H.H. (1990). A Self-Organizing Multiple View Representation of 3D-Objects. In D. Touretzky (ed.), *Neural Information Processing Systems 2.,* S. 274-281. San Mateo: Morgan Kaufman.

Werbos, P. (1974). Beyond Regression: New Tools for Prediction and Analysis in the Behavioral Sciences. Unveröffentlichte Doktorarbeit. Boston: Harvard University, Committee on Applied Mathematics.

Zur Diagnose und Modellierung von Wissensveränderungen im Rahmen einer Stocksituationstheorie[1]

Olaf Schröder und Claus Möbus

Dieser Beitrag beschreibt einen Ansatz zur Modellierung hilfegeleiteter Wissenserwerbsprozesse beim Problemlösen. Ausgangspunkt ist eine theoretische Konzeption, die motivationale und volitionale Aspekte der Handlungssteuerung mit Aspekten des Lernens verbindet. Wissenserwerb wird dabei als Wechselspiel des Erwerbs neuen Wissens mit Hilfen nach Stocksituationen sowie der Wissensoptimierung durch Komposition aufgefaßt. Für diese theoretische Konzeption werden für die Domäne des Programmierens in der graphischen funktionalen Sprache ABSYNT zwei unterschiedlich abstrakte lauffähige Realisationen vorgestellt: ein internes Modell der sukzessiven Wissensstadien eines Lernenden und ein externes Modell der Wissenserwerbsprozesse, die die Übergänge zwischen den Stadien ermöglichen. Das interne Modell ist integrierter Teil eines Hilfesystems zum Erwerb von Programmierwissen für ABSYNT. Es ist in der Lage, unter Nutzung zeitprotokollierter Problemlösedaten online Lösungsentwürfe zu untersuchen und möglichst wissensstandsangepaßte Hilfen zu generieren. Es beschreibt die Wissensentwicklung als Fortschreiten auf von Mikroregeln über Lösungsschemata bis hin zu spezifischen Lösungsbeispielen für Programmieraufgaben und für Teilprobleme aus diesen. Mikroregeln, Schemata und Lösungsbeispiele bilden dabei eine partielle Ordnung hinsichtlich einer Spezialisierungsrelation. Das externe Prozeßmodell enthält darüber hinaus hypothetische Gründe (in Form von Wissenserwerbs- und Problemlöseprozessen) für das Fortschreiten über die Wissensstadien. Es ist als kognitives Wissenserwerbsmodell zur Modellierung kontinuierlicher Wissenserwerbsprozesse und der dabei ablaufenden Handlungs- und Verbalisationssequenzen konzipiert. Internes Modell, externes Modell und die zugrundeliegende theoretische Konzeption beschränken sich gegenseitig, und es wird maximale Konsistenz zwischen ihnen angestrebt.

1   Einleitung

Die computerisierte Modellierung von Vorgängen der Informationsverarbeitung und speziell von Wissenserwerbsprozessen hat sich zu einem wichtigen Forschungsfeld entwickelt. Modelle dieser Art ermöglichen detaillierte Hypothesen zur Repräsentation und zur Veränderung von Wissen, und entsprechend detaillierte und manchmal über-

[1] Diese Arbeit wurde durch die Deutsche Forschungsgemeinschaft im SPP Wissenspsychologie unterstützt (Mo 292/3-3). Wir möchten uns bei den folgenden Mitarbeitern bedanken: bei stud.inf. Jörg Folckers für die Implementation von ABSYNT in MacProlog, bei cand.inf. Hermann Göhler für die Implementation des Externen Modells in FLEX-Prolog, bei Dipl.Inf. Knut Pitschke für die Diskussionen bezüglich der Taxonomie von Lernverfahren, bei cand.psych. Erika Roxin für die sorgfältige Auswertung der Videoprotokolle und bei cand.math. Heinz-Jürgen Thole für die Implementation des Internen Modells in MacProlog.

raschende empirische Vorhersagen. Sie tragen somit zur kognitionspsychologischen Theorienbildung und zur Grundlagenforschung bei. Zum anderen wird gerade durch die Modellierung von Wissenserwerbsprozessen der Weg gebahnt für die Entwicklung von Instruktionen und Hilfen, die dem jeweiligen Wissensstand angepaßt sind. Dies ist nicht nur eine wichtige Voraussetzung für die individualisierte und damit effizientere Informationsvermittlung, und damit für die Effektivierung von Lehr-/Lernprozessen, sondern auch für die Gestaltung benutzerorientierter Informatiksysteme.

Bereits die Diagnose von Wissensständen ohne Berücksichtigung von Wissensveränderungen ist jedoch ein schwieriges Problem (Self, 1990). Noch schwieriger ist die Modellierung von Wissenserwerbsprozessen, die diese hypothetischen Wissensstadien erst erzeugen. Zwei notwendige Voraussetzungen, sich diesem Ziel zu nähern, sind:

- eine *theoretische Konzeption*, die der Breite der Phänomene beim Wissenserwerb im Zuge des Problemlösens gerecht wird. Um Fähigkeits- und Wissenserwerbsprozesse in verschiedenen instruktionalen Settings (wie Wissenserwerb mit Regeln, aus Beispielen, mit Hilfen, mit vorgegebenen Problemlösungen oder mit selbständiger Setzung von Problemzielen) modellieren zu können, ist ein theoretischer Rahmen erforderlich, der die Setzung von Problemzielen durch den Problemlöser, die Handlungssteuerung, das Erleben von Stocksituationen, das Aufsuchen, Finden und Verarbeiten neuer Information, die Überprüfung und Korrektur von Lösungsentwürfen, den Erwerb und die Modifikation von Wissen umfaßt. Darüber hinaus muß sich diese theoretische Konzeption auf einem hohen Auflösungsniveau bewegen, auf dem spezifische Handlungs- und Verbalisationssequenzen beschrieben werden können. Schließlich muß die theoretische Konzeption auf verschiedene Problemlösedomänen anwendbar, also domänenunabhängig sein.

- eine entsprechend *detaillierte Erhebung der Daten*, die als Indikatoren für Wissensbestände, Stocksituationen, Problemlöseheuristiken, Prozesse der Wissensveränderung usw. dienen. Dies setzt im weiteren voraus, daß dem Problemlöser hinsichtlich der Wahl und Sequenzierung einzelner Handlungsschritte genügend Spielraum gegeben wird. Anderenfalls erfährt man durch die Modellierung mehr über den Gegenstandsbereich als über die kognitiven Prozesse des Problemlösers. Nur die vom Problemlöser frei getroffenen Problemlöseentscheidungen sind für die Modellbildung potentiell bedeutsame Problemlösedaten.

Sind diese beiden Voraussetzungen erfüllt, so kann mit der Entwicklung eines lauffähigen Modells eine Brücke zwischen der theoretischen Konzeption und den empirischen Problemlösedaten geschlagen werden. Das Modell dient dabei einerseits der Realisation und Konkretisierung der theoretischen Konzeption und andererseits der Reproduktion und gegebenenfalls Vorhersage der empirischen Daten.

Die von uns angestrebte *theoretische Konzeption* ist die *ISPDL-Architektur* (Impasse - Success - Problem Solving - Driven Learning), an der wir gegenwärtig arbeiten. In ihr werden motivations- und volitionstheoretische Aspekte (insbesondere Heckhausens Rubikonmodell; vgl. Heckhausen, 1989) und lerntheoretische Aspekte miteinander verbunden. Die lerntheoretischen Aspekte sind dabei als Wechselspiel zweier Teilprozesse konzipiert:

- Induktiver *Erwerb neuen Wissens* in Stocksituationen ("Impasse Driven Learning", van Lehn, 1988; 1990; 1991). Unter *Stocksituationen* verstehen wir Problemsituationen, in denen der Problemlöser zunächst nicht weiter weiß ("stekken bleibt"), da ihm das nötige Wissen bzw. Handlungsrepertoire fehlt. Der

Problemlöser setzt dann schwache (domänenunabhängige) Heuristiken zur Überwindung der Stocksituation ein, wie Fragen zu stellen, in Büchern oder Anleitungen nachzuschlagen usw., also allgemein die Nutzung von *Hilfen*. Mit schwachen Heuristiken können zum einen Stocksituationen überwunden werden und zum anderen neues Wissen erworben werden, so daß vergleichbare Stocksituationen in Zukunft vermieden werden.

- Deduktive *Wissensoptimierung* nach erfolgreicher Wissensnutzung ("Success Driven Learning"): Andersons Komposition (Anderson, 1983a) bzw. Newells Chunking (Rosenbloom & Newell, 1987) .

Die *Wissensdomäne*, in der wir lauffähige Modelle dieser theoretischen Konzeption realisieren, ist der Erwerb von Programmierwissen in der graphischen funktionalen Programmiersprache ABSYNT. In ABSYNT sind die Erstellung, Benennung und Verknüpfung von Programmobjekten (wie Operatoren, Parameter etc.) unterschiedliche und darüber hinaus vom Problemlöser frei sequenzierbare Handlungen. Außerdem besteht in ABSYNT die Möglichkeit zur Formulierung von Prüfhypothesen (siehe unten). Zum anderen liegen schwierige Probleme wie die Nichtmonotonie von Lösungsschritten (Korf, 1987) in der Domäne ABSYNT nicht vor. Damit erfüllt ABSYNT die Forderung nach einer detaillierten Datenerhebung im oben beschriebenen Sinne.

Die Brücke zwischen der theoretischen Konzeption (ISPDL-Theorie) und den Daten (Problemlöseprotokolle des Programmierens in ABSYNT) besteht bei uns aus zwei verschiedenen Modellen (Abbildung 1), die unterschiedlich detaillierte Realisationen der ISPDL-Theorie darstellen und dementsprechend unterschiedlich viele Problemlösedaten erklären:

- Das "*Stadienmodell*" oder "*interne Modell*" repräsentiert das Domänenwissen des Lernenden zu verschiedenen Zeitpunkten im Wissenserwerbsprozeß. Es wird im Kontext eines Problemlösemonitors entwickelt, der den Lernenden beim Entwurf von ABSYNT-Programmen mit Hilfen unterstützt. Das Stadienmodell ermöglicht die online-Diagnose der Lösungsentwürfe des Lernenden und die online-Generierung von Hilfen. Es ist also Bestandteil des Problemlösemonitors (deshalb "internes Modell"), beschreibt den *domänenbezogenen Wissensstand* und beruht auf vom Rechner abrufbaren Daten: Programmierhandlungen und die dabei benötigte Zeit.

- Das "*Prozeßmodell*" oder "*externe Modell*" ist jedoch nicht integrierter Bestandteil des Problemlösemonitors (also "extern"). Es enthält hypothetische Wissenserwerbs- und Wissensveränderungsprozesse, Stocksituationen und schwache Heuristiken und geht damit über das Stadienmodell hinaus: Es liefert (hypothetische) *Gründe* für die Änderungen des Domänenwissens gemäß dem Stadienmodell. Es dient der Reproduktion und Vorhersage *auch* solcher empirischer Daten, die nicht durch den Rechner erfaßbar sind, wie etwa Verbalisationen.

Abbildung 1 veranschaulicht die Beziehung zwischen dem internen und dem externen Modell. Das Prozeßmodell (externes Modell) ist als kognitives Wissenserwerbsmodell konzipiert. Das Stadienmodell (internes Modell) dagegen enthält auf der Theorieebene, der Modellebene und der Datenebene nur *Teilaspekte* des externen Modells: die Planung und den Einsatz von Handlungsoperatoren, die online-Diagnose und Hilfengenerierung und die Verarbeitung der vom Rechner erfaßbaren Daten. (Die Beziehung beider Modelle zur ISPDL-Theorie wird im nächsten Abschnitt erläutert werden.) Das interne Modell repräsentiert eine konkrete Anwendung der ISPDL-Theorie im Rahmen des Problemlösemonitors. Es dient der Überprüfung von Vorhersagen und der Bildung neuer Hypothesen, welche jedoch wiederum in die Weiterentwicklung des externen Modells und der ISPDL-Theorie einfließen. Es wird also größtmögliche Konsistenz von internem Modell, externem Modell und der ISPDL-Theorie angestrebt.

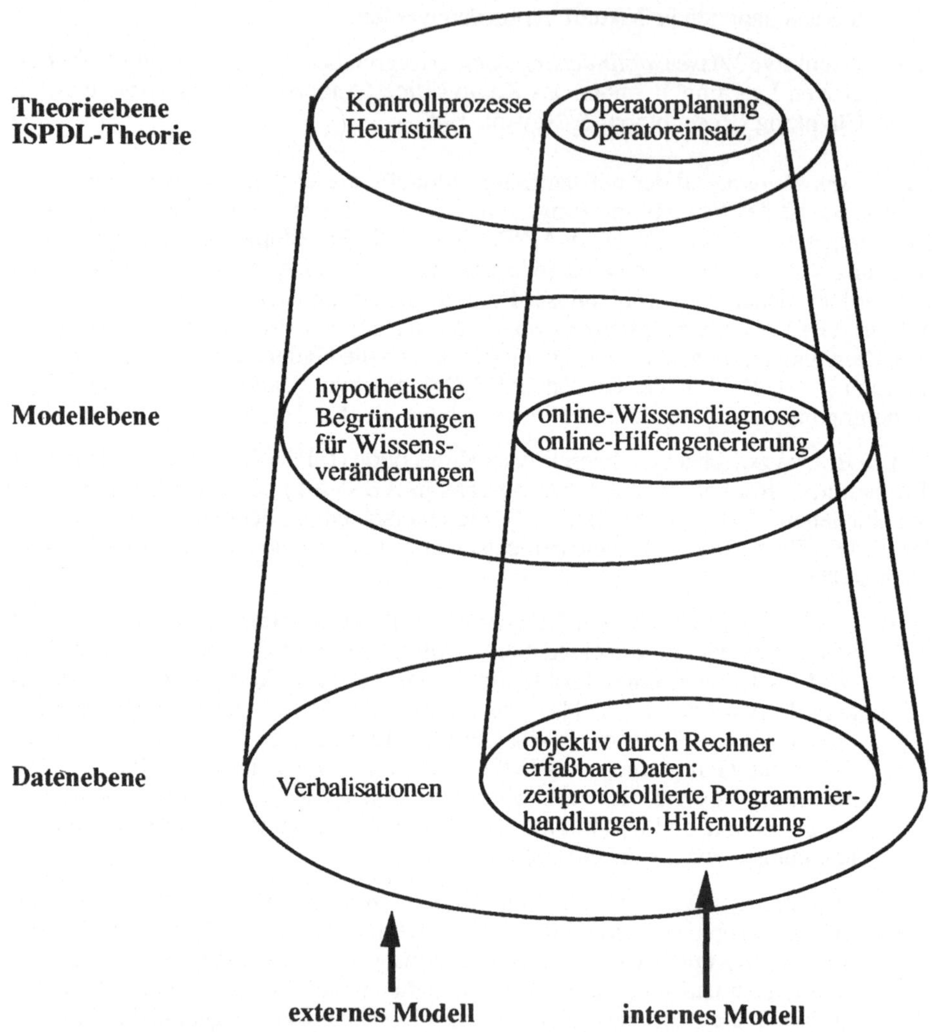

Abbildung 1: Zur Relation zwischen internem Modell (Stadienmodell) und externem Modell (Prozeß-modell)

Dieser Beitrag enthält die Darstellung des aktuellen Standes unserer Arbeiten zur Modellierung hilfegeleiteter Wissenserwerbsprozesse beim Problemlösen. Zunächst wird unsere theoretische Konzeption, die ISPDL-Architektur, dargestellt. Dann wird ein kurzer Überblick über unsere Wissensdomäne ABSYNT gegeben. Anschließend wird das interne Modell sukzessiver Wissensstadien Lernender beschrieben und illu- striert. Der letzte Abschnitt referiert den Stand des externen Modells, das mit hypothe- tischen Problemlöse- und Wissenserwerbsprozessen die Wissensentwicklung über die

Stadien beschreiben soll. Abschließend wird ein kurzer Ausblick auf die weitere Arbeitsplanung gegeben.

2 Problemlösendes Handeln und Wissenserwerb: Die ISPDL-Architektur

Die ISPDL-Architektur (Impasse - Success - Problem solving - Driven - Learning) ist der Ausgangspunkt für eine theoretische Konzeption (Möbus, 1991b), von der wir glauben, daß sie den skizzierten Anforderungen an Phänomenbreite, Auflösungsgrad und Domänenunabhängigkeit gerecht werden kann. Sie verbindet drei Aspekte:

- Die *motivations- und volitionstheoretische Strukturierung* des Problemlöseprozesses von der Zielfindung über die Handlungsplanung und -ausführung bis zur Bewertung und gegebenenfalls Modifikation einer Lösung im Sinne des Rubikonmodells von Heckhausen (1987; 1989) und Gollwitzer (1990). Im Rubikonmodell werden vier Handlungsphasen unterschieden. In der Phase des *Abwägens* untersucht der Problemlöser verschiedene mögliche Zielintentionen im Hinblick auf ihre Machbarkeit und Wünschbarkeit. Hat er sich für ein Ziel entschieden, so beginnt die Phase des *Planens*, also der Vorbereitung der Zielrealisierung. Hierzu gehört u.a. die Bildung und Sequenzierung von Subzielen. Der Plan wird *ausgeführt*, und das erhaltene Ergebnis wird zum Beispiel im Hinblick auf die eigenen Wünsche, auf Oberziele usw. *bewertet*. Gollwitzer (1990) postuliert darüber hinaus für jede Handlungsphase spezifische Einstellungen des Problemlösers.

- *Wissenserwerb* durch den Einsatz schwacher Heuristiken wie Informationssuche, Analogiebildung, Problemlöseheuristiken etc. nach Stocksituationen (Erwerb neuen Wissens durch "*Impasse Driven Learning*", van Lehn, 1988; 1990; 1991). Ist die Anwendung der schwachen Heuristik erfolgreich in dem Sinne, daß die Stocksituation überwunden werden kann, so wird neues Wissen erworben: nämlich die Information, die zu der Überwindung der Stocksituation beigetragen hat bzw. deren vorheriges Fehlen erst zur Stocksituation geführt hat (Möbus, 1990; Schröder, 1990a, 1990b). Dieses Wissen steht dann in späteren Situationen zur Verfügung und hilft so, ähnlich begründete Stocksituationen zu vermeiden. Kann die Stocksituation hingegen mit der aufgesuchten Information nicht überwunden werden, so kann ähnlich wie schon im General Problem Solver (Ernst & Newell, 1969) ein neues Problem (sekundäre Stocksituation; vgl. Brown & van Lehn, 1980) entstehen. Eine konsequente Realisierung der Theorie des Impasse Driven Learning ist die allgemeine Problemlösearchitektur SOAR (Laird, Rosenbloom & Newell. 1986; 1987; Young, 1991).

  Nach der Theorie des Impasse Driven Learning sucht der Lernende neue Information nur dann auf bzw. ist für sie empfänglich, wenn er sich in einer Stocksituation befindet. Stocksituationen sind also der Motor des Wissenserwerbs, da sie Problemlösen, Anforderung von Hilfen etc. anregen (van Lehn, 1988). Neue Informationen werden nur dann aufgenommen, wenn sie wirklich benötigt werden, ein Prinzip, das auch außerhalb der Theorie des Impasse Driven Learning als wichtig angesehen wird (zum Beispiel Winkels & Breuker, 1990). Ohne Stocksituation hingegen werden neue Informationen als lästig empfunden ("unerbetene Ratschläge"). Das *aktive Aufsuchen* von Information durch den Lernenden gibt also Hinweise auf Wissenslücken und damit auf seine Wissensstrukturen sowie auf die ablaufenden Wissenserwerbsprozesse; es ist damit ein wichtiges empirisches Datum (vgl. auch Self, 1990).

- *Optimierung* von schon vorhandenem Wissen *ohne* Stocksituationen durch erfolgreiche Wissensanwendung (*"Success Driven Learning"*). Dieser Aspekt wird von einer Reihe von Ansätzen akzentuiert, die van Lehn (1990) als "Memorize-and-Compile"-Theorien bezeichnet: Wissen wird durch "Kompilation" automatisert, so daß es effizienter angewendet werden kann. Beispiele für Wissensoptimierungsprozesse im Sinne des Success Driven Learning sind Chunking (Elio, 1986; Iba, 1989; Rosenbloom & Newell, 1986; 1987; Wolff, 1987), Komposition (Anderson, 1983a; b; 1986; 1989; Lewis, 1987; Neves & Anderson, 1981; Vere, 1977), Proceduralisierung (Anderson, 1983a; 1986; 1989), und die Bildung rekursiver Makrooperatoren (Cheng & Carbonell, 1986). Wir beschreiben Wissensoptimierung durch Komposition, weil sie ein klares Konzept darstellt und eine Reihe prüfbarer Vorhersagen erlaubt (siehe unten).

Abbildung 2 bis 5 zeigen den gegenwärtigen Stand der Überlegungen zu der ISPDL-Architektur in der Form eines höheren hierarchischen Petrinetzes. Mit Petrinetzen lassen sich *verteilte* zeitdiskrete Prozesse beschreiben und modellieren. Die Semantik von Petrinetzen ist u.a. in Reisig (1982; 1985) und die der höheren hierarchischen Netze in Huber, Jensen & Shapiro (1990) dargestellt. Wir wollen es hier bei einer natürlichsprachlichen Beschreibung bewenden lassen:

Die ISPDL-Architektur gliedert sich in vier Subaspekte: Problemverarbeitung, Zielverarbeitung, operationale und nichtoperationale Zielverarbeitung. Jeder dieser Subaspekte wird durch ein Netz bzw. durch eine Seite (Abbildung 2 - 5) dargestellt. Stellen (Ellipsen) in den Netzen repräsentieren Zustände bzw. Datenbehälter. Transitionen (Rechtecke) repräsentieren Ereignisse bzw. Verarbeitungsschritte. Die Stellen können Marken tragen, die für mentale Objekte (Ziele, Gedächtnisspuren, Heuristiken) oder reale Objekte (Problemlösung, Verhaltensprotokoll) stehen. Stellen können zusätzliche Bezeichner (tags) tragen. So bedeutet ein "B" in einem Quadrat, daß diese Seite über diese Border-Stelle betreten (IN) oder verlassen (OUT/EXIT) wird. Stellen mit dem Bezeichner "FG" gehören einer globalen Fusionsmenge an. Diese Stellen stehen in allen Netzen bzw. Seiten mit gleichem Inhalt zur Verfügung.

Die Informationsverarbeitung wird durch das Schalten von Transitionen modelliert. Eine Transition kann schalten, wenn sie von allen Stellen im Vorbereich (d.h. Stellen, die durch einen Pfeil *auf* die Transition mit dieser verbunden sind) eine Marke (Ziel, Regel etc.) abzieht und allen Stellen im Nachbereich (d.h. Stellen, die durch einen Pfeil *von* der Transition mit dieser verbunden sind) eine Marke zuliefert. Bei einem Doppelpfeil befindet sich die Stelle im Vor- und Nachbereich der Transition.

Der Prozeß beginnt mit dem Netz "Problem Processing" (Abbildung 2) mit "Goals". (Auf die Schattierungen in einigen Stellen und Transitionen der Netze wird weiter unten eingegangen.) Zunächst wägt der Problemlöser zwischen den verschiedenen alternativen Zielen unter Einbeziehung seines Wissens ("Knowledge Base") ab (1. Phase des Rubikonmodells). Diese "Deliberate"-Phase führt zur Auswahl eines bestimmten Ziels ("Goal"). Das Ziel wird bearbeitet ("Goal Processing"), dieser Prozeß ist im folgenden Subnetz (Abbildung 3) enthalten. Es resultiert eine Lösung ("Solution"), und das verwendete Wissen der Wissensbasis wird über deduktive Prozesse optimiert ("Success Driven Learning"). Sind alle Ziele auf diese Weise bearbeitet ("Solutions"), so ist der Prozeß beendet.

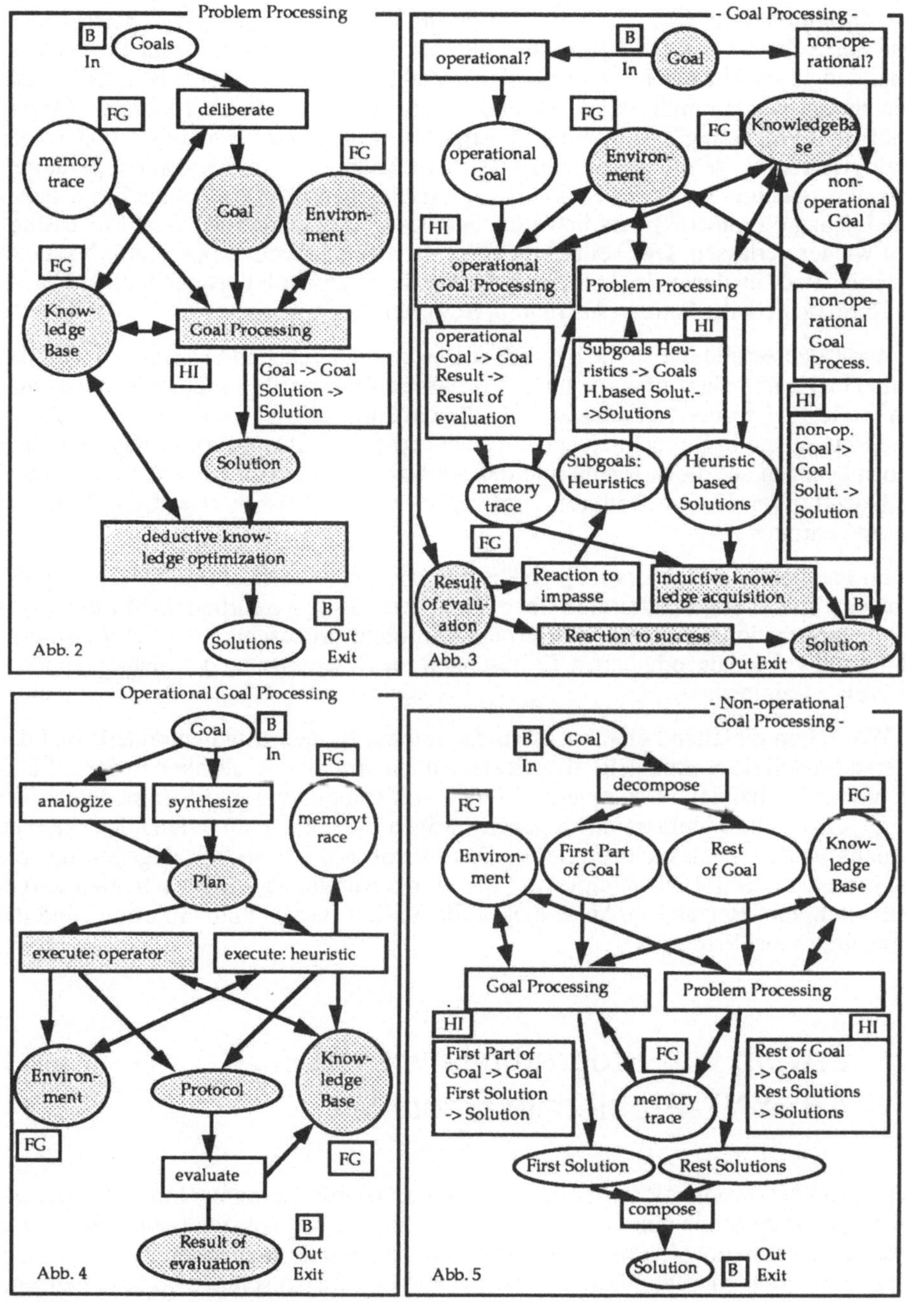

Abbildungen 2-5: Die ISPDL-Architektur.

Die Transition "Goal Processing" in Abbildung 2 trägt den tag "HI" (hierarchical invocation transition). Damit wird der Fortgang des kognitiven Prozesses in einer neu erzeugten Instanz des Netzes "Goal Processing" angezeigt. Zusätzlich wird durch die beiden Zuordnungen "Goal -> Goal" und "Solution -> Solution" (in Abbildung 2 in dem Rechteck mit weißem Hintergrund) gefordert, daß die Inhalte der Stellen "Goal" bzw. "Solution" im Netz "Problem Processing" in den Stellen "Goal" bzw. "Solution" des Subnetzes "Goal Processing" auftauchen. Im Subnetz "Goal Processing" (Abbildung 3) wird zunächst geprüft, ob das Ziel ("Goal") operational ist oder in Teilziele zerlegt werden muß. Ist es operational, so wird es bearbeitet (Subnetz "Operational Goal Processing", Abbildung 4). Ein Lösungsplan wird synthetisiert oder über Analogienutzung gebildet und ausgeführt. Er kann sich auf Domänenoperatoren ("execute: operator") oder auf Heuristiken ("execute: heuristic") beziehen. Die entstandene Lösung ("Protocol") wird bewertet, und das Netz "Operational Goal Processing" wird wieder verlassen. Die Teilprozesse "synthesize", "execute: operator", "execute: heuristic" und "evaluate" in Abbildung 4 korrespondieren mit entsprechenden Phasen des Rubikonmodells: Planen, Ausführen, Bewerten..

Zurück zu Abbildung 3: Nach positiver Bewertung ("reaction to success") wird das Netz "Goal Processing" über "Solution" verlassen. Es kann aber auch eine Stocksituation vorliegen ("reaction to impasse"). In diesem Fall kann der Problemlöser verschiedene Heuristiken in Betracht ziehen. Es findet erneut "Problem Processing" statt, nun jedoch bezogen auf die Auswahl und den Einsatz von Heuristiken, wie zum Beispiel die Nutzung von Hilfen. Dadurch wird induktiv neues Wissen erworben ("Impasse Driven Learning").

Im Falle eines nichtoperationalen Ziels (Abbildung 5) schließlich wird ein operationales Teilziel abgespalten und über "Goal processing" verarbeitet. Mit dem Rest des nichtoperationalen Ziels wird erneut "Problem processing" durchgeführt. Anschließend werden die erhaltenen Teillösungen zur Gesamtlösung des nichtoperationalen Ziels zusammengesetzt.

Wie schon einleitend erwähnt, sind das interne Modell (Stadienmodell) und das externe Modell (Prozeßmodell) als unterschiedlich abstrakte Realisationen der ISPDL-Architektur konzipiert. Das externe Modell soll (möglichst) alle Komponenten der ISPDL-Architektur umfassen. (Im gegenwärtigen Implementationsstand des externen Modells ist dies noch nicht erreicht). Das interne Modell umfaßt dagegen nur die Komponenten der ISPDL-Architektur, die in den Abbildung 2 bis 4 schattiert dargestellt sind; zum Beispiel in Abbildung 2 die Stellen "Goal" und "Solution" und die Transition "Goal Processing".

3 Erwerb von Programmierwissen im ABSYNT-Problemlösemonitor

Der ABSYNT-Problemlösemonitor stellt eine visuelle Lernumgebung dar (*iconic environment* im Sinne von Glinert, 1990) und unterstützt Novizen beim Erwerb von Wissen über funktionale Programmierkonzepte bis hin zu rekursiven Systemen. Der ABSYNT-Problemlösemonitor kann Hilfen und Lösungsvorschläge bereitstellen, enthält jedoch keine curriculare Komponente. Seine wichtigsten Bestandteile sind ein visueller Programmeditor, ein visueller Trace und eine Hilfekomponente. Sie werden hier kurz dargestellt. Eine ausführliche Beschreibung der Sprache sowie ihre Begründung und Analyse mit kognitiven Designprinzipien findet man in Möbus & Thole (1989).

Im *Editor* (Abbildung 6) können ABSYNT-Programme konstruiert werden. Der Problemlöser kann sie außerdem syntaktisch überprüfen lassen. Ein ABSYNT-Programm befindet sich in einem Rahmen und besteht aus einem Kopf und einem Körper. Der Startbaum dient dem Programmaufruf. Die Knoten der Bäume sind Konstanten, Parameter, primitive und selbstdefinierte Operatorknoten. Knoten werden mit der Maus aus der Menüleiste am linken Rand eines Start- bzw. Rahmenfensters entnommen und miteinander verbunden. Die einzelnen Programmierhandlungen sind vom Benutzer zum Beispiel im Sinne von "top down"-, "bottom-up"- oder "middle out"-Programmierung frei sequenzierbar (dies ist für die Modellierung wichtig, siehe unten). So können zum Beispiel Verbindungslinien bereits gezogen werden, wenn die zu verbindenden Knoten noch nicht programmiert wurden, diese werden dann durch Schatten repräsentiert (Abbildung 6).

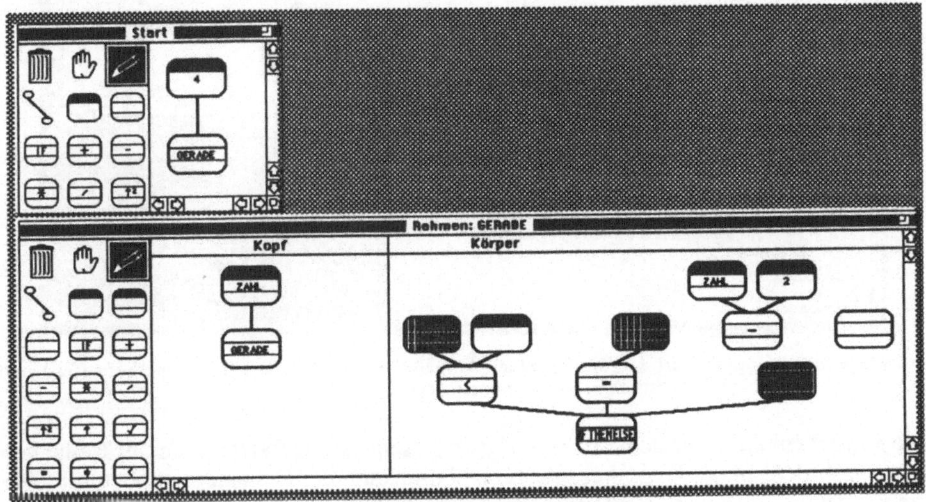

Abbildung 6: Schnappschuß des visuellen ABSYNT-Programmeditors

Abbildung 7 illustriert die freie Sequenzierbarkeit der Programmierhandlungen einer Person anhand einer zeitprotokollierten Handlungssequenz.

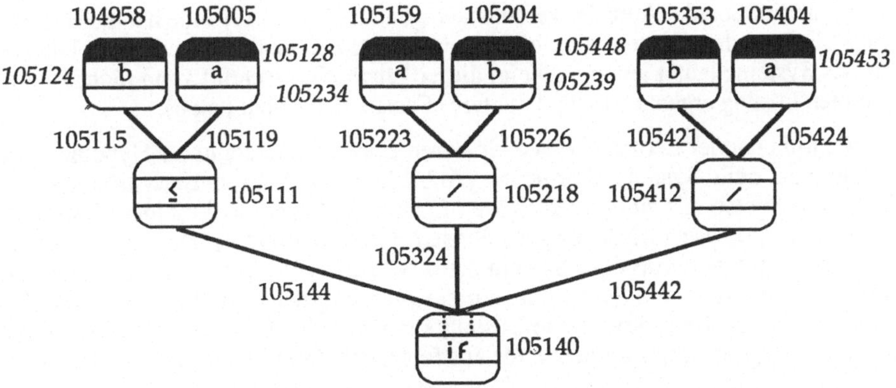

Abbildung 7: Zeitsprotokollierte ABSYNT-Handlungssequenz (zum Beispiel "105144" bedeutet: um 10:51:44 Uhr wurde die Verbindung vom if-Knoten zum ≤ Knoten gezogen; kursiv geschriebene Zeitindices bezeichnen die Aktion der Knotenbeschriftung)

Der visuelle *Trace* ist ein Ergebnis der Entwicklung lauffähiger Spezifikationen des ABSYNT-Interpreters. In dem Trace wird jeder Berechnungsschritt des Interpreters visualisiert. Der Lernende kann die Interpreterschritte auch selbst mit Maus und Tastatur unter Nutzung visueller Repräsentationen der Interpreterspezifikationen als Hilfen vorhersagen (Möbus & Schröder, 1989; 1990).

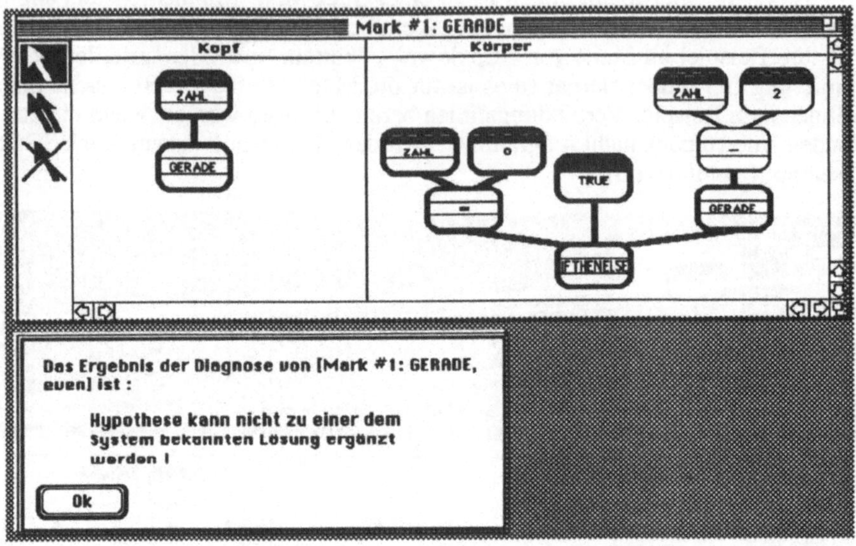

Abbildung 8: Lösungsentwurf für die "Gerade"-Aufgabe (oberes Fenster) mit Hypothese (fett) und negativer Systemrückmeldung (unteres Fenster)

Die *Hilfekomponente* besteht aus einer Hypothesentestumgebung und einer Reihe von Planungshilfen. In der Hypothesentestumgebung kann der Lernende Hypothesen über die Korrektheit seiner Lösungsentwürfe (oder auch ihrer Teile) formulieren (Möbus, 1990; 1991a; Möbus & Thole, 1990). Abbildung 8 zeigt einen Lösungsentwurf zu der "Gerade"-Aufgabe ("Gesucht ist ein Programm, das prüft, ob eine natürliche Zahl gerade ist"). Der Lernende hat einen Teil seines Entwurfs markiert (fette Linien und fett umrandete Knoten). Dieser markierte Entwurfsausschnitt stellt die aktuelle Hypothese des Lernenden dar: "Ich behaupte, daß sich dieser Ausschitt zu einer korrekten Lösung für die 'Gerade'-Aufgabe vervollständigen läßt!" Der Lernende hat die Hypothese anschließend dem System über ein Pop-up-Menü zur Analyse übergeben. Die Antwort des Systems lautet jedoch: "Nein, dieser Entwurfsausschnitt kann nicht zu einer bekannten Lösung ergänzt werden." (unteres Fenster der Abbildung 8).

Daraufhin hat der Lernende einen kleineren Entwurfsausschnitt als Hypothese ausgewählt und dem System übergeben (Abbildung 9). Diesen Entwurfsausschnitt erkennt das System als zu einer korrekten Lösung ergänzbar und meldet dies mit der Kopie der Hypothese zurück (unteres Fenster der Abbildung 9). Der Lernende kann sich diese Kopie nun von dem System schrittweise ergänzen lassen (Abbildung 10, unteres Fenster), denn das System hat durch Ergänzung der Hypothese eine komplette Lösung generiert. Diese komplette Lösung kann sich der Lernende ebenfalls zeigen lassen. Der Hypothesentestansatz wurde aus folgenden drei Gründen realisiert:

1. In funktionalen Programmen können Fehler meistens *nicht eindeutig* lokalisiert werden. Meist gibt es mehrere Möglichkeiten, einen fehlerhaften Entwurf

zu korrigieren. So kann zum Beispiel der in Abbildung 10 (oberes Fenster) dargestellte Entwurf durch Änderung des ELSE-Zweiges des if-then-else-Operators korrigiert werden, wie durch den Ergänzungsvorschlag (untere Hälfte in Abbildung 10) nahegelegt. Derselbe Entwurf kann aber unter Beibehaltung des ELSE-Zweiges auch durch Abänderung von IF-Zweig und THEN-Zweig korrigiert werden, wie Abbildung 11 illustriert. Mit dem Hypothesentestansatz wird die Entscheidung über die beizubehaltenden und die zu ändernden Entwurfsausschnitte dem *Problemlöser* überlassen.

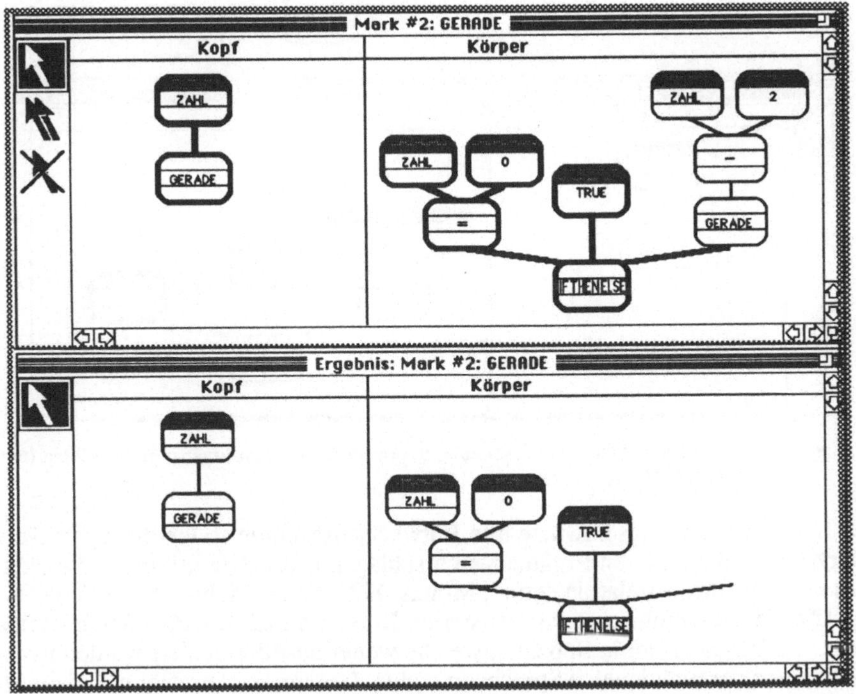

Abbildung 9: Lösungsentwurf für die "Gerade"-Aufgabe (oberes Fenster) mit Hypothese (fett) und positiver Systemrückmeldung (unteres Fenster)

2. Nach der Theorie des Impasse Driven Learning, die Teil unserer ISPDL-Architektur ist, greift der Problemlöser in Stocksituationen *von sich aus* auf Hilfen zu: Ohne Stocksituation kein Informationsbedarf. Das oft ohne explizite Theorie postulierte didaktische Prinzip, daß ein Hilfesystem den Lernenden nicht leichtfertig unterbrechen sollte (zum Beispiel Winkels & Breuker, 1990), folgt somit aus der Theorie des Impasse Driven Learning. Im ABSYNT-Problemlösemonitor werden daher dem Problemlöser Informationen (Fehlerrückmeldungen, Ergänzungsvorschläge) nicht vorgegeben, sondern mit der Hypothesentestmöglichkeit *angeboten*.

3. Da der Problemlöser selbst Zeitpunkt und Inhalt von Prüfhypothesen bestimmt, stellt der Hypothesentestansatz eine wichtige *Datenquelle* über das aktuelle Domänenwissen des Problemlösers und die ablaufenden Problemlöseprozesse dar. Wenn der Problemlöser die Gelegenheit nutzt, Rückmeldung und Ergänzungsvorschläge zu erhalten, dann erlaubt dies Hypothesen über Stocksituationen und Wissensdefizite.

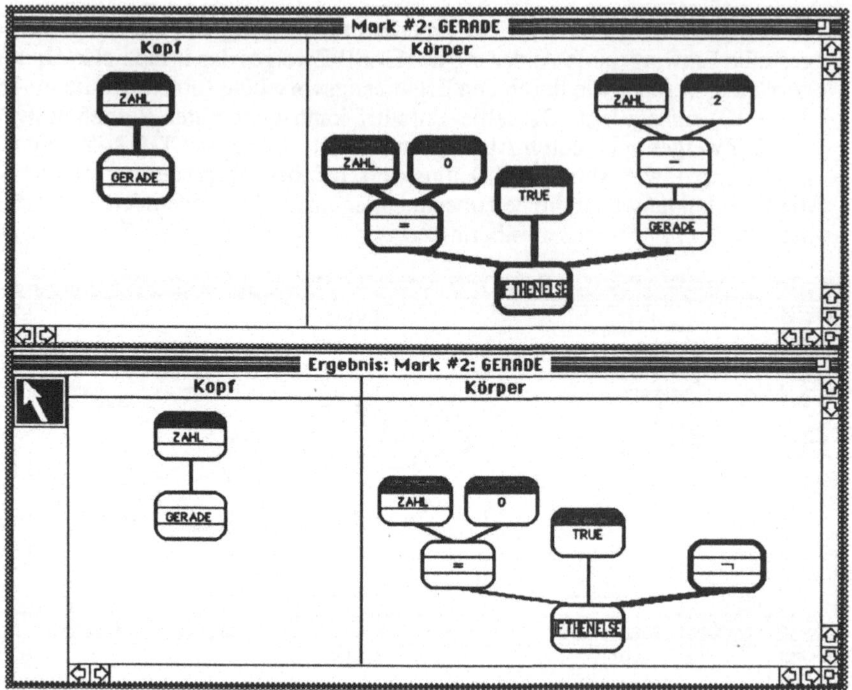

Abbildung 10: Systemrückmeldung von Abbildung 9, erweitert um einen Ergänzungsvorschlag (unteres Fenster, fett)

Die Analyse der Lösungsentwürfe und Entwurfsausschnitte sowie die Synthese von Lösungsentwürfen und von Ergänzungsvorschlägen geschehen mit einer *Ziel-Mittel-Relation* (goals-means-relation "gmr"; Möbus, 1990; 1991a; Möbus & Thole, 1990), die einen UND-ODER-Graph mit parametrisierten Knoten bildet. Die Ziel-Mittel-Relation zerlegt das Aufgabenziel in Subziele, welche weiter ausdifferenziert werden usw. bis auf die Ebene der funktionalen Sprachkonstrukte. Gegenwärtig besteht die Ziel-Mittel-Relation aus 622 Regeln ("GMR-Regeln"). Diese Menge von GMR-Regeln kann als "ungeübtes (reines) Expertenwissen" aufgefaßt werden und wird daher im folgenden auch mit EXPERT bezeichnet. Die Regeln in EXPERT können mehrere Millionen Lösungsentwürfe für insgesamt 40 Programmieraufgaben analysieren und synthetisieren.

Die Regeln der Ziel-Mittel-Relation können als visuelle Planungsregeln repräsentiert und dem Lernenden als *Planungshilfen* angeboten werden. Neben der Rückmeldung und Bereitstellung von Ergänzungsvorschlägen nach Hypothesen liegen damit auch Hilfen auf *Zielebene* vor (Abbildung 12 und 13 im folgenden Abschnitt zeigen Beispiele). Explorationen mit den Planungshilfen zeigten, daß sie von Novizen zur Konstruktion von Lösungsentwürfen erfolgreich verwendet werden konnten. Gegenwärtig arbeiten wir daran, die Zielsymbole in den Planungshilfen durch prädikative Beschreibungen zu ersetzen.

Diese Vielfalt der Möglichkeiten zur Analyse und Synthese von Lösungen ist notwendig, um auch "ungewöhnliche" Entwürfe erkennen zu können. Gerade bei Novizen ist im Sinne der Theorie des Impasse Driven Learning zu erwarten, daß Stocksituationen mit möglichst einfachen Heuristiken zu überwinden versucht werden (van Lehn, 1990). Diese aber führen eher zu "lokalen Reparaturen" (Brown & van

Lehn, 1980) und so zu komplex aussehenden Entwürfen als zu grundsätzlichen Umplanungen des Entwurfs. Andererseits macht die Vielfalt der Möglichkeiten zur Entwurfsanalyse und -synthese, zur Bereitstellung von Ergänzungsvorschlägen und von Planungshilfen Selektionskriterien notwendig. In der Steuerung der Entwurfsanalyse und der Auswahl von Hilfen sehen wir die wesentlichen Aufgaben eines *Lernermodells*: Es ermöglicht eine Effektivierung der Entwurfsanalyse und eine Anpassung der jeweiligen Hilfeangebote an den aktuellen Wissensstand des Lernenden. Dies sind die beiden Funktionen des internen Modells im ABSYNT-Problemlösemonitor.

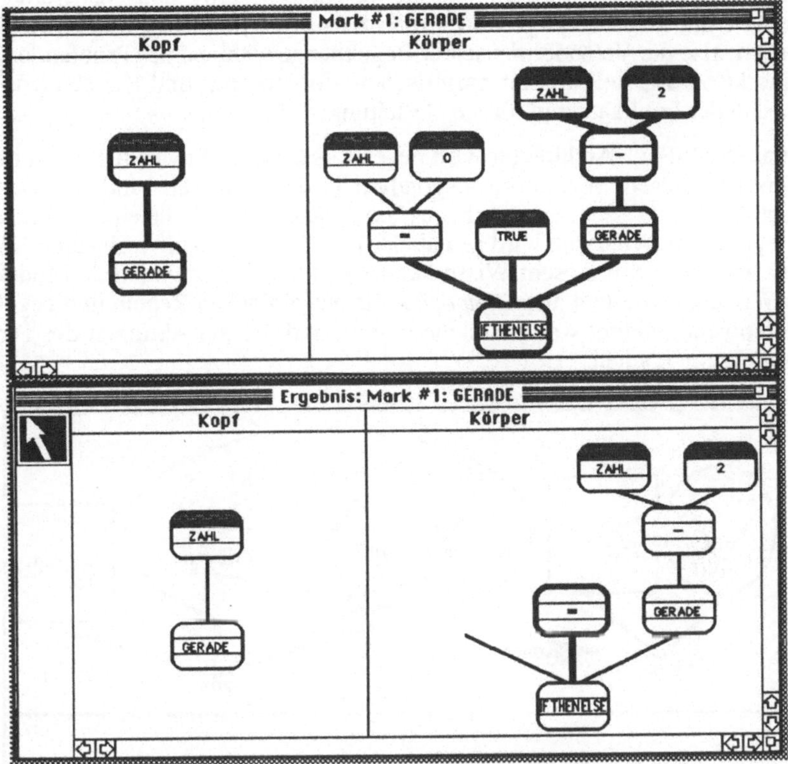

Abbildung 11: Derselbe Lösungsentwurf wie in Abbildung 8 bis 10, aber mit anderer Hypothese sowie mit positiver Systemrückmeldung und Ergänzungsvorschlag

4 Das interne Modell (Stadienmodell): Der Übergang vom Novizen zum Experten

Das interne Modell (Möbus, Schröder & Thole, 1991a; 1991b) besteht aus einer Menge von Regeln, die den aktuellen hypothetischen Wissensstand des Lernenden repräsentieren. Es dient

- der effizenten online-Analyse und Synthese von Lösungsentwürfen und der online-Bereitstellung von Ergänzungsvorschlägen und Planungshilfen, die an den jeweiligen Wissensstand angepaßt sind.

- der Ableitung empirischer Vorhersagen auf der Verbalisierungs- und auf der Handlungsebene aus dem jeweiligen hypothetischen Wissensstand des Lernenden. Diese Vorhersagen dienen der Validierung des Stadienmodells, aber auch des Prozeßmodells (siehe unten), denn dieses muß die hypothetischen Wissensstände des Stadienmodells ebenfalls enthalten und zu denselben Vorhersagen (und darüber hinaus noch zu weiteren) führen.

Das interne Modell wird hier in seinen Grundzügen beschrieben (zu einer ausführlichen Beschreibung siehe Möbus, Schröder & Thole, 1991b). Zunächst werden seine "Bausteine", die Regeln, dargestellt. Dann wird der Ablauf des internen Modells beschrieben, also die Veränderung seiner Regelmenge während des Problemlösens. Es folgt eine kurze Darstellung der empirischen Vorhersagen und Konsequenzen des Modells und der Implikationen für die Gestaltung von Hilfen.

Gemäß der ISPDL-Architektur wird neues Wissen nach Stocksituationen induktiv erworben. Mit diesem Wissen korrespondiert in dem internen Modell *erworbenes* (nicht optimiertes) Wissen. Es besteht aus *"einfachen Regeln"*, die eine Teilmenge der GMR-Regeln sind. Weiterhin wird gemäß der ISPDL-Architektur vorhandenes Wissen deduktiv optimiert. Mit diesem Wissen korrespondiert in dem internen Modell *optimiertes* Wissen. Es besteht aus *Komposita*, die aus einfachen Regeln und gegebenenfalls Komposita gebildet werden (siehe unten), und die die Aktionen des Problemlösers simulieren können.

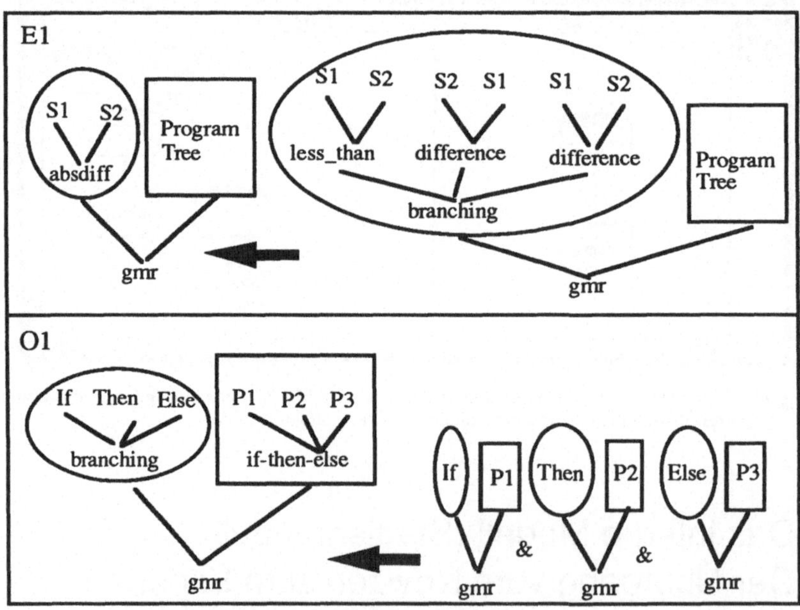

Abbildung 12: Zwei einfache Regeln der Ziel-Mittel-Relation (gmr)

Abbildung 12 zeigt zwei einfache Regeln. Jede Regel hat einen Regelkopf links von dem Pfeil, und einen Regelkörper rechts davon. Der Kopf enthält ein Ziel-Implementations-Paar. Das Ziel befindet sich in der Ellipse, seine Implementation im Rechteck. Der Regelkörper enthält ein oder eine Konjunktion mehrerer Ziel-Implementations-Paare. E1 aus Abbildung 12 ist eine Zielelaborationsregel, da sie das Aufgabenziel "absdiff (S1, S2)" (= Programm zur Berechnung der absoluten Differenz zweier Zahlen) in die Zielstruktur "branching (less_than (...) ...)" überführt. O1 ist eine Implementationsregel, da sie die Implementation des Ziels "branching (...)" durch den if-then-else-Knoten beschreibt. Die einfachen Regeln aus Abbildung 12 sind folgendermaßen zu lesen:

```
E1:     (Regelkopf): Wenn das Ziel "absdiff" mit zwei beliebigen
        Subzielen S1 und S2 ist,
        dann lasse Platz für einen noch zu programmierenden Baum
        ("Program Tree") und (Regelkörper):

        wenn Du im nächsten Planungsschritt das Ziel "branching"
        mit den Subzielen "less_than (S1, S2)", "difference (S2,
        S1)" und "difference (S1, S2)" bildest,
        dann ist der Programmbaum für dieses Ziel ("Program
        Tree") auch die Lösung für das Ziel im Regelkopf.

O1:     (Regelkopf): Wenn das Ziel "branching" mit drei
        beliebigen Subzielen "If", "Then" und "Else" ist,
        dann programmiere den "if-then-else"-Knoten mit drei
        Verbindungslinien und
        lasse darüber Platz für drei noch zu programmierende
        Teilbäume (P1, P2, P3), und (Regelkörper):

        wenn Du im nächsten Planungsschritt das Ziel "If"
        verfolgst,
        dann ist seine Lösung P1 auch der Teilbaum P1 im
        Regelkopf, und
        wenn Du im nächsten Planungsschritt das Ziel "Then"
        verfolgst,
        dann ist seine Lösung P2 auch der Teilbaum P2 im
        Regelkopf, und
        wenn Du im nächsten Planungsschritt das Ziel "Else"
        verfolgst,
        dann ist seine Lösung P3 auch der Teilbaum P3 im
        Regelkopf.
```

Wenn die Regeln (einfache Regeln und Komposita) als Horn-Klauseln (Kowalski, 1979) betrachtet werden, dann kann die Komposition zweier Regeln RI und RJ zu dem Kompositum RIJ durch die Resolutionsregel beschrieben werden (Hofbauer & Kutsche, 1989, S. 42):

$$\text{RI: } (F \leftarrow P \, \& \, C) \qquad \text{RJ: } (P' \leftarrow A)$$
$$\overline{\text{RIJ: } (F\pi \leftarrow A \, \& \, C\pi)\sigma}$$

A und C sind Konjunktionen atomischer Formeln. P, P' und F sind atomische Formeln. π ist eine Umbenennung, so daß $(F \leftarrow P \, \& \, C)\pi$ und $(P' \leftarrow A)$ variablendisjunkt sind. σ ist der "most general unifier" (mgu) von $\{P, P'\}$. Zum Beispiel kann das Kompositum C7 in Abbildung 13 durch sukzessive Komposition gemäß der oben genannten Inferenzregel mit der Menge einfacher Regeln {O1, O5, L1, L2} als Ausgangspunkt erzeugt werden:

```
O1:     gmr (branching (If, Then, Else), ite-pop (P1, P2, P3)) :-
        gmr (If, P1), gmr (Then, P2), gmr (Else, P3).
        (siehe auch Abbildung 12)
```

```
O5:    gmr (equal (S1, S2), eq-pop (P1, P2)) :-
       gmr (S1, P1), gmr (S2, P2).

L1:    gmr (parm (P), P-pl) :- is_parm (P).

L2:    gmr (const (C), C-cl) :- is_const (C).

C7:    gmr (branching (equal (parm (Y), const (C)), parm (X),
       Else), ite-pop (eq-pop (Y-pl, C-cl), X-pl, P)) :-
       is_parm (Y), is_const (C), is_parm (X), gmr (Else, P).
       (siehe Abbildung 13)

mit    ite-pop:    primitiver ABSYNT-Operator "if-then-else"
       eq-pop:     primitiver ABSYNT-Operator "="
       P-pl:       unbenannter ABSYNT-Parameterknoten
       C-cl:       leerer ABSYNT-Konstantenknoten
```

C7 entsteht aus der Menge {O1, O2, L1, L2} auf folgende Weise: Die Komposition
zweier Regeln RI und RJ zu RIJ kann abgekürzt dargestellt werden als

$$\text{RIJ} = \text{RI}_k \bullet \text{RJ}.$$

k bezeichnet die k-te Variable im Zielbaum des Regelkopfes von RI (zum Beispiel
$O1_3$ = "Else"). "$\bullet$" bedeutet: Die k-te Variable im Zielbaum des Regelkopfes von RI
wird durch den Zielbaum im Regelkopf von RJ ersetzt. Dann wird der Term im Regelkörper von RI, der die k-te Variable enthält und mit dem Regelkopf von RJ unifiziert
werden kann, durch den Regelkörper von RJ ersetzt. Auf diesen resultierenden Term
wird schließlich der mgu σ angewendet, was zum Kompositum RIJ führt. So ist zum
Beispiel $O1_2 \bullet L1 =$

```
C1:    gmr (branching (If, parm (P), Else), ite-pop (P1, P, P3))
       :- gmr (If, P1), is_parm (P), gmr (Else, P3).
```

Es gibt 16 Möglichkeiten, C7 aus {O1, O2, L1, L2} zu gewinnen. Ein Beispiel ist:

$$C7 = (O1_2 \bullet L1)_1 \bullet ((O5_2 \bullet L2)_1 \bullet L1).$$

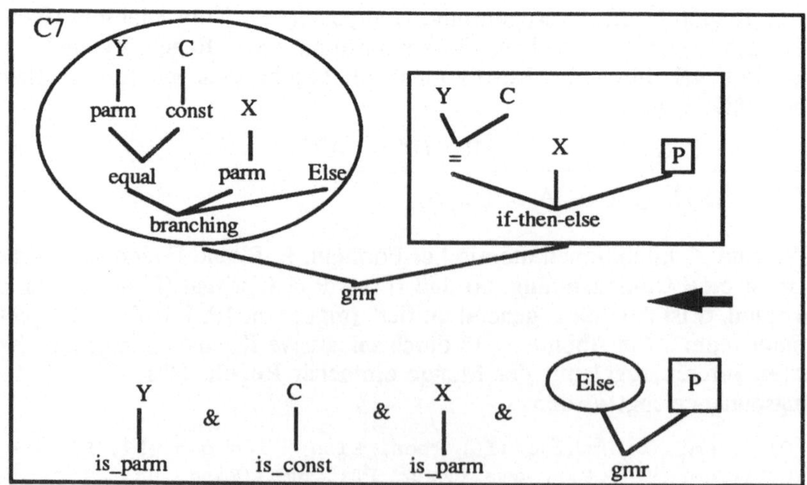

Abbildung 13: Beispiel für ein Kompositum

Abbildung 14 zeigt den Aufbau des internen Modells (IM). Es enthält zwei Mengen von Regeln. Die Menge IM repräsentiert das jeweils aktuelle Domänenwissen des Lernenden. Die Menge POSS enthält mögliche Kandidaten für Komposita, die nach bestimmten Kriterien (siehe unten) im IM aufgenommen werden. Nun zu dem Ablauf:

START: Zu Beginn der Bearbeitung von Programmieraufgaben sind IM und POSS leer.

i := 1: Der Lernende löst die 1. Aufgabe

1. TEST: Da IM und POSS leer sind, geschieht nichts.

1. PARSEN: Die Lösung zur 1. Aufgabe wird mit EXPERT-Regeln geparst.

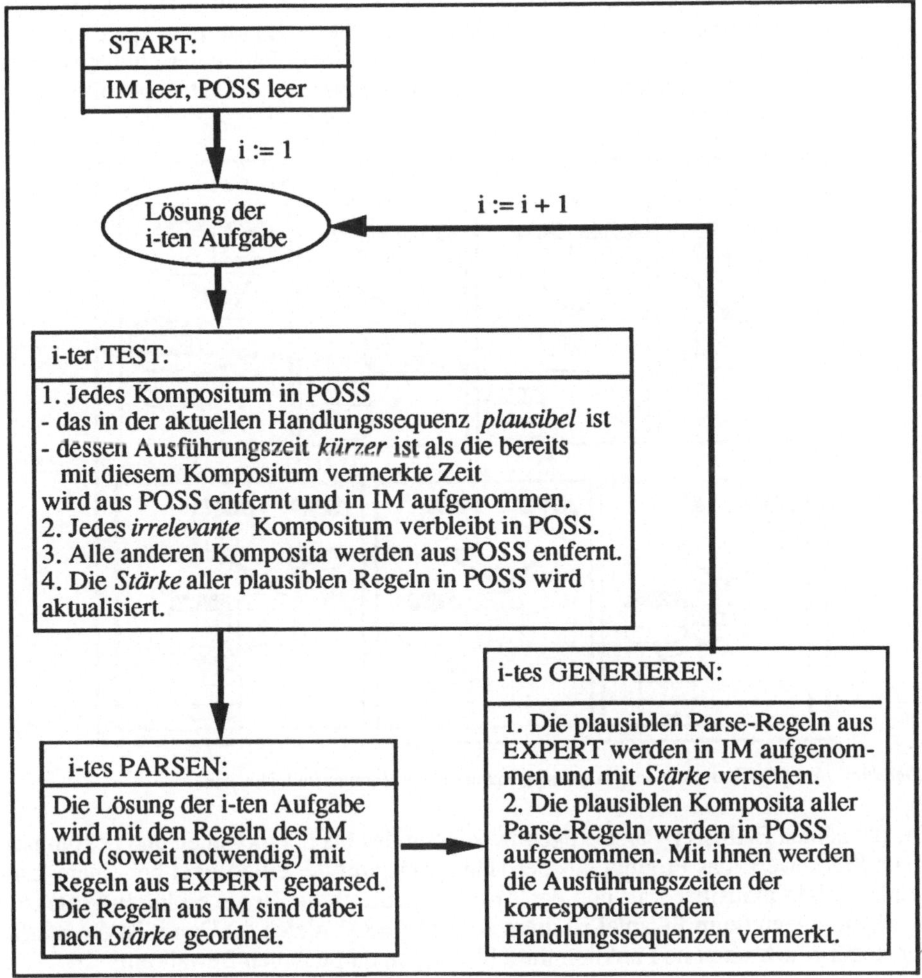

Abbildung 14: Aufbau des internen Modells

1. GENERIEREN: Zunächst wird die Plausiblilität der gerade benutzten EXPERT-Regeln ermittelt. Eine Regel ist *plausibel*, wenn das Programmfragment in ihrem Regelkopf vom Lernenden in einer ununterbrochenen Sequenz programmiert wurde. (Diese steht als Handlungsprotokoll in einem Logfile zur Verfügung, das vom Rechner während der Aktionen des Lernenden online angelegt wird. Zielelaborationsregeln, wie E1 in Abbildung 12, werden im internen Modell gegenwärtig nicht berücksichtigt.) Zum Beispiel besteht das Programmfragment im Regelkopf von O1 (Abbildung 12) aus einem "if-then-else"-Knoten und drei Verbindungslinien. Diese Regel ist plausibel, wenn der Lernende die entsprechenden vier Programmierhandlungen in ununterbrochener Sequenz ausgeführt hat. Hinsichtlich der Handlungssequenz in Abbildung 15 ist O1 jedoch *unplausibel*: Die entsprechenden Programmierhandlungen wurden zwar ausgeführt, aber nicht in ununterbrochener Reihenfolge. Sie wurden in Abbildung 15 zu den Zeitpunkten 11:15:52 (Positionierung des "if-then-else"-Knotens), 11:15:58, 11:16:46 und 11:16:55 (Ziehen der drei Verbindungslinien vom "if-then-else"-Knoten aus) ausgeführt, also unterbrochen bei 11:16:42 und 11:16:50. Dagegen ist das oben genannte Kompositum C1 hinsichtlich dieser Handlungssequenz *plausibel*, da sein Regelkopf den if-then-else-Knoten mit einem Parameter an der zweiten Verbindungslinie enthält. Die entsprechende Handlungssequenz läuft in Abbildung 15 von 11:15:52 bis 11:16:55 ab.

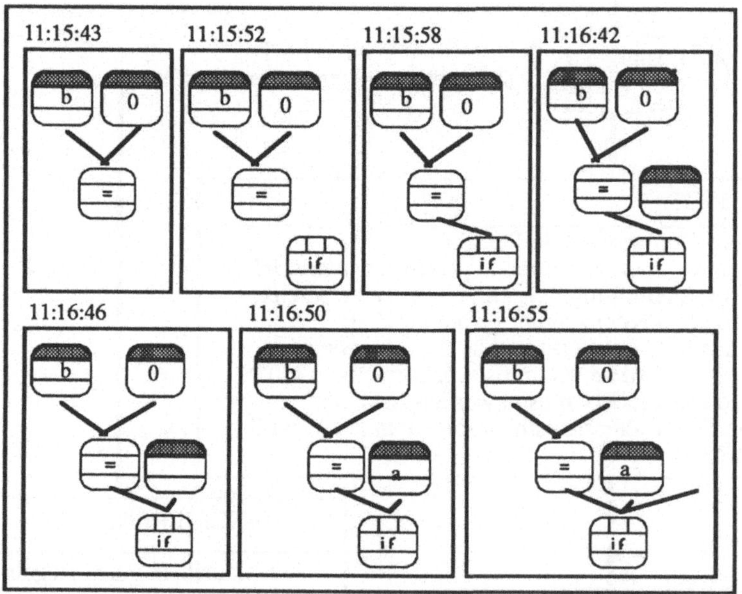

Abbildung 15: Ausschnitt aus der Handlungssequenz einer Versuchsteilnehmerin

Die plausiblen EXPERT-Parse-Regeln werden in das IM übernommen und bekommen einen Stärkewert: das Produkt aus der Häufigkeit, mit der eine Regel bei einem Lernenden schon plausibel war, und der Anzahl der durch die Regel erklärten Programmierhandlungen (zum Beispiel ist diese Anzahl für O1 gleich 4.) Damit ist die Stärke der Regel eine monotone Funktion ihrer bisherigen empirischen Bewährung.

Schließlich werden die Komposita aller gerade zum Parsen benutzten Regeln gebildet. Für jedes Kompositum wird geprüft, ob es plausibel ist. Wenn ja, dann wird es in

```
is_parm (Y), is_const (C), is_parm (X), gmr (Else, P).
("lt-pop" bezeichtet den primitiven ABSYNT-Operator "<")
```

Dieses Kompositum resultiert aus der Komposition von "less_than & if_then_else"

```
gmr (branching (less_than (S1, S2), Then, Else),
    ite-pop (lt-pop (P1, P2), P3, P4)) :-
  gmr (S1, P1), gmr (S2, P2), gmr (Then, P3), gmr (Else, P4).
```

mit den weiter oben dargestellten Regeln L1 (parameter node rule) und L2 (constant node rule) für Parameter und Konstanten:

```
"(less_than & if_then_else) & parameter & constant"-Kompositum
    = (("less_than & if_then_else"-Kompositum₁ • L1)₁ • L2)₁ • L1₁.
```

Vor der Bearbeitung der ersten Aufgabe ("diffmaxmin") der Aufgabensequenz in Abbildung 16 ist das IM leer. Die Lösung zu "diffmaxmin" wird daher mit EXPERT-GMR-Regeln geparst. Die "if_then_else-node"-Regel (Implementationsregel O1, siehe Abbildung 12) und die "less_than-node"-Regel sind unter den Regeln, die die Lösung zur ersten Aufgabe (Abbildung 16 oben links) parsen. Die in die "diffmaxmin"-Lösung eingetragenen Zeiten zeigen, daß diese Regeln plausibel sind: Der if_then_else-Knoten und die drei Verbindungen zu seinen Eingängen wurden in ununterbrochener Abfolge programmiert (9:07:13; 9:07:20; 9:07:25; 9:07:29). Entsprechendes gilt für den "<"-Knoten und die beiden Verbindungslinien zu seinen Eingängen (9:08:06; 9:08:13; 9:08:19). Daher wird die "if_then_else-node"-Regel mit der Stärke 4 und die "less_than-node"-Regel mit der Stärke 3 in das IM aufgenommen. Ein aus den Parse-Regeln gebildetes Schema ist das "less_than & if_then_else"-Kompositum. Es erklärt die zusammenhängende Sequenz der sieben Programmierhandlungen von 9:07:13 bis 9:08:19 und wird daher mit dem Vermerk "66 Sekunden" in POSS aufgenommen.

Nach der Lösung zu "quot" ist das "less_than & if_then_else"-Kompositum wiederum plausibel. Dieses Mal dauert die korrespondierende Handlungssequenz nur 47 Sekunden (von 9:12:04 bis 9:12:51). Daher kommt dieses Kompositum mit einer Stärke von 7 in das IM. Als weiteres Beispiel werden die dem "(less_than & if_then_else) & parameter & constant"-Kompositum entsprechenden 13 Programmier-handlungen zusammenhängend ausgeführt (Aufgabe "addone", von 9:22:01 bis 9:23:46, = 105 Sekunden). Daher kommt dieses Schema in POSS. Bei der Aufgabe "diffone" ist es wieder plausibel, und die korrespondierende Handlungssequenz ist schneller (von 9:31:01 bis 9:32:34, = 93 Sekunden). Daher kommt dieses Schema mit der Stärke 13 in das IM. Abbildung 17 zeigt auch, daß Komposita im IM enthalten sein können, aber nicht alle Mikroregeln, aus denen sie gebildet wurden (zum Beispiel die "product-node"-Regel nicht im IM). Abschließend werden einige Aspekte des internen Modells betrachtet.

Partielle Ordnung von Regeln, Schemata und Fällen. Komposita stellen im Vergleich zur entsprechenden Kette einfacher Regeln insofern eine Optimierung dar, weil sie weniger Zwischenziele enthalten und weniger Kontrollentscheidungen (Regelauswahlprozesse) notwendig machen. Aber nicht nur einfache Regeln, sondern auch Komposita können "komponiert" werden, so daß eine Hierarchie von Komposita entsteht. Komposita reichen von Problemlöseschemata bis hin zu spezifischen Lösungsbeispielen. Statt zwischen "Regel" einerseits und "Beispiel" andererseits zu dichotomisieren (zum Beispiel Slade, 1991), spannen einfache Regeln und Komposita also eine partielle Ordnung von Mikroregeln über Problemlöseschemata zu Beispielen für Teillösungen

und komplette Lösungen (Fallbeispiele) auf. Struktur- bzw. Rekursionsschemata, wie
sie von Vorberg und Mitarbeitern vorgeschlagen wurden (Haack, Hahn & Wagner,
1988; 1989; Vorberg, 1989; Vorberg & Goebel, 1991), sind ebenfalls auf der Ebene
der Problemlöseschemata anzusiedeln.

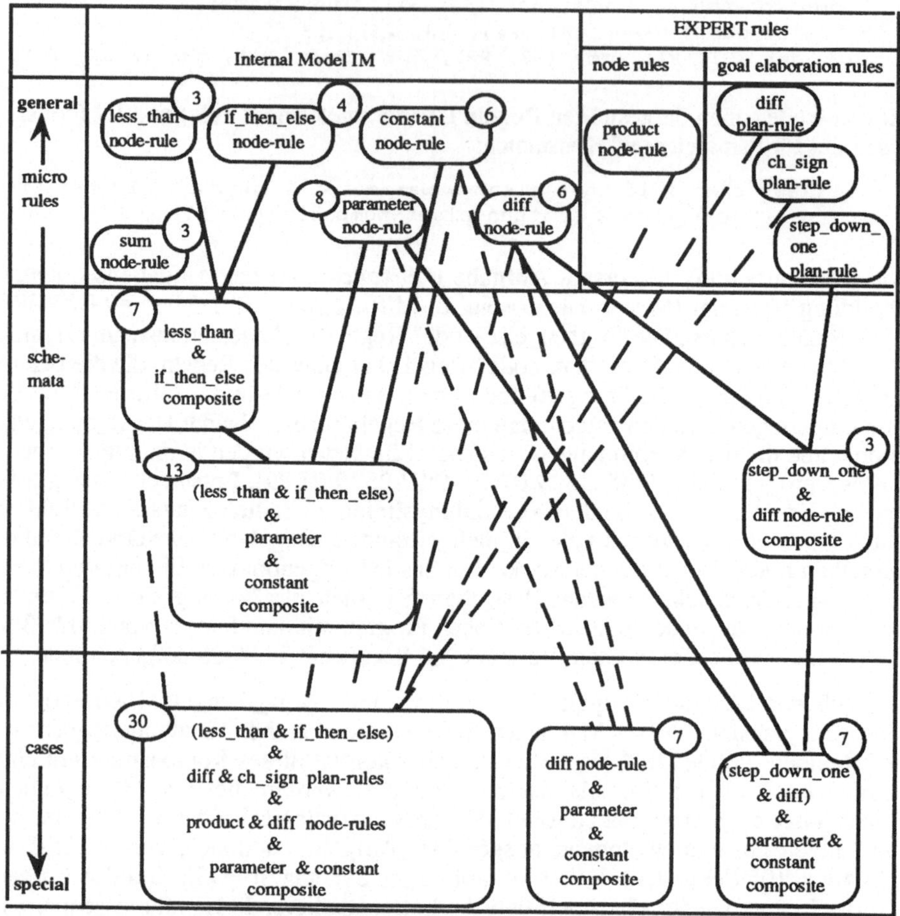

Abbildung 17: Partielle Ordnung (Spezialisierungsgraph) der Mikroregeln, Schemata und Fälle im IM
nach Erstellung der sechs Lösungen in Abbildung 16

Das Wissen des Novizen besteht in dieser Konzeption zunächst aus *Mikroregeln*, die
nur jeweils eine oder sehr wenige Programmierhandlung(en) erzeugen (Möbus,
Schröder & Thole, 1991b). Ihre Anwendung erfordert viele Zwischenziele und
Kontrollentscheidungen. Diese werden mit zunehmender Expertise aufgrund von Sche-
ma- und Fallbildung nach und nach überflüssig. Diese Sichtweise des Übergangs vom
Novizen zum Experten entspricht weitgehend der von zum Beispiel Chase & Simon
(1973), Simon & Simon (1978), im Bereich des Programmierens Adelson (1981),
Gugerty & Olson (1986). Auch Haack, Hahn & Wagner (1989) interpretieren den
Übergang vom Novizen zum Experten mit dem Erwerb bzw. mit der Verfügbarkeit
von Strukturschemata. Die Annahme, daß sich das Wissen der Novizen angemessener
durch elementare Programmierregeln ("Mikroregeln") als durch Schemata und Fälle
beschreiben läßt, wird auch durch eigene empirische Beobachtungen gestützt: Wenn

die gleiche Aufgabe nacheinander in unterschiedlicher Formulierung dargeboten wurde, dann entwickelten unsere Versuchsteilnehmer völlig unterschiedliche Lösungen. Dieses Ergebnis ist mit der Annahme der Verfügbarkeit weniger Schemata oder gar "Fälle" schwer vereinbar.

Dieser Aspekt läßt sich näher untersuchen, indem das IM zur Generierung von Hilfen (Hypothesenergänzungen oder visuelle Planungshilfen) herangezogen wird. Wenn das IM vorwiegend Mikroregeln enthält, repräsentiert es das hypothetische Domänenwissen eines Novizen. Wenn dieser Person nun "Fälle" als Hilfen vorgegeben werden, so erhält sie vorgefertigte (Teil-)Lösungen ohne Zielinformation. Wir erwarten dann, daß der Problemlöser die dargebotene Information entweder "ohne Nachdenken" übernimmt, oder daß er durch "Selbsterklärung" (Chi, Bassok, Lewis, Reimann & Glaser, 1989) versucht, sie zu verstehen.

Empirische Vorhersagen. Auf der Basis der Regeln des internen Modells lassen sich spezifische Handlungs- und Verbalisationssequenzen sowie auch Stocksituationen vorhersagen:

1. Ein Kompositum enthält weniger Ziele als eine entsprechende Kette elementarerer Regeln. Bei der Anwendung des Kompositums wird daher weniger verbalisiert als bei der Anwendung der Regelkette.

2. Die Anwendung des Kompositums erfordert keine Kontrollentscheidungen. Dagegen ist jede Regel einer entsprechenden Regelkette mit einer Kontrollentscheidung verbunden, da jede dieser Regeln aus einer Menge von Alternativen zunächst ausgewählt werden muß. Die Anwendung des Kompositums ist daher schneller als die Anwendung der Regelkette. (Dieser Aspekt wird mit den Ausführungszeiten von Handlungssequenzen im internen Modell berücksichtigt.)

3. Wenn der Lernende eine Regel anwendet, dann - so unsere Hypothese - wird das im Regelkopf enthaltene Programmfragment in einer zusammenhängenden, ununterbrochenen Sequenz programmiert. Zusätzlich können die in dem Regelkopf enthaltenen Ziele verbalisiert werden. *Innerhalb* einer Regel ist jedoch für diese Zielverbalisationen und Programmierhandlungen keine Reihenfolge determiniert und damit nicht vorhersagbar. Die Reihenfolge der Verbalisationen und Handlungen, die eine Regel erklärt, ist nicht vorhersagbar. Es ist nur die *Menge* dieser Ereignisse vorhersagbar: *Nichtdeterminismus der Regelereignisse.* Dagegen ist für eine sukzessive Kette von Regeln eine *Sequenz* von Ereignismengen vorhersagbar. Für den Vergleich eines Kompositums mit einer entsprechenden Regelkette folgt daraus, daß die Reihenfolge der Ereignisse für die Kette in höherem Maße vorhersagbar ist. (Zu einer genauen Beschreibung siehe Möbus, Schröder & Thole, 1991b). Allgemein bedeutet dies: *Mit zunehmender Expertise des Lernenden wird die Reihenfolge seiner Handlungen immer schlechter vorhersagbar.*

4. *Stocksituationen* sind im Problemlöseprozeß immer dann zu erwarten, wenn für das Parsen der Lösung des Lernenden zusätzliche Regeln aus EXPERT benötigt wurden. Sie repräsentieren in diesem Fall das neu erworbene Wissen. Diese Hypothese kann weiter präzisiert werden: Stocksituationen sollten unmittelbar vor den Handlungssequenzen aufgetreten sein, die mit den Programmfragmenten in den Regelköpfen dieser neu aufgenommenen EXPERT-Regeln korrespondieren. Indikatoren für Stocksituationen sind zum Beispiel Sprechpausen und negative Äußerungen (van Lehn, 1991).

Bezug des internen Modells zur ISPDL-Theorie. Die vom internen Modell realisierten Aspekte der ISPDL-Theorie sind in Abbildung 2 bis 5 schattiert dargestellt. Das Wissen im IM (einfache Regeln und Komposita) ist in der "Knowledge Base" der Abbildung 2 bis 4 enthalten.

Zu Abbildung 2: Mit den Regeln im IM überführt der Lernende das Aufgabenziel ("Goal") über "Goal Processing" in eine Lösung ("Solution"). Neu in das IM aufgenommene Komposita sind Resultat der "deductive knowledge optimization".

Zu Abbildung 3: Das Ziel wird ausgeführt. Das interne Modell berücksichtigt nur "operationale Ziele". Die Reaktion auf einen Impasse ("inductive knowledge acquisition") besteht in der Aufnahme neuer Regeln aus EXPERT im IM, wenn diese für den Parseprozeß und damit für die Erklärung des Problemlöseprozesses notwendig sind.

Zu Abbildung 4: Die operationale Zielverarbeitung besteht in der Ausführung von Domänenregeln im IM ("execute: operator"). Der dieser Ausführung zugrundeliegende Lösungsplan ("Plan") wird im internen Modell in Form des Parse-Baums rekonstruiert. Das "Protocol" entspricht der aus der Ausführung resultierenden zeitprotokollierten Handlungssequenz des Problemlösers, die im internen Modell zur Ermittlung plausibler Regeln herangezogen wird.

Ableitung von Hilfen. Das interne Modell ermöglicht die Bereitstellung wissensstandsangepaßter Ergänzungsvorschläge und Planungshilfen. So kann ein Ergänzungsvorschlag auf der Grundlage der Regel im IM mit höchstem Stärkewert generiert werden, die die Hypothese in Richtung auf eine korrekte Lösung ergänzt. Auf der Ebene von Planungshilfen kann die entsprechende visuelle Regel angeboten oder empfohlen werden. Da in diesen Fällen das erforderliche Domänenwissen im IM bereits enthalten ist, führen wir die aktuelle Stocksituation des Problemlösers auf fehlendes oder falsch eingesetztes Kontrollwissen zurück. Dies zu präzisieren, ist Aufgabe des externen Modells. Es ist jedoch möglich, daß ein Ergänzungsvorschlag oder eine Planungshilfe auf der Grundlage des IM nicht gegeben werden kann, weil eine entsprechende, in Richtung auf eine Lösung führende Regel noch nicht im IM enthalten ist. In diesem Fall basiert die Stocksituation des Problemlösers auf fehlendem Domänenwissen. Für die Generierung eines Ergänzungsvorschlags oder einer Planungshilfe muß dann auf eine Regel in EXPERT zurückgegriffen werden.

In beiden Fällen ist es möglich, auf der Basis des IM Hilfeinformationen im Hinblick auf Körnigkeit (Kompositionsgrad) und Informationsmenge gezielt zu variieren und spezifische Hypothesen zur differentiellen Wirksamkeit von Information zu untersuchen, die in unterschiedlichem Maße wissensstandsbezogen bzw. wissensdefizitbezogen ist (siehe hierzu auch weiter unten).

Bezug zu anderen Arbeiten. Ein Beispiel für einen Ansatz mit zum Teil ähnlicher Zielsetzung ist die kognitive Diagnose und das episodische Lernermodell im ELM-LISP-Tutor (Bögelsack & Weber, 1989; Müller & Weber, 1991; Weber, 1989; Weber & Bögelsack, 1988; vgl. auch den Beitrag von Weber in diesem Buch), der als Intelligentes Tutorielles System zum Erlernen der Programmiersprache LISP konzipiert ist. Es werden Schülerlösungen zu vorgegebenen Aufgaben analysiert und es werden wissensstandsabhängige, abgestufte Hilfen und Rückmeldungen gegeben.

Den Kern des ELM-LISP-Tutors bilden ein Diagnosesystem und ein episodisches Lernermodell. Das Diagnosesystem besteht aus einer Reihe von Frames, die verschiedene Programmierkonzepte repräsentieren, welche im Bereich LISP von Bedeutung sind. Jedem Konzept ist eine Menge von Regeln zugeordnet, die verschiedene Realisierungen dieses Konzepts darstellen. Die Regeln beschreiben die Realisierung des Konzepts entweder durch Subkonzepte, welche durch weitere Frames spezifiziert sind oder durch primitive LISP-Funktionen. Jede Regel ist mit der Bewertung "gut", "schlecht" oder "falsch" versehen. Die Konzept-Frames enthalten also auch Fehlerregeln und zusätzlich mögliche Transformationen des Konzepts.

Bei der Diagnose einer Schülerlösung wird diese mit den Konzept-Frames sowie gegebenenfalls mit episodischen Frames (siehe unten) geparst. Als Ergebnis des Parsens wird die Hierarchie der verwendeten Konzepte, Regeln und gegebenenfalls Transformationen als Ableitungsbaum ausgegeben. Jede Konzept-Frame-Instanz in diesem Ableitungsbaum wird als episodischer Frame festgehalten, der u.a. besagt, mit welcher Regel das betreffende Konzept realisiert wurde, welchem Programmfragment in der aktuell vorliegenden Schülerlösung es entspricht und ob es sich um eine gute, schlechte oder falsche Realisation handelt. Die Menge der aktuell vorliegenden episodischen Frames bildet das episodische Lernermodell (ELM). Da das ELM bei dem Parsevorgang mit herangezogen wird, zieht die Diagnose bereits früher von dem Schüler beschrittene Lösungswege auch bevorzugt in Erwägung. Da jeder Konzeptframe mehrere Regeln enthält, kann die Diagnose verschiedene Ableitungsbäume für denselben Lösungsentwurf generieren und so zu alternativen Erklärungen einer Lösung (bzw. eines Fehlers) gelangen.

Die Konzept-Frames im ELM-LISP-Tutor weisen mit den ABSYNT-Regeln in EXPERT einige Gemeinsamkeiten auf: Ähnlich wie im ELM-LISP-Tutor jedes Konzept durch verschiedene Regeln realisiert werden kann, so enthält die Ziel-Mittel-Relation in ABSYNT für jedes Programmierziel alternative Realisationen. Analog zur Konzepthierarchie bildet die Ziel-Mittel-Relation eine Ziel-Subziel-Hierarchie. Den Transformationsregeln in den Konzeptframes entsprechen Regeln in der Ziel-Mittel-Relation. Ferner entspricht dem Ableitungsbaum der ELM-LISP-Diagnose ein Parse-Baum in der Ziel-Mittel-Relation. Das ELM und das interne Modell in ABSYNT weisen demgegenüber größere Unterschiede auf. Während im ELM Frame-Instanzen abgelegt sind, enthält das Stadienmodell uninstantiierte Regeln sowie Komposita als Resultate von Wissensoptimierungsprozessen. Komposita sind im ELM nicht enthalten. Ein weiterer Unterschied betrifft die Fehlerregeln. Diese sind in den Konzept-Frames als "typische" LISP-Fehlkonzepte fest vorgegeben und gehen in das ELM ein, soweit sie zur Erklärung von Programmierfehlern herangezogen wurden. Dagegen enthält das interne Modell zunächst keine malrules. Malrules können aber im Zuge des Hypothesentestens aus fehlerhaften Lösungsentwürfen online erzeugt werden (Schröder, Möbus & Thole, 1991a).

Der ELM-LISP-Tutor sieht ferner eine vierstufige Hilfe vor. Der Lernende kann zwischen diesen Stufen selbst wählen. Abgestufte Hilfen sind in ABSYNT ebenfalls möglich. Allerdings werden Fehler in ABSYNT nicht vom System lokalisiert: Wie schon ausgeführt, wird die Entscheidung darüber, welche Programmteile als korrekt beibehalten werden sollen, dem Lernenden überlassen. Neben Ergänzungsvorschlägen kann sich der Lernende wie im ELM-LISP-Tutor auch eine komplette Lösung zeigen lassen.

5   Das externe Modell (Prozeßmodell)

Der gegenwärtige Stand des externen Modells besteht aus einer Menge von Strukturen und Prozessen, die folgende Arten von Wissen bzw. von Informationen repräsentieren:

- aufgabenübergreifendes Wissen des Lernenden: Problemlöseheuristiken und der aktuelle Stand des Domänenwissens

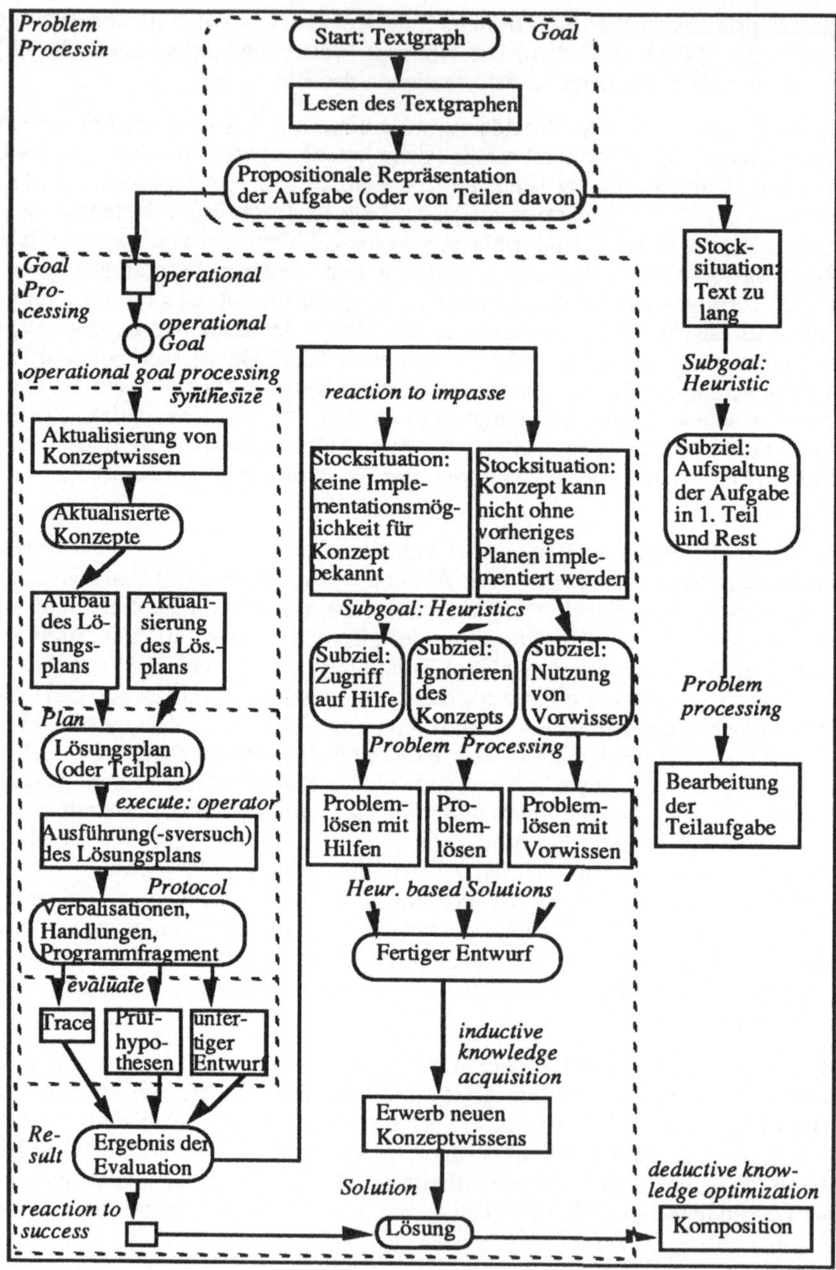

Abbildung 18: Grobstruktur des externen Modells

- aufgabenbezogenes Wissen des Lernenden, bzw. aufgabenbezogene Ereignisse im Problemlöseprozeß: die Repräsentation des Aufgabentexts und des aktuellen Lösungsplans sowie Stocksituationen

- Aspekte der Umgebung: die objektiv vorliegende Aufgabe, der aktuelle Stand des Lösungsentwurfs auf dem Bildschirm sowie Hilfen.

Das externe Modell dient

- der Präzisierung und gegebenenfalls Weiterentwicklung der ISPDL-Theorie

- der Bereitstellung möglicher Erklärungen für die durch das interne Modell beschriebenen Wissensveränderungen.

Das externe Modell beruht auf der Analyse der Verbal- und Handlungsprotokolle zweier Personen, die in Einzelsitzungen eine Sequenz von etwa 20 ABSYNT-Programmieraufgaben bearbeiteten. Zunächst soll unter Orientierung an der ISPDL-Theorie (Abbildung 2 bis 5) ein Überblick gegeben werden. Dann wird die Arbeitsweise des Modells mit einigen empirischen Daten aus den erwähnten Einzelversuchen verglichen.

Das externe Modell läuft in folgenden Phasen ab (Abbildung 18):

- *Verstehen der Aufgabe*: Nach dem Modell beginnt der Problemlöseprozeß in Abbildung 2 mit der Stelle "Goal". Der Prozeß des Abwägens zwischen verschiedenen Aufgaben und der Auswahl einer Aufgabe ("deliberate") ist im externen Modell gegenwärtig nicht enthalten und auch nicht notwendig, da die Aufgaben von außen vorgegeben werden.

  Wie der obere Bereich von Abbildung 18 zeigt, wird der Aufgabentext dem Modell als Textgraph dargeboten. Der Textgraph repräsentiert die objektiv vorliegende Aufgabe. Das Modell bildet daraus eine propositionale Aufgabenrepräsentation (van Dijk & Kintsch, 1983; Kintsch & Greeno, 1985), d.h. die Aufgabe wird "verstanden".

Aufgabe:
"Programm, das den Quotienten zweier (positiver) Zahlen so berechnet, daß dieser Quotiont größer oder gleich eins ist"

Textgraph:
0. Programm (quot, 1)
1. so_berechnen_daß (2, 3)
2. Quotient (4, 5)
3. größer_gleich (2, 6)
4. Zahl
5. Zahl
6. eins

Propositionale Aufgabenrepräsentation:
1. zu_planen (so_berechnen_daß)
2. zu_implementieren (teilen_durch)
3. zu_implementieren (größer_gleich_pos)
4. zu_implementieren (Zahl_1)
5. zu_implementieren (Zahl_2)
6. zu implementieren (eins)

hat_Nachfolger (1, (2, 3))
hat_Nachfolger (2, (4, 5))
hat_Nachfolger (3, (2, 6))

Abbildung 19: Aufgabe, entsprechender Textgraph und vom Modell gebildete propositionale Aufgabenrepräsentation

Abbildung 19 zeigt die lineare Notation des Textgraphen und die vom Modell erzeugte propositionale Repräsentation für die Aufgabe "quot": "Programm, das den Quotienten zweier positiver Zahlen so berechnet, daß dieser Quotient größer oder gleich 1 ist". Die propositionale Repräsentation stellt das Aufgabenziel dar. Durch den Aufgabentext werden Konzepte angesprochen, wie "teilen_durch", "größer_gleich_pos" (Größenvergleich für positive Zahlen) usw. Die propositionale Aufgabenrepräsentation enthält

- die angesprochenen Konzepte

- für jedes Konzept die Argumente, zum Beispiel bedeutet "hat_Nachfolger (1, (2, 3))": Das Konzept 1 "so_berechnen_daß" hat als Nachfolger das Konzept 2 "teilen_ durch" und das Konzept 3 "größer_gleich_pos"

- für jedes Konzept die Information, ob es direkt in Programmcode umgesetzt werden kann ("zu_implementieren"), oder ob zunächst weitere Planungsschritte erforderlich sind ("zu_planen"). Ein Beispiel hierzu wird unten gegeben.

Wenn während der Bildung der propositionalen Aufgabenrepräsentation mehr als sieben Konzepte aktiviert werden, signalisiert das Modell eine Stocksituation: "Text zu lang" (Abbildung 18, rechte Hälfte). Die Wahl von gerade sieben Konzepten entspricht unseren Beobachtungen: Wenn der Aufgabentext diese Länge überschritt, dann traten beim Lesen der Aufgabe in mehreren Fällen Probleme auf. Im Anschluß an diese Stocksituation wird nach dem Modell die Aufgabenstellung in einen ersten Teil und einen Rest zerlegt. Diese Teilaufgaben werden dann nacheinander abgearbeitet.

- *Operationale Zielverarbeitung.* Wenn eine Aufgabenrepräsentation gebildet worden ist, wird ein Lösungsplan synthetisiert, ausgeführt und das Ergebnis bewertet (Abbildung 18, linke Hälfte; vgl. auch Abbildung 4). Die Synthetisierung kann prinzipiell durch Verwendung von Analogien umgangen werden. Wir haben diesen Aspekt aber ausgeklammert. Nichtoperationale Zielverarbeitung (Abbildung 5) ist in dem Modell ebenfalls noch nicht enthalten. Zunächst wird der Ablauf der operationalen Zielverarbeitung ohne Stocksituationen beschrieben:

Zuerst werden die in der Aufgabenrepräsentation angesprochenen Konzepte aktualisiert. Damit wird *Konzeptwissen* verfügbar, das zum Aufbau eines Lösungsplans benutzt wird. Das Konzeptwissen enthält die Information aus den Regeln der Ziel-Mittel-Relation. Es repräsentiert also das aktuelle Domänenwissen des Lernenden und beschreibt, wie ein Konzept als ABSYNT-Programmfragment implementiert werden kann. Abbildung 20 zeigt die Konzepte "teilen_durch", "Vorzeichen_vertauschen" und "größer_gleich_pos". S1 und S2 sind Variablen für Subziele (fett gedruckt), P1 und P2 sind Variablen für ABSYNT-Teilbäume. "teilen_durch" hat als Argumente zwei Subziele S1 und S2 und kann mit dem Divisionsknoten "/" implementiert werden, wenn S1 und S2 durch die Teilbäume P1 und P2 implementiert werden. Die Konzepte "Vorzeichen_vertauschen" und "größer_gleich_pos" haben hier entsprechend den beiden Spalten zwei bzw. drei alternative Realisationen. Die erste Realisation von "Vorzeichen_vertauschen" enthält den Vorzeichenvertauschungsknoten "<-->". Die zweite Realisation von "Vorzeichen_vertauschen" enthält dagegen keinen ABSYNT-Knoten, sondern die Definition des Konzepts durch Ausdifferenzierung (multiplizieren (S, minus_eins)). Bei der Anwendung dieser Konzeptdefinition bzw. Ausdifferenzierung für die Entwicklung eines Lösungsplans müssen zunächst diese weiteren Konzepte ("multiplizieren", "minus_eins") aktualisiert werden. Schließlich können in jedem Konzept besondere Merkmale festgehalten werden. Zum Beispiel enthält das Konzept "größer_gleich_pos" allgemeines Vorwissen über dieses Konzept in dem slot "besondere_Merkmale".

Die Aufgabenrepräsentation und das angesprochene Konzeptwissen sind die Ausgangspunkte für die *Entwicklung des Lösungsplans* für die aktuell vorliegende Aufgabe (siehe auch Abbildung 18, links). Abbildung 21 zeigt zwei Planelemente bei der quot-Aufgabe. Sie bestehen aus Frames (Anderson, 1989), die aufgebaut und dann aktualisiert werden. Die Zusammenhänge zwischen den Planelementen werden in die slots

"Argumente", "ist_Argument_von" und "wird_implementiert_durch" eingetragen. Diese Zusammenhänge zwischen den Planelementen beruhen auf der propositionalen Aufgabenrepräsentation und gegebenenfalls auf heuristischem Wissen, das nach Stocksituationen eingesetzt wird (siehe unten).

```
Konzeptwissen:

Konzept: teilen_durch
besondere_Merkmale: nichtkommutativ
Realisationen:                          1.
    Argumente:                          S1, S2
    Implementation:                     / (P1, P2)
    wird_implementiert_durch: S1, P1
    wird_implementiert_durch: S2, P2

Konzept: Vorzeichen_vertauschen
besondere_Merkmale: ---
Realisationen:                          1.          2.
    Argumente:                          S           S
    Implementation:                     <--> (P)    P
    wird_implementiert_durch: S, P         multiplizieren (S, minus_eins), P

Konzept: größer_gleich_pos
besondere_Merkmale:  wenn_dann_sonst(
  größer_gleich (teilen_durch (X, Y), eins),
            größer_gleich (X, Y),
            größer_gleich (Y, X)).
Realisationen:                          1.          2.          3.
    Argumente:                          S1, S2      S1, S2      S1, S2
    Implementation:                     >= (P1, P2) <= (P1, P2) P
    wird_implementiert_durch: S1, P1    S1, P2      neg(größer_als (S2, S1), P
    wird_implementiert_durch: S2, P2    S2, P1
```

Abbildung 20: Beispiele für Konzeptwissen

Zu den einzelnen slots:

- "Argumente" verweist auf andere Planelemente in der Argument-Reihenfolge. Die entsprechende Information stammt aus der propositionalen Aufgabenrepräsentation. So enthält z.B. die Aufgabenrepräsentation "hat_Nachfolger (2, (4, 5))" (vgl. Abbildung 19). Entsprechend verweist der Argument-slot des Planelements Nr. 2 (Abbildung 21 links) auf die Planelemente 4 und 5.

- "ist_Argument_von" enthält die Menge der Planelemente, von denen das betreffende Planelement selbst Argument ist. Da zum Beispiel die Aufgabenrepräsentation (Abbildung 19) "hat_Nachfolger (3, (2, 6))" enthält, ist Planelement 2 Argument von Planelement 3.

- "Implementation" beschreibt, wie das Planelement implementiert werden kann. Zum Beispiel wird das Planelement Nr. 2 in Abbildung 21 durch den ABSYNT-Divisionsknoten implementiert. Diese Information stammt aus dem Implementations-Slot des entsprechenden Konzepts (vgl. das Konzept "teilen_durch" in Abbildung 20). P1 und P2 sind wieder Variablen für Teilbäume.

- "wird_implementiert_durch" gibt an, welche Argumente durch welche Teilbäume implementiert werden. Zum Beispiel wird das Planelement 4 (= 1. Argument von Planelement 2, Abbildung 21 links) durch den Teilbaum P1 implementiert.

- "Typ" besagt, ob das betreffende Planelement in Programmcode umzusetzen ist oder nicht. Dies wird ebenfalls der Aufgabenrepräsentation entnommen.

```
Planelemente:

Planelement Nr: 2                        Planelement: Nr: 4
Konzept: teilen_durch                    Konzept: Zahl_1
Argumente: Planelement 4,                Argumente: keine
          Planelement 5                  ist_Argument_von: {Planelement 2}
ist_Argument_von: {Planelement 3}        Implementation: Parameter a
Implementation: / (P1, P2)               Typ: zu_implementieren
wird_implementiert_durch
          (Planelement 4, P1)
wird_implementiert_durch
          (Planelement 5, P2)
Typ: zu_implementieren
```

Abbildung 21: Beispiele für Planelemente

Bei der *Ausführung des Lösungsplans* werden weitere Frames erzeugt, welche AB-SYNT-Knoten und ihre Verbindungen auf dem Bildschirm repräsentieren ("Bildschirmelemente", Abbildung 22). Die Verbindungslinien auf der Bildschirmoberfläche werden durch die Einträge im Slot "Eingänge" dargestellt.

```
Bildschirmelemente:

Bildschirmelement Nr: 2                  Bildschirmelement Nr: 4
Ort: Programmkörper                      Ort: Programmkörper
ABSYNT-Knoten: /                         ABSYNT-Knoten: Parameter a
Eingänge: Bildschirmelement 4,           Eingänge: keine
          Bildschirmelement 5
```

Abbildung 22: Beispiele für Bildschirmelemente

Schließlich folgt die *Bewertungsphase*. Die mentale Ausführung der Evaluation des Programms und das Auswählen und Testen von Prüfhypothesen sind in dem Modell bisher nicht realisiert, aber folgendermaßen konzipiert: Bei der mentalen Evaluation wird anhand des Lösungsplans für eine Beispielwertemenge das zu erwartende Ergebnis berechnet. Dann wird für diese Beispielwerte die Abarbeitung des visuellen Trace der Programmierumgebung ausgewählt. Das dadurch erhaltene und das erwartete Berechnungsergebnis werden miteinander verglichen.

Hinsichtlich der Prüfhypothesen wird zunächst der Gesamtentwurf geprüft. Ist er vom System nicht erkennbar, so wird die Prüfhypothese eingegrenzt. Hierfür sind Heuristiken notwendig. Zum Beispiel werden für die neue Prüfhypothese die Teile des Entwurfs ausgeklammert, für die im vorhergehenden Problemlöseprozeß Alternativen in Erwägung gezogen worden waren. Ist diese eingegrenzte Prüfhypothese einbettbar, so kann der Entwurf korrigiert werden, indem die ausgeklammerten Teile des Entwurfs durch ihre Alternativen ersetzt werden. Sind alle Alternativen erschöpft, so werden Hilfen in Form von Ergänzungsvorschlägen angefordert.

Operationale Zielverarbeitung mit Stocksituationen: Bei der operationalen Zielverarbeitung sieht das Modell zwei mögliche Stocksituationen vor. Die *erste* Form der Stocksituation ist gegeben, wenn ein für die Lösungsplanung aktiviertes Konzept keine Realisationsmöglichkeit enthält. In diesem Fall ist das entsprechende ABSYNT-spezifische Implementationswissen noch nicht erworben. Es kann also nur ein unvollständiger Lösungsplan erzeugt und ein entsprechend unfertiger Entwurf (Abbildung 18, links unten) implementiert werden. Dieser Stocksituation kann mit der Heuristik begegnet werden, auf Planungshilfen oder auf Beispielimplementationen zuzugreifen. Die Planungshilfen entsprechen den Regeln der Ziel-Mittel-Relation und enthalten daher die gewünschte Information. Abbildung 23 zeigt Beispiele. Für ein Konzept (hier "Minimum_bilden") sind mehrere alternative Planungshilfen möglich. Die Beispielimplementationen enthalten statt der Ziel- und Programmbaumvariablen (S1, S2, ... und P1, P2, ...) konkrete Ziel- und Programmbäume und können im Sinne der Planungshilfen generalisiert werden.

<table>
<tr><td colspan="2">Planungshilfe zu "teilen_durch":</td></tr>
<tr><td colspan="2">Konzept: teilen_durch
Argumente: S1, S2
Implementation: / (P1, P2)
wird_implementiert_durch: S1, P1
wird_implementiert_durch: S2, P2.</td></tr>
<tr><td>Planungshilfe zu "Minimum_bilden":</td><td>2. Planungshilfe zu "Minimum_bilden":</td></tr>
<tr><td>Konzept: Minumum_bilden
Argumente: S1, S2
Implementation: MIN (P1, P2)
wird_implementiert_durch: S1, P1
wird_implementiert_durch: S2, P2</td><td>Konzept: Minumum_bilden
Argumente: S1, S2
Implementation: P
wird_implementiert_durch:
  wenn_dann_sonst
  (kleiner_gleich_pos (S1,S2),S1,S2),P</td></tr>
</table>

Abbildung 23: Beispiele für Planungshilfen

Die Hilfeinformation wird zum einen dazu benutzt, um das betreffende Planelement zu aktualisieren und die entsprechenden Programmierhandlungen auszuführen, also Bildschirmelemente zu bilden ("Problemlösen mit Hilfen", Abbildung 18 Mitte). Da der gesamte Problemlöseprozeß an dieser Stelle rekursiv aufgerufen wird, sind weitere Stocksituationen und Selbsthilfeprozesse möglich. Zum zweiten wird die Hilfeinformation in das entsprechende Konzept eingesetzt, wenn das betreffende Planelement in einem Entwurf erfolgreich verwendet wurde. Es wird also neues Konzeptwissen erworben.

Die *zweite* Form der Stocksituation liegt vor, wenn ein in der Aufgabenrepräsentation angesprochenes Konzept nicht direkt (d.h. ohne weiteres Planen) in ABSYNT-Programmcode umgesetzt werden kann ("zu_planen"), wie zum Beispiel "so_berechnen_ daß" in der "quot"-Aufgabe (siehe oben Abbildung 19). (Das zu erstellende Programm soll den Quotienten zweier positiver Zahlen soll so berechnen, daß er größer oder gleich 1 ist.) In diesem Fall gibt es in dem Modell zwei Möglichkeiten:

Die erste Möglichkeit besteht darin, das betreffende Konzept zu ignorieren und einen Lösungsplan nur für die anderen, zu implementierenden Konzepte zu erstellen. Die zweite Möglichkeit besteht in der Erstellung eines Lösungsplans unter Nutzung von *Vorwissen*. Zuerst sucht das Modell die Argumente des betreffenden Konzepts in der Aufgabenrepräsentation auf. Das erste Argument von "so_berechnen_daß" ist "teilen_durch...". Das zweite Argument ist "größer_gleich_pos". Dann wird dem Konzeptframe für "größer_gleich_pos" das folgende allgemeine Vorwissen für positive Zahlen entnommen:

```
"Wenn der Quotient zweier positiver Zahlen größer oder gleich
    eins ist, dann ist die erste Zahl (Zähler) größer oder
```

```
gleich der zweiten, sonst ist die zweite Zahl (Nenner)
größer als die erste."
```

```
wenn_dann_sonst (größer_gleich_pos (teilen_durch (X, Y), eins),
      größer_gleich_pos (X, Y), größer_gleich_pos (Y, X)).
```

<table>
<tr><td>

Planelement Nr: 2
Konzept: **teilen_durch**
Argumente: Planelement 4, Planelement 5
ist_Argument_von: {Planelement 7,
                   Planelement 8}
Implementation: / (P1, P2)
wird_implementiert_durch (Planelement 4, P1)
wird_implementiert_durch (Planelement 5, P2)
Typ: zu_implementieren

Planelement: Nr: 4
Konzept: **Zahl_1**
Argumente: keine
ist_Argument_von: {Planelement 2,
                   Planelement 9}
Implementation: Parameter a
Typ: zu_implementieren

Planelement: Nr: 5
Konzept: **Zahl_2**
Argumente: keine
ist_Argument_von: {Planelement 2,
                   Planelement 9}
Implementation: Parameter b
Typ: zu_implementieren

Planelement: Nr: 6
Konzept: **eins**
Argumente: keine
ist_Argument_von: {Planelement 8}
Implementation: Konstante 1
Typ: zu_implementieren

</td><td>

Planelement Nr: 7
Konzept: **wenn_dann_sonst**
Argumente: Planelement 8, Planelement 2,
                   Planelement 9
ist_Argument_von: { }
Implementation: if-then-else (P1, P2, P3)
wird_implementiert_durch
           (Planelement 8, P1)
wird_implementiert_durch
           (Planelement 2, P2)
wird_implementiert_durch
           (Planelement 9, P3)
Typ: zu_implementieren

Planelement Nr: 8
Konzept: **größer_gleich_pos**
Argumente: Planelement 2, Planelement 6
ist_Argument_von: {Planelement 7}
Implementation: >= (P1, P2)
wird_implementiert_durch
           (Planelement 2, P1)
wird_implementiert_durch
           (Planelement 6, P2)
Typ: zu_implementieren

Planelement Nr: 9
Konzept: **teilen_durch**
Argumente: Planelement 5, Planelement 4
ist_Argument_von: {Planelement 7}
Implementation: / (P1, P2)
wird_implementiert_durch (Planelement 5, P1)
wird_implementiert_durch (Planelement 4, P2)
Typ: zu_implementieren

</td></tr>
</table>

Abbildung 24: Mit Hilfe von Vorwissen gebildeter Lösungsplan für die "quot"-Aufgabe

Dieses Vorwissen wird für die vorliegende Aufgabe genutzt, indem im zweiten und dritten Zweig der Fallunterscheidung "größer_gleich_pos ..." durch "teilen_durch ..." und außerdem X und Y durch die entsprechenden Konzeptnamen ersetzt werden:

```
wenn_dann_sonst (größer_gleich_pos (teilen_durch (Zahl_1,
      Zahl_2), eins), teilen_durch  (Zahl_1, Zahl_2),
      teilen_durch  (Zahl_2, Zahl_1)).
```

Mit diesem Ausdruck wird ein Lösungsplan gebildet, der nur Planelemente vom Typ "zu_implementieren" enthält. Abbildung 24 enthält die vom Modell erzeugten Planelemente an diesem Punkt. Dieser Plan kann zu einem vollständigen Lösungsentwurf ausgeführt werden. Aufgrund des eingesetzten Vorwissens enthält dieser Entwurf Merkmale (wie das Vertauschen der Parameter und die Fallunterscheidung), die in der ursprünglichen Aufgabenrepräsentation nicht enthalten waren.

- *Wissensoptimierung* nach erfolgreicher Lösung: Aus den Konzepten, die für eine erfolgreiche Lösung benutzt wurden, werden Komposita gebildet. Abbildung 25 illustriert, wie die Bildung von Komposita im externen Modell konzipiert ist. Bei der Bearbeitung der oben genannten Aufgabe "quot" verwendet das

Modell u.a. die Konzepte "größer_gleich_pos", "teilen_durch" und "eins" für den Lösungsentwurf am IF-Zweig der Fallunterscheidung. Die in den Planelementen verwendeten Realisationen dieser drei Konzepte werden durch den Kompositionsalgorithmus miteinander verbunden. Da der so entstandene Teilbaum das Ziel "größer_gleich_pos (S1, S2)" löst, führt das Kompositum zu einer Erweiterung des Konzeptes "größer_gleich_pos" um eine weitere Realisation.

Verwendete Realisationen der eingehenden Konzepte:

	größer_gleich_pos:	teilen_durch:	eins:
Argumente:	S1, S2	S1, S2	---
Implementation:	>= (P1, P2)	/(P1, P2)	Konstante 1
wird_implementiert_durch:	S1, P1	S1, P1	---
wird_implementiert_durch:	S2, P2	S2, P2	---

Das Kompositum aus diesen Realisationen:

(größer_gleich_pos $_1\bullet$ teilen_durch) $_3\bullet$ eins

ist eine weitere Realisation für "größer_gleich_pos (S1, S2)":

	größer_gleich_pos:
Argumente:	S1, S2
Implementation:	>= (/(P1, P2), 1)
wird_implementiert_durch:	S1, P1
wird_implementiert_durch:	S2, P2

Abbildung 25: Beispiel für ein Kompositum

Abbildung 26 bis 29 zeigen Vergleiche des bisherigen Standes des Modells mit einigen zusammengefaßten Protokolldaten. Abbildung 26 und 27 enthalten die Bearbeitung der Aufgabe "diffmaxmin" durch jeweils eine Person (Protokollepisoden, linke Spalte) und das Modell (rechte Spalte). Die Person stockt einmal und endet mit einer fehlerhaften Lösung. In Abbildung 26 beginnt das Modell ohne Wissen über die ABSYNT-Implementation von "Maximum" und "Minimum". Deshalb tritt bei der Lösungsplanung eine Stocksituation ein. Die Hilfen werden aufgesucht. Die benötigte Implementationsinformation wird gefunden und in den Lösungsplan sowie in das Konzeptwissen integriert, und es wird ein Lösungsentwurf programmiert. (Die jeweils hinzuprogrammierten Teile sind fett gedruckt.)

Außerdem ist in dem in Abbildung 26 dargestellten Ablauf in der Implementation des Konzepts "abziehen_von" nicht berücksichtigt, daß für die Benutzung des Subtraktionsoperators die Argumente vertauscht werden müssen. Deshalb wird in der Lösung das Maximum vom Minimum abgezogen, statt umgekehrt. Die Lösung von Person 8 sowie von dem Modell ist also fehlerhaft. Wird die Aufgabe dagegen mit diesen beiden Wissensbestandteilen bearbeitet, so resultiert der in Abbildung 27 dargestellte, nicht stockende sowie korrekte Verlauf, der mit dem Verhalten von Person 2 übereinstimmt.

Bei der Aufgabe "diffmaxmin" werden die Handlungssequenzen der Versuchsteilnehmer von dem Modell zumindest auf dieser groben Analyseebene recht gut reproduziert. Lediglich die Programmierung von Konstanten und ihre anschließende spontane Korrektur (Person 8, Abbildung 26) enthält das Modell nicht.

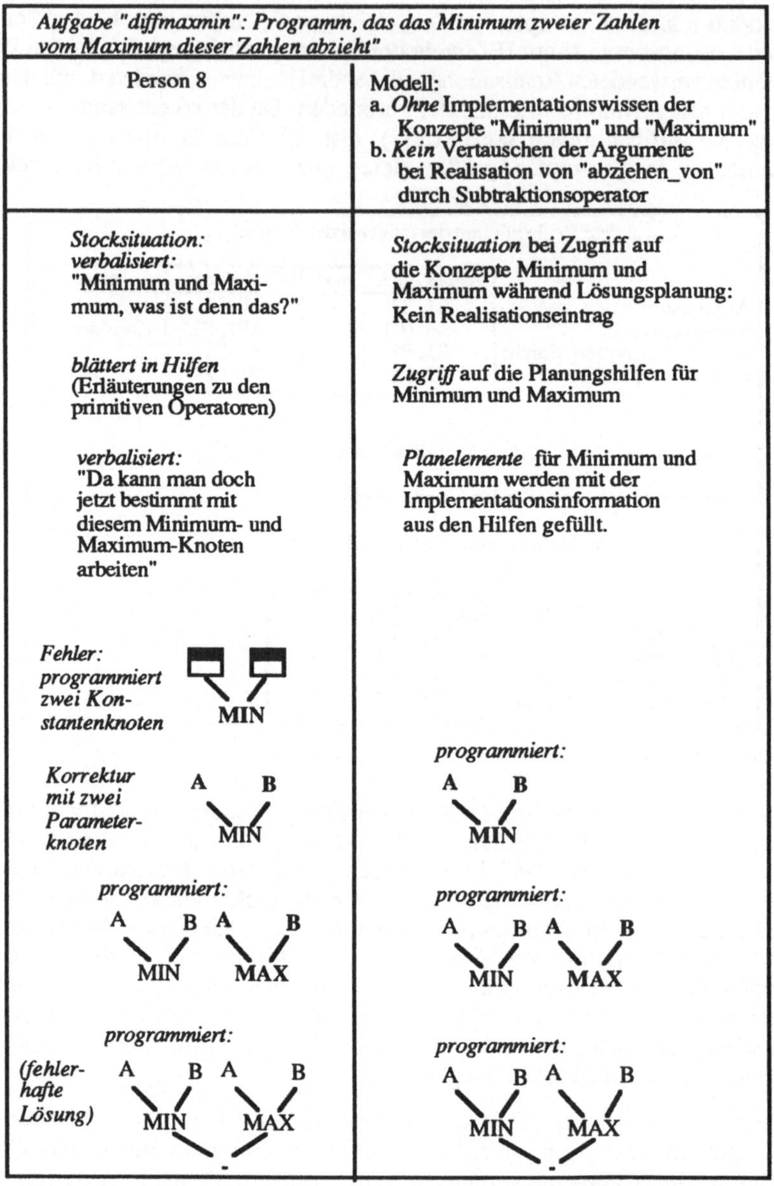
Aufgabe "diffmaxmin": Programm, das das Minimum zweier Zahlen vom Maximum dieser Zahlen abzieht"
Person 8
Modell:
a. Ohne Implementationswissen der Konzepte "Minimum" und "Maximum"
b. Kein Vertauschen der Argumente bei Realisation von "abziehen_von" durch Subtraktionsoperator
Stocksituation: verbalisiert: "Minimum und Maximum, was ist denn das?"
Stocksituation bei Zugriff auf die Konzepte Minimum und Maximum während Lösungsplanung: Kein Realisationseintrag
blättert in Hilfen (Erläuterungen zu den primitiven Operatoren)
Zugriff auf die Planungshilfen für Minimum und Maximum
verbalisiert: "Da kann man doch jetzt bestimmt mit diesem Minimum- und Maximum-Knoten arbeiten"
Planelemente für Minimum und Maximum werden mit der Implementationsinformation aus den Hilfen gefüllt.
Fehler: programmiert zwei Konstantenknoten
MIN
Korrektur mit zwei Parameterknoten
A B MIN
programmiert:
A B MIN
programmiert:
A B A B MIN MAX
programmiert:
A B A B MIN MAX
programmiert:
(fehlerhafte Lösung)
A B A B MIN MAX -
programmiert:
A B A B MIN MAX -

Abbildung 26: Stockendes und fehlerhaftes Verhalten von Person 8 und dem Modell bei der Aufgabe "diffmaxmin"

Abbildung 28 vergleicht den Lauf des Modells mit dem Verhalten von Person 8 und Person 2 bei der Aufgabe "quot". Bei dem Modellauf in Abbildung 28 oben ignoriert das Modell das weitere Planung erfordernde Konzept "so_berechnen_daß". Bei dem Lauf in Abbildung 28 unten dagegen wird Vorwissen zur Bildung eines Lösungsplans genutzt, wie beschrieben. Bei den Aufgaben "quot" und "gerade" treten jedoch insbesondere hinsichtlich der Reihenfolge der Programmierhandlungen Abweichungen auf (Abbildung 28 und 29). Hier sind weitere Analysen von Handlungsprotokollen erforderlich.

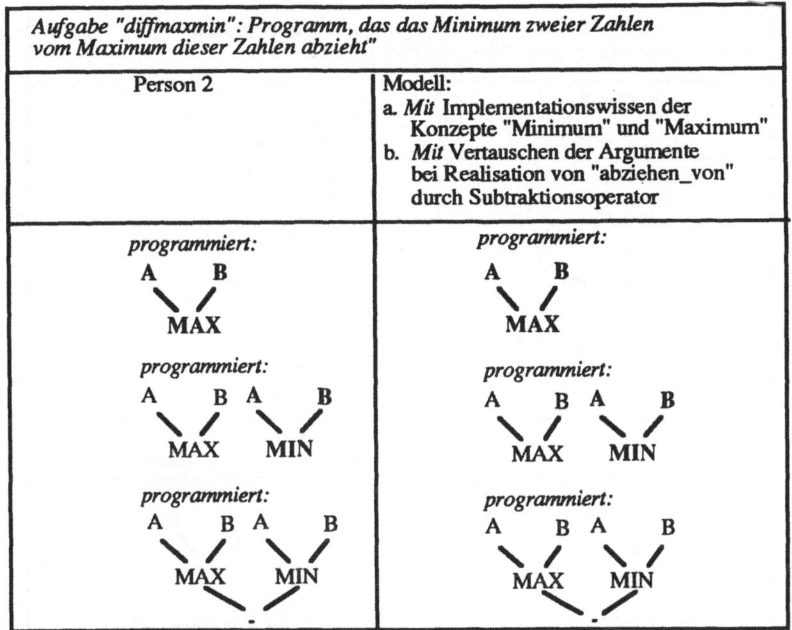

Abbildung 27: Nicht stockendes und fehlerfreies Verhalten von Person 2 und dem Modell bei der Aufgabe "diffmaxmin"

5 Ausblick

Gegenstand der laufenden und zukünftigen Arbeiten ist die Weiterentwicklung der ISPDL-Theorie, des internen (Stadien-)Modells und des externen (Prozeß-)Modells. Dabei sollen alle drei Arbeitsschwerpunkte noch enger aufeinander bezogen sein, um eine möglichst hohe Konsistenz zwischen den Ebenen der Theorie, der Daten und der beiden Modelle (siehe auch Abbildung 1) zu gewährleisten.

Die folgenden Arbeitsschritte sind geplant:

Hinsichtlich der *ISPDL-Theorie*: die weitere Spezifikation der verschiedenen Wissensstrukturen und Prozesse und ihrer empirischen Indikatoren. So müssen in weiteren empirischen Analysen das aktuelle hypothetische Domänenwissen, Gedächtnisspuren, Zielsetzungen und die hypothetischen Heuristiken und relevanten Vorwissensbestände spezifiziert werden. Weiterhin sind Hypothesen erforderlich über das Abwägen zwischen Zielen und zwischen verschiedenen Heuristiken (wie Informationsbeschaffung über Hilfen vs. Selbsterklärung von Beispielen), über das Planen, Ausführen und Bewerten von Lösungsentwürfen und über mögliche Rücksprünge zwischen diesen Phasen und ihre Bedingungen, sowie über Bedingungen des Wissensoptimierung und über den Einsatz von Kontrollwissen.

Hinsichtlich des *internen Modells*: Die Weiterentwicklung im Sinne einer möglichst validen und effizienten Wissensdiagnose und Hilfengenerierung. Dazu gehört die Überprüfung der Vorhersagen des internen Modells hinsichtlich Stocksituationen, Verbalisationen und Sequenzen vs. Mengen von Handlungsschritten.

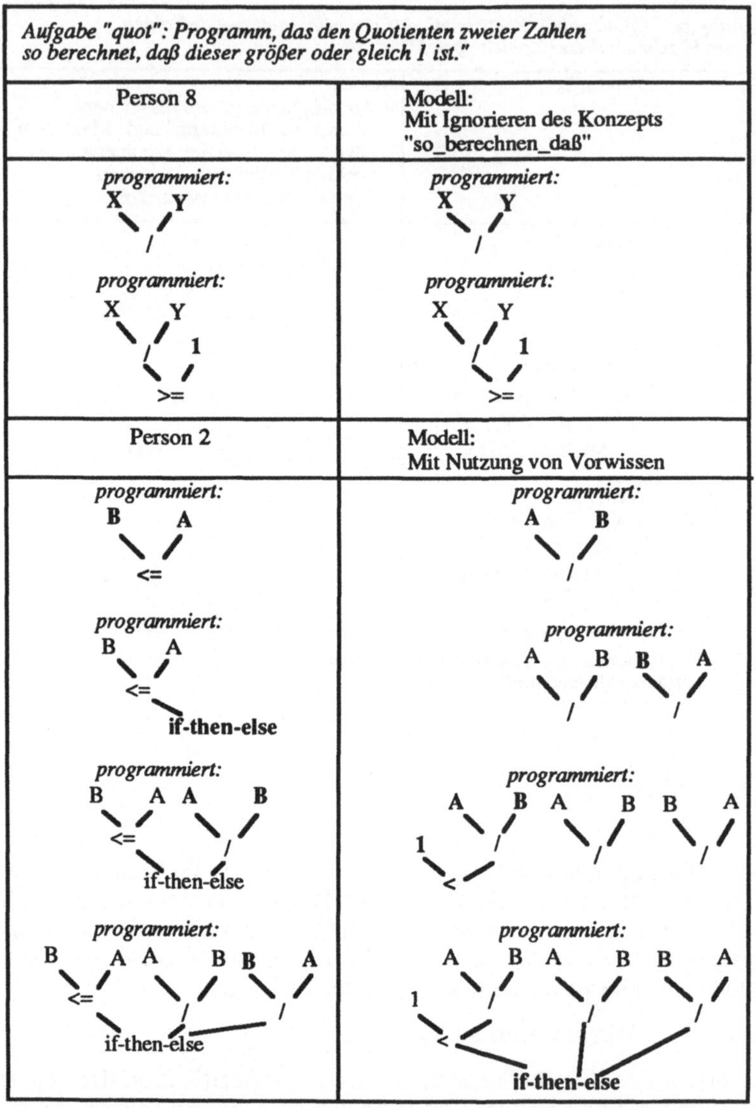

*Aufgabe "quot": Programm, das den Quotienten zweier Zahlen
so berechnet, daß dieser größer oder gleich 1 ist."*

Person 8	Modell: Mit Ignorieren des Konzepts "so_berechnen_daß"
programmiert: X Y *programmiert:* X Y 1 >=	*programmiert:* X Y *programmiert:* X Y 1 >=
Person 2	Modell: Mit Nutzung von Vorwissen

Abbildung 28: Verhalten von Person 8, Person 2 und dem Modell bei der Aufgabe "quot"

Liegt ein valides und effizientes Modell vor, so kann in einem weiteren Arbeitsschritt
die differentielle Wirksamkeit unterschiedlich stark wissensstands- bzw. defizit-
bezogener Hilfeinformationen in interventionsorientierten Einzelfallexperimenten
überprüft werden. Dazu kann die Beziehung zwischen dem jeweiligen Domänenwissen
des Lernenden (wie es im internen Modell repräsentiert ist) und der jeweils aktuell angebotenen Hilfeinformation variiert werden. Die Hilfeinformation kann sowohl hinsichtlich ihrer Präzision als auch hinsichtlich der angebotenen Informationsmenge variiert werden. Hinsichtlich der Präzision kann die angebotene Hilfeinformation "zu
grob" sein (stärker komponiert als das Wissen des Lernenden), "zu fein" (schwächer
komponiert) oder aber "synchron" (mit gleichem Kompositionsgrad). Die Informationsmenge kann auf die aktuelle Stocksituation zugeschnitten sein ("synchron"), oder
aber mehr oder weniger Information bereitstellen.

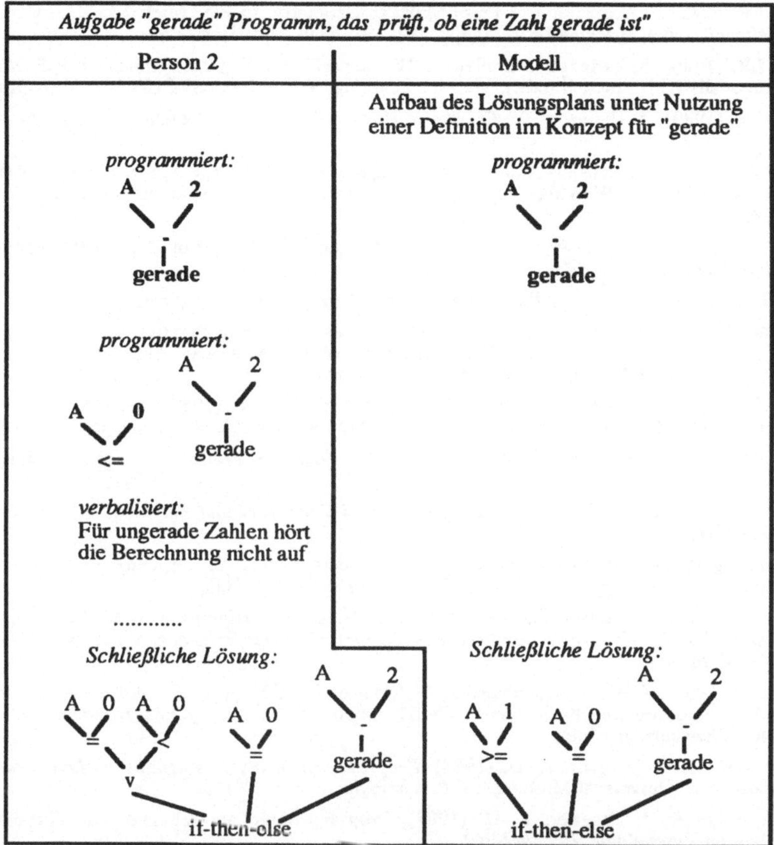

Abbildung 29: Verhalten von Person 2 und dem Modell bei der Aufgabe "gerade"

Hinsichtlich des *externen Modells*: Die vollständige Implementation, die anschließende Durchführung weiterer Einzelversuche und die Überprüfung und Weiterentwicklung des Modells anhand detaillierter Protokollanalysen. Das Modell enthält bereits einige Stocksituationen und Heuristiken und kann damit einige Prozesse der Veränderung des Domänenwissens simulieren. Bisher fehlen jedoch detaillierte Hypothesen insbesondere darüber, wann und warum welche Komposita gebildet werden, wann der Lernende auf welche Heuristiken zugreift und aufgrund welcher Kontrollprozesse zwischen verschiedenen Realisationsmöglichkeiten bei der Lösungsplanung ausgewählt wird. Des weiteren hat sich auch gezeigt, daß Annahmen über das Vorwissen erforderlich sind, die gegenwärtig vorwiegend auf Plausibilitätserwägungen beruhen. An der Simulation der Bildung von Prüfhypothesen und der Verfolgung von Hypothesenprüfstrategien in dem Modell wird weiter gearbeitet.

Literatur

Adelson, B. (1981). Problem Solving and the Development of Abstract Categories in Programming Languages, *Memory and Cognition, 9,* 422-433.

Anderson, J.R. (1983a). *The Architecture of Cognition.* Cambridge: Harvard University Press.

Anderson, J.R. (1983b). Acquisition of Proof Skills in Geometry. In R.S. Michalski, J.G. Carbonell & T.M. Mitchell (eds.), *Machine Learning* (pp. 191-219). Palo Alto: Tioga Press.

Anderson, J.R. (1986). Knowledge Compilation: The General Learning Mechanism. In R.S. Michalski, J.G. Carbonell, T.M. Mitchell (eds.), Machine Learning, Vol. II (pp. 289-310). Los Altos: Kaufman.

Anderson, J.R. (1989). A Theory of the Origins of Human Knowledge. *Artificial Intelligence, 40*, 313-351.

Bögelsack, A. & Weber, G. (1989) Automatische Diagnose von LISP-Programmen. In R. Gunzenhäuser & H. Mandl (Hrsg), 3. Workshop der Fachgruppe "Intelligente Lernsysteme" (S. 15-24). Tübingen, Juni 1989.

Brown, J.S. & van Lehn, K. (1980). Repair Theory: A Generative Theory of Bugs in Procedural Skills, *Cognitive Science, 4*, 379-426.

Chase, N.G. & Simon, H.A. (1973). Perception in Chess, *Cognitive Psychology, 4*, 55-81.

Cheng, P.W. & Carbonell, J.G. (1986). The FERMI System: Inducing Iterative Macro-operators from Experience. Proceedings of the 1986 Conference of the American Association for Artificial Intelligence (pp. 490-495). Los Altos: Morgan Kaufman.

Chi, M.T.H., Bassok, M., Lewis, M.W., Reimann, P. & Glaser, R. (1989). Self-Explanations: How Students Study and Use Examples in Learning to Solve Problems, *Cognitive Science, 13*, 145-182.

Elio, R. (1986). Representation of Similar Well-Learned Cognitive Procedures, *Cognitive Science, 10*, 41-73.

Ernst, G.W. & Newell, A. (1969). *GPS: A Case Study in Generality and Problem Solving*. New York: Academic Press.

Glinert, E.P. (1990). Nontextual Programming Environments. In S.K. Chang, (Ed), *Principles of Visual Programming Systems* (pp. 144-230). Englewood Cliffs: Prentice Hall.

Gollwitzer, P.M. (1990). Action Phases and Mind-Sets. In E.T. Higgins & R.M. Sorrentino (eds.), *Handbook of Motivation and Cognition: Foundations of Social Behavior*, Vol.2, (pp. 53-92). New York: Guilford Press.

Gugerty, L. & Olson, G.M., Comprehension Differences in Debugging by Skilled and Novice Programmers. In E.Soloway & S. Iyengar (eds), *Empirical Studies of Programmers* (pp. 13-27). Norwood, New Jersey: Ablex.

Haack, U., Hahn K. & Wagner, K.-U. (1988). *Programmieren als Problemlösen: Die Struktur von Expertenwissen*. Universität Marburg: FB Psychologie.

Haack, U., Hahn K. & Wagner, K.-U. (1987). Programmieren als schematisches Problemlösen. *Zeitschrift für Psychologie, 197*, 247-262..

Heckhausen, H. (1987). Wünschen-Wählen-Wollen. In H. Heckhausen, P.M. Gollwitzer & F.E.Weinert (Hrsg.), Jenseits des Rubikon: Der Wille in den Humanwissenschaften, Heidelberg: Springer.

Heckhausen, H. (1989). *Motivation und Handeln*. Heidelberg: Springer (2. Aufl.).

Hofbauer, D. & Kutsche, R.-D. (1989) *Grundlagen des maschinellen Beweisens*. Braunschweig: Vieweg.

Huber, P., Jensen, K. & Shapiro, R.M. (1990). Hierarchies in Coloured Petri Nets. In G. Rozenberg (ed.), Advances in Petri Nets, Lecture Notes in Computer Science, Heidelberg: Springer.

Iba, G.A. (1989). A Heuristic Approach to the Discovery of Macro-operators. *Machine Learning, 3*, 285-317.

Kintsch, W. & Greeno, J. G. (1985). Understanding and Solving Word Arithmetic Problems. *Psychological Review, 92(1)*, 109-129.

Korf, R.E. (1987) Planning as Search: A Quantitative Approach. *Artificial Intelligence, 33*, 65-88.

Kowalski, R. (1979). *Logic for Problem Solving*. Amsterdam: Elsevier Science Publishers.

Laird, J.E., Rosenbloom, P.S. & Newell, A. (1986). *Universal Subgoaling and Chunking. The Automatic Generation and Learning of Goal Hierarchies*. Boston: Kluwer.

Laird, J.E., Rosenbloom, P.S. & Newell, A. (1987). SOAR: An Architecture for General Intelligence. *Artificial Intelligence, 33*, 1-64.

Lewis, C. (1987). Composition of Productions. In D. Klahr, P. Langley & R. Neches (eds), *Production, System Models of Learning and Development* (pp. 329-358). Cambridge: MIT Press.

Möbus, C. (1990). Toward the Design of Adaptive Instructions and Helps for Knowledge Communication with the Problem Solving Monitor ABSYNT. In V. Marik, O. Stepankova & Z. Zdrahal (eds.): *Artificial Intelligence in Higher Education*, Proceedings of the CEPES UNESCO International Symposium Prague, CSFR, October 23 - 25, 1989. Lecture Notes in Computer Science, Nr.451, subseries LNAI (pp. 138 - 145). Berlin, Heidelberg, New York: Springer.

Möbus, C. (1991a). The Relevance of Computational Models of Knowledge Acquisition for the Design of Helps in the Problem Solving Monitor ABSYNT. In R.Lewis & S.Otsuki (eds.), *Advanced Research on Computers in Education*, Proceedings of the IFIP TC3 International Conference on Advanced Research on Computers in Education Tokyo, Japan, 18-20 July, 1990 (pp. 137-144). Amsterdam: Elsevier Science Publishers B.V. (North-Holland).

Möbus, C. (1991b). Wissenserwerb mit kooperativen Systemen. In P. Gorny (Hrsg), *Informatik und Schule 1991 - Informatik: Wege zur Vielfalt beim Lehren und Lernen*, Fachtagung der Gesellschaft für Informatik, Oldenburg, Oktober 1991, Informatik-Fachberichte 292 (S. 288-298). Berlin: Springer.

Möbus, C. & Schröder, O. (1989). Knowledge Specification and Instructions for a Visual Computer Language. In F. Klix, N.A. Streitz, Y. Waern & N. Wandke (eds.), *MACINTER-II Man-Computer-Interaction Research*, Proceedings of the Second Network Seminar of MACINTER held in Berlin/GDR, March 21 - 25, 1988 (pp. 535 - 565). Amsterdam: North Holland.

Möbus, C. & Schröder, O. (1990). Representing Semantic Knowledge with 2-dimensional Rules in the Domain of Functional Programming. In P. Gorny & M. Tauber (eds), *Visualization in Human-Computer Interaction* , 7th Interdisciplinary Workshop in Informatics and Psychology, Schärding. Austria, May 1988; Lecture Notes in Computer Science, Vol. 439 (pp. 47-81). Berlin: Springer.

Möbus, C., Schröder, O. & Thole, H.J. (1991a). *Runtime Modeling the Novice-Expert Shift in Programming Skills on a Rule-Schema-Case Continuum*, ABSYNT-Report 12/91. Universität Oldenburg, FB Informatik, Abt. Lehr- Lernsysteme.

Möbus, C., Schröder, O. & Thole, H.J. (1991b). Runtime Modeling the Novice-Expert Shift in Programming Skills on a Rule-Schema-Case Continuum. In J. Kay; A. Quilici (eds.), *Proceedings of the IJCAI Workshop W.4 Agent Modelling for Intelligent Interaction*, 12th International Joint Conference on Artificial Intelligence, Darling Harbour, Sydney, Australia, August 24-30th, 1991, S. 137-143.

Möbus, C. & Thole, H.-J. (1989). Tutors, Instructions and Helps. In Th. Christaller (ed.), *Künstliche Intelligenz KIFS 1987*, Informatik-Fachberichte 202 (S. 336 - 385). Heidelberg: Springer.

Möbus, C. & Thole, H.-J. (1990). Interactive Support for Planning Visual Programs in the Problem Solving Monitor ABSYNT: Giving Feedback to User Hypotheses on the Basis of a Goals-Means-Relation. In D.H. Norrie & H.-W. Six (eds.), *Computer Assisted Learning. Proceedings of the 3rd International Conference on Computer-Assisted Learning ICCAL 90*, Hagen, F.R.Germany, Lecture Notes in Computer Science, Vol. 438 (pp. 36-49). Heidelberg: Springer.

Müller, B. & Weber, G. (1991). Individualisierung der Lernerunterstützung im ELM-LISP-Tutor. In P. Gorny (Hrsg), *Informatik und Schule 1991 - Informatik: Wege zur Vielfalt beim Lehren und Lernen*, Fachtagung der Gesellschaft für Informatik, Oldenburg, Oktober 1991, Informatik-Fachberichte Nr. 292 (S. 306-313). Berlin: Springer.

Neves, D.M. & Anderson, J.R. (1981). Knowledge Compilation: Mechanisms for the Automatization of, Cognitive Skills. In Anderson, J.R. (ed), *Cognitive Skills and their Acquisition* (pp. 57-84). Hillsdale, New Jersey: Erlbaum.

Reisig, W. (1982). *Petrinetze - eine Einführung*. Heidelberg: Springer.

Reisig, W. (1985). *Petri Nets - An Introduction*. Springer EATCS Monographs on Theoretical Computer Science. New York: Springer.

Rosenbloom, P. & Newell, A. (1986). The Chunking of Goal Hierarchies: A Generalized Model of Practice. In R.S. Michalski, J.G. Carbonell & T.M. Mitchell (eds.), *Machine Learning* , Vol. II (pp. 247-288). Los Altos: Kaufman.

Rosenbloom, P. & Newell, A. (1987). Learning by Chunking: A Production System Model of Practice. In D. Klahr, P. Langley & R. Neches (eds), *Production System Models of Learning and Development* (pp. 221-286). Cambridge: MIT Press.

Schröder, O. (1990a). *Erwerb von Regelwissen mit visuellen Hilfen. Das Semantikwissen für eine graphische, funktionale Programmiersprache*. Dissertation Universität Oldenburg (Frankfurt: Lang 1992).

Schröder, O. (1990b). A model of the acquisition of rule knowledge with visual helps: the operational knowledge for a functional, visual programming language. In D.H. Norrie, & H.W. Six (Eds.), *Computer-assisted learning*. Proceedings of the 3rd International Conference on Computer-Assisted Learning Hagen, FRG (pp. 142-157). Heidelberg: Springer.

Self, J. (1990). Bypassing the Intractable Problem of Student Modeling. In C. Frasson & G. Gauthier (eds.), Intelligent Tutoring Systems (pp. 107-123). Norwood: Ablex.

Simon, H.A. & Simon, D.P. (1978). Individual Differences in Solving Physics Problems. In R.S. Siegler (ed.), *Childrens' Thinking: What Develops?* (pp. 325-348). Hillsdale: Erlbaum.

Slade, S. (1991). Case-Based Reasoning: A Research Paradigm. *AI Magazine, 12(1)*, 42-55.

Van Dijk, T.A. & Kintsch, W. (1983). *Strategies of Discourse Comprehension*. New York: Academic Press.

Van Lehn, K. (1988). Toward a Theory of Impasse-Driven Learning. In H. Mandl & A. Lesgold (eds.), *Learning Issues for Intelligent Tutoring Systems* (pp. 19-41). New York: Springer.

Van Lehn, K. (1990). *Mind Bugs: The Origins of Procedural Misconceptions*. Cambridge: MIT Press.

Van Lehn, K. (1991). Rule Acquisition Events in the Discovery of Problem-Solving Strategies, *Cognitive Science, 15*, 1-47.

Vere, S.A. (1977). Relational Production Systems. *Artificial Intelligence, 8*, 47-68.

Vorberg, D. (1989) Programmierkonzepte als Werkzeuge zum Problemlösen. In H. Mandl & H. Spada (Hrsg.), Bericht über das DFG-Schwerpunktprogramm "Wissenspsychologie" Herbst 1985 bis Frühjahr 1989 (S. 243-253). Tübingen und Freiburg.

Vorberg, D. & Goebel, R. (1991). Das Lösen rekursiver Programmierprobleme: Rekursionsschemata. *Kognitionswissenschaft, 1*, 83-95.

Weber, G. (1989). Automatische kognitive Diagnose in einem Programmier-Tutor. In D. Metzing (Hrsg.), *GWAI 89 - 13th German Workshop on Artificial Intelligence*, Informatik-Fachberichte 216 (S. 331-336). Berlin: Springer.

Weber, G. & Bögelsack, A. (1988). Entwicklung der Diagnosekomponente und episodischen Schüler-Modellierung in einem intelligenten LISP-Tutor. In R. Gunzenhäuser & H. Mandl (Hrsg), *2. Workshop der Fachgruppe "Intelligente Lernsysteme"* (S. 129-137). Tübingen, Juni 1988.

Winkels, R. & Breuker, J. (1990). Discourse Planning in Intelligent Help Systems. In C. Frasson & G. Gauthier (eds.), *Intelligent Tutoring Systems* (pp. 124-139). Norwood: Ablex.

Wolff, J.G. (1987). Cognitive Development as Optimisation. In L. Bolc (ed.), *Computational Models of Learning* (pp. 161-205). Berlin: Springer.

Young, R. (1991). Sowing Seeds Versus Planting Trees: Implications of a Problem-Space Model of Cognition for Intelligent Tutoring, paper presented at the *NATO Advanced Research Workshop on Student Modelling*. St.Adele, Quebec, Canada, May 5-8th, 1991.

Das HALMOR System
Unterstützung der geometrischen Bahnplanung für einen autonomen, mobilen Roboter durch Verfahren des Maschinellen Lernens[1]

Horst Spandl

1 Aufgabenstellung und Motivation

Das Ziel der im Rahmen der Entwicklung des HALMOR Systems durchgeführten Arbeiten ist die Unterstützung der (geometrischen) Planung kollisionsfreier Wege für autonome, mobile Roboter durch Verfahren des maschinellen Lernens. Hierzu wird die hierarchische Steuerungsarchitektur einer an der Universität Karlsruhe entwickelten mobilen Roboterplattform (siehe Abbildung 1-1) so erweitert, daß sowohl bei der Planerzeugung als auch bei der Planausführung gewonnene Erfahrungen verarbeitet werden können.

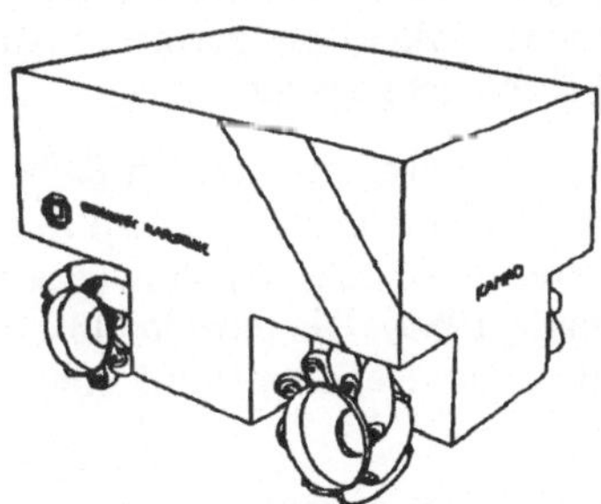

Abbildung 1-1: Die an der Universität Karlsruhe entwickelte mobile Roboterplattform.

Das Institut für Prozeßrechentechnik und Robotik der Universität Karlsruhe beschäftigt sich mit flexiblen, autonomen Systemen auf der Grundlage von Robotern und mobilen Plattformen, die in einer realen Umgebung operieren (Hörmann, Hugel & Meier 1988; Hörmann, Meier & Schloen 1991). Anwendungsgebiet ist die automatische Montage von Produktteilen sowie der Transport von Materialien durch den Roboter. Eine größere Variante der betrachteten mobilen Roboterplattform ist auch Bestandteil des *Karlsruher Autonomen, Mobilen Roboters* (KAMRO).

---

[1] Diese Arbeit entstand am Institut für Prozeßrechentechnik und Robotik (Prof. Dr.-Ing. U. Rembold, Prof. Dr.-Ing. R. Dillmann) der Universität Karlsruhe.

Autonome, mobile Robotersysteme sind Fahrzeuge, die in der Lage sind, eigenständige Bewegungen und Aktionen auszuführen, ohne dabei Führungseinrichtungen zu folgen oder via Fernsteuerung gesteuert zu werden (Rembold, 1988). Die Hauptaufgabe, die ein autonomes Fahrzeug lösen muß, ist die Planung und Ausführung kollisionsfreier Bewegungen von einer vorgegebenen Start- zu einer Zielkonfiguration, meist unter Berücksichtigung einer Karte von bekannten oder auch potentiell unbekannten Hindernissen. Eine Konfiguration umfaßt alle Parameter, die den Zustand des Roboters beschreiben, insbesondere die Position und die Orientierung. Der Roboter muß mittels Sensorik seine Umgebung beobachten und aus den Sensorwerten Informationen über die eigene Position und die Struktur der Umgebung extrahieren können. Eine detailliertere Beschreibung der Probleme autonomer Roboterfahrzeuge ist zum Beispiel in Cox & Wilfong (1990), Klafter (1988), Meystel (1988) und Schmidt (1991a) zu finden. Zusammenfassende Beschreibungen von Bahnplanungsverfahren gibt es etwa bei Beer & Lê (1991), Buckley (1990), Spandl (im Druck) und Stifter (1988).

Bei der Programmierung von autonomen, mobilen Robotersystemen sind komplexe Problemstellungen zu bewältigen (Rembold, Dillmann & Levi, 1990). Eine Hauptschwierigkeit in der Robotik ist der Umgang mit Unsicherheiten, die in einer realen Umgebung immer vorhanden sind (Brady, 1988; Erdman, 1984), sowohl bei der Modellbildung (Donald, 1989; Spreng, 1991), als auch der Positionierung (Dufay & Laugier, 1983) und der Sensorik (Durrant-Whyte, 1988). Im Gegensatz zu Robotermanipulatoren können bei frei beweglichen, autonomen Roboterfahrzeugen die Unsicherheiten nur mit unter Anwendungsbedingungen unvertretbar großem Aufwand durch geeignet strukturierte Umgebungen eliminiert oder zumindest reduziert werden. Ein autonomer, mobiler Roboter muß bei der Bewältigung seiner Hauptaufgabe, von einem Punkt zu einem anderen zu gelangen, mit großen Unsicherheiten bezüglich der Position und Identität von Objekten zurechtkommen. Im Gegensatz zu Robotermanipulatoren sind allerdings bei vielen Manövern geringere Anforderungen an die Positioniergenauigkeit des mobilen Roboters gegeben.

Bei der Realisierung eines autonomen, mobilen Robotersystems müssen Lösungen der jeweiligen Aufgaben zu einem Gesamtsystem integriert werden. Hierzu wird meist eine hierarchische Steuerungsstruktur angewandt (Albus, Barbera & Nagel, 1981; Brooks, 1986b; Hörmann, 1989). Die einzelnen Ebenen der hierarchischen Robotersteuerung bilden jeweils einen Regelkreis auf unterschiedlichem Abstraktionsniveau.

Dies führt zu relativ komplexen Systemarchitekturen. Heutige Ansätze sind durch eine relativ starre Ablaufsteuerung gekennzeichnet, was die Fähigkeit der Robotersteuerung zu autonomem Handeln bzw. zum flexiblen Umgang mit Fehlersituationen beeinträchtigen kann (Schmidt, 1991b). Daraus ergibt sich das Ziel der Arbeit, das Robotersystem in die Lage zu versetzen, mit zunehmender Zeit aufgrund der in der Vergangenheit gemachten Erfahrungen zu *lernen* und zumindest für die häufigsten Problemstellungen seine Leistungsfähigkeit zu verbessern. Dies erfordert die Fähigkeit des Robotersystems zur Selbstorganisation, d.h. die Fähigkeit, die eigene Steuerungsstruktur selbst zu modifizieren, um ein besseres Systemverhalten zu erzielen (Dillmann, 1988b). Der Lernbegriff wird hierbei in Anlehnung an Michalskis Definition verstanden als "... Konstruktion oder Modifikation von Repräsentationen dessen, was erfahren wird." (Michalski, 1986, S. 10, Übersetzung des Verfassers)

Das HALMOR System beinhaltet eine Erweiterung bzw. Ergänzung der *geometrischen Bahnplanung*. Dies impliziert eine Auseinandersetzung mit der Frage der Anpassung der internen Umweltmodellierung, den sogenannten *Landkarten* Fragen der *Fahrzeugregelung*, der *Sensorik* und der *Navigation* bleiben hingegen ausgeklammert. Ebenfalls nicht berücksichtigt werden Problemstellungen, die sich bei einem denkbaren Einsatz des mobilen Roboters außerhalb von Gebäuden ergeben würden.

Der Schwerpunkt der hier vorgestellten Arbeit ist also die Unterstützung der *geometrischen Routenplanung* durch Verfahren des maschinellen Lernens. Sie befähigt das Robotersystem, Erfahrungswissen aus gelösten Problemstellungen bzw. Planausführungen zu gewinnen und bei zukünftigen Aufgaben anzuwenden. Daraus ergeben sich in Anlehnung an ein allgemeines Modell eines lernenden Systems nach Cohen & Feigenbaum (1982) mehrere Fragestellungen:

- *Was kann gelernt werden?* Hierbei geht es zum einen um die Feststellung, welche Art von Wissen bei der *Bahnplanung* benötigt wird. Dies umfaßt die Art der in der *Landkarte* zur Verfügung stehenden Information und die Art des eigentlichen Planungsablaufs. Zum anderen stellt sich die Frage nach dem bei der Planung und der Planausführung anfallenden Wissen (Abschnitt 2).

- *Wie kann gelernt werden?* Systeme, die in einer realen Umgebung operieren, bieten Ansatzmöglichkeiten für verschiedene Methoden des maschinellen Lernens (Dillmann 1988a; 1991). Zum Lernen aus während der Planung gewonnener Information bieten sich in erster Linie deduktive Methoden an. Zur Verarbeitung von Erfahrungen, die bei der Planausführung anfallen, eignen sich eher induktive Methoden (Abschnitt 3).

- *Wann kann gelernt werden?* Die Frage, zu welchem Zeitpunkt ein Lernen erfolgen kann, hängt unmittelbar mit der Transparenz des internen Ablaufs der einzelnen *ausführenden Module* zusammen. Der Lernvorgang kann einerseits unmittelbar nach kleinsten Planungsentscheidungen erfolgen, oder aber erst nachdem eine Aufgabe komplett gelöst oder ausgeführt wurde (Abschnitt 4).

- *Wo kann gelernt werden?* Auch hierbei geht es sehr stark um die Frage der Transparenz des jeweiligen *ausführenden Moduls*. Wenn der interne Ablauf der Informationsverarbeitung vom Lernmodul frei inspiziert werden kann, so ist eine direkte Einwirkung auf das Problemlöseverhalten möglich. Ansonsten ist der Lernprozeß nur zu einer indirekten Einflußnahme über äußere Schnittstellendaten in der Lage (Abschnitt 4).

Es wird eine Integration der Lernverfahren angestrebt, um aus möglichst vielen verschiedenen Erfahrungen des Systems zu lernen und ein Maximum an Effizienzsteigerung und Flexibilität zu erreichen.

Die mit dem HALMOR System angestrebte Unterstützung der Bahnplanung für einen autonomen, mobilen Roboter durch Verfahren des maschinellen Lernens liegt in einem interessanten Schnittfeld von zwei aktiven Forschungsgebieten. Angewandt werden Erkenntnisse aus einem Teilgebiet der Künstlichen Intelligenz (maschinelles Lernen) auf ein Teilgebiet der Robotik (autonome Systeme) unter Berücksichtigung von Erkenntnissen aus dem Bereich der kognitiven Psychologie (Lernpsychologie). Die Arbeiten im Bereich autonomer Systeme können durch die Fähigkeit des Lernens an Flexibilität und Leistung gewinnen. Die Arbeiten im Bereich des maschinellen

Lernens können durch die verstärkte Hinwendung zu realen Anwendungen ihre Leistungsfähigkeit unter Beweis stellen.

Im folgenden zweiten Abschnitt werden sowohl die Lernziele als auch die Anforderungen an die Lernkomponenten für das HALMOR System genauer definiert. Daran schließt sich im dritten Abschnitt eine Darstellung geeigneter Methoden des maschinellen Lernens an, insbesondere Ansätze des deduktiven und des induktiven Lernens. Das Konzept eines lernenden Systems zur Unterstützung der Routenplanung für einen mobilen Roboter ist Gegenstand des vierten Abschnitts. Der Schwerpunkt liegt auf der Darstellung der einzelnen Lernmodule und ihrer Interaktion mit dem Gesamtsystem. Die Diskussion im fünften und die Zusammenfassung im sechsten Abschnitt beschreiben erste Erfahrungen mit den einzelnen Lernkomponenten und den Modulen des HALMOR Systems. Der Ausblick stellt einige sinnvolle Ergänzungen vor.

2 Lernziele bei der geometrischen Bahnplanung

Wie in Abschnitt 1 ausgeführt, lassen sich bei der Frage, was gelernt werden kann, zwei Aspekte unterscheiden: Lernen im Zusammenhang mit der Planung und Lernen im Zusammenhang mit der Planausführung. Die primären Aufgaben bei der geometrischen Bahnplanung sind die Planung kollisionsfreier Bahnen für den mobilen Roboter und der Umgang mit a priori unbekannten Hindernissen, die während der Fahrt beobachtet wurden. Für diese beiden Hauptaufgaben werden die jeweiligen Lernziele vorgestellt.

2.1 Lernen von Planungsmakros

Haupteinsatzgebiet eines autonomen mobilen Roboters ist der Transport von Materialien. In einer realen Produktionsumgebung ist zu erwarten, daß bestimmte Klassen von Wegstrecken öfter verwendet werden. Es wäre von Nutzen, wenn der Roboter für oft erteilte Fahraufträge nicht jedes Mal von neuem einen rechenintensiven Planungsprozeß durchlaufen muß. Vielmehr sollte eine gezielte Erzeugung und Anwendung von *Makro-Trajektorien* aufgrund der Erfahrung des Systems die Routenplanung, insbesondere für Standardaufgaben, erheblich beschleunigen. Makro-Trajektorien sind Stücke einer kollisionsfreien Bahn, auf die bei neuen Planungsaufgaben zurückgegriffen werden kann. Bei der Erzeugung von Makro-Trajektorien können zwei Ansatzpunkte unterschieden werden: *aufgabenbezogene Makro-Trajektorien* bezüglich bestimmter Mengen geometrisch ähnlicher Start- und Zielkonfigurationen (Abbildung 2-1) und *geometriebezogene Makro-Trajektorien* bezüglich bestimmter Hinderniskonfigurationen (Abbildung 2-2).

Dem ersten Ansatz der *aufgabenbezogenen Makro-Trajektorien* liegt die Beobachtung zugrunde, daß sich komplette Fahraufträge an ein mobiles Robotersystem ähneln können. Ein Beispiel wäre ein wiederholter Transport von Produktteilen von einem Fließband zu einer bestimmten Montagestation (Abbildung 2-1, links). Dabei können leichte Unterschiede in der tatsächlichen Start- und Zielkonfiguration auftreten, zum Beispiel wenn der Aufnahmepunkt eines Werkstücks aufgrund des Bandtransports innerhalb eines bestimmten Bereichs schwankt.

Die Aufgabe an das Lernsystem bei der Konstruktion von aufgabenbezogenen Makro-Trajektorien läßt sich in zwei Teilaufgaben gliedern. Ein Aspekt ist das Lernen von Bereichen geometrisch ähnlicher Konfigurationen des mobilen Roboters, sogenannten *Konfigurationsklassen*. Zwei Roboterkonfigurationen sind *geometrisch ähnlich*, wenn sie einen geringen Abstand voneinander haben. Paare von Konfigurationsklassen können dann zu *Auftragsklassen* zusammengefaßt werden. Die Konfigurationsklassen einer so gewonnenen Auftragsklasse können dann durch eine komplette Makro-Trajektorie verbunden werden (siehe Abbildung 2-1, rechts). Bei der Konstruktion der Makro-Trajektorie ist darauf zu achten, daß sie auch von allen Elementen der Konfigurationsklasse der jeweiligen Start- und Zielgebiete benutzt werden kann.

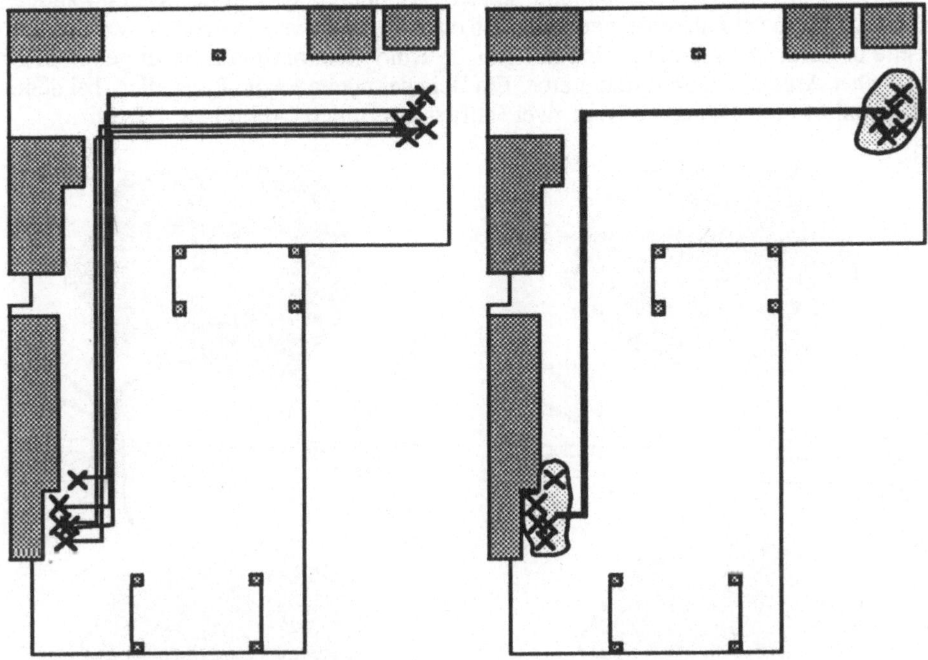

Abbildung 2-1: Bildung von aufgabenbezogenen Makro-Trajektorien. Links ist eine Menge ähnlicher Fahraufträge zu sehen, rechts die entsprechenden Konfigurationsklassen, die mit einer einzigen Makro-Trajektorie verbunden sind.

Die Teilaufgaben beim Lernen von aufgabenbezogenen Makro-Trajektorien zeichnen sich durch zwei unterschiedliche Lernsituationen aus. Die Konstruktion der Klassen geometrisch ähnlicher Roboterkonfigurationen muß inkrementell erfolgen, da ja zunächst nicht bekannt ist, welche Aufträge der mobile Roboter auszuführen hat. Die genaue Anzahl der zu konstruierenden Klassen ist aus dem gleichen Grund unbekannt. Die Stichproben in Form von Start- und Zielkonfiguration eines Fahrauftrags sind nicht vorklassifiziert. Das Lernsystem muß also in der Lage sein, die Klasseneinteilung sukzessive selbst aufzubauen. Das verfügbare Wissen ist relativ gering. Es besteht primär aus dem Fahrauftrag als Lernstichprobe und dem Wissen über die Geometrie der Roboterumwelt. Dies legt ein inkrementelles, unüberwachtes, induktives Lernverfahren nahe (siehe auch Abschnitt 3.2).

Die Konstruktion der eigentlichen Makro-Trajektorie kann anhand eines einzigen Beispiels erfolgen. Als Eingabedaten stehen der Fahrauftrag und die in der Bahnplanung berechnete Lösung, die geometrische Umweltbeschreibung und unter Umständen die bereits erworbenen Auftrags- und Konfigurationsklassen zur Verfügung. Hinzu kommt noch das gesamte im Bahnplaner gesammelte Wissen über die Planung kollisionsfreier Bahnen für den mobilen Roboter. Dies legt ein eher deduktives Lernverfahren nahe (siehe auch Abschnitt 3.1). Eine erworbene Makro-Trajektorie muß allerdings kontinuierlich einem Test unterworfen werden, ob sie tatsächlich noch für alle Elemente der zugrundeliegenden Konfigurationsklassen erreichbar ist, falls neue Elemente in die Klassen eingeteilt werden.

Makro-Trajektorien mit Geometriebezug orientieren sich an der Raumtopologie. Bei verschiedenen Fahraufträgen innerhalb eines Raumes kann beobachtet werden, daß Teile der erzeugten Trajektorien die gleiche Hinderniskonfiguration in geometrisch ähnlicher Art und Weise durchqueren. Ein Beispiel wären lokale Engstellen, bei denen Hindernisse einen Raum quasi in zwei Hälften unterteilen (Abbildung 2-2, links).

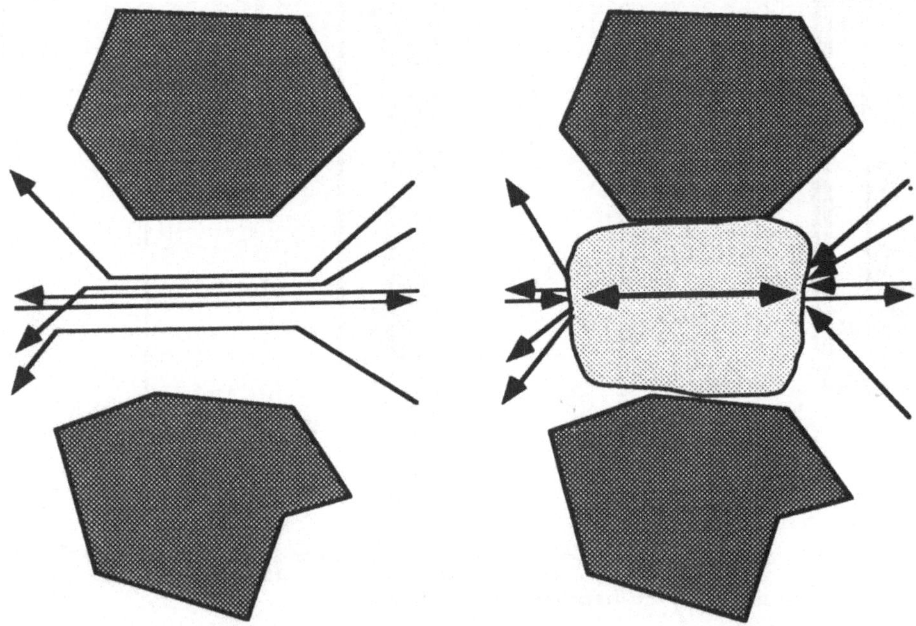

Abbildung 2-2: Bildung von geometriebezogenen Makro-Trajektorien. Die Mengen geometrisch ähnlicher Trajektorien unterschiedlicher Fahraufträge, die eine bestimmte Hinderniskonfiguration durchqueren (links), werden zu einer Makro-Trajektorie zusammengefaßt (rechts).

Es wäre wünschenswert, wenn das Robotersystem für solche Situationen Makro-Trajektorien relativ zu bestimmten Hinderniskonfigurationen und unabhängig von den jeweiligen Start- und Zielpositionen lernen könnte (Abbildung 2-2, rechts). Neue Fahraufträge, die auch eine Durchquerung dieses Teilbereichs des Raumes erforderlich machen, könnten so auf vorgefertigte, sichere Wege zurückgreifen, ohne daß eine aufwendige geometrische Bahnplanung erforderlich ist.

Die Aufgabe an das Lernsystem bei der Konstruktion einer Makro-Trajektorie mit Geometriebezug besteht wiederum aus zwei Teilaufgaben. Zum einen muß eine geeignete Beschreibung der Hinderniskonfiguration gefunden werden. Aufbauend auf dieser Beschreibung kann dann aus den einzelnen Fahraufträgen die Makro-Trajektorie konstruiert werden. Beide Teilaufgaben beim Erwerb geometriebezogener Makro-Trajektorien können anhand eines einzigen Beispiels angegangen werden. Die Aufgabenstellung ähnelt der Konstruktion einer aufgabenbezogenen Makro-Trajektorie. Dem Lernmodul steht das gleiche umfangreiche Hintergrundwissen zur Verfügung, so daß sich auch hier ein eher deduktives Lernverfahren anbietet.

2.2 Lernen von Gefahrenbereichen aus Hindernisbeobachtungen

Während der Planausführung können bisher unbekannte Hindernisse die berechnete Bahn blockieren. Dies ist eine Variante des sogenannten *Frame-Problems* (McCarthy & Hayes, 1969; Pylyshyn, 1988; Shoham, 1986), das bei allen Planungsproblemen in mehr oder weniger abgewandelter Form auftritt. Mit diesem Terminus wird umschrieben, daß Planungssysteme nie über ein komplettes, explizites Wissen über die Anwendungsdomäne verfügen können. Deshalb kann es vorkommen, daß die Annahmen, die zur Lösung einer Planungsaufgabe geführt haben, nicht mehr mit der Realität übereinstimmen. Bei der Bahnplanung für einen mobilen Roboter äußert sich das Frame-Problem primär im Erscheinen neuer, bisher nicht im Umweltmodell vorhandener Hindernisse, die während der Fahrt beobachtet werden.

Das Roboterweltmodell muß um Informationen über das bisher unbekannte Hindernis erweitert werden, damit es bei künftigen Planungsaufgaben berücksichtigt werden kann. Das klassische Verfahren zur Lösung dieser Variante des Frame-Problems besteht darin, das bisher unbekannte Objekt sofort mit der beobachteten Position in die Umweltmodellierung aufzunehmen und eine Neuplanung anzustoßen (zum Beispiel Crowley, 1985; Giralt, Chatila & Vaisset, 1984, Kampmann & Schmitt, 1991). Dieser Lösungsansatz hat allerdings den Nachteil, daß alle Hindernistypen gleich behandelt werden. In einer realen Umgebung muß jedoch mit einer Vielzahl an Hindernissen gerechnet werden, die leicht beweglich sind und somit des öfteren ihre Position verändern können, zum Beispiel Stühle, Papierkörbe, andere Fahrzeuge oder auch Menschen.

Das HALMOR System berücksichtigt bei der Aktualisierung des Umweltmodells die unterschiedliche Mobilität der Hindernisse. Es werden dabei drei Hindernisklassen unterschieden: *stationäre*, *quasi-stationäre* und *dynamische Hindernisse*. *Stationäre Hindernisse* haben eine feste Position und Orientierung im Raum und sind im allgemeinen a priori bekannt, zum Beispiel Maschinen, Schränke. *Quasi-stationäre Hindernisse* sind Objekte, die üblicherweise für eine begrenzte Zeit ortsfest sind, jedoch öfter ihre Position verändern können, zum Beispiel Stühle, Papierkörbe, Kisten. *Dynamische Hindernisse* sind Objekte, die sich während der Beobachtung und des Ausweichmanövers bewegen können, zum Beispiel andere mobile Roboter oder auch Menschen, die den Weg des Roboters kreuzen. Sie werden im folgenden nicht weiter betrachtet.

Das Lernziel ist die Erweiterung des Umweltmodells des mobilen Roboters um *Gefahrenbereiche* aus Hindernisbeobachtungen. Ein Gefahrenbereich ist die Zusammenfassung *geometrisch ähnlicher Beobachtungen* von quasi-stationären

Hindernissen des gleichen Typs (Abbildung 2-3, links). Zwei Beobachtungen sind geometrisch ähnlich, wenn sie räumlich nahe beieinander liegen. Bei der Bildung der Gefahrenbereiche sollte möglichst wenig Wissen über bereits gelernte Makro-Trajektorien verloren gehen.

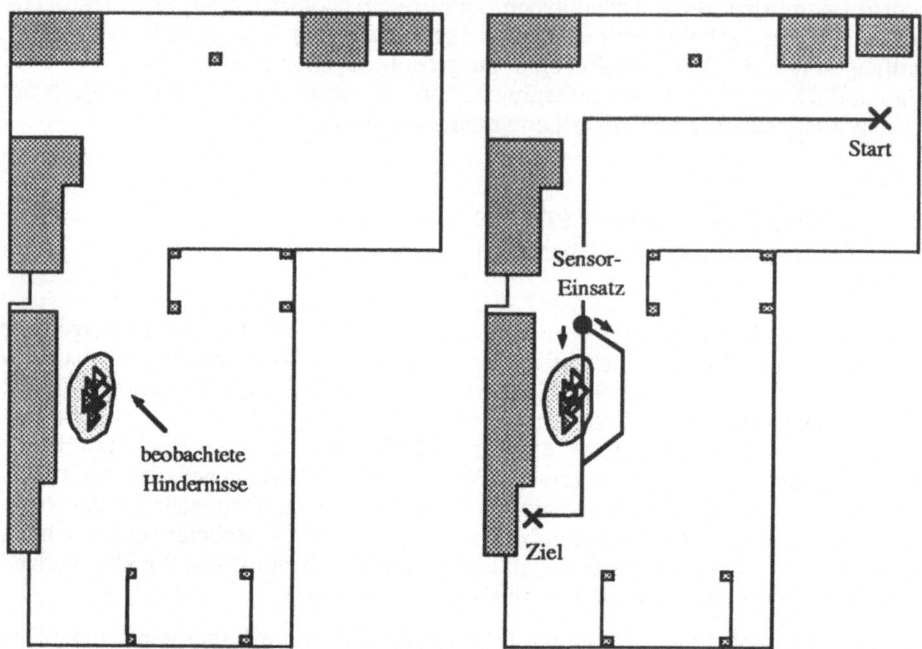

Abbildung 2-3:   Lernen von Gefahrenbereichen quasi-stationärer Hindernisse. Geometrisch ähnliche Beobachtungen von Hindernissen gleichen Typs werden zu Klassen zusammengefaßt (links). Diese werden bei einer vorbeugenden Bahnplanung berücksichtigt, indem zusätzlich zur normalen Bahn ein aktiver Sensoreinsatz geplant und eine Ausweichroute um den Gefahrenbereich zur Verfügung gestellt wird (rechts).

Die mit der Bildung der Gefahrenbereiche quasi-stationärer Hindernisse gewonnene Zusatzinformation wird zu einer *vorbeugenden Bahnplanung* verwendet (Abbildung 2-3, rechts). Der geometrische Bahnplaner wird durch die Zusammenfassung mehrerer Hindernisbeobachtungen in die Lage versetzt, Hypothesen bezüglich der quasi-stationären Hindernisse aufzustellen. Hierzu kommt insbesondere eine statistische Analyse der Gefahrenbereiche in Betracht. Es können zum Beispiel Informationen bezüglich der Auftretenswahrscheinlichkeit, der bevorzugten oder der mittleren Position und Orientierung des Hindernisses bei der Bahnplanung berücksichtigt werden.

Die Lernsituation beim Erwerb der Gefahrenbereiche ähnelt derjenigen beim Lernen von Konfigurationsklassen des mobilen Roboters beim Erwerb aufgabenbezogener Makro-Trajektorien. Das Lernmodul muß in der Lage sein, inkrementell aus einer Menge von unklassifizierten Lernstichproben in Form von Hindernisbeobachtungen eine a priori unbekannte Anzahl von Gefahrenbereichen zu konstruieren. Dabei ist allerdings zu beachten, daß es unterschiedliche Typen quasi-stationärer Hindernisse geben kann. Auch ist nicht immer gewährleistet, daß die verfügbare Sensorik eine brauchbare Objekterkennung durchführen kann.

3   Geeignete Methoden des maschinellen Lernens

Obwohl die Bedeutung des Lernens schon sehr früh von Forschern auf den Gebieten
der kognitiven Psychologie und der Künstlichen Intelligenz erkannt wurde, bildete dieses Thema keinen eigenen Forschungsschwerpunkt in der Informatik. Erst in den letzten Jahren konnte ein verstärktes Interesse an den Problemen, die lernende Systeme
aufwerfen, beobachtet werden. Die Bibliographien in Michalski, Carbonell & Mitchell (1983; 1986) und Kodratoff & Michalski (1990) belegen die große Aktivität auf
diesem Forschungsgebiet.

Die Eignung eines bestimmten Lernansatzes hängt von den Anforderungen ab,
welche die jeweilige Aufgabenstellung an das lernende System stellt (siehe zum Beispiel Carbonell, 1989). Für den Erwerb von Makro-Trajektorien eignen sich am
besten analytische Verfahren, insbesondere Methoden zum Erwerb von Makro-Operatoren. Sie werden in Abschnitt 3.1 genauer vorgestellt. Das Lernen von Roboterkonfi-
gurationsklassen aber auch von Gefahrenbereichen legt die Verwendung eines induktiven Lernverfahrens nahe, insbesondere Methoden der unüberwachten inkrementellen
Konzeptbildung. Sie werden in Abschnitt 3.2 vorgestellt. Eine detailliertere Diskussion einzelner Lernverfahren kann der Arbeit von Spandl (im Druck) entnommen werden.

3.1   Erklärungsbasierte Lernverfahren

Das Hauptmerkmal erklärungsbasierten Lernverfahren (engl. explanation-based learning, EBL) (Mitchell, Keller & Kedar-Cabelli, 1986; DeJong & Mooney, 1986;
DeJong, 1988) ist der Versuch, bereits vorhandenes Wissen zu analysieren und in eine
effektivere oder "operationalere" Form zu überführen (Michalski & Kodratoff, 1990;
Carbonell, 1989). Der Wissenserwerb erfolgt primär über deduktive Methoden. Wenige Beispiele, meist sogar ein einziges, werden von der Lernkomponente mit Hilfe des
Hintergrundwissens dahingehend untersucht, welche Teile des vorhandenen Wissens
zur Problemlösung relevant waren. Diese Untersuchung wird dann zur Generierung
neuen, effizienteren Wissens genutzt, zum Beispiel zur Formulierung neuer Kontroll-
regeln oder Heuristiken zur effizienteren Anwendung des Domänenwissens (Utgoff,
1986; Minton, Carbonell, Etzioni, Knoblock & Kuoka, 1987). EBL-Verfahren benötigen dazu eine relativ große Menge an Hintergrundwissen über das Anwendungsgebiet
(Mostow, 1983; Mitchell, Keller & Kedar-Cabelli, 1986; DeJong & Mooney, 1986;
Minton, Carbonell, Knoblock, Kuoka, Etzioni & Gil, 1989).

Einen Schwerpunkt erklärungsbasierter Lernverfahren bildet die Klasse der Systeme, die *Makro-Operatoren* zur Reduzierung der Planungskomplexität eines Problemlösers lernen (Ellman, 1989). Dies entspricht dem Lernziel des HALMOR Systems,
Makro-Trajektorien zur Unterstützung der geometrischen Bahnplanung zu lernen. Ein
Überblick zur Planungsproblematik in der Künstlichen Intelligenz ist in Allen, Hendler & Tate (1990) zu finden. Eingabe in ein System, das Makro-Operatoren lernt, ist
meist eine linear oder baumartig strukturierte Sequenz von Operatoren, die die Lösung
einer Aufgabe repräsentieren. Die Operatorfolge überführt das ausführende Element

von einem gegebenen Ausgangszustand über mehrere Zwischenzustände in den gewünschten Zielzustand. Das Lernsystem faßt die Operatorsequenz zu einem einzigen, neuen Operator zusammen. Dieser neue Operator wird als *Makro-Operator* (Fikes, Hart & Nilson, 1972; Korf, 1985; Minton et al., 1989) oder auch *Chunk* (Laird, Rosenbloom & Newell, 1986) bezeichnet. Der Makro-Operator hat denselben Effekt wie die ursprüngliche Sequenz. Der Prozeß der Makro-Generierung wird manchmal auch als *Kompilierung* der Operatorsequenz bezeichnet (Anderson, 1986).

Systeme, die Makros erzeugen, sind mit einer Reihe von Problemen konfrontiert. Am gravierendsten wirkt sich der sogenannte *Nützlichkeitseffekt* (engl. utility effect) aus (Minton, 1990). Dieser Begriff bezeichnet die kuriose Tatsache, daß ein einzelner Makro zwar die Planungszeit bei einer bestimmten Aufgabenstellung verkürzen kann, daß aber andererseits die Gesamteffizienz des Planungssystems unter Umständen abnimmt. "Das Problem besteht darin, daß Kontrollwissen einen nicht sichtbaren Kostenfaktor enthält, der oft dem eigentlichen Zweck zuwiderläuft - und zwar die Kosten des Tests während der Suche, ob das Wissen anwendbar ist. Um tatsächlich die Effizienz zu verbessern, muß ein EBL Programm effektives Kontrollwissen generieren - der Nutzen muß gegenüber den Kosten überwiegen." (Minton, 1990, S. 363-364). Dieser Effekt wurde auch von anderen Forschern beobachtet, zum Beispiel von Tambe & Newell (1988), Tambe & Rosenbloom (1989), Markovitch & Scott (1988), O'Rorke (1989) und Shavlik (1989).

Bei den in Abschnitt 2 identifizierten Lernzielen für die geometrische Bahnplanung stellt sich das Problem, daß eine explizite Operatormodellierung in symbolischer Form bei geometrischen Bahnplanungsverfahren nicht ohne weiteres durchführbar ist. Dies müßte entweder in der klassischen Form der Angabe von Vor- und Nachbedingungen oder etwas allgemeiner in Form von Regeln erfolgen. Sowohl die Bedingungen als auch die Regeln werden dabei meist in einer Variante der Prädikatenlogik (Schöning, 1987) spezifiziert. Die bei der Formulierung der Operatorprädikate verwendeten Sorten sind bei klassischen Planungssystemen der Künstlichen Intelligenz endliche Mengen, deren Elemente meist sogar explizit (symbolisch) angegeben werden können. Bei der geometrischen Bahnplanung muß jedoch das benötigte geometrische Wissen möglichst exakt angegeben werden. Die verwendeten Sorten gehen letztendlich alle auf realzahl-basierte Koordinatenangaben zurück. Hinzu kommt, daß viele geometrische Aussagen nicht explizit angegeben werden, sondern mittels unter Umständen recht umfangreicher Algorithmen zur Laufzeit berechnet werden.

Da es nicht ohne weiteres möglich ist, Makro-Operatoren im klassischen Sinne der Künstlichen Intelligenz für die geometrische Bahnplanung zu erwerben, ist ein stärker geometrisch orientiertes Verfahren erforderlich. Dies gilt insbesondere bei Makro-Trajektorien mit Geometriebezug. Von den erwähnten Lernansätzen eignen sich insbesondere die Wissenskompilierung (engl. knowledge compilation) aus ACT* (Anderson, 1983a; 1983b; 1986) als auch das Chunking aus SOAR (Laird, Newell & Rosenbloom, 1987; Laird, Rosenbloom & Newell, 1986) als konzeptioneller Hintergrund für den Erwerb von Planungsmakros. Beide Ansätze basieren auf Produktionensystemen und bieten dadurch relativ flexible und überschaubare Ansätze zum automatischen Wissenserwerb (Opwis, 1988). Das HALMOR System lehnt sich bei der Unterstützung der Bahnplanung an ACT* an, da hier mehrere sowohl deduktive als auch induktive Lernverfahren zu einer umfassenden Theorie des schrittweisen Erwerbs von Problemlösewissen verknüpft sind (Mandl, Friedrich & Hron, 1988).

3.2 Empirische Lernverfahren

Empirische Lernverfahren versuchen, aus einer großen Menge von Beispielen Klasseneinteilungen oder Klassifikationsregeln zu lernen. Sie werden auch als *ähnlichkeitsbasierte* oder *induktive Lernen* bezeichnet (engl. similarity-based learning, SBL). Empirische Lernverfahren bilden das am intensivsten untersuchte Teilgebiet des maschinellen Lernens. Sie reichen von überwachtem Lernen aus vorklassifizierten Beispielen
(Angluin & Smith, 1983; Clark & Niblett, 1989; Michalski, 1983, 1990; Quinlan,
1986; Rendell, 1986; Utgoff, 1989; Winston, 1970) über unüberwachtes Lernen durch
Beobachten (Michalski & Stepp, 1983; Gennari, Langley & Fisher, 1989; Hanson,
1990; Langley & Zytkow, 1989; Lebowitz, 1987) bis zur Konstruktion neuer Begriffe
(Bergadano, Giordana & Saitta, 1988; Lenat, 1983; Muggleton & Buntine, 1988; Morik,
1988; Wrobel, 1989). Der inkrementelle Erwerb von Konzeptbeschreibungen entspricht den in Abschnitt 2 identifizierten Lernzielen der Bildung von Mengen geometrisch ähnlicher Konfigurationsklassen und der Bildung von Gefahrenbereichen bezüglich bisher unbekannter Hindernisse, die während der Fahrt beobachtet wurden.

Bei Verfahren des *unüberwachten Lernens* sind die Beispiele noch nicht in Klassen
eingeteilt. Das primäre Ziel liegt in der Bildung von geeigneten Konzepten an sich,
d.h. das Lernsystem muß zunächst selbst eine Klasseneinteilung vornehmen. Dabei
kann eine Aufteilung in disjunkte Klassen erfolgen (Fisher, 1987), oder es können
auch Überlappungen zwischen den gelernten Konzepten erlaubt sein (Lebowitz, 1986).
Eine grundlegende Voraussetzung bei diesen Verfahren ist die Forderung, daß die relevanten Begriffe und/oder Relationen bereits in den Beispielen enthalten sein müssen.
Wird die komplette Beispielmenge auf einmal präsentiert, so besteht die Aufgabe im
Auffinden einer möglichst guten Klasseneinteilung. Dieses Forschungsgebiet wird als
konzeptuelle Ballungsanalyse bezeichnet (engl. conceptual clustering) (Michalski &
Stepp, 1983). Bei Systemen, die in einer realen Umwelt agieren, ist diese Grundan-
nahme einer vollständigen Lernstichprobe nicht realistisch. Einzelne Beispiele treffen
vielmehr inkrementell über die Zeit verteilt ein. Dies ist die Domäne der *Konzeptbildung* (engl. concept formation) (Langley, 1987).

Die inkrementelle Konzeptbildung ist charakterisiert durch den Aufbau einer Klas-
senhierarchie (Gennari, Langley & Fisher, 1989). Knoten, die näher an der Wurzel des
Klassifikationsbaums stehen, repräsentieren allgemeinere Konzepte. Das System lernt
somit nicht nur ein einziges Konzept, sondern eine Menge von Teilkonzepten. Der
Lernvorgang erfolgt bei konzeptbildenden Systemen, indem ein neues Beispiel ausgehend von der Wurzel der bestehenden Klassifikationshierarchie rekursiv in die jeweiligen Unterklassen einsortiert wird. Da es sich um unüberwachtes Lernen handelt, muß
sowohl die Anzahl der Klassen als auch die Einordnung in eine Klasse selbständig
vom Lernsystem bestimmt werden.

Als Steuerstrategie wird eine heuristische Gradientensuche (engl. hill-climbing) im
Raum der möglichen Klassifikationshierarchien angewandt. Hierzu werden Operatoren
zur Manipulation der Konzepthierarchie definiert. Beispiele solcher Operatoren sind
das Einordnen einer Stichprobe in eine bestimmte Klasse, das Erzeugen einer neuen
Klasse oder auch die Aufteilung einer bestehenden Klasse in mehrere neue Unterklassen. Die Auswahl eines bestimmten Operators wird über eine Bewertungsfunktion gesteuert, die ein Maß für die Auswirkungen der Operatoranwendung liefert, zum Bei-

spiel die Güte der so entstehenden Klasseneinteilung. Es wird jeweils der Operator verwendet, der die beste Bewertung erzielt. Die Bewertungsfunktion beeinflußt daher sehr stark das Lernergebnis (Hanson, 1990, S. 252).

Bei den in Abschnitt 2 identifizierten Lernzielen läßt sich eine gemeinsame Teilaufgabe definieren: das Zusammenfassen von Roboter- bzw. Hinderniskonfigurationen zu Mengen geometrisch ähnlicher Konfigurationen. Die Klassenbildung muß dabei inkrementell erfolgen, da der mobile Roboter sich autonom in seiner Umgebung bewegen kann und somit immer wieder neue Erfahrungen sammelt. Hinzu kommt, daß a priori keine Kenntnisse über die Art, Anzahl oder Größe der zu bildenden Bereiche vorliegen. Auch hier gilt, wie bei der Diskussion von Planungsmakros in Abschnitt 3.1, daß der Wertebereich der verwendeten Attribute bei den meisten Systemen aus endlichen Mengen meist explizit vorgegebener symbolischer Werte bestehen. Die zu klassifizierenden Grunddaten einer Roboterkonfiguration bzw. einer Hindernisbeobachtung liegen jedoch als Tupel von Realzahlen vor.

Mit dem konzeptbildenden System CLASSIT (Gennari, Langley & Fisher, 1989) wurde ein Lernverfahren realisiert, das allen Hauptforderungen zur Bildung von Mengen geometrisch ähnlicher Konfigurationen genügt. CLASSIT erzeugt inkrementell aus einer unklassifizierten Sequenz von Instanzen eine Konzepthierarchie. Die Klasseneinteilung versucht, die als Maß verwendete Konzeptnützlichkeit (Gluck & Corter, 1985) (engl. category utility) zu maximieren. Dieses informationstheoretische Maß bevorzugt Klassenaufteilungen, bei denen die Ähnlichkeit innerhalb einer Klasse als auch die Unterschiede zwischen den einzelnen Klassen möglichst groß werden. Die Attribute können dabei sowohl diskrete symbolische als auch numerische Werte annehmen. Dieses System bildet somit eine gute Ausgangslage für das Lernen von Konfigurationsklassen, die für auftragsbezogene Makro-Trajektorien benötigt werden, und für das Lernen von Gefahrenbereichen.

4   Komponenten des HALMOR-Systems

Auf der Grundlage der im vorhergehenden Abschnitt getroffenen Auswahl geeigneter Lernverfahren zur Unterstützung der Bahnplanung für einen mobilen Roboter wird im folgenden Abschnitt die Architektur des HALMOR Systems vorgestellt. Die jeweils notwendigen Module für die Planung einer kollisionsfreien Bahn werden ergänzt um Module zur Realisierung der in Abschnitt 2 identifizierten Lernziele: Lernen von auftrags- und geometriebezogenen Makro-Trajektorien zur Unterstützung der Bahnplanungsmodule und Lernen von Gefahrenbereichen über Hindernisse, die während der Fahrt beobachtet wurden.

Das HALMOR System realisiert bei der Bahnplanung für einen autonomen, mobilen Roboter eine an das NBS-Modell angelehnte hierarchische Steuerungsstruktur. Sie besteht aus den drei Hauptkomponenten: *Missionsplanung*, *geometrische Bahnplanung* und *Realzeit-Navigation*. Die Ebenen sind durch geeignete Rückmeldungen logischer Sensoren (Henderson & Shilcrat, 1984) der jeweils unteren Teilkomponenten miteinander zu Regelkreisen verbunden (siehe Abbildung 4-1).

Ein Auftrag in Form einer impliziten Elementaroperation (IEO) an den Roboter wird zunächst von der *Missionsplanung* unter Zuhilfenahme eines Gebäudeplans in eine Sequenz von expliziten Elementaroperationen (EEOs) umgesetzt. Es handelt sich

hierbei um eine eher klassische operatorbasierte Planungskomponente auf Gebäude-
ebene, deren Aufgabe primär in der Festlegung der zu durchquerenden Räume und

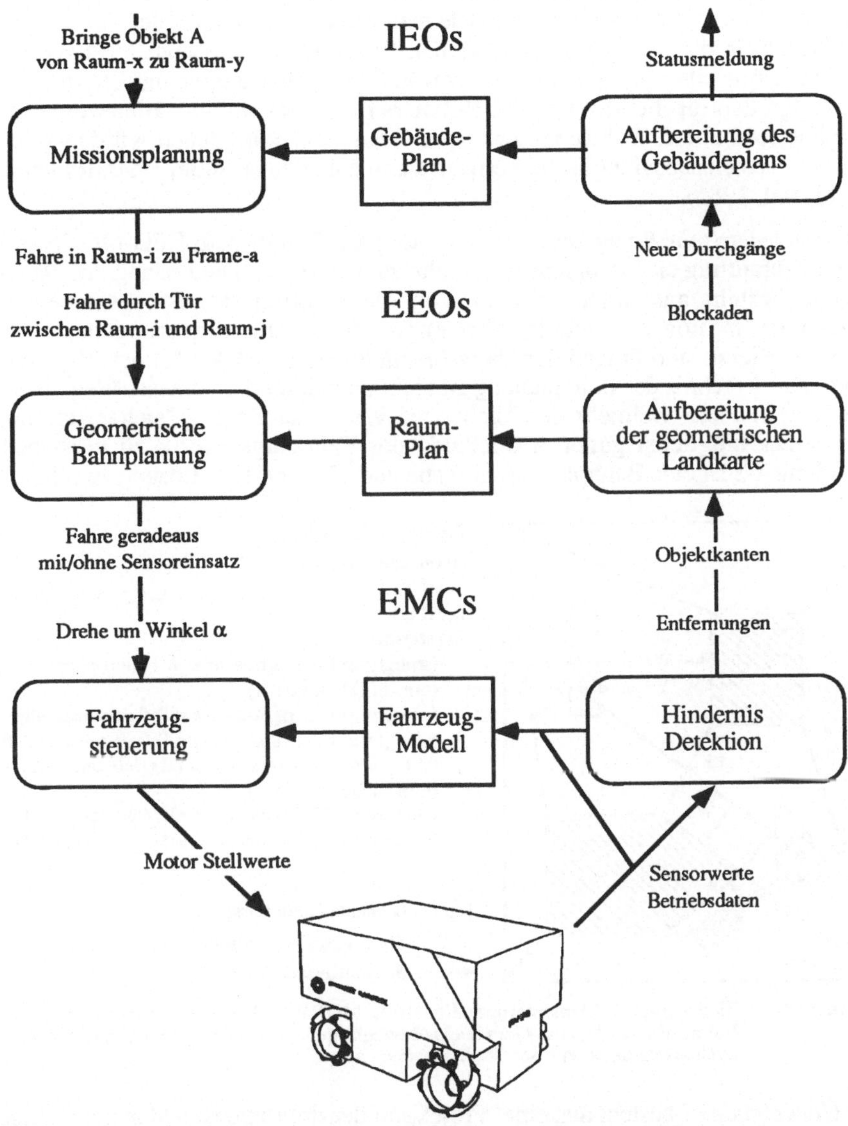

Abbildung 4-1: Die hierarchische Steuerungsstruktur des HALMOR Systems für den autonomen,
mobilen Roboter. Von links nach rechts sind die Planungs-, die Weltmodell- und die
Sensorhierarchie zu erkennen. Das HALMOR System kennt drei Hierarchieebenen:
Missionsplanung (IEOs), geometrische Bahnplanung (EEOs) und die Realzeitsteuerung
(EMCs).

Türen und in der Formulierung von Planungsaufgaben für die geometrische Bahnplanung besteht. Zwar wurden hierfür keine Lernmodule konzipiert, es könnten aber ohne
größeren Aufwand die in Abschnitt 3.1 erwähnten Ansätze zum Erwerb von Makro-
Operatoren verwendet werden. Die Umsetzung der EEOs durch die *geometrische*

Bahnplanung in elementare Bewegungsanweisungen (EMCs), das sind Steuerbefehle
mit Sensornebenbedingungen, erfolgt unter Beachtung physikalischer, insbesondere
geometrischer Randbedingungen. Dieser Teil der Steuerungshierarchie ist der Schwerpunkt der hier beschriebenen Arbeiten. Er wird im folgenden um Module ergänzt, die
die in Abschnitt 2 identifizierten Lernziele realisieren. Die Aufgabe der *Fahrzeugsteuerung* besteht in der Navigation des mobilen Roboters durch geeignete Interpretation
der EMCs. Aus einer Interpolation der gewünschten Bewegungen müssen die jeweiligen Stellgrößen für die Motoren des Roboters berechnet werden. Hier wurden keine
Lernziele formuliert. Aufgrund der engen Zeitnebenbedingungen würden sich hier
wohl am ehesten subsymbolische Lernverfahren anbieten (Hinton, 1990; Rumelhart &
McClelland, 1986).

Die *geometrische Bahnplanung* hat die Aufgabe, für einen als EEO-MOVE spezifizierten Fahrauftrag eine kollisionsfreie Bahn zu generieren. Die Lösung der Planungsaufgabe besteht aus einer Sequenz von elementaren Bewegungsanweisungen
(elementary motion commands, EMCs) für die Realzeitsteuerung des mobilen
Roboters. Hierzu sind Fragen der *Umweltmodellierung* und der Art der *Wegsuche* zu
klären. Das Ergebnis der Bahnplanung ist nicht unbedingt der kürzeste Weg vom Start
zum Ziel, sondern vielmehr der "sicherste" Weg. Der Begriff "sicher" ist hier im
Sinne einer möglichst guten Ausnutzung der Fahrzeugsensorik zu verstehen. In
Abbildung 4-2 ist eine Bahnplanungsaufgabe und die generierte Lösung zu sehen.

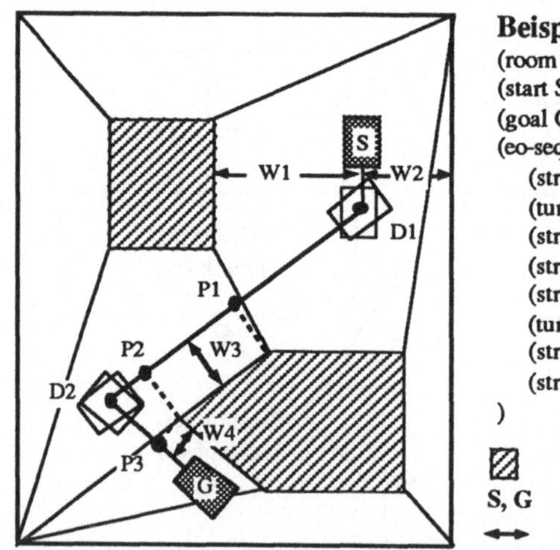

Beispiel-Problem:
(room example-room)
(start S)
(goal G)
(eo-sequence
    (straight-to D1, (right-sensor W1) (left-sensor W2))
    (turn-in D1, Angle X)
    (straight-to P1, (right-sensor nil) (left-sensor nil))
    (straight-to P2, (right-sensor nil) (left-sensor W3))
    (straight-to D2, (right-sensor nil) (left-sensor nil))
    (turn-in D2, Angle Y)
    (straight-to P3, (right-sensor nil) (left-sensor nil))
    (straight-to G, (right-sensor nil) (left-sensor W4))
)

▨   bekannte Hindernisse
S, G   Start- und Zielposition
↔   Sensor Referenzwerte

Abbildung 4-2: Eine explizite Elementaroperation EEO-MOVE und eine berechnete kollisionsfreie
Bahn, die sich aus Geradeaus-Bewegungen mit Sensornebenbedingungen und
Drehbewegungen auf der Stelle zusammensetzt.

Das *Umweltmodell* besteht aus einer Projektion der dreidimensionalen geometrischen
Raumbeschreibung in die Ebene. Da sich der mobile Roboter nur in einer Ebene bewegen kann, genügt eine zweidimensionale Karte des Raums. Sie wird durch eine Zerlegung des freien Raums in konvexe Polygone ergänzt. Die Freiraumzerlegung orientiert sich an den bereits vorhandenen Eckpunkten der Hindernispolygone. Dadurch wird
die Raumtopologie exakt beschrieben.

Die *Wegsuche* erfolgt in den zwei Teilschritten einer Grob- und einer Feinplanung.
Die Grobplanung bestimmt unter Zuhilfenahme des Zusammenhangsgraphen der Frei-
raumpolygone eine Folge von Zellen, die die Start- mit der Zielzelle verbinden. Die
Feinplanung legt nun innerhalb der gefundenen Folge von Freiraumpolygonen eine

kollisionsfreie Bahn zwischen dem Start- und dem Zielpunkt fest. Dabei werden die Fahrzeuggeometrie und die Sensoreigenschaften berücksichtigt. Das Wissen über die Eigenschaften der am realen Robotersystem zur Verfügung stehenden Ultraschallsensoren ist idealisiert in der Umweltmodellierung und in den Algorithmen zur Konstruktion einer Bahn enthalten. Bei der Konstruktion einer Trajektorie wird darauf geachtet, daß die Bahn parallel zu meßbaren Kanten ausgerichtet ist, da das Schallfeld eines Ultraschallsensors möglichst senkrecht auf der zu messenden Fläche auftreffen muß (Tietz, 1969; Vladimir, 1984). Die Sensorerwartungswerte werden für logische Sensoren (Henderson & Shilcrat, 1984; Henderson, Hanson & Bhanu, 1985) auf der linken und rechten Roboterseite berechnet, die einen Abstandswert in Bezug zum Roboterreferenzpunkt liefern.

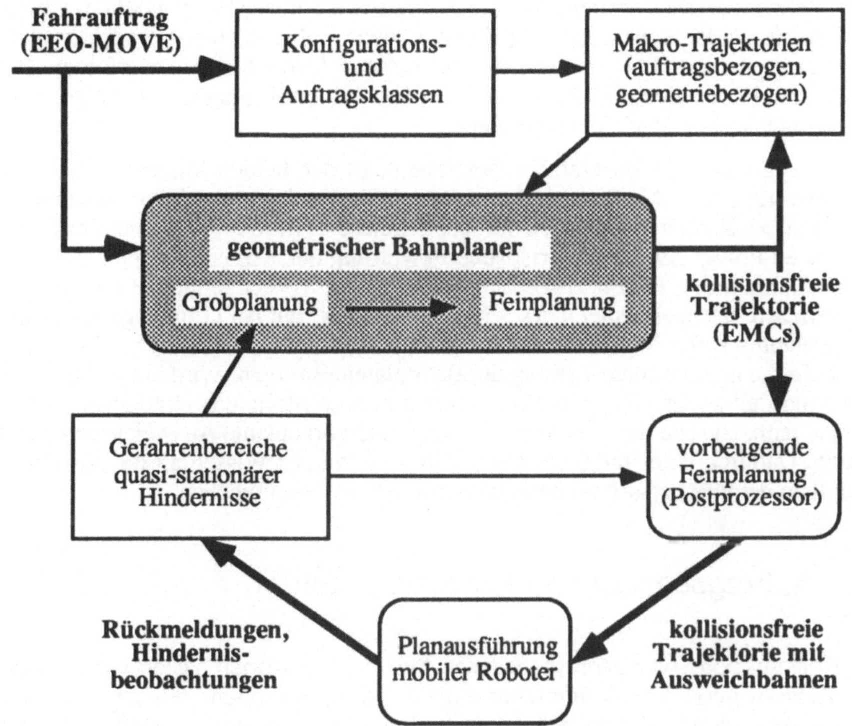

Abbildung 4-3: Die Module der erweiterten geometrischen Bahnplanung.

Abbildung 4-3 zeigt die wichtigsten Komponenten der um diverse Lernmodule erweiterten geometrischen Bahnplanung. Den Kern des Gesamtsystems bilden die beiden Module der Grobplanung und der Feinplanung des ursprünglichen geometrischen Bahnplaners. Um die verschiedenen Schnittstellen gruppieren sich die Lernmodule zum Erwerb von auftrags- und geometriebezogenen Makro-Trajektorien, und die Module zum Erwerb und zur Analyse von Gefahrenbereichen quasi-stationärer Hindernisse. Die einzelnen Lernkomponenten können beliebig ein- oder ausgeschaltet werden.

Die Lernmodule zum Erwerb von Makro-Trajektorien liegen zwischen der Grob- und der Feinplanung. In Abschnitt 2 wurden Makro-Trajektorien als Teilstücke einer kollisionsfreien Bahn definiert, auf die bei neuen Planungsaufgaben zurückgegriffen werden kann. Das primäre Ziel ist eine Beschleunigung des Planungsvorgangs. Makro-Trajektorien mit Auftragsbezug werden relativ zu inkrementell gelernten Klas-

sen geometrisch ähnlicher Roboterkonfigurationen gelernt (siehe Abschnitt 4.1). Sie
können einen vollständigen Aufruf der geometrischen Bahnplanung ersetzen. Makro-
Trajektorien mit Geometriebezug werden relativ zur gegebenen Freiraumzerlegung
gelernt (siehe Abschnitt 4.2). Sie können bei einem eventuellen Aufruf der geometrischen Bahnplanung die Konstruktion von Bahnstücken durch die Feinplanung
verkürzen.

Der Erwerb von Gefahrenbereichen quasi-stationärer Hindernisse, die während der
Fahrt beobachtet wurden, bildet ein weiteres Lernmodul (siehe Abschnitt 4.3). Das
Ziel ist eine erhöhte Sicherheit bei der Planausführung, indem statistische Aussagen
über potentielle Hinderniskonstellationen im Sinne einer vorbeugenden Bahnplanung
berücksichtigt werden (siehe Abschnitt 4.4). Die Bildung eines Gefahrenbereichs erfolgt ähnlich wie bei Konfigurationsklassen mit Hilfe eines abgewandelten, inkrementellen Ansatzes der Konzeptbildung. Dabei können während eines Lernzyklus mehrere
Beobachtungen von Hindernissen eines oder unterschiedlicher Typen erfolgen. Gefahrenbereiche bilden eine ergänzende, von der Freiraumzerlegung unabhängige, Struktur
zum geometrischen Modell eines Raumes.

Ein Analysemodul für Gefahrenbereiche stellt den beiden Modulen der Bahnplanung jeweils unterschiedliche Informationen zur Verfügung. Die Grobplanung verwendet als zusätzlichen Faktor in der Kostenfunktion für den Übergang zwischen benachbarten Polygonen eine heuristische Bewertung der Kollisionsgefahr. Der eigentlichen Feinplanung ist ein zusätzliches Modul zur vorbeugenden Bahnplanung als
Postprozessor nachgeschaltet. Dieses Modul berechnet auf der Grundlage der ursprünglich geplanten Bahn Ausweichrouten um diejenigen Gefahrenbereiche, die diese tangieren. In die ursprüngliche Lösung der Bahnplanungsaufgabe wird ein bedingtes Fahr-
kommando eingefügt. Falls an einer vorbestimmten Stelle das Hindernis beobachtet
werden kann, so steht der Fahrzeugsteuerung eine vorgeplante Ausweichroute zur Verfügung. Dadurch ist es möglich, langfristig erworbenes Wissen an die ausführenden
Module in der hierarchischen Steuerungsarchitektur weiterzugeben.

4.1 Auftragsbezogene Makro-Trajektorien

Die Konstruktion von auftragsbezogenen Makro-Trajektorien basiert auf der Bildung
von Klassen geometrisch ähnlicher Roboterkonfigurationen. Jeweils zwei solcher
Konfigurationsklassen können zu einer Auftragsklasse zusammengefaßt und mit einer
auftragsbezogenen Makro-Trajektorie verbunden werden. Im folgenden wird zunächst
erläutert, wie Konfigurationsklassen gelernt werden. Anschließend werden die Module
zum Erwerb auftragsbezogener Makro-Trajektorien im Zusammenspiel mit der geometrischen Bahnplanung vorgestellt.

Das verwendete Verfahren zum Lernen von Konfigurationsklassen entspricht dem
CLASSIT Grundalgorithmus (Gennari, Langley & Fisher, 1989) (siehe auch Abschnitt 3.2). Das gelernte Wissen wird, wie bei konzeptbildenden Systemen üblich, in
Form einer Hierarchie von Klassen repräsentiert, die eine Teilmengenbeziehung modelliert. Knoten, die näher an der Wurzel stehen, stellen die jeweils allgemeinere Klasse dar, die alle Elemente ihrer Unterklassen enthält. Das Lernmodul kennt verschiedene Operatoren, mit denen ein neues Beispiel in die bestehende Hierarchie eingefügt
werden kann. In einem gegebenen Zustand wird stets derjenige Operator ausgeführt,
der eine bestimmte Bewertungsfunktion am besten erfüllt. Der Lernvorgang ist mit
der Klassifikation gekoppelt. Wenn ein neues Beispiel klassifiziert werden soll, so

wird auch stets die Konzepthierarchie mit verändert und das Beispiel in die Klasseneinteilung aufgenommen.

Die Bewertungsfunktion dient als Gütemaß für eine Klasseneinteilung. Im Gegensatz zu konzeptbildenden Systemen wie CLASSIT (Gennari, Langley & Fisher, 1989), COBWEB (Fisher, 1987) oder UNIMEM (Lebowitz, 1987 können die einzelnen Klassen nicht beliebig gebildet werden. Vielmehr müssen die durch die Hindernislandschaft vorgegebenen geometrischen Randbedingungen mit berücksichtigt werden. Konfigurationsklassen stellen von ihrer Semantik hindernisfreie Ballungen geometrisch ähnlicher Roboterkonfigurationen dar. Wenn zum Beispiel bei einem neuen Fahrauftrag die Startkonfiguration einer Konfigurationsklasse zugeordnet werden kann, für die eine auftragsbezogene Makro-Trajektorie bekannt ist, so muß der Anschluß an die Makro-Trajektorie ohne geometrischen Planungsaufwand erfolgen können. Zumindest zum Klassenmittelpunkt sollte eine freie Bahn garantiert sein.

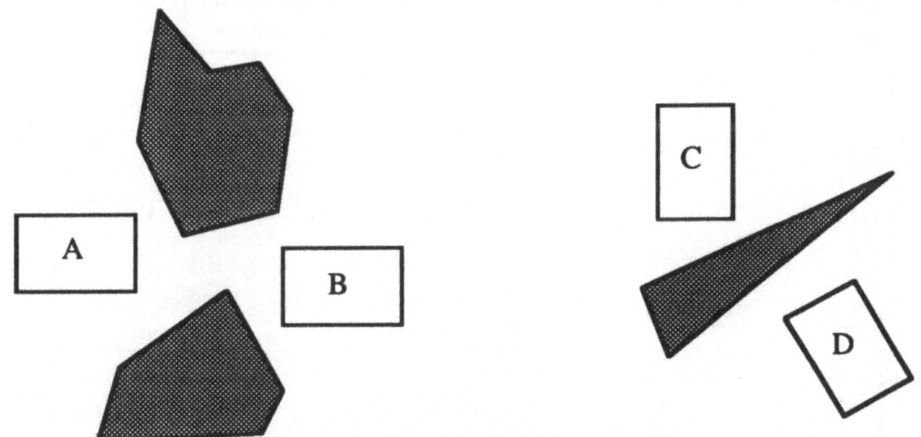

Abbildung 4.1-1: Roboterkonfigurationen, die durch Engstellen (Positionen A und B, links) oder Hinderniskanten (Positionen C und D, rechts) getrennt sind, dürfen nicht als geometrisch ähnlich betrachtet werden. Ihnen wird ein unendlicher Abstand zugewiesen. Die Positionen B und C sind hier einander am ähnlichsten.

Als Ähnlichkeitsmaß dient ein modifiziertes euklidisches Abstandmaß (siehe Abbildung 4.1-1). Zwei Roboterkonfigurationen sind ähnlich, wenn sie nahe beieinander liegen, d.h. wenn der euklidische Abstand zwischen den Positionen relativ klein ist. Dabei wird Positionen, die durch Hindernisse getrennt sind, ein unendlicher Abstand zugewiesen. Ansonsten wird der normale euklidische Abstand zugrunde gelegt. Die Berechnung der Klassenbewertungen konnte auf eine einfache, inkrementell aktualisierbare Formel reduziert werden.

Abbildung 4.1-2 zeigt ein Beispiel einer Klassifikationshierarchie, nachdem mehrere Roboterkonfigurationen bearbeitet wurden. Für die geplante Verwendung bei der Definition auftragsbezogener Makro-Trajektorien sind solche Konfigurationsklassen von Interesse, die ein möglichst großflächiges Gebiet innerhalb eines Raumes umfassen, das nicht durch Hinderniskanten zerteilt wird. In der erzeugten Konzepthierarchie sind dies diejenigen Knoten, die möglichst nahe am Wurzelknoten stehen und deren durchschnittlicher Abstand ungleich unendlich ist, zum Beispiel die Klassen K-7, K-6 und K-3.

Auftragsbezogene Makro-Trajektorien werden zwischen Konfigurationsklassen nach
dem Repräsentantenverfahren abgelegt. Dabei wird die konkrete Ausprägung einer kollisionsfreien Bahn zwischen zwei Konfigurationen aus den jeweiligen Auftragsklassen
abgespeichert, in Abbildung 4.1-2 zum Beispiel die Konfiguration A für Klasse K-7
und die Konfiguration C für Klasse K-3. Makro-Trajektorien sind grundsätzlich bidi-
rektional. Um Rechenzeit einzusparen, werden die Bahnen explizit für beide Fahrtrich-
tungen abgespeichert. Dadurch ist ein einfacherer Zugriff möglich, außerdem entfällt
eine eventuell erforderliche Umrechnung von Sensorerwartungswerten.

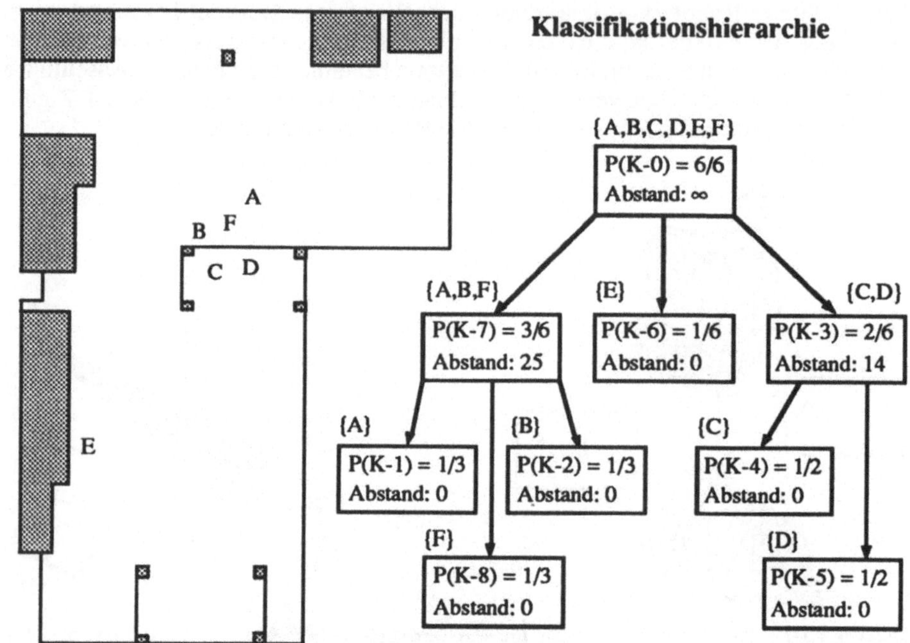

Abbildung 4.1-2: Beispiel einer Klassifikationshierarchie. Die einzelnen Roboterkonfigurationen (A-F)
werden in eine Hierarchie von Teilmengen einsortiert. Die Ziffern hinter der jeweiligen Klasse geben an, in welcher Reihenfolge die jeweiligen Konzeptknoten erzeugt
wurden. Die Auftretenswahrscheinlichkeiten P(K-i), i=1,...,6, sind jeweils relativ zur
Vorgängerklasse definiert. Die oberste Klasse K-0 enthält immer alle Beobachtungen.

Die einzelnen Module für das Lernen von auftragsbezogenen Makro-Trajektorien sind
in Abbildung 4.1-3 zu sehen. Bei einem neuen Fahrauftrag werden zunächst die Start-
und die Zielkonfiguration des Auftrags einzelnen Konfigurationsklassen zugeordnet.
Falls diese beiden Konfigurationsklassen bereits eine Auftragsklasse bilden, wird die
Teilbahn zwischen den jeweiligen Repräsentanten ausgelesen und um zwei Endstücke
ergänzt, die die tatsächlichen Start- und Zielkonfigurationen mit der Makro-Trajektorie
verbinden. Die Konstruktion dieser Anschlußbewegungen kann im Prinzip ohne jed-
weden Planungsaufwand erfolgen, da bei der Konstruktion der Konfigurationsklassen
sicher gestellt wurde, daß nur solche Konfigurationen zusammengefaßt wurden, die
nicht durch Hindernisse getrennt sind.

Die Konfigurationsklassen werden inkrementell gebildet. Dadurch kann es vorkommen, daß eine Roboterkonfiguration, die als Repräsentant für eine Auftragsklasse
fungiert, eigentlich nicht mehr als sehr typisch für die Klasse betrachtet werden kann.

Diese Konzeptdrift ist bei allen inkrementellen Lernverfahren gegeben, die eine Einteilung in eine a priori unbekannte Zahl von Klassen treffen sollen.

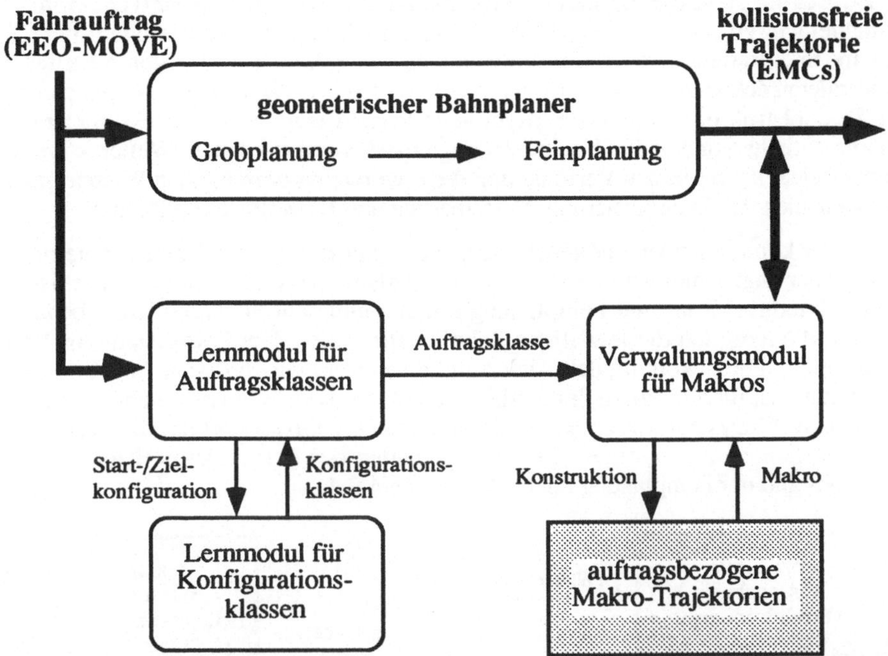

Abbildung 4.1-3: Lernmodul für Makro-Trajektorien mit Auftragsbezug. Start- und Zielkonfiguration eines Auftrags werden Konfigurationsklassen zugeordnet, die die Grundlage der Auftragsklassen bilden.

Den Klassen von Roboterkonfigurationen liegt die Annahme einer Normalverteilung des charakteristischen Attributs *mittlerer Abstand* zugrunde. Die Frage, ob eine Konfiguration noch als typisch betrachtet werden kann oder nicht, wird durch einen Systemparameter gesteuert. Dieser Parameter beschreibt in Vielfachen der Standardabweichung der jeweiligen Konfigurationsklasse, wie weit eine konkrete Instanz vom Klassenerwartungswert abweichen darf, damit sie noch als einigermaßen typisch betrachtet wird. Wenn ein Repräsentant nicht mehr als typisch für seine Klasse betrachtet werden kann, so wird der momentane Klassenmittelpunkt als Start- bzw. Zielkonfiguration des aktuellen Fahrauftrags eingesetzt und die bisherige Makro-Trajektorie gelöscht. Nachdem die Planungsaufgabe gelöst wurde, kann dann erneut eine auftragsbezogene Makro-Trajektorie gebildet werden.

4.2 Geometriebezogene Makro-Trajektorien

Das HALMOR System verwendet zum Lernen von geometriebezogenen Makro-Trajektorien einen Ansatz in Anlehnung an Andersons ACT*-System (Adaptive Control of Thought) (Anderson, 1983a; 1983b; 1986). Die ACT*-Theorie ist im Bereich der kognitiven Psychologie eines der umfassendsten Modelle der phasenweisen Entwicklung menschlicher kognitiver Fähigkeiten (Mandl, Friedrich & Hron, 1988). Im

Vordergrund steht die Frage, wie die Entwicklung menschlichen Problemlöseverhaltens vom Anfänger zum Experten verläuft.

Zu Beginn steht die Kodierung von Domänenwissen in deklarativer Form. Das Domänenwissen wird von vorgegebenen allgemeinen Problemlöseregeln der Zieldomäne interpretiert. Wiederholte Verwendung von Fakten löst eine Kompilierung des verwendeten deklarativen Wissens in prozedurales Wissen aus. Dabei werden aufgrund der Teilzielstruktur des Problemlösers neue Regeln erzeugt, die direkt deklaratives Wissen enthalten und dadurch schneller angewandt werden können. Weiteres Training führt zu einer schrittweisen Verfeinerung des erworbenen prozeduralen Wissens mittels Mechanismen der Generalisierung, Verfeinerung und Bewertung von Regeln.

Leider können Andersons Ideen nicht direkt auf den vorhandenen geometrischen Bahnplaner angewandt werden, da dieser nicht als Regelsystem implementiert ist. Die Originalmodule Grob- und Feinplanung müssen vielmehr als *black boxes* behandelt werden, die lediglich die jeweiligen Schnittstellendaten dem Lernsystem zur Verfügung stellen. Hinzu kommt, daß Anderson keine direkt verwertbaren Angaben zu seiner ersten postulierten Phase der Kodierung deklarativen Wissens macht. Daher wird im HALMOR System inkrementell ein *virtueller Problemraum* um die verfügbaren Schnittstellendaten konstruiert. Die Komponenten des Lernsystems sitzen zwischen der Grob- und der Feinplanung (siehe Abbildung 4.2-1).

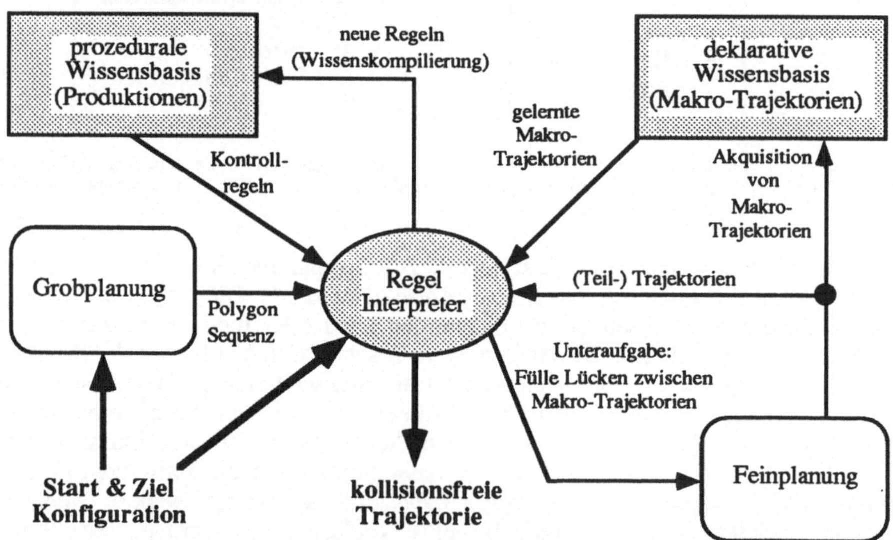

Abbildung 4.2-1: Der geometrische Bahnplaner und die assoziierten Lernmodule. Die hellen Kästchen repräsentieren die ursprünglichen Planungsmodule, die dunklen Kästchen die Erweiterungen durch die Lernmodule. Die Pfeile zeigen in die Hauptrichtung des Datenflusses.

Die deklarative Komponente besteht aus den erworbenen Makro-Trajektorien. Die prozedurale Komponente besteht aus einem speziellen Regelsatz, der eine Planungsaufgabe innerhalb des virtuellen Problemraums löst. Dieser Problemlöser verwendet alle Eingaben und die Ausgabe der Grobplanung (Start-, Zielkonfiguration, Sequenz der zu durchquerenden Freiraumpolygone) und formuliert gegebenenfalls Unteraufgaben für die Feinplanung. Das System lernt in zwei Schritten. Zum einen werden Polygonsequenzen und korrespondierende Trajektorien mit Hilfe spezieller Regeln als geometriebezogene Makro-Trajektorien gespeichert. Zusätzlich können häufig benutzte Makro-Trajektorien in den Aktionsteil neu erzeugter Regeln kompiliert werden.

Der erste Lernschritt des Erwerbs deklarativen Wissens in Form von geometriebezogenen Makro-Trajektorien für eine bestimmte Hinderniskonstellation erfordert eine explizite Modellierung der Raumtopologie. Hierzu wird die schon für die geometrische Bahnplanung benutzte Zerlegung des Freiraums in konvexe Polygone verwendet. Für jedes Polygon wird eine Verbindungsmatrix erzeugt, deren Reihen und Spalten die jeweiligen Nachbarpolygone repräsentieren. Jedes Feld der Matrix enthält eine Liste von berechneten Wegen, die zwei Nachbarpolygone über das Polygon verbinden. Durch diese Zerlegung einer kompletten Trajektorie in handlichere Teilstücke, nämlich die Teile, die ein Freiraumpolygon durchqueren, ist es möglich, auf Teiltrajektorien zuzugreifen.

Der zweite Lernschritt entspricht der Wissenskompilierung des ACT*-Systems. Wird eine Trajektorie oder, was wahrscheinlicher ist, ein Teilstück oft verwendet, so wird das entsprechende deklarative in prozedurales Wissen überführt. Die neu erzeugten Regeln sollen den Suchaufwand innerhalb des virtuellen Problemraums abkürzen. Der Prozeß der Wissenskompilierung gliedert sich in die zwei Teilprozesse der *Kombination* und der *Prozeduralisierung* von Regeln. Die *Kombination* verschmilzt zwei hintereinander angewandte Produktionen zu einer einzigen, neuen Regel, während die *Prozeduralisierung* das benutzte deklarative Wissen direkt in eine neue Regel einbaut. Dieses deklarative Wissen besteht aus den Roboterkommandos einer gelernten geometriebezogenen Makro-Trajektorie, die in den Aktionsteil übernommen werden. Der Bedingungsteil der Regel spricht auf die gleiche Zielvorgabe und Randbedingungen an, die den Regelinterpreter zur Auswahl des deklarativen Wissens bewogen haben. Wie im ACT*-System werden auch im HALMOR System sowohl bei der Kombination als auch bei der Prozeduralisierung die beteiligten Regeln nicht ersetzt, so daß diese auch weiterhin zur Problemlösung, zum Beispiel in einem anderen Kontext, zur Verfügung stehen.

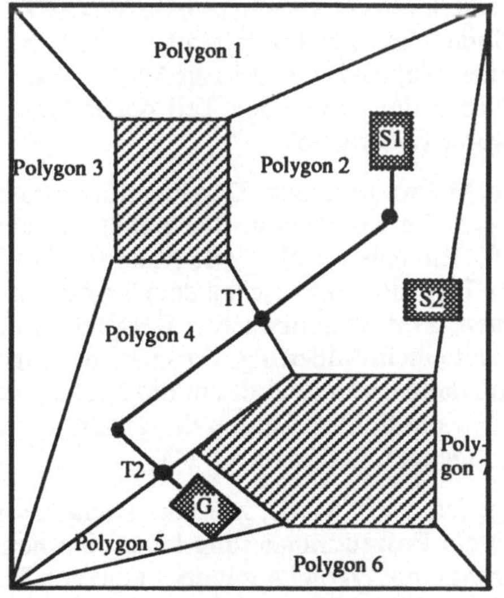

**Nachbarschaftsmatrix
für Polygon 4**

von / nach	Poly 2	Poly 3	Poly 5
Poly 2			Pfad von Poly 5 nach Poly 2
Poly 3			
Poly 5	Pfad von Poly 2 nach Poly 5		

▨ bekannte Hindernisse

— bereits berechnete Bahn

Abbildung 4.2-2: Die Nachbarschaftsmatrix für das Freiraumpolygon 4 vermerkt, wie das Polygon auf dem Weg von Polygon 2 zu Polygon 5 durchquert werden kann. Die Makro-Trajektorien für beide Richtungen explizit gespeichert, um einen effizienten Lesezugriff zu ermöglichen.

Das Beispiel aus Abbildung 4.2-2 zeigt, wie der erweiterte geometrische Bahnplaner arbeitet. Es wird die Situation betrachtet, in der eine Trajektorie von einem Startpunkt S1 zu einem Zielpunkt G bereits geplant und vom Lernmodul gespeichert worden ist. Eine neue Planungsaufgabe verlangt nach einer Trajektorie von S2 nach G.

Die folgende Tabelle 4.2-1 zeigt die vom Regelinterpreter bearbeiteten Teilziele für die Planungsaufgabe von S2 nach G. Das Einrücken kennzeichnet unterschiedliche Teilzielebenen.

```
1        (Grobplaner S2 G)
2        → (P2 P4 P5)
3           (Berechne-Bahn S2 G (P2 P4 P5))
4              (Finde-Makro-in-Polygonfolge S2 G (P2 P4 P5))
5              → (SUCCESS)
6                 →     (Pfad von T1 bis T2) + Reste der Polygonfolge
7              (Finde-Makro-in-Polygonfolge S2 T1 (P2))
8              → (FAIL)
9                 (Feinplaner S2 T1 (P2))
10             (Finde-Makro-in-Polygonfolge T2 G (P5))
11             → (FAIL)
12                (Feinplaner T2 G (P5))
13             (Montiere-Lösung-aus-Teilergebnissen)
14             → (kompletter Pfad von S2 bis G)
```

Tabelle 4.2-1: **Trace des Zielestapels während der Lösung des Beispielproblems aus Abbildung 4.2.3-2.** Die mit einem Pfeil (→) gekennzeichneten Zeilen enthalten die wichtigsten Resultate der jeweiligen Unterziele.

Die Grobplanung erzeugt die Sequenz der Freiraumpolygone, die durchfahren werden sollen (Zeilen 1-2). Ein Ziel wird erzeugt, einen Weg von S2 nach G zu finden, der die gefundene Polygonsequenz (P2 P4 P5) benutzt (Zeile 3). Es wird ein Teilziel erzeugt, mit dem überprüft wird, ob für einen Teil der Polygonsequenz eine Makro-Trajektorie zur Verfügung steht. Das Ziel "Finde-Makro-in-Polygonfolge" terminiert erfolgreich. Es liefert zusätzlich zur gefundenen Makro-Trajektorie die beiden Transitionspunkte T1 und T2, an denen der Makro endet, sowie den Teil der Polygonsequenz, für den noch keine Bahn gefunden wurde (Zeilen 4-6).

Für den Weg von S2 nach T1 wird kein Makro gefunden. Der Regelinterpreter erzeugt deshalb ein Ziel für die Feinplanung, die Lücke vom Startpunkt S2 zum Transitionspunkt T1 zu schließen (Zeilen 7-9). Ein neues Ziel "Finde-Makro-in-Polygonfolge" versucht, mögliche weitere Makro-Trajektorien zwischen dem Transitionspunkt T2 und dem Zielpunkt G zu bestimmen. In diesem einfachen Beispiel terminiert die Suche nach einem weiteren Makro mit einem Mißerfolg. Dies hat zur Folge, daß lediglich ein weiteres Ziel für die Feinplanung erzeugt wird, um die Lücke zwischen T2 und G zu schließen (Zeilen 10-12). Zum Schluß werden die gesammelten Teillösungen zu einer kompletten Bahn zusammengefügt (Zeilen 13-14).

Nachdem die Bahnplanungsaufgabe erfolgreich gelöst wurde, greift die zweite Lernkomponente der Wissenskompilierung. Mittels Prozeduralisierung kann eine neue Regel erzeugt werden, die besagt, daß das Freiraumpolygon P4 mit der Folge von Bewegungsanweisungen (T1 → T2) durchquert werden kann, wenn man von P2 kommend nach P5 gelangen möchte. Die neue Regel ersetzt den Effekt der Zeilen 4-6 aus Tabelle 4.2-1.

Als Erweiterung der Idee von Makro-Trajektorien, die ein bestimmtes Freiraumpolygon durchqueren, können die in Abschnitt 4.1 beschriebenen Klassen geometrisch ähnlicher Roboterkonfigurationen mit herangezogen werden. Es müßten dann auch Makro-Trajektorien gelernt werden, die von einer bestimmten Konfigurationsklasse ausgehend eine Freiraumzelle verlassen (bzw. zur Klasse hinführen). Diese Vorgehensweise hat gegenüber reinen auftragsbezogenen Makro-Trajektorien den Vorteil, daß bei einem Fahrauftrag auch Anfangs- bzw. Endstücke unterschiedlicher Makro-Trajektorien bei der Problemlösung mit betrachtet werden können.

4.3 Lernen von Gefahrenbereichen

Gefahrenbereiche quasi-stationärer Hindernisse sind, wie in Abschnitt 2.2 ausgeführt, ein neuer Lösungsvorschlag für das auch bei der geometrischen Bahnplanung vorkommende *Frame-Problem*. Bei einem mobilen Robotersystem äußert sich die Problemstellung in neuen, bisher unbekannten Hindernissen, die während der Planausführung die vorgesehene Trajektorie blokkieren. Quasi-stationäre Hindernisse sind relativ leicht bewegliche Objekte, die über einen bestimmten Zeitraum eine feste Position und Orientierung einnehmen. Ihre Geometrie kann a priori bekannt oder auch teilweise unbekannt sein.

Geometrisch ähnliche Beobachtungen von quasi-stationären Hindernissen werden zu sogenannten Gefahrenbereichen zusammengefaßt. Das Wissen über Gefahrenbereiche ergänzt das Umweltmodell des mobilen Roboters. Ein Gefahrenbereich ist einem bestimmten quasi-stationären Hindernis zugeordnet. Ein einziges physikalisch existierendes quasi-stationäres Hindernis kann dabei durchaus mehrere Gefahrenbereiche innerhalb eines Raumes verursachen. Ein Beispiel wäre ein Stuhl, der an unterschiedlichen Orten im Raum benutzt und bei jeweils aufeinanderfolgenden Fahrten beobachtet wird. Hinzu kommt, daß ein quasi-stationäres Hindernis nicht immer beobachtet werden muß.

Der Lernansatz zum Erwerb von Gefahrenbereichen quasi-stationärer Hindernisse ist eine Erweiterung der Konzeptbildung, wie sie zum Aufbau der Konfigurationsklassen in Abschnitt 4.1 eingesetzt wurde. Gefahrenbereiche werden für jeden Hindernistyp getrennt gebildet. Dies bedeutet, daß sich Gefahrenbereiche eines Typs nicht überschneiden, während sich Gefahrenbereiche unterschiedlichen Typs durchaus überlagern können. Ein Lernzyklus besteht nicht mehr, wie beim Lernen von Konfigurationsklassen, aus der Verarbeitung einer einzelnen Beobachtung. Nach einer Fahrt können mehrere Beobachtungen eines oder unterschiedlicher Hindernistypen vorliegen. Insbesondere bei nahe beieinanderliegenden Beobachtungen von Hindernissen des gleichen Typs muß dafür gesorgt werden, daß auch tatsächlich zwei Gefahrenbereiche gebildet werden. Wenn die Beobachtungen räumlich nahe zusammen liegen, könnte es sonst passieren, daß sie einem einzigen, gemeinsamen Gefahrenbereich zugeordnet werden würden. Dies würde aber die Statistik verfälschen, da hierdurch die Information verloren ginge, daß zwei Hindernisse vorhanden waren. In der Konzepthierarchie wird speziell vermerkt, daß in dem Teilbereich des Raums zur gleichen Zeit mehrere Instanzen des gleichen Hindernistyps beobachtet wurden. Ein Beispiel für Gefahrenbereiche ist in Abbildung 4.3-1 zu sehen.

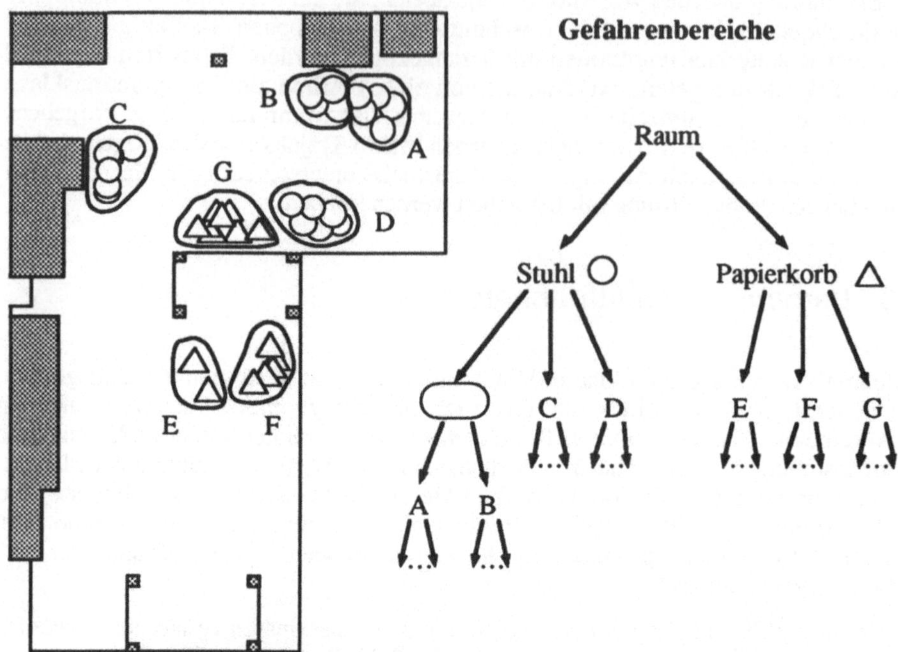

Abbildung 4.3-1: Konzepthierarchie für Gefahrenbereiche. Die Gefahrenbereiche für Hindernisse unterschiedlichen Typs (hier Stuhl o und Papierkorb Δ) werden in getrennten Teilhierarchien gebildet. Die Umrisse der Gefahrenbereiche A-G zeigen nicht die geometrische Ausdehnung, sondern lediglich die Mengenzuordnung Beobachtung ⇔ Gefahrenbereich an.

Für die vorbeugende Bahnplanung ist es besonders wichtig, die Auftretenswahrscheinlichkeit für ein quasi-stationäres Hindernis zu beurteilen. Deshalb muß auch explizit vermerkt werden, ob eine mögliche Beobachtung nicht stattgefunden hat. Die Entscheidung, in welchem Gefahrenbereich eine Beobachtung hätte erfolgen können, wird anhand der vom mobilen Roboter zurückgelegten Bahn analysiert. Da innerhalb des HALMOR Systems kein explizites Sensormodell verwendet wird, werden diejenigen Gefahrenbereiche betrachtet, die von der zurückgelegten Bahn berührt wurden.

4.4 Vorbeugende Bahnplanung

Die vorbeugende Bahnplanung verwendet zur Planung einer Bahn neben einer Karte mit den bekannten stationären Hindernissen auch noch Wissen über das mögliche Auftreten quasi-stationärer Hindernisse. Dieses Wissen wird aus einer statistischen Analyse (siehe zum Beispiel Fisz, 1976; Stange, 1970, 1971; Winkler, 1983) der Gefahrenbereiche gewonnen. Die vorbeugende Bahnplanung hat für die Module Grobplanung und Feinplanung des geometrischen Bahnplaners unterschiedliche Problemstellungen zu bewältigen.

4.4.1 Vorbeugende Grobplanung

Die Grobplanung hat als Aufgabe die Bestimmung einer Folge von Freiraumzellen, die den Start- mit dem Ziel einer Bahnplanungsaufgabe verbinden. Dabei wird unter Verwendung des A*-Algorithmus (Nilsson, 1982; Winston, 1984) eine die Weglänge schätzende Kostenfunktion minimiert. Die ursprüngliche Kostenfunktion wird um ein Maß erweitert, das die Auftretenswahrscheinlichkeit eines quasi-stationären Hindernisses in den jeweiligen Freiraumzellen mit berücksichtigt. Die Bewertung der Kollisionsgefahr kann noch durch einen zusätzlichen Faktor gesteuert werden, der das Sicherheitsbedürfnis des Agenten modelliert (siehe Abbildung 4.4-1).

Die erweiterte Kostenfunktion modelliert somit das Spannungsverhältnis zwischen dem Wunsch, eine möglichst kurze Weglänge zurückzulegen, gegenüber dem Wunsch, das Risiko einer potentiellen Kollision möglichst gering zu halten. So kann es passieren, daß die Grobplanung eine Freiraumsequenz bestimmt, die zwar einen längeren Weg ergibt, bei der aber die Kollisionsgefahr sehr gering ist. Wenn eine Kollisionsgefahr als nicht sehr hoch geschätzt wird bzw. die Kosten eines Umwegs höher eingeschätzt werden, so kann es durchaus vorkommen, daß in der ermittelten Folge von Freiraumzellen Gefahrenbereiche enthalten sind. Diese müssen dann bei der Feinplanung berücksichtigt werden.

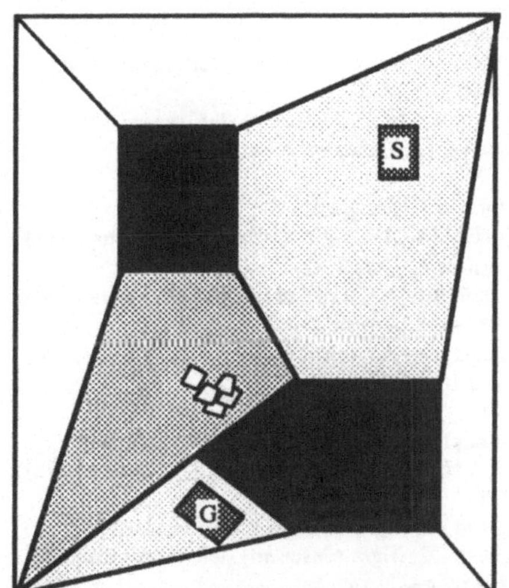
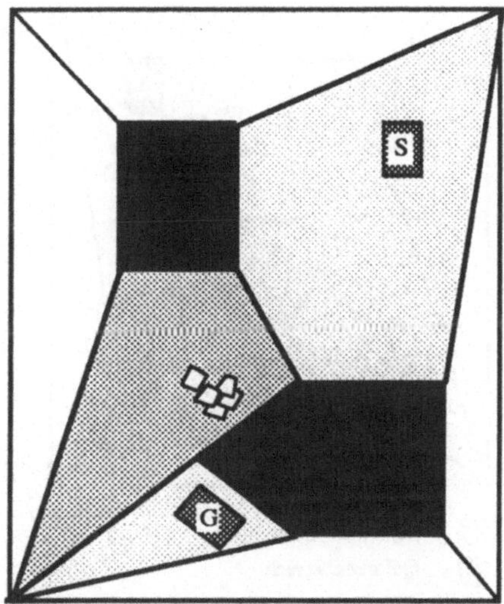

Abbildung 4.4-1: Auswahl unterschiedlicher Sequenzen von Freiraumpolygonen bei der vorbeugenden Grobplanung. Sie hängt davon ab, wie stark die Gefährdung durch quasi-stationäre Hindernisse mittels des Vorsichtsfaktors V berücksichtigt wird (links V=klein; rechts V=groß).

4.4.2 Vorbeugende Feinplanung

Die Feinplanung hat die Aufgabe, eine kontinuierliche kollisionsfreie Bahn für einen gegebenen Fahrauftrag durch eine von der Grobplanung bestimmte Folge von Freiraumzellen zu bestimmen. Sie wird um ein Modul erweitert, das Ausweichrouten um diejenigen Gefahrenbereiche bestimmt, die den ursprünglichen Bahnverlauf tangieren. Dieses Modul ist als Postprozessor der ursprünglichen Feinplanung konzipiert. Zusätzlich zu den Ausweichbahnen wird ein aktives Sensorkommando generiert, mit dem der Raumbereich überprüft wird, in dem das quasi-stationäre Hindernis potentiell auftritt. Die Ausweichroute und das Sensorkommando werden in die ursprünglich Folge von Bewegungsanweisungen in Form einer bedingten Anweisung integriert (siehe Abbildung 4.4-2).

Zur Berechnung der Ausweichbahn ist eine geometrische Beschreibung der jeweiligen Gefahrenbereiche erforderlich. Das weiter oben erwähnte statistische Analysemodul enthält solche Funktionen. Die Koordinatenwerte der in einem Gefahrenbereich gesammelten Beobachtungen quasi-stationärer Hindernisse werden als Punktwolke stochastisch untersucht. Bei den Attributwerten wird eine zweidimensionale Normalverteilung angenommen. So kann zum Beispiel der Bereich bestimmt werden, in dem ein vorgegebener Anteil der Stichprobenverteilung liegt und die konvexe Hülle um die Geometrien der darin enthaltenen Beobachtungen erzeugt werden. Der Anteil wird über Vielfache der jeweiligen Standardabweichungen bestimmt. Das erzeugte Sensorkommando enthält Informationen über den zu beobachtenden Raumbereich und das erwartete Hindernis.

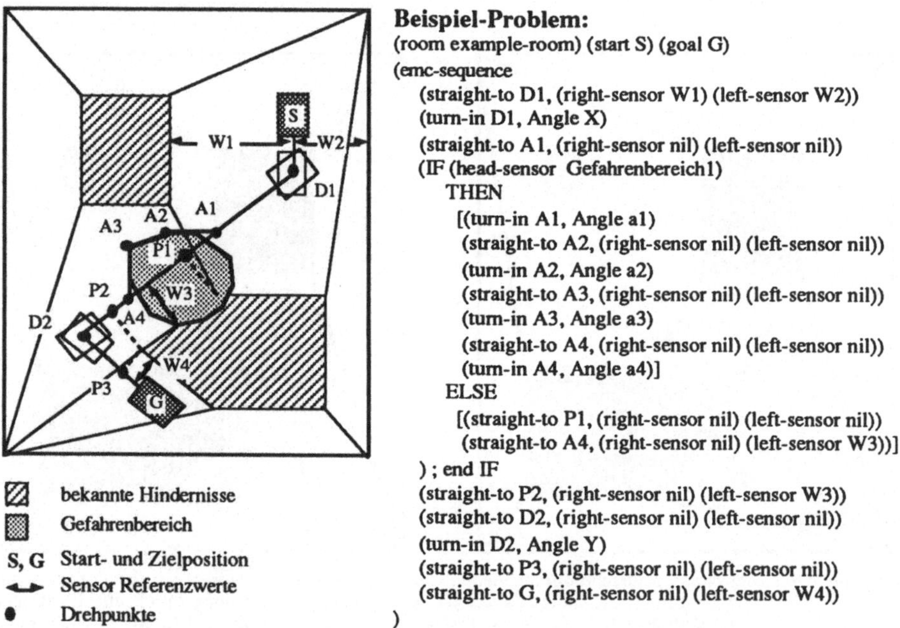

Abbildung 4.4-2: Lösung einer Bahnplanungsaufgabe EEO-MOVE mit einer Ausweichbahn um einen Gefahrenbereich.

Bei ungünstiger Raumtopologie kann es vorkommen, daß die Konstruktion einer Ausweichbahn um einen Gefahrenbereich selbst dann nicht möglich ist, wenn der betrachtete Gefahrenbereich auf den Erwartungswert oder die letzte gemachte Beobachtung reduziert wird. In diesem Fall kann die vorbeugende Bahnplanung in die bedingte Bewegungsanweisung ein explizites Kommando zum Abbruch der Fahrt einbauen. Die Realzeitsteuerung wird so darüber informiert, daß eine lokale Ausweichbewegung nicht möglich ist.

5   Diskussion

Dieser Abschnitt präsentiert erste Ergebnisse, die bei einer prototyphaften Implementierung einzelner Module des HALMOR Systems gewonnen wurden. Obwohl die Resultate recht ermutigend sind, sind sie aufgrund der kleinen und somit nicht repräsentativen Stichprobe mit Vorsicht zu bewerten. Genauere empirische Untersuchungen stehen noch aus.

5.1 Auftragsbezogene Makro-Trajektorien

Der realisierte Lernansatz für Konfigurationsklassen eignet sich gut für die Aufgabe, Gebiete geometrisch ähnlicher Roboterkonfigurationen zu lernen. Bei Testläufen hat sich gezeigt, daß die Klassen gut erkannt werden, wenn genügend Beispiele vorhanden sind (Zimmermann, 1990). Das Lernergebnis ist bedingt von der Reihenfolge abhängig, in der die Beispiele präsentiert werden, da eine zu stark diversifizierte Klasseneinteilung zu einem späteren Zeitpunkt durch die Anwendung der Klassenverschmelzung wieder reduziert werden kann. Über einen längeren Zeitraum betrachtet, konvergiert das Lernergebnis immer zu guten Klasseneinteilungen.

Es hat sich (bei einer ähnlichen Problemstellung) gezeigt, daß das Lernziel einer verkürzten Planungszeit durch Verwendung von auftragsbezogenen Makro-Trajektorien sehr gut erreicht werden kann. Die erzeugten Konfigurationsklassen haben hier allerdings einen großen Einfluß. Insbesondere im Anfangsstadium, wenn die Klasseneinteilungen noch nicht sehr stabil sind, kann es sogar zu Verschlechterungen bei der Planungszeit kommen.

Dies ist zum einen auf eine unnötige Tiefe der Klassifikationshierarchie zurückzuführen, insbesondere wenn am Anfang nicht repräsentative Aufträge verarbeitet werden müssen und so eine einzelne Klasse zu stark verfeinert wird. Ein weiterer Aspekt besteht darin, daß bei einer ungünstigen Wahl der jeweiligen Repräsentanten für eine Auftragsklasse nach dem (dann unnützen) Klassifizieren doch wieder die komplette Bahn mit Hilfe der geometrischen Bahnplanungsmodule berechnet werden muß. Der zeitliche Aufwand für die Klassifikation erfolgte dann umsonst. Sobald sich die Klassen einigermaßen stabilisiert haben, bieten auftragsbezogene Makro-Trajektorien ein relativ einfaches aber mächtiges Instrument zur Beschleunigung der geometrischen Bahnplanung. Das Kosten-Nutzen-Verhältnis verbessert sich hier also über die Zeit betrachtet. Dies ist ein eher gegenläufiger Effekt zum Nützlichkeitsproblem (siehe Abschnitt 3.1).

5.2 Geometriebezogene Makro-Trajektorien

Beim Lernen von geometriebezogenen Makro-Trajektorien wird in zwei Schritten in Anlehnung an das ACT*-System gelernt: Lernen deklarativen Wissens und Lernen von neuen Regeln für ein Produktionensystem. Auch hier zeigen erste Ergebnisse, daß die Geschwindigkeit der geometrischen Bahnplanung durch beide Lernschritte gesteigert werden konnte (Pitschke, 1990; Pfeiffer, 1991). Allerdings wurden nur sehr einfache Problemstellungen betrachtet.

Bei der Beurteilung des in Abschnitt 3.1 beschriebenen Nützlichkeitsproblems bei geometriebezogenen Makro-Trajektorien muß zwischen dem Lernen der Makros an sich und dem Lernen innerhalb des virtuellen Problemraums unterschieden werden. Beim Lernen einer Makro-Trajektorie, die ein Freiraumpolygon durchquert, stellt sich das Nützlichkeitsproblem nicht. Der Suchaufwand nach einem solchen Makro ist konstant, da die Verbindungsmatrix eine konstante Größe hat. Anders sieht es beim Lernen innerhalb des virtuellen Problemraums mit den Mechanismen der Wissenskompilierung aus, da bei diesem Lernverfahren alle gelernten Regeln im System bleiben (vgl. Abschnitt 4.2.3). Durch die Mechanismen der Regelbewertung wird kontinuierlich der Nutzen einer Produktion anhand ihres Beitrags zur Problemlösung bewertet. Bei empirischen Tests fiel dadurch das Nützlichkeitsproblem nicht weiter ins Gewicht (Pfeiffer, 1991). Allerdings war die betrachtete Regelmenge relativ klein, so daß noch keine endgültige Aussage getroffen werden kann.

Ein Nachteil des in diesem Artikel beschriebenen Ansatzes zum Lernen von geometriebezogenen Makro-Trajektorien liegt in ihrem ortsfesten Charakter. Das Planungssystem ist dadurch nicht in der Lage zu erkennen, ob eine bestimmte Makro-Trajektorie auch geeignet wäre, ein anderes, von der Topologie ähnlich gestaltetes, Raumgebiet zu durchqueren. Wenn es gelingen könnte, das hierzu erforderliche Wissen über geometrische und topologische Ähnlichkeiten explizit zu modellieren, würden sich interessante Anknüpfpunkte für den Einsatz von Lernen aus Analogien (Althoff, in diesem Band; Carbonell, 1983, 1986) anbieten.

5.3 Gefahrenbereiche und vorbeugende Bahnplanung

Bei der Konstruktion der Gefahrenbereiche mit dem Lernansatz der Konzeptbildung hat sich gezeigt, daß die gefundene Klasseneinteilung nicht immer intuitiv einsichtig war (See, 1991). Dies liegt daran, daß ein vom Ansatz her neutrales Ähnlichkeitsmaß, die Konzeptnützlichkeit (engl. category utility), verwendet wird. Geometrische Randbedingungen der Anwendungsdomäne, sowie spezielles Wissen über die Semantik der Gefahrenbereiche fließen nur ungenügend in die Bewertungsfunktion ein. Deshalb wurden spezielle Heuristiken implementiert, die bei der Auswahl eines Klassifikationsoperators solches Wissen einbringen. Die Verwendung der Heuristiken führte neben einer intuitiv einsichtigeren Klasseneinteilung auch zu einer deutlich schnelleren Klassifikation, da die Tiefe der erzeugten Konzepthierarchie gegenüber dem Ergebnis ohne Heuristiken kleiner ausfällt.

Die vorbeugende Bahnplanung auf der Grundlage von Gefahrenbereichen beobachteter Hindernisse stellt einen neuen Ansatz zur Behandlung des Frame-Problems im Bereich der geometrischen Bahnplanung dar. Während konventionelle Lösungsansätze alle Hindernisbeobachtungen gleich behandeln, berücksichtigt die vorbeugende Bahnplanung Hypothesen über mögliche Konfigurationen quasi-stationärer Hindernisse (Schlaich, 1991).

Eine sinnvolle Erweiterung des Gedankens der Gefahrenbereiche quasi-stationärer Hindernisse wäre die Änderung des Status zu einem stationären Hindernis, wenn ein Hindernis über einen längeren Zeitraum hinweg mit konstanten Parametern beobachtet wird. Ein solches Verfahren könnte insbesondere bei der schrittweisen Kartographierung eines bisher unbekannten Raums genutzt werden.

Das HALMOR System betrachtet bisher lediglich stationäre und quasi-stationäre Hindernisse. Die dritte Kategorie der dynamisch bewegten Hindernisse könnte mit einer Erweiterung des Gedankens der Gefahrenbereiche ebenfalls behandelt werden. Zur Beschreibung der Hindernisbeobachtungen müßten neben den Positionsangaben auch Informationen über die Bewegungsrichtung des Objekts und womöglich andere Dynamikparameter zur Verfügung stehen. Der Begriff des Gefahrenbereichs könnte dann so erweitert werden, daß er Trassen beweglicher Hindernisse mit umfaßt. Die erweiterten Analysefunktionen könnten Informationen über Bereiche unterschiedlicher Verkehrsdichte, bevorzugter Bewegungsrichtung und Geschwindigkeit etc. zur Verfügung stellen. Diese Hinderniskategorie stellt allerdings sehr hohe Ansprüche an die zur Verfügung stehende Sensorik.

6   Zusammenfassung und Ausblick

Das HALMOR System verknüpft Verfahren des deduktiven, erklärungsbasierten Lernens mit Verfahren des induktiven, empirischen Lernens zur Unterstützung der geometrischen Bahnplanung für autonome, mobile Roboter. Hierfür wurden unterschiedliche Lernziele identifiziert: Lernen von auftrags- und geometriebezogenen Makro-Trajektorien zur Unterstützung der Bahnplanungsmodule und der Erwerb von Informationen über a priori unbekannte Hindernisse in der Form von Gefahrenbereichen zur Behandlung des Frame-Problems.

Die Bildung von Makro-Trajektorien verlangt ein erklärungsbasiertes Lernverfahren im Sinne der Bildung von Planungsmakros, das anhand eines einzelnen Beispiels und dem vorhandenen Planungswissen ein bei weiteren Planungsaufgaben wiederverwendbares Teilstück einer kollisionsfreien Bahn generiert. Auftragsbezogene Makro-Trajektorien verbinden zwei zu einer Auftragsklasse verbundene Konfigurationsklassen. Bei geometriebezogenen Makro-Trajektorien diente das aus dem Gebiet der kognitiven Psychologie stammende ACT*-System (Anderson, 1983a) als Vorlage. In einem zweistufigen Ansatz wird zunächst deklaratives Wissen für ein Produktionensystem in Form geometriebezogener Makro-Trajektorien gelernt. Mit den Mechanismen der Wissenskompilierung aus ACT* werden dann neue Regeln auf der Grundlage der Problemlöseerfahrung gebildet.

Das Lernen von Klassen geometrisch ähnlicher Konfigurationen des mobilen Roboters verlangt ebenso wie das Lernen der Gefahrenbereiche aus Beobachtungen quasistationärer Hindernisse ein inkrementelles, ähnlichkeitsbasiertes Lernverfahren. Aus einer sukzesive eintreffenden, nicht vorklassifizierten Lernstichprobe ist eine Einteilung in eine a priori unbekannte Anzahl von Klassen zu finden. Hier wurde die Idee der inkrementellen Konzeptbildung (engl. concept formation) des CLASSIT Systems (Gennari, Langley & Fisher, 1989) zugrundegelegt.

Im folgenden werden einige Ideen vorgestellt, wie die Arbeiten des HALMOR Systems sinnvoll ergänzt und weitergeführt werden könnten (Abbildung 6-1). So wäre zum Beispiel die Erweiterung der verwendeten rein geometrischen Landkarte um Merkmale denkbar, die direkt von der Sensorik stammen. Dies wäre ein Schritt in Richtung einer Umweltmodellierung, wie sie der einzelne Agent tatsächlich wahrnimmt (Henderson, Fai & Hanson, 1984; Horn, 1986). Eine Hauptaufgabe ist die Wartung der Karte vor dem Hintergrund möglicher Veränderungen in der Roboterumwelt. Das HALMOR System betrachtet bisher noch nicht explizit den Faktor Zeit (Allen, 1984;

McDermot, 1982). So könnten zum Beispiel bei der Modellierung dynamische Hindernisse oder Hindernisse, die nur während bestimmter Zeitintervalle auftreten, zusätzlich betrachtet und ebenfalls bei der Bahnplanung berücksichtigt werden.

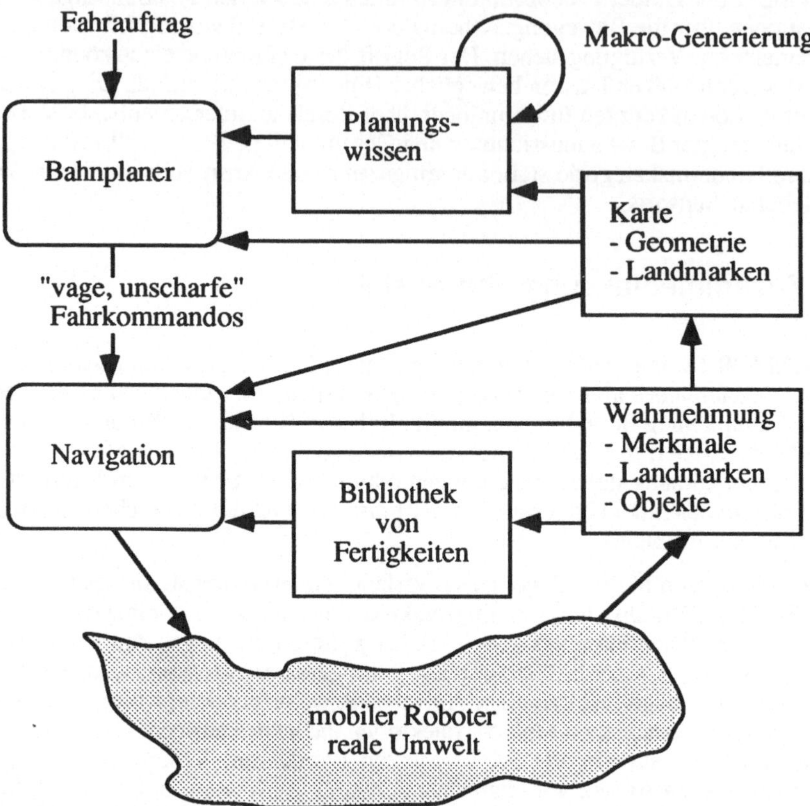

Abbildung 6-1:   Module des skizzierten Zukunftsszenarios. Bahnplanung und Navigation erfolgen auf der Grundlage einer um Landmarken ergänzten Karte. Die Landmarken werden auf Grund der Wahrnehmungserfahrungen des Roboters gelernt. Der Erwerb von Planungsmakros muß zusätzlich die Möglichkeit einer sich verändernden Umwelt berücksichtigen. Die Navigation hat Zugriff auf eine Bibliothek von Grundfertigkeiten, die anhand der Erfahrungen des Roboters bei der Ausführung von Aufgaben erworben wird.

Dies könnte zur Entwicklung eines Bahnplanungsmoduls führen, das eine Trajektorie eher auf der Grundlage einer Karte von Landmarken trifft, zum Beispiel mit Fahrbefehlen wie "Fahre geradeaus bis rechts die Landmarke X passiert wird, dann biege nach links ab". Die Ausführung einer solchen "vagen" Trajektorie könnte dann in die Verantwortung des in Realzeit operierenden Navigationsmoduls gelegt werden, wobei unter Umständen auf Konzepte der Fuzzy Logic (Zadeh, 1965, 1987; Kato & Kamikawa, 1989) zurückgegriffen werden kann. Planentscheidungen werden hier in die reaktive Realzeitebene verlagert. Das Navigationsmodul hat Zugriff auf eine Bibliothek von Fertigkeiten, die bestimmte Verhaltensmuster realisieren. Da viele, insbesondere reflexartige Verhaltensweisen sehr gut mit subsymbolischen Lernverfahren gelernt werden können (Berns, 1991), bietet sich eine Schnittstelle zwischen symbolischen und subsymbolischen Methoden an (Torras, 1990).

Seit kurzem gibt es ein verstärktes Interesse, Problemlöser mit Lernverfahren und realen Ausführungselementen zu koppeln, zum Beispiel im Kontext des SOAR Systems (Laird & Rosenbloom, 1990), des THEO Systems (Mitchell, 1990) oder der Arbeiten von Brooks und seiner Gruppe über die Subsumption Architektur (Brooks, 1986b; Maes & Brooks, 1990]. Obwohl diese Arbeiten erst begonnen haben, sind erste Ergebnisse recht ermutigend. Einige offene Fragen sind noch zu klären, zum Beispiel wie das Nützlichkeitsproblem zu lösen ist und wie am besten mit einer sich möglicherweise verändernden Welt umgegangen werden sollte.

Das hier skizzierte Szenario einer Systemarchitektur für einen autonomen, mobilen Roboter zeigt, welche vielfältigen Forschungsfelder sich durch die Kombination realer Systeme mit Methoden der Künstlichen Intelligenz entfalten. Die Aussage, daß die Robotik *das* Testfeld für die Künstliche Intelligenz ist (Brady, 1984; Brooks, 1986a), gilt nach wie vor. Insbesondere der Einsatz von Verfahren des maschinellen Lernens scheint ein vielversprechender Ansatz auf dem Weg zu weitestgehend autonomen Robotersystemen zu sein. Das in diesem Artikel vorgestellte HALMOR System ist ein erster erfolgreicher Schritt in diese Richtung. Eine Weiterentwicklung der Ansätze in Richtung auf eine stärkere Einbeziehung der Realzeitkomponenten und insbesondere der Robotersensorik, wie sie weiter oben beschrieben wurden, wäre eine logische Fortsetzung der Ergebnisse dieser Arbeit.

Literaturverzeichnis

Verwendete Abkürzungen: AAAI   American Association for Artificial Intelligence
     ACM   Association for Computing Machinery
     IEEE   Institute for Electrical and Electronic Engineers
     IJCAI   International Joint Conference on Artificial Intelligence

Albus, J.E., Barbera, A.J. & Nagel, R.N. (1981). Theory and practice of hierarchical control. In *Proceedings 23rd IEEE Computer Society International Conference* (pp. 18-39).

Allen, J.F. (1984). Towards a general theory of action and time. *Artificial Intelligence, 23*, 123-154.

Allen, J., Hendler, J., & Tate, A. (Eds.) (1990). *Readings in planning*. San Mateo, CA: Morgan Kaufmann.

Anderson, J.R. (1983a). *The architecture of cognition*. Cambridge, MA: Harvard University Press.

Anderson, J.R. (1983b). Acquisition of proof skills in geometry. In S.R. Michalski, J.G. Carbonell, & T.M. Mitchell (Eds.), *Machine learning - an artificial intelligence approach* (pp. 191-219). San Mateo, CA: Morgan Kaufmann.

Anderson, J.R. (1986). Knowledge Compilation: The General Learning Mechanism. In S.R. Michalski, J.G. Carbonell, & T.M. a (Eds.), *Machine learning - an artificial intelligence approach. Volume 2* (pp. 289-310). San Mateo, CA: Morgan Kaufmann.

Angluin, D. & Smith, C.H. (1983). Inductive inference: theory and methods. *ACM Computing Surveys, 15(3)*, 237-269.

Beer, E. & Lê, N.-M. (1990). Exakte Bewegungsplanungsalgorithmen. *Robotersysteme*, 6(4), 193-201.

Bergadano, F., Giordana, A. & Saitta, L. (1988). Concept acquisition in noisy environments. In *IEEE Transactions on Pattern Analysis and Machine Intelligence*, Vol. PAMI-10, 555-578.

Berns, K. (1991). Anwendungen neuronaler Netze in der Robotik. *Robotersysteme, 7(1)*, 23-32.

Brady, M. (1984). *Artificial intelligence and robotics*. MIT AI-Memo 756. Cambridge, MA: Massachusetts Institute of Technology.

Brady, M. (1988). *Problems of robotics*. Report No. OUEL 1746/88. Oxford: University of Oxford.

Brooks, R.A. (1986a). *Achieving artificial intelligence through building robots*. MIT AI-Memo 899. Cambrdige, MA: Massachusetts Institute of Technology.

Brooks, R.A. (1986b). A robust layered control system for a mobile robot. *IEEE Journal of Robotics and Automation, 2*, 14-23.

Buckley, C. (1990). Path planning methods for robot motion. In U. Rembold (Ed.), *Robot technology and applications* (pp. 395-444). New York: Marcel Dekker.

Carbonell, J.G. (1983). Learning by analogy: formulating and generalizing plans from past experience. In S.R. Michalski, .G. Carbonell, & T.M. Mitchell (Eds.), *Machine learning - an artificial intelligence approach* (pp. 137-161). San Mateo, CA: Morgan Kaufmann.

Carbonell, J.G. (1986). Derivational analogy: a theory of reconstructive problem solving and expertise acquisition. In S.R. Michalski, J.G. Carbonell, & T.M. Mitchell (Eds.), *Machine learning - an artificial intelligence approach. Volume 2* (pp. 371-392). San Mateo, CA: Morgan Kaufmann.

Carbonell, J.G. (1989). Paradigms for machine learning. *Artificial Intelligence, 40*, 1-9.

Clark, P. & Niblett, T. (1989). The CN2 induction algorithm. *Machine Learning, 3(4)*, 261-283.

Cohen, P.R. & Feigenbaum, E.A. (Eds.) (1982). *The handbook of artificial intelligence*. Volume 3. London: Pitman.

Cox, I.J. & Wilfong, G.T. (1990). *Autonomous robot vehicles*. Berlin: Springer.

Crowley, J.L. (1985). Navigation for an intelligent mobile robot. *IEEE Journal of Robotics and Automation, 1*, 31-41.

DeJong, G. & Mooney, R. (1986). Explanation-based learning: An alternative view. *Machine Learning, 1(2)*, 145-176.

DeJong, G. (1988). An introduction to explanation-based learning. In H.E. Shrobe, H.E. (Ed.), *Exploring artificial intelligence* (pp. 45-81). San Mateo, CA: Morgan Kaufmann.

Dillmann, R. (1988a). *Lernende Roboter - Aspekte maschinellen Lernens*. Berlin: Springer.

Dillmann, R. (1988b). Machine Learning strategies for knowledge acquisition in autonomous robot systems. *Proceedings SYROCO*. Karlsruhe.

Dillmann, R. (1991). Strategies for learning elementary mobile robot operations. In G. Schmidt (Ed.), *Information processing in autonomous mobile robots*. Proceedings of the International Workshop (pp. 279-292). Berlin: Springer.

Donald, B.R. (1989). *Error detection and recovery in robotics*. Berlin: Springer.

Dufay, B. & Laugier, C. (1983). Geometrical reasoning in automatic grasping and contact analysis. *Advances in CAD/CAM, IFIP*.

Durrant-Whyte, H.F. (1988). Sensor models and multi-sensor integration. *International Journal on Robotics Research, 7(6)*, 97-113.

Ellman, T. (1989). Explanation-based learning: a survey of programs and perspectives. *ACM Computing Surveys, 21(2)*, 163-221.

Erdman, M.A. (1984). *On motion planning with uncertainty*. MIT AI-Lab Technical Report 810. Cambridge, MA: Massachusetts Institute of Technology.

Fikes, R.E., Hart, P.E. & Nilson, N.J. (1972). Learning and executing of generalized robot plans. *Artificial Intelligence, 3*, 251-288.

Fisher, D. (1987). Knowledge acquisition through incremental concept formation. *Machine Learning, 2(2)*, 139-172.

Fisz, M. (1976). *Wahrscheinlichkeitsrechnung und mathematische Statistik*. Berlin: VEB Deutscher Verlag der Wissenschaften.

Gennari, J.H., Langley, P. & Fisher, D. (1989). Models of incremental concept formation. *Artificial Intelligence, 40*, 11-61.

Giralt, G., Chatila, R. & Vaisset, M. (1984). An integrated navigation and motion control system for autonomous multisensory mobile robots. In M. Brady & R. Paul (Eds.), *Proceedings First International Symposium on Robotics Research* (pp. 191-214). Cambridge, MA: MIT Press.

Gluck, M. & Corter, J. (1985). Information, uncertainty, and the utility of categories. *Proceedings of the 7th Annual Conference of the Cognitive Science Society* (pp. 283-287). Irvine, CA.

Hanson, S.J. (1990). Conceptual clustering and categorization: bridging the gap between induction and causal models. In Y. Kodratoff & S.R. Michalski (Eds.), *Machine learning - an artificial intelligence approach. Volume 3* (pp. 235-268). San Mateo, CA: Morgan Kaufmann.

Henderson, T., Hanson, C. & Bhanu, B. (1985). The specification of distributed sensing and control. *Journal of Robotic Systems*, 387-396.

Henderson, T. & Shilcrat, E. (1984). Logical sensor systems. *Journal of Robotic Systems*, 169-193.

Henderson, T., Fai, W.S. & Hanson, C. (1984). MKS: A multisensor kernel system. *IEEE Transactions on Systems, Man, and Cybernetics, Vol. SMC-14(5)*, 784-791.

Hinton, G.E. (1990). Connectionist learning procedures. In Y. Kodratoff & S.R. Michalski Eds.), *Machine learning - an artificial intelligence approach. Volume 3* (pp. 555-610). San Mateo, CA: Morgan Kaufmann.

Hörmann, A. (1989). Steuerung und Systemarchitektur von fortgeschrittenen autonomen Systemen. *Robotersysteme, 5*, 173-185.

Hörmann, A., Hugel, T. & Meier, W. (1988). A concept for an intelligent and fault-tolerant robot system. *Journal of Intelligent and Robotic Systems, 1*, 259-286.

Hörmann, A., Meier, W. & Schloen, J. (1991). A control architecture for an advanced fault-tolerant robot system. *Robotics and Autonomous Systems, 7*, 211-225.

Horn, B.K.P. (1986). *Robot vision*. Cambridge, MA: MIT Press.

Kampmann, P. & Schmidt, G. (1991). Indoor navigation of mobile robots by use of learned maps. In G. Schmidt (Ed.), *Information processing in autonomous mobile robots* (pp. 151-169). Proceedings of the International Workshop. Berlin: Springer.

Kato, A. & Kamikawa, K. (1989). Obstacle avoidance based on approximate reasoning. *Proceedings IEEE/RSJ International Workshop on Intelligent Robots and Systems*. Tsukuba (Japan).

Klafter, R.D. (1988). Mobile robots, research and development. In R.C. Dorf (Ed.), *International Encyclopedia of Robotics* (pp. 920-943). Volume 2. New York: Wiley, New York.

Kodratoff, Y. & Michalski,, S.R. (Eds.) (1990). *Machine learning - an artificial intelligence approach. Volume 3*. San Mateo, CA: Morgan Kaufmann.

Korf, R.E. (1985). Macro-operators: a weak method for learning. *Artificial Intelligence, 26*, 35-77.

Laird, J.E., Newell, A. & Rosenbloom, P.S. (1987). SOAR: An architecture for general intelligence. *Artificial Intelligence, 33*, 1-64.

Laird, J.E. & Rosenbloom, P.S. (1990). Integrating execution, planning, and learning in SOAR for external environments. *Proceedings 8th AAAI* (pp. 1022-1029). ORT.

Laird, J.E., Rosenbloom, P.S. & Newell, A. (1986). Chunking in SOAR: the anatomy of a general learning mechanism. *Machine Learning, 1(1)*, 11-46.

Langley, P. (1987). Machine learning and concept formation. *Machine Learning, 2(2)*, 99-102.

Langley, P. & Zytkow, J.M. (1989). Data-driven approaches to empirical discovery. *Artificial Intelligence, 40*, 283-312.

Lebowitz, M. (1986). Concept learning in a rich input domain. In S.R. Michalski, J.G. Carbonell, & T.M. Mitchell (Eds.), *Machine learning - an artificial intelligence approach. Volume 2* (pp. 193-214). San Mateo, CA: Morgan Kaufmann.

Lebowitz, M. (1987). Experiments with incremental concept formation: UNIMEM. *Machine Learning, 2(2)*, 103-138.

Lenat, D.B. (1983). The role of heuristics in learning by discovery: three case studies. In S.R. Michalski, J.G. Carbonell, & T.M. Mitchell (Eds.), *Machine learning - an artificial intelligence approach* (pp. 243-306). San Mateo, CA: Morgan Kaufmann.

Maes, P. & Brooks, R.A. (1990). Learning to coordinate behaviors. *Proceedings 8th AAAI* (pp. 796-802).

Mandl, H., Friedrich, H.F. & Hron, A. (1988). Theoretische Ansätze zum Wissenserwerb. In H. Mandl & H. Spada (Hrsg.), *Wissenspsychologie* (S. 123-160). München: Psychologie Verlags Union.

Markovitch, S. & Scott, P.D. (1988). The role of forgetting in learning. *Proceedings of the 5th International Conference on Machine Learning* (pp. 459-465).

McCarthy, J. & Hayes, P.J. (1969). Some philosophical problems from the standpoint of artificial intelligence. *Machine Intelligence, 4*, 463-502.

McDermot, D.V. (1982). A temporal logic for reasoning about processes and plans. *Cognitive Science, 6*, 101-155.

Meystel, A. (1988). Autonomous Mobile Robots.In R.C. Dorf (Ed.), *International Encyclopedia of Robotics*. Volume 2 (pp. 902-920). New York: Wiley.

Michalski, S.R. (1983). A Theory and Methodology of Inductive Learning. *Artificial Intelligence,,20*, 111-161.

Michalski, S.R. (1986). Understanding the Nature of Learning. In S.R. Michalski, J.G. Carbonell, & T.M. Mitchell (Eds.), *Machine learning - an artificial intelligence approach. Volume 2* (pp. 3-25). San Mateo, CA: Morgan Kaufmann.

Michalski, S.R. (1990). Learning Flexible Concepts: Fundamental Ideas and a Method Based on Two-Tiered Representation. In Y. Kodratoff & S.R. Michalski (Eds.), *Machine learning - an artificial intelligence approach. Volume 3* (pp. 63-111). San Mateo, CA: Morgan Kaufmann.

Michalski, S.R., Carbonell, J.G., & Mitchell T.M. (Eds.) (1983). *Machine learning - an artificial intelligence approach*. San Mateo, CA: Morgan Kaufmann.

Michalski, S.R., Carbonell, J.G,. & Mitchell T.M. (Eds.) (1986). *Machine learning - an artificial intelligence approach. Volume 2*. Morgan Kaufman, San Mateo, CA.

Michalski, S.R. & Kodratoff, Y. (1990). Research in machine learning: recent progress, classification of methods and future directions. In Y. Kodratoff & S.R. Michalski (Eds.), *Machine learning - an artificial intelligence approach. Volume 3* (pp. 3-30). San Mateo, CA: Morgan Kaufmann.

Michalski, S.R. & Stepp, R.E. (1983). Learning from observation: conceptual clustering. In S.R. Michalski, J.G. Carbonell, & T.M. Mitchell (Eds.), *Machine learning - an artificial intelligence approach* (pp. 331-363). San Mateo, CA: Morgan Kaufmann.

Minton, S. (1990). Qualitative results concerning the utility of explanation-based learning. *Artificial Intelligence, 42*, 363-391.

Minton, S., Carbonell, J.G., Etzioni, O., Knoblock, C.A., & Kuoka, D.R. (1987). Acquiring effective search control rules: explanation-based learning in the PRODIGY system. In *Proceedings 4th International Workshop on Machine Learning* (pp. 122-132). Irvine, CA.

Minton, S., Carbonell, J.G., Knoblock, C.A., Kuoka, D.R., Etzioni, O., & Gil, Y. (1989). Explanation-based learning - a problem solving perspective. *Artificial Intelligence, 40*, 63-118.

Mitchell, T.M. (1990). Becoming increasingly reactive. In *Proceedings 8th AAAI* (pp. 1051-1058).

Mitchell, T.M., Keller, R., & Kedar-Cabelli, S. (1986). Explanation-based generalization: a unifying view. *Machine Learning, 1(1)*, 47-80.

Morik, K. (1988). Acquiring domain models. In J.H. Boose, J.H. & B.R. Gaines (Eds.), *Knowledge acquisition tools for expert systems. Volume 2* (pp. 245-256). London: Academic Press.

Mostow, D.J. (1983). Machine transformation of advice into a heuristic search procedure. In S.R. Michalski, J.G. Carbonell, & T.M. Mitchell (Eds.), *Machine learning - an artificial intelligence approach* (pp. 367-403). San Mateo, CA: Morgan Kaufmann.

Muggleton, S. & Buntine, W. (1988). Machine invention of first order predicates by inverting resolution. *Proceedings of the 5th International Conference on Machine Learning* (pp. 339-352).

Nilsson, N.J. (1982). *Principles of artificial intelligence*. Berlin: Springer.

Opwis, K. (1988). Produktionssysteme. In H. Mandl & H. Spada (Hrsg.), *Wissenspsychologie* (S. 74-98). München: Psychologie Verlags Union.

O'Rorke, P. (1989). LT revisited: explanation-based learning and the logic of principia mathematica. *Machine Learning, 4(2)*, 117-159.

Pfeiffer, H. (1991). *Ein Produktionensystem mit Wissenskompilierung*. Diplomarbeit. Universität Karlsruhe: Fakultät für Informatik.

Pitschke, K. (1990). *Lernen von Trajektorien für mobile Roboter*. Diplomarbeit. Universität Karlsruhe: Fakultät für Informatik.

Pylyshyn, Z.W. (Ed.) (1988). *The robot's dilemma - the frame problem in artificial intelligence*. Norwood, NJ: Ablex.

Quinlan, J.R. (1986). Induction of Decision Trees. *Machine Learning, 1(1)*, 81-106.

Rembold, U. (1988). Autonome mobile Roboter. *Robotersysteme, 4(1)*, 17-26.

Rembold, U., Dillmann, R. & Levi, P. (Hrsg.), (1990). *Autonome Mobile Systeme, 6*. Fachgespräch. Universität Karlsruhe: Fakultät für Informatik.

Rendell, L. (1986). A General Framework for Induction and a Study of Selective Induction. *Machine Learning, 1(2)*, 177-226.

Rumelhart, D.E. & McClelland, J.L. (1986). *Parallel distributed processing*. Cambridge, MA: MIT-Press.

Schlaich, D. (1991). *Vorbeugende Bahnplanung auf der Grundlage von Gefahrenbereichen quasi-stationärer Hindernisse*. Diplomarbeit. Universität Karlsruhe: Fakultät für Informatik.

Schmidt, G. (Ed.), (1991a). *Information processing in autonomous mobile robots*. Proceedings of the International Workshop (pp. 107-148). Berlin: Springer.

Schmidt, G. (1991b). Towards integration of autonomous subsystems for assembly and mobility into flexible manufacturing. In G. Schmidt (Ed.), *Information processing in autonomous mobile robots*. Proceedings of the International Workshop. Berlin: Springer.

Schöning, U. (1987). *Logik für Informatiker*. Mannheim: BI-Wissenschaftsverlag.

See, M. (1991). *Lernen von Gefahrenbereichen quasi-stationärer Hindernisse*. Diplomarbeit. Universität Karlsruhe: Fakultät für Informatik.

Shavlik, J.W. (1989). Experimental analysis of EBL approaches for learning plan schemata. In *Proceedings of the 6th International Workshop on Machine Learning* (pp. 183-187).

Shoham, Y. (1986). What is the frame problem? In M.P. Georgeff & A.M. Lansky (Eds.), *Reasoning about actions and plans*. Proceedings of the 1986 Workshop (pp. 83-98). Timberline, OR.

Spandl, H. (1992) *Lernverfahren zur Unterstützung der Routenplanung für autonome, mobile Roboter*. Düsseldorf: VDI.

Spreng, M. (1991). Situation analysis exploiting feasability constraints in uncertain environments. In *Proceedings 5th International Conference on Advanced Robotics* (pp. 1690-1693). Pisa.

Stange, K. (1970). *Angewandte Statistik - Erster Teil: Eindimensionale Probleme*. Berlin: Springer.

Stange, K. (1971). *Angewandte Statistik - Zweiter Teil: Mehrdimensionale Probleme*. Berlin: Springer.

Stifter, S. (1988). *Collision problems in robotics: an annotated bibliography*. Interner Bericht. Linz: Johannes-Kepler-Universität.

Tambe, M. & Newell, A. (1988). Some chunks are expensive. In *Proceedings of the 5th International Conference on Machine Learning* (pp. 451-458).

Tambe, M. & Rosenbloom, P.S. (1989). Eliminating expensive chunks by restricting expressiveness. In *Proceedings of the 11th IJCAI* (pp. 731-737).

Tietz, H.D. (1969). *Ultraschall-Meßtechnik*. Berlin: Verlag Technik.

Torras, C. (1990). Motion planning and control: symbolic and neural levels of computation. In *Proceedings 3rd COGNITIVA* (pp. 207-218). Madrid.

Utgoff, P.E. (1986). Shift of bias for inductive concept learning. In S.R. Michalski, J.G. Carbonell, & T.M. Mitchell (Eds.), *Machine learning - an artificial intelligence approach. Volume 2* (pp. 107-148). San Mateo, CA: Morgan Kaufmann.

Utgoff, P.E. (1989). Incremental induction of decision trees. *Machine Learning, 4(2)*, 161-186.

Vladimir, S. (1984). *Physik des Ultraschalls*. Berlin: Springer.

Winkler, W. (1983). *Vorlesungen zur mathematischen Statistik*. Leipzig: Teubner.

Winston, P.H. (1970). *Learning structural descriptions from examples*. MIT AI-Lab Technical Report 231. Cambridge, MA: Massachusetts Institute of Technology (Nachdruck in Winston, P.H. (Ed.) (1975). *The psychology of computer vision*. New York: McGraw-Hill.)

Winston, P.H. (1984). *Artificial intelligence*. 2nd edition, Reading, MA: Addison-Wesley.

Wrobel, S. (1989). Demand-driven concept formation. In K. Morik (Ed.), *Knowledge representation and organisation in machine learning* (pp. 289-319). Berlin: Springer.

Zadch, L.A. (1965). Fuzzy sets. *Information and Control, 8*, 338-353.

Zadeh, L.A. (1987). A computational theory of dispositions. *International Journal of Intelligent Systems, 2*, 39-63.

Zimmermann, M. (1990). *Erfahrungsbasierte Freiraumzerlegungen für einen geometrischen Wegeplaner*. Diplomarbeit. Universität Karlsruhe: Fakultät für Informatik.

Teil II

Schemaanwendung im Lernprozeß

und den protokoll-spezifischen Regeln unklar, und die Beurteilung der Leistungsfähigkeit und Grenzen der Modelle erschwert. Wir sind deshalb mit unserem Modell den umgekehrten Weg gegangen und haben versucht, aufgrund von Aufgabenanalysen, Expertenbefragung, Auswertung verbaler Protokolle etc. das den Problemlöseprozessen zugrundeliegende Wissen aufzudecken und mittels Rekursionschemata, Heuristiken und elementarem Programmierwissen zu spezifizieren. Wir forderten, daß das so spezifizierte Wissen für die Lösung verschiedener Aufgaben hinreichend ist. Wir glauben, daß diese Vorgehensweise dabei hilft, zu verstehen, wie die Lösungsidee für ein rekursives Problem gefunden werden kann. Wird die Arbeitsweise des Modells mit der Vorgehensweise von Problemlösern verglichen, läßt sich anhand der gefundenen Abweichungen das individuell-spezifische Wissen bestimmen und zur Vorhersage weiterer Protokolle desselben Programmierers in das Modell aufnehmen.

2.1   Das zielorientierte Produktionssystem

Unser Modell (siehe Abbildung 1) ist als Produktionssystem in LISP implementiert. Das Produktionssystem speichert Information in vier verschiedenen Gedächtnisspeichern: einem Arbeits-, einem Ziel-, einem Produktionsspeicher sowie einem Speicher für frames ("Rahmen"; vgl. Winston & Horn, 1984). Arbeits- und Zielspeicher bilden das Kurzzeitgedächtnis, Produktions- und frame-Speicher das Langzeitgedächtnis.

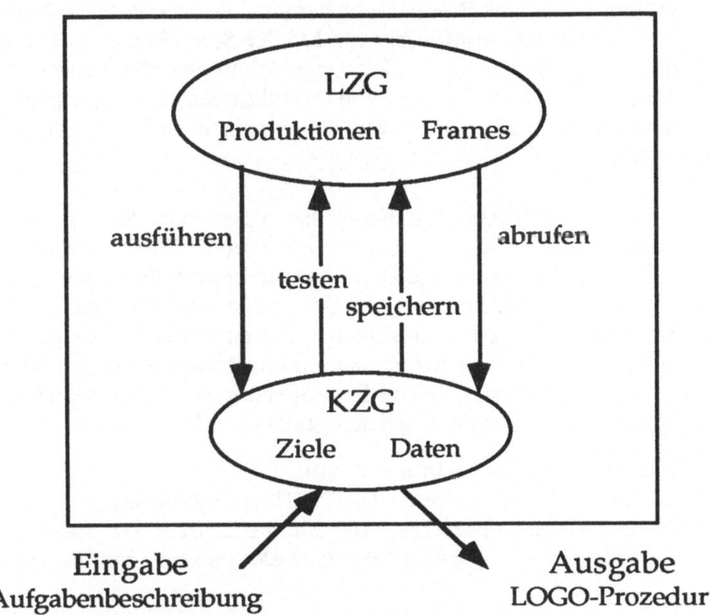

Abbildung 1: Architektur des Simulationsmodells

Der Produktionsspeicher enthält prozedurales Wissen in Form von Regeln, 'Produktionen' genannt. Die Syntax für eine Produktion lautet:

```
(p <name>
    IF (and <Zieltest> <Arbeitspeichertests>)
    THEN <Aktionen>)
```

Produktionen bestehen aus Name, Bedingungs- und Aktionsteil. Der Bedingungsteil enthält einen Zieltest sowie beliebig viele Tests auf Daten im Arbeitsspeicher. Im Zielspeicher wird eine Hierarchie (Und/Oder-Baum) aufgebaut, die den Problemlöseprozeß steuert. Durch die Auszeichnung eines Knotens als aktuelles Ziel ("current goal") wird eine zielgerichtete Informationsverarbeitung erreicht. Produktionen werden nur angewandt, wenn sie sich auf das aktuelle Ziel beziehen.

Die Aktionen können Datenelemente im Arbeitsspeicher ablegen ("push-working-memory") oder löschen; sie können das aktuelle Ziel in Unterziele aufteilen, d.h. planen ("push-goal") oder ein Ziel als erreicht oder fehlgeschlagen markieren ("pop-goal 'success", "pop-goal 'fail"). Ein Ziel ist entweder erreicht, wenn alle seine Unterziele erreicht wurden oder wenn es selbst als erreicht deklariert wird. Wird das Ziel nicht erreicht, können durch Backtracking andere Wege eingeschlagen werden. So lassen sich Versuch- und Irrtumsverhalten oder die Anwendung verschiedener Heuristiken simulieren.

2.2 Die verwendeten Rekursionsschemata

Einen detaillierten Überblick über die im Modell verwendeten Schemata geben Vorberg &Goebel (1991). Dort findet sich auch eine abstrakte, weitgehend programmiersprachenunabhängige Definition der Schemata. Wir beschränken uns hier auf eine knappe Darstellung derjenigen Rekursionsschemata, die von unserem Modell verwendet werden und führen sie unmittelbar als LOGO-Schablonen[2] auf. Jedoch ist ein Schema nicht mit der entsprechenden Prozedur-Schablone gleichzusetzen: es enthält zusätzliches Planungs-Wissen (in Form von Produktionen) das spezifiziert, in welcher Reihenfolge und mit welchen Heuristiken die einzelnen Teilprobleme (offene Slots) gelöst werden sollen.

Teil-Rest-Schema. Das Teil-Rest-Schema ist das allgemeinste Schema, das im Modell bisher verwendet wird. Es besteht (wie alle rekursiven Definitionen) aus zwei Teilen: dem direkten Fall, der für bestimmte Bedingungen unmittelbar einen Wert zuordnet, und dem rekursivem Fall, der auf die Definition selbst Bezug nimmt. Ein Schema zerlegt die beiden Teile in weitere Teilprobleme, die entweder bereits gefüllt sind oder noch zu lösende, offene Slots kennzeichnen und im folgenden durch Klein- und Kursivschrift hervorgehoben sind. Das Teil-Rest-Schema spezifiziert sechs Teilprobleme, die nach geeigneter Aktivierung des Schemas gelöst werden müssen:

```
TO teil.rest.rekursion input
  IF direkter.fall? input [OUTPUT rückgabe]
    OUTPUT verknüpfer hilfsfunktion teilselektor input
                    teil.rest.rekursion restselektor input
```

Für den direkten Fall müssen die Bedingungen spezifiziert werden, die angeben, welche Argumente darunter fallen (direkter.fall?), sowie die Werte, die dann zurückgege-

---

[2] Hinweise für das Lesen von LOGO-Prozeduren: (a) Listen werden durch eckige Klammern umschlossen. (b) Funktionale Ausdrücke werden möglichst klammerfrei geschrieben; zur Verdeutlichung sind runde Klammern erlaubt. (c) Variablen sind am vorgestellten Anführungszeichen (quote) oder am Doppelpunkt zu erkennen; :X steht für den Wert einer Variablen X, "X für den Namen selbst. - Zur Vereinfachung haben wir die Zeile END weggelassen, mit denen LOGO-Prozeduren abgeschlossen werden müssen.

ben werden müssen (rückgabe). Im rekursiven Fall muß eine Teilselektorfunktion gefunden werden, die ein einzelnes Element aus der Eingabeliste selektiert (das erste, letzte, größte etc.), das dann als Argument für die Hilfsfunktion dient. Zusätzlich muß ein Restselektor gefunden werden, der das Eingabeargument geeignet verkürzt oder vereinfacht. Die zweistellige Funktion "Verknüpfer" liefert schließlich für ein Eingabeargument den gesuchten Wert der rekursiven Funktion, indem sie das selektierte und gegebenenfalls durch die Hilfsfunktion modifizierte Element mit dem Wert der rekursiven Funktion für das mittels des Restselektors vereinfachte Eingabeargument verknüpft.

Für Aufgaben, in denen die Hilfsfunktion nicht auf einem selektierten Element, sondern direkt auf dem Eingabe-Argument operiert, ist das Teil-Rest-Schema noch zu speziell. Für solche Funktionen haben wir das allgemeine Grundschema vorgeschlagen (siehe Vorberg & Goebel, 1991), das aber bisher nicht im Modell verwendet wird.

Map-Schema. Das Map-Schema beschreibt die Struktur von Prozeduren, die eine Funktion auf jedes einzelne Element einer Liste anwenden und die Funktionswerte in einer Ausgabeliste sammeln:

```
TO map input
   IF EMPTYP input [OUTPUT []]
      OUTPUT FPUT map.fn FIRST input
             map BUTFIRST input
```

Ein Beispiel für eine mit dem Map-Schema lösbare Aufgabe ist: "Gib zu einer Zahlenliste die Liste der quadrierten Zahlen zurück". Das rekursive "Durchgehen durch die Liste" geschieht mittels der festgelegten komplementären Selektoren FIRST und BUTFIRST und des dazugehörigen inversen Konstruktors FPUT (oder äquivalent SENTENCE). Wenn das Map-Schema zutreffend aktiviert wurde, ist der einzige freie Slot und damit das einzige Teilproblem die Bestimmung der Funktion "map.fn", die sich durch Ausprobieren oder aus der Problemstellung ergibt ("Quadrieren" im Beispiel oben).

Reduce-Schema. Prozeduren vom Reduce-Typ verknüpfen die Elemente der Eingabeliste so miteinander, daß der zurückgegebene Wert "reduziert", d.h. meist von einfacherem Datentyp ist:

```
TO reduce input
   IF direkter.fall? input [OUTPUT rückgabe]
      OUTPUT verknüpfe FIRST input
                       reduce BUTFIRST input
```

Beispiele sind: "Berechne die Summe (das Maximum) einer Liste von Zahlen" und "Verkette alle Elemente einer flachen Liste zu einem Wort." Wie beim Map-Schema wird das Eingabeargument mit FIRST und BUTFIRST zerlegt; zu bestimmen bleiben der Verknüpfer (SUM, MAX bzw. WORD bei den Beispielen oben) sowie Bedingung und Rückgabewert für den direkten Fall.

Andere Klassifikationen rekursiver Prozeduren geben Anderson, Corbett & Reiser (1987), Harvey (1985), Leinbach & Wijesinha (1986), Soloway (1985) und Touretzky (1990). Ein Vergleich dieser Arbeiten mit den von uns vorgeschlagenen Schemata findet sich in Vorberg &Goebel (1991). Ein wesentlicher Aspekt unserer Schemata besteht darin, daß sie eine Hierarchie bilden, die es ermöglicht je nach Problemanforderung, ein spezifischeres oder allgemeineres Schema auszuwählen: ein Schema ist hilfreich, wenn es nur so abstrakt wie nötig und so spezifisch wie möglich ist.

2.3 Phasen des Problemlöseprozesses

Unser Modell nimmt fünf verschiedene Problemlösephasen an: Problemanalyse, Schema-Auswahl, Bearbeitung von Teilproblemen, Kodierung und Verifikation (siehe Abbildung 2). Das Modell kann entweder mit einer kodierten Problembeschreibung oder mit der Vorgabe von Beispielen beginnen.

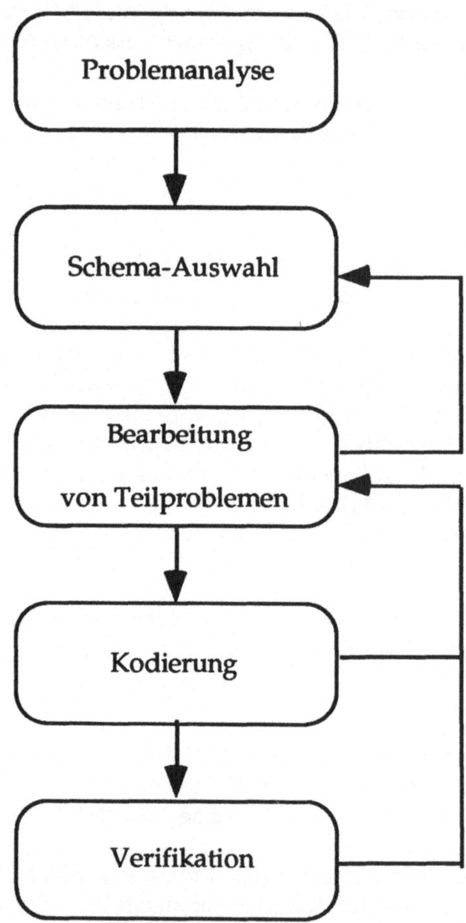

Abbildung 2: Phasen des Problemlöseprozesses

2.3.1 Problemstellung durch kodierte Problembeschreibung

Das Modell beginnt mit einer Problembeschreibung, die syntaktisch-semantisch analysiert (vgl. Kintsch & Greeno, 1985) im Kurzzeitgedächtnis abgelegt ist. Die Erzeugung einer solchen Problemrepräsentation aus einer natürlich-sprachlichen Problembeschreibung wird von unserem Modell bisher nicht geleistet, sondern als Ausgangs-information vorgegeben. Die verwendete Form der Problemrepräsentation ist das Ergebnis einer Analyse von circa 50 Programmierproblemen aus LOGO- und LISP-Lehrbüchern, deren Lösungen dem Teil-Rest-, Reduce-, Map- oder Filter-Schema folgen. Die Probleme wurden in bezug auf Formulierungen in der Aufgabenstellung analysiert, die für die Zuordnung in eine Kategorie charakteristisch sind.

Im Prozeß der Problemanalyse (siehe z.B. Greeno & Simon, 1988) werden die kritischen Merkmale gefunden, die das passende Schema aktivieren. Das Modell versucht ein möglichst spezifisches Schema zu wählen, damit möglichst wenig zu lösende Teilprobleme offen bleiben. Die Aktivierung eines Schemas geschieht folgender-maßen: Zunächst wird die Aufgaben-Repräsentation durch Produktionen daraufhin untersucht, von welchem Typ Eingabeargumente und Ergebnis sind, ob eine Operation auf einige oder alle Elemente einer Liste angewandt werden soll etc. So führt z.B. die Formulierung "each-element <function>" zur Wahl eines Map-Schemas, wenn gleichzeitig die Eingabe und Ausgabe einer Funktion vom Typ Liste sind. Enthält eine Aufgabenbeschreibung keine charakteristische Formulierung, so wählt das Modell das allgemeine Teil-Rest-Schema.

Ein aktiviertes Schema dient als Lösungsplan. Aus dem frame-Speicher wird die zugehörige Prozedur-Schablone abgerufen; alle freien Slots werden als Teilprobleme deklariert und bilden neue Teilziele. Die wesentliche Methode des Modells, um diese Teilprobleme zu lösen, ist die Analyse von Beispielen. Das Modell kann auf zwei Weisen auf Beispiele zurückgreifen. Im interaktiven Modus fordert das Modell den Benutzer auf, typische Beispiele einzugeben, im unabhängigen Modus generiert es selbst geeignete Beispiele unter Verwendung von Aufgaben-Wissen (siehe Goebel & Vorberg, 1991).

2.3.2 Problemstellung durch Beispiele

Eine andere Möglichkeit dem Modell eine Aufgabe zu stellen, besteht darin, eine Reihe von Beispielen vorzugeben. Durch die Möglichkeit mit Beispielen zu beginnen, kann das Modell nicht nur ein Ausgangsproblem bearbeiten, sondern auch komplexere Teilprobleme bearbeiten, die selbst eine rekursive Prozedur zu ihrer Lösung erfordern (siehe Abschnitt 4.1). Hinweise auf ein passendes Schema werden durch Typ und Länge der Argumente der Beispiele ermittelt. Ist beispielsweise das Eingabeargument eine Liste und die Ausgabe ein einzelnes Element, so wird das Reduce-Schema aktiviert. Sind sowohl Ein- als auch Ausgabeargument Listen und zudem von gleicher Länge, so wird das Map-Schema aktiviert. Finden sich keine eindeutigen Hinweise, wird das Teil-Rest-Schema verwendet.

Nachdem ein Schema aktiviert ist, werden die vorgegebenen Beispiele dazu verwendet, die resultierenden Teilprobleme zu lösen. Die verbleibenden Phasen - Bearbeitung von Teilproblemen, Kodierung und Verifikation - werden für beide Varianten auf gleiche Weise gelöst.

Für die Lösung der Teilprobleme muß das Modell auf elementares LOGO- und bereichsspezifisches Wissen zurückgreifen. Dies umfaßt Wissen über Datentypen und -strukturen (Zahlen, Wörter und Listen), arithmetische Funktionen (SUM, DIFFERENCE, PRODUCT, QUOTIENT), Wort- und Listenfunktionen (FIRST, LAST, BUTFIRST, BUTLAST, FPUT, LPUT, SENTENCE, LIST, WORD), Prädikate (LISTP, WORDP, NUMBERP, EMPTYP, GREATERP etc.) und die Kontrollstruktur IF. Das elementare, deklarative LOGO-Wissen ist in Frames gespeichert, die auch typische Beispiele und Verweise auf andere Frames enthalten. So "weiß" das Modell zum Beispiel über BUTFIRST, daß FIRST der komplementäre Listenselektor und FPUT der zum Paar FIRST/BUTFIRST inverse Konstruktor ist. Prozedurales bereichsspezifisches Wissen ist in Form von Produktionen gespeichert. Dieses Wissen umfaßt auch Regeln zur symbolischen Algebra, die zur Umformung von Ausdrücken verwendet werden. Beispiele für die Verwendung solcher Regeln finden sich in Goebel & Vorberg (1991).

2.4 Heuristische Methoden

Zusätzlich zur Problemzerlegung mittels Rekursionsschemata benutzt das Modell weitere Heuristiken (vgl. Polya, 1949; Schoenfeldt, 1985), die festlegen, wie und in welcher Abfolge Teilprobleme gelöst werden. Benutzt werden folgende Heuristiken:

"Betrachte Beispiele". Ein Beispiel wird generiert und analysiert; die für das spezielle Beispiel zutreffende Lösung wird dann als allgemeine Lösung ausprobiert.

"Betrachte extreme Fälle". Diese Spezialisierung der vorigen Heuristik wird benutzt, um Bedingung und Rückgabewert im direkten Fall der Rekursion zu bestimmen. Als "extrem" gelten Datenstrukturen mit extremen Eigenschaften, wie leere Wörter und Listen sowie N = 0 für natürliche N.

Restselektorstrategie. Für die Erschließung der rekursiven Beziehung, die eigentlich kreative Leistung beim Entwurf rekursiver Algorithmen, benutzt unser Modell die Restselektorstrategie. Ein Restselektor wird vorläufig festgelegt und auf ein Beispiel angewandt, um Funktionswerte an zwei benachbarten Stellen zu erzeugen, die dann verglichen werden, um Verknüpfer, Teilselektor und Hilfsfunktion zu erschließen (siehe Vorberg & Goebel, 1991, 4.2).

Lösungspräferenzen. Für die verschiedenen auftretenden Teilprobleme stehen dem Modell folgende Listen von möglichen Lösungen zur Verfügung:

teilselektor   FIRST, LAST

hilfsfunktion   (Identität), siehe verknüpfer

restselektor   BUTFIRST, BUTLAST

verknüpfer

    Zahlen   SUM, DIFFERENCE, PRODUCT, QUOTIENT, SQR, SQRT

    Wörter   WORD

    Listen   FPUT, LPUT, SENTENCE, LIST

direkter.fall?   EMPTYP, EMPTYP BUTFIRST

Bei der Auswahl von Verknüpfer und Hilfsfunktion werden entsprechende Listen der Reihe nach in Betracht gezogen. Das Modell berücksichtigt - außer Datentyp-Informationen - keine Hinweise aus der Aufgabenstellung, um die Suche nach einer passenden Funktion einzugrenzen. Dies ist sicher eine unangemessene Annahme für ein Simulationsmodell; die nachfolgenden Beispiele sollen jedoch zeigen, daß die verwendeten Schemata und Heuristiken mächtig genug sind, um Aufgaben auch dann zu lösen, wenn keine solchen Hinweise gegeben oder nicht genutzt werden. Natürlich muß das Modell bei Aufgabenstellungen, die tieferes bereichsspezifisches Wissen voraussetzen, um entsprechendes Wissen erweitert werden. Wir nehmen jedoch an, daß die Vorgehensweise des Modells - vor allem die Analyse von Beispielen - Problemlöseprozesse aufzeigt, die auch von erfahrenen Programmierern bei komplexen Aufgaben verwendet werden, um eine Lösungsidee zu finden (siehe Abschnitt 4.1).

Erweist sich keines der gewählten LOGO-Primitive als geeignet, wird zunächst in einer Liste bereits programmierter Prozeduren gesucht und, bei negativem Ausgang, das neue Ziel gesetzt, eine passende Funktion zu erstellen.

Reichweite des Modells. Das Modell kann prinzipiell alle rekursiven Funktionen erstellen, die durch Einsetzen der verwendeten LOGO-Primitive und bereits erstellten Prozeduren in die offenen Slots der verwendeten Schemata (Teil-Rest-, Map-, Reduce- und Filter-Schema; siehe Vorberg & Goebel, 1991) gebildet werden können. Dies ist gewährleistet, weil das Modell - im ungünstigsten Fall - über das Backtracking alle Kombinationen der Slot-Ersetzungen ausprobieren kann. Durch die planungsrelevante Verwendung der Schemata und Rekursions-Heuristiken werden erfolgversprechende Wege zuerst in Betracht gezogen. Die in Abschnitt 4.1 im Detail analysierte Aufgabe zeigt, welche Art von Problemen bisher nicht vom Modell gelöst werden können.

2.5 Abfolge der Problemlöseschritte

Der im folgenden dargestellte Problemlöseablauf muß nur vollständig durchlaufen werden, wenn ein Teil-Rest-Schema gewählt wird. Kann ein spezielleres Schema verwendet werden, müssen entsprechend weniger Teilprobleme gelöst werden. Im allgemeinsten Fall läßt sich der Problemlöseprozeß so skizzieren:

Lösung des rekursiven Falls. Es werden folgende Methoden angewandt:

(a) Aufgrund der Problemanalyse wird eine Schemawahl vorgenommen und das Problem mit dessen Hilfe in Teilprobleme zerlegt. Für jedes Teilproblem wird ein Teilziel gesetzt.

(b) Der Restselektor wird probeweise festgelegt.

(c) Der dazu komplementäre Teilselektor wird ausgewählt.

(d) Ein Beispiel wird generiert und nach der Restselektorstrategie analysiert.

(e) Der einfachste Verknüpfer wird gesucht, für den zusammen mit Teil- und Restselektor und gegebenenfalls einer Hilfsfunktion die Beispielergebnisse resultieren.

Führt Schritt (e) nicht zum Erfolg, werden (per Backtracking) weitere Möglichkeiten als Lösungen der Teilprobleme (a), (b) und (c) ausprobiert.

Lösung des direkten Falls. Anschließend werden die beiden Teilprobleme des direkten Falls folgendermaßen erschlossen:

(a)   Die Bedingung für direkter.fall? wird festgelegt (z.B. EMPTYP).

(b)   Ein Beispiel wird generiert und analysiert, das 'einen Schritt vom direkten Fall entfernt' ist.

(c)   Der Rückgabewert des direkten Falles wird erschlossen und eingesetzt.

Einen Schritt vom direkten Fall entfernt heißt ein Beispiel, das die Bedingung des direkten Falls beim nächsten rekursiven Aufruf erfüllt. Für den Restselektor BUTFIRST und die Bedingung EMPTYP ist z.B. eine Liste mit einem Element einen Schritt vom direkten Fall entfernt:

```
BUTFIRST [A]  →  [ ]
```

Durch die Verwendung eines Beispiels, das einen Schritt vom direkten Fall entfernt ist und der Verwendung des bereits entworfenen Prozedur-Segments für den rekursiven Fall entsteht ein Ausdruck, der nur noch eine Unbekannte enthält, nämlich den Rückgabewert für den direkten Fall, der dann erschlossen werden kann (siehe Abschnitt 3). Diese Vorgehensweise unterscheidet sich von den Modellen der Gruppe um Anderson, in denen der direkte Fall zuerst festgelegt wird, wodurch für jede Aufgabe zusätzliches Wissen angenommen werden muß.

Im folgenden schildern wir anhand eines Beispiels im Detail, wie die Lösungsprozesse im Modell ablaufen. Weitere Beispiele finden sich in Goebel & Vorberg (1991). Eine technisch orientierte Darstellung des Modells gibt Goebel (1988); dort finden sich detaillierte Angaben über das Produktionssystem, die Produktionsregeln und Frames sowie Traces einzelner Simulationen.

3   Beispiel: Anwendung des Teil-Rest-Schemas

In Goebel & Vorberg (1991) wurde das Teil-Rest-Schema an einfachen Aufgaben demonstriert und gezeigt, wie durch Backtracking andere als die Selektoren FIRST-BUTFIRST gefunden werden können. Bei den dort gewählten Aufgaben war es nicht nötig, eine Hilfsfunktion zu spezifizieren. Im folgenden Beispiel soll gezeigt werden, wie das Modell komplexere Funktionen unter Verwendung der Hilfsfunktion erstellen kann.

Die Funktion QUADRATSUMME. Gesucht ist eine rekursive Funktion QS, die alle Zahlen in der Eingabeliste quadriert und aufsummiert, z.B.

$$QS\ [3\ 1\ 2\ 7] \Rightarrow [3^2\ \ 1^2\ \ 2^2\ \ 7^2] \Rightarrow [9\ 1\ 4\ 49] \Rightarrow 63$$

Das System beginnt mit folgender Aufgabenbeschreibung:

```
current-goal: (write recursive function)

working-memory:
  ((fn-name is QS)
   (input (LISTE is-list of numbers))
   (output list which-is (sum of LISTE)
                with (each-element square)))
```

Da aus der Aufgabenstellung keine eindeutigen Hinweise für ein passendes, einfaches Schema zu entnehmen sind, legt das Modell das Teil-Rest-Schema zugrunde[3]. Versuchsweise werden FIRST und BUTFIRST als Teil- und Restselektor in die Schablone eingesetzt:

```
TO QS :LISTE
   IF direkter.fall? [OUTPUT rückgabe]
      OUTPUT verknüpfer hilfsfunktion FIRST :LISTE
                  QS BUTFIRST :LISTE
```

Verknüpfer und Hilfsfunktion werden durch Anwendung der Restselektor-Heuristik aus Beispielen erschlossen. Zunächst wird für ein Beispiel das Ergebnis des Ausgangsproblems und des reduzierten Problems ermittelt:

```
QS [3 1 2 7] = 63

QS BUTFIRST [3 1 2 7] = QS [1 2 7] = 54
```

Durch Anwendung der Restselektorstrategie, wird das Problem QS in das zusammengesetzte Problem transformiert, den Verknüpfer als binäre und die Hilfsfunktion als unäre numerische Funktion zu bestimmen, für die gilt:

```
verknüpfer    hilfsfunktion 3
              54              ⇒ 63.
```

Um entsprechende Funktionen zu finden, geht das Modell seine Listen elementarer Funktionen durch. Es legt zunächst einen Verknüpfer fest und versucht dann die passende Hilfsfunktion zu finden. Als erste binäre Funktion probiert es die Addition (SUM) aus. Als nächstes versucht das System eine passende Hilfsfunktion zu finden, für die gilt:

```
SUM    hilfsfunktion 3
       54              ⇒ 63.
```

Durch arithmetisches Wissen kann das Modell diese Gleichung umformen:

```
hilfsfunktion 3    ⇒ DIFFERENCE 63 54

hilfsfunktion 3    ⇒ 9.
```

Beim Ausprobieren der unären Funktionen findet das Modell SQR für Quadrieren:

```
SQR 3 ⇒ 9
```

Nachdem SUM und SQR als Verknüpfer-Hilfsfunktions-Paar an weiteren Beispielen überprüft und nicht widerlegt wurden, werden sie in die Schablone aufgenommen:

---

3 Falls die Funktion QUADRIERE nach dem Map-Schema und die Funktion SUMME nach dem Reduce-Schema bereits vom System entworfen worden sind und als Start-Ziel "write compound function" gegeben wird, dann findet das Modell eine alternative Lösung, bei der die beiden Funktionen nacheinander auf die Eingabeliste angewendet werden:
```
TO QS :LISTE
   OUTPUT SUMME QUADRIERE :LISTE
```

```
TO QS :LISTE
   IF direkter.fall? [OUTPUT rückgabe]
     OUTPUT SUM SQR FIRST :LISTE
               QS BUTFIRST :LISTE
```

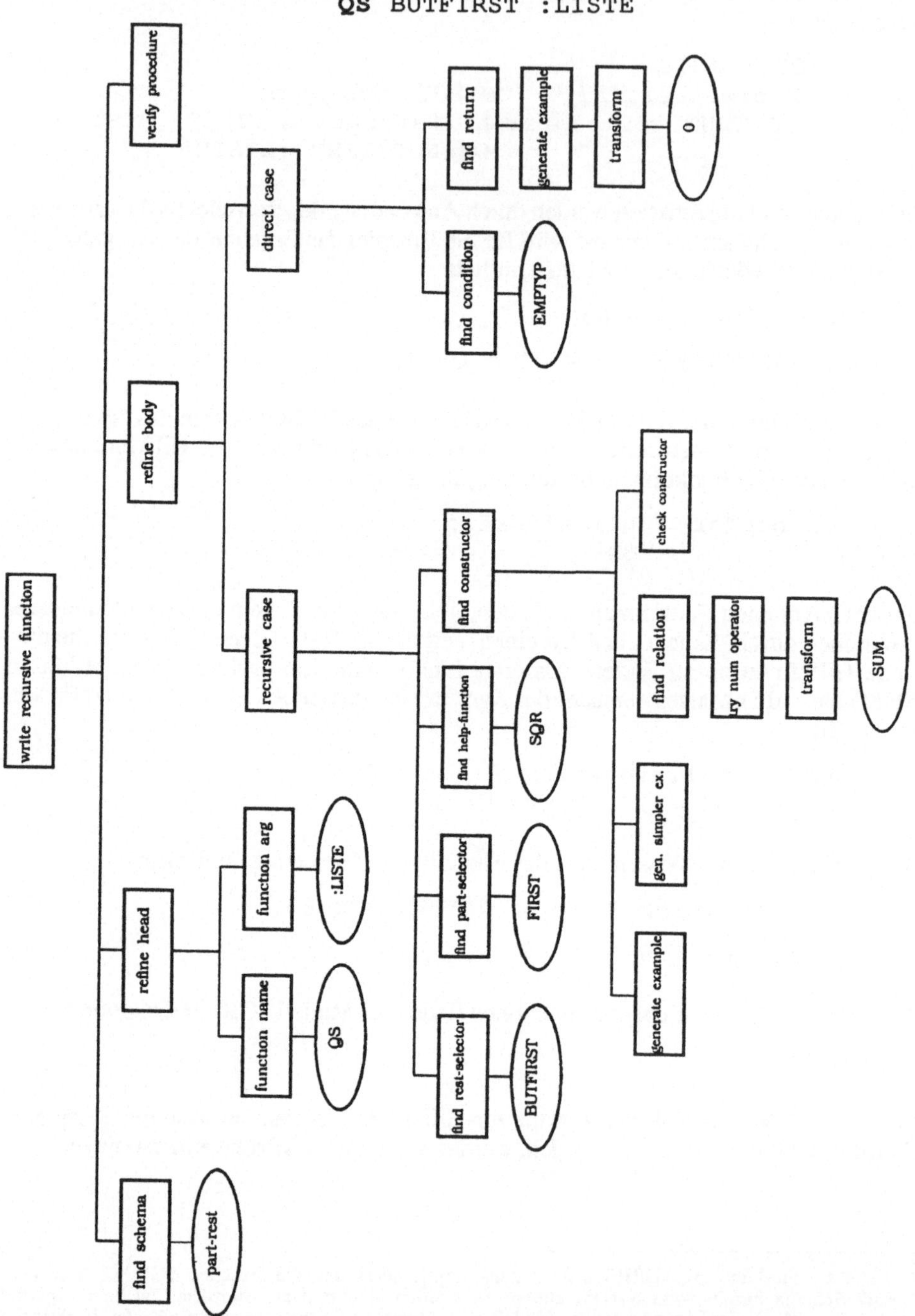

Abbildung 3: Zielbaum nach dem Teil-Rest-Schema für das Problem QUADRATSUMME

4.1 Anwendung des Modells zur Analyse von Expertenlösungen

Den neun Versuchspersonen von Haack et al. (1989) wurden 15 Aufgaben zur Lösung
vorgelegt. Um die erhaltenen Lösungen vergleichen zu können, haben die Autoren
von einer Reihe von Oberflächenmerkmalen der Kodierung (synonyme Kodesequen-
zen, optionale Klammerung etc.) abstrahiert. Tabelle 1 zeigt in der zweiten Spalte,
wieviel Versuchspersonen die einzelnen Aufgaben gelöst haben und in der dritten
Spalte, wieviele Aufgaben algorithmengleich gelöst wurden. Eine Beschreibung der
einzelnen Aufgaben findet sich in Haack et al. (1989).

Aufgabe	Anzahl Lösungen	gleiche Lösungen
WIEOFT	9	8
ELEMENT.POS	9	9
REPLACE.POS	9	8
IDENTISCH	8	8
INSERT.POS	9	8
EINSDRAUF	9	9
OUR.BF.BL	9	9
NFIRST	9	7
BISWORT	9	8
REMOVE.IT	9	9
REMOVE.ALL	9	9
REPLACE	9	9
MENGE	9	5
MAXIMUM	9	4
KUMULIERE	8	2

Tabelle 1:   Anzahl algorithmengleicher Lösungen (nach Haack et al., 1989)

Die ersten 12 Aufgaben sind überwiegend algorithmengleich gelöst worden. Da dies
einfache Aufgaben sind, erhält Vorhersage 1 Bestätigung. Die Funktion EINSDRAUF
ist ein Beispiel für eine einfache Aufgabe, die von allen Versuchpersonen auf die gleiche Art gelöst wurde:

```
TO EINSDRAUF :LISTE
   IF EMPTYP :LISTE [OUTPUT []]
      OUTPUT FPUT SUM 1 FIRST :LISTE EINSDRAUF BUTFIRST :LISTE
```

In Goebel & Vorberg (1991) haben wir bereits gezeigt, wie das Modell diese Funktion
unter Verwendung des Map-Schemas erstellt. Auf ähnliche Weise löst das Modell
auch die anderen einfachen Aufgaben. Die drei Aufgaben, die heterogen gelöst wurden
(MENGE, MAXIMUM und KUMULIERE) sind von höherem Komplexitätsniveau,
wodurch auch Vorhersage 3 bestätigende Evidenz erhält. Die letzte Aufgabe, KUMU-
LIERE, war das schwierigste Problem, das den Versuchspersonen vorgelegt wurde und
stellt somit eine interessante Herausforderung für das Modell dar.

Die Funktion KUMULIERE. Gesucht ist eine rekursive Funktion KUM, die eine
Zahlenliste kumuliert zurückgibt, d.h. als Liste, an deren n-ter Stelle die Summe der
ersten n Zahlen der Eingabeliste steht:

```
 KUM [4 2 8 3]  =  [4 6 14 17].
```

Haack et al. (1989) fanden im wesentlichen folgende drei Lösungen zum Kumuliere-
Problem:

Lösung 1:

```
TO KUM :LISTE
   IF EMPTYP :LISTE [OUTPUT []]
      OUTPUT FPUT FIRST :LISTE
                   MAP.ADD FIRST :LISTE
                           KUM BUTFIRST :LISTE
```

Lösung 2:

```
TO KUM :LISTE
   IF EMPTYP :LISTE [OUTPUT []]
      OUTPUT LPUT SUMME :LISTE
                   KUM BUTLAST :LISTE
```

Lösung 3:

```
TO KUM :AKKU :LISTE
   IF EMPTYP :LISTE [OUTPUT []]
      OUTPUT FPUT (SUM :AKKU FIRST :LISTE)
                  KUM (SUM :AKKU FIRST :LISTE)
                      (BUTFIRST :LISTE)
```

Von den insgesamt neun Lösungen folgten zwei der ersten Lösung unter Verwendung
einer rekursiven Hilfsfunktion MAP.ADD (siehe unten). Weitere zwei Lösungen folgten der zweiten Lösung unter Verwendung einer rekursiven Hilfsfunktion SUMME
(siehe unten). Die übrigen 5 Lösungen waren gemischte iterativ-rekursive Funktionen, die eine Akkumulator-Variable verwendeten. Da solche Lösungen bisher nicht
vom Modell erstellt werden können, wurde nur eine Variante dieser Lösungen aufgeführt. Im Anschluß an die Modell-Analyse der ersten beiden Lösungen werden wir Lösung 3 kurz behandeln.

Welche Problemlöseprozesse liegen den ersten beiden Lösungen zugrunde? Um diese
Frage zu beantworten, folgen wir der Vorgehensweise des Modells.

Analyse von Lösung 1. Nach Wahl des Teil-Rest-Schemas legt das Modell probeweise FIRST/BUTFIRST als Teil/Rest-Selektorpaar fest:

```
TO KUM :LISTE
   IF direkter.fall? [OUTPUT rückgabe]
      OUTPUT verknüpfer hilfsfunktion FIRST :LISTE
                         KUM BUTFIRST :LISTE
```

Das obige Beispiel wird im folgenden nach der Restselektor-Heuristik analysiert:

```
KUM [4 2 8 3]                               ⇒ [4 6 14 17]

KUM BUTFIRST [4 2 8 3] = KUM [2 8 3]  ⇒ [2 10 13]
```

Es entsteht das Teilproblem, Verknüpfer und Hilfsfunktion zu bestimmen, die die Bedingung erfüllen:

```
verknüpfer     hilfsfunktion 4
               [2 10 13]             ⇒ [4 6 14 17]
```

In der Liste der Möglichkeiten für die Hilfsfunktion hat die Identität hohe Priorität. Da FPUT wegen der FIRST/BUTFIRST-Festlegung ebenfalls hohe Priorität hat wird die Identität als Hilfsfunktion und FPUT als Verknüpfer in Betracht gezogen:

```
FPUT    4
        [2 10 13]             ⇒ [4 2 10 13]
```

Die durch den Verknüpfer FPUT eingefügte Zahl 4 stimmt zwar mit dem Element an der ersten Position der Ausgabeliste [4 6 14 17] überein, jedoch sind die weiteren Listenelemente verschieden. Deshalb muß das Modell in der jetzigen Version diese Teillösung verwerfen, obwohl sie auf einem Erfolg versprechenden Weg liegt. Nach vergeblichem Ausprobieren aller weiteren bekannten Verknüpfer und Hilfsfunktionen wird ein Backtracking durchgeführt, der Restselektor BUTFIRST also aufgegeben und statt dessen BUTLAST untersucht (siehe unten).

Welche Problemlösemechanismen hätten hier zum Ziel führen können? Heuristisch erscheint es sinnvoll, eine bereits gefundene Teillösung beizubehalten und sich auf das verbleibende Problem zu konzentrieren. Im folgenden zeigen wir, welches Wissen zu einer erfolgreichen Lösung führen kann.

Wenn an der gefundenen Teillösung festgehalten wird, verbleibt das Problem die restlichen Listenelemente in die korrespondierenden Elemente der Ausgabeliste zu überführen. Werden diese Elemente der bisher produzierten Teillösung mit der vollständigen Lösung verglichen, läßt sich entdecken, daß sie ineinander überführt werden können, indem zu jedem Element die Zahl 4 addiert wird:

```
Teillösung:   [4 2 10 13]
Ziel:         [4 6 14 17] = [4   2+4   10+4   13+4]
```

Wie kann diese Operation in der Prozedur kodiert werden? Der von uns intendierten Interpretation des Schemas nach, muß der Verknüpfer hier ein einfacher Listenkonstruktor sein, der ein selektiertes Element mit einer Liste als Ganzes verknüpft. Diese Interpretation ist eindeutig zu eng: Gefordert ist eine Verknüpfung des selektierten Elements (4) mit einzelnen Elementen der Liste. Erfahrene Problemlöser scheinen die enge Interpretation des Schemas zu erweitern und

```
verknüpfer hilfsfunktion teilselektor input
        teil.rest.rekursion restselektor input
durch

verknüpfer teilselektor input
    verknüpfer* teilselektor input
            teil.rest.rekursion restselektor input
```

zu ersetzen. Diese Expansion erlaubt die Verwendung des einfachen Verknüpfers
FPUT zur Lösung des ersten Teilproblems und die Verwendung eines zusätzlichen
Verknüpfers (verknüpfer*), zur Lösung des verbleibenden Teil-Problems. Wäre das
Modell in der Lage, diese Expansion durchzuführen, könnte es ab hier die Lösung fin-
den. Nach Einsetzen der bisherigen Teillösung ergibt sich

```
FPUT    4
        verknüpfer* 4
                    [2 10 13]    ⇒    [4 6 14 17]
```

Das restliche Problem ist demnach gelöst, wenn es gelingt, einen Verknüpfer zu finden, für den gilt:

```
verknüpfer*    4
               [2 10 13]    ⇒    [6 14 17].
```

Wie wir in Goebel & Vorberg (1991) dargestellt haben, lassen sich die vorgeschlagenen Schemata rekursiv anwenden und sind damit für die Lösung von Problemen geeignet, bei denen eines oder mehrere der Teilprobleme selbst rekursiv sind. Da an dieser
Stelle bereits ein Teil des Problems gelöst ist, wird das verbleibende Teilproblem als
neues Problem deklariert, das selbst als weitere rekursive Funktion bestimmt werden
soll. Wie in Abschnitt 2.3.2 beschrieben, kann das Modell mit der Vorgabe von Beispielen beginnen, um eine rekursive Aufgabe zu lösen. Dazu werden nun die Beispiele
herangezogen, die durch die bisherige Bearbeitung des Ausgangsproblems entstanden
sind und das zu lösende Teil-Problem definieren. Aus den Beispielen werden relevante
Informationen, wie Typ und Anzahl der Argumente ermittelt. Da die Ein- und Ausgabeliste der Beispiele von gleicher Länge sind, wird das Map-Schema aktiviert.

Von hier an ist die Lösung einfach (vgl. die Lösung der Funktion PLUS.EINS in
Goebel & Vorberg, 1991); die gesuchte Funktion addiert die Zahl 4 zu jeder Zahl der
Liste. Nach dem Map-Schema generiert das Modell die Prozedur

```
TO MAP.ADD :ZAHL :LISTE
   IF EMPTYP :LISTE [OUTPUT []]
      OUTPUT FPUT SUM :ZAHL FIRST :LISTE
                  MAP.ADD :ZAHL BUTFIRST :LISTE
```

Mit dieser Hilfsfunktion ergibt sich für das Ausgangsproblem die erste Lösung:

```
TO KUM :LISTE
   IF EMPTYP :LISTE [OUTPUT []]
      OUTPUT FPUT FIRST :LISTE
                  MAP.ADD FIRST :LISTE
                  KUM BUTFIRST :LISTE
```

Bedingung und Rückgabewert für den direkten Fall wurden wieder auf die übliche Weise gefunden.

Aus dem Blickwinkel des Modells waren die wesentlichen heuristischen Schritte beim
Finden von Lösung 1:

   1. Übergang von der normalerweise angemessenen engen Interpretation des Ver-
      knüpfers zu einer "liberaleren" Interpretation durch Expansion in einen ein-

```
OUTPUT FPUT (SUM :AKKU FIRST :LISTE)
            KUM (SUM :AKKU FIRST :LISTE) (BUTFIRST :LISTE)
```

Beim Aufruf dieser Funktion muß die Variable :AKKU mit dem Wert 0 initialisiert werden (z.B. durch eine Hüllprozedur). Durch die Verwendung der Akkumulatorvariablen ist diese Lösung effizienter als die beiden ersten Lösungen.

4.2 Erweiterungen des Modells

Die Analyse der Expertenlösungen zum KUMULIERE-Problem zeigt, das das bisher im Modell spezifizierte Programmierwissen für die Lösung komplexerer Aufgaben noch nicht ausreichend ist. Die wesentlichen Bereiche für Erweiterungen unseres Modells sind:

1. *Pattern-Matching:* Bei der Analyse von Beispielen können Problemlöser zahlreiche Teil-Übereinstimmungen entdecken, die die weitere Planung beeinflussen können. Die dazu notwendigen Vergleichsprozesse müssen spezifiziert und in das Modell aufgenommen werden. Im Rahmen der analysierten Aufgabe waren wesentliche Hinweise zur Entdeckung von (Teil-)Übereinstimmungen, Identität und gleiche Transformation korrespondierender Elemente. Ein Problem liegt jedoch darin, daß Konzepte wie "korrespondierend" auf vielfältige Weise umgesetzt werden können. Eine geeignete Wahl korrespondierender Elemente hängt entscheidend vom Kontext eines speziellen Problems ab.

2. *Bedeutung von Konzepten:* Die Analysen legen nahe, daß die Bedeutung eines Konzeptes (z.B. die Rolle eines freien Slots im Schema) nicht starr festgelegt ist, sondern unter dem Druck eines gegebenen Kontextes zielführend auf liberalere Art interpretiert werden kann.

3. *Opportunistisches Planen:* Die schemageleitete Abfolge der Abarbeitung von Teilproblemen kann liberal geändert werden, wenn dadurch eine erfolgversprechende Teillösung, eine besonders auffallende Gemeinsamkeit, beibehalten werden kann.

Alle Punkte betonen Flexibilität und Kontext-Sensitivität als wesentliche Eigenschaften menschlicher Problemlöseprozesse, die im Modell - in seiner bisherigen Form - unzureichend realisiert sind. Diese Eigenschaften kommen vor allem dann zum Tragen, wenn Teilprobleme einen gewissen Komplexitätsgrad erreichen, so daß nicht mehr auf standardisierte Lösungspläne zurückgegriffen werden kann. Die offenen Teilprobleme werden auf individuell-spezifische Weise unter Verwendung allgemeiner Heuristiken und bereichsspezifischen Wissens gelöst. Individuelle Unterschiede sind teilweise sicher auch das Ergebnis allgemeiner psychischer Faktoren, wie etwa die Beharrlichkeit, mit der ein eingeschlagener Lösungsweg verfolgt wird (im Rahmen des Modells würde dies einer unterschiedlichen "Backtracking-Bereitschaft" entsprechen). Obwohl die Anwendung von Schema-Wissen die Lösung neuer Probleme oft erleichtert, kann dadurch in einigen Fällen eine einfachere Lösung übersehen werden. Eine solche "funktionale Fixierung" (Luchins, 1942) führt bei der Bearbeitung des KUMULIERE-Problems nach der Vorgehensweise des Modells zu der paradoxen Situation, daß ein weniger erfahrener Experte, der aufgrund mangelnden Wissens den zuerst eingeschlagenen Lösungsweg aufgibt, letzlich zur einer eleganteren Lösung (Lösung 2) gelangen kann.

5   Diskussion

Unser Ziel in dieser und den vorangegangenen Arbeiten bestand darin, zu demonstrieren, wie Wissen für die Lösung rekursiver Programmierprobleme genutzt werden kann, und dieses Wissen in Form eines Simulationsmodells explizit zu machen. Wesentlicher Inhalt des spezifizierten Wissens sind Rekursionsschemata, die als Pläne für die Problemzerlegung benutzt werden. Unter Verwendung dieser Pläne und der Analyse von Beispielen mittels der Restselektorstrategie lassen sich bereits mit elementarem Programmierwissen Lösungen zu zahlreichen rekursiven Programmier-Problemen finden.

Diese Arbeit stellt einen Teilbeitrag zur empirischen Überprüfung des Modells dar. Trotz notwendigen Modifikationen und Erweiterungen konnte das Modell fruchtbar zur Analyse von Expertenlösungen eines nichttrivialen Problems herangezogen werden. Die Verwendung des Modells als Prozeßtheorie rekursiven Problemlösens bietet die Möglichkeit über eine qualitative Überprüfung der Modellannahmen hinaus zu gehen, da die Abfolge einzelner Problemlöseschritte im Detail untersucht werden kann. Durch den Vergleich der Arbeitsweise des Modells mit der Vorgehensweise von Problemlösern läßt sich anhand der gefundenen Abweichungen individuell-spezifisches Wissen bestimmen und in das Modell aufnehmen. Die Gültigkeit einer Individuum-spezifischen Modellvariante muß anhand weiterer Protokolle desselben Programmierers überprüft werden.

Wenn das im Modell spezifizierte Wissen tatsächlich Expertenwissen abbildet, dann sollte es einerseits zur Erklärung und Vorhersage von Problemlösevorgängen geeignet sein und andererseits für die Programmierdidaktik von Nutzen sein, wo es als Grundlage für eine systematische Konzeption von Programmierkursen eingesetzt werden könnte. Zahlreiche Untersuchungen haben die erheblichen Schwierigkeiten von Anfängern beim Erlernen rekursiven Programmierens dokumentiert (Anderson, Farrell & Sauers, 1984; Kahney, 1984; Kurland & Pea, 1985; Pirolli & Anderson, 1985; Haussmann, 1986; Pirolli, 1986).

Die vorgestellten Analysen des KUMULIERE-Problems zeigen die bisherigen Grenzen des Modells auf. Durch die detaillierte Betrachtung der Teilprobleme, die das Modell nicht selbständig lösen konnte, ließ sich die Art des Wissens spezifizieren, das in das Modell übernommen werden muß, um schwierige Aufgaben lösen und individuelle Unterschiede modellieren zu können. Es handelt sich dabei weniger um zusätzliches Struktur- und Planungswissen, sondern eher um Wissen, das die Flexibilität und Kontext-Sensitivität des Modells erhöht. Diese Art des Wissens ist notwendig, um beim Vergleich von Beispielen relevante Teil-Übereinstimmungen entdecken und unter dem Druck eines aktuellen Kontextes die Bedeutung von Konzepten und die Abfolge von Problemlöseschritten zielführend interpretieren zu können. Die notwendigen Erweiterungen des Modells erweisen sich jedoch als schwierig, da die "fluide" Natur menschlicher Kognition (Hofstadter, 1991) nur schwer formalisiert, d.h. in Form von (Produktions-)Regeln beschrieben werden kann. Daher haben wir ergänzend begonnen, neuronale Netzwerke zur Modellierung von Problemlöseprozessen einzusetzen. Aufgrund interaktiver, paralleler Informationsverarbeitung sind konnektionistische Modelle geeignet, viele Wissenselemente gleichzeitig in Betracht zu ziehen und damit den Einfluß des jeweiligen Kontextes zu berücksichtigen. Durch die graduelle Repräsentation von Konzepten können Teil-Übereinstimmungen in Form unterschiedlich großer

Aktivierungswerte abgebildet werden und durch einen Relaxationsprozeß eine möglichst gute Antwort gefunden werden.

Obwohl konnektionistische Modelle wünschenswerte Eigenschaften aufweisen, sind bisher nur wenige Modelle zur Modellierung komplexer Problemlöseprozesse entwickelt worden (z.B. Holyoak Thagard, 1989; Mitchell & Hofstadter, 1990). Ein wesentlicher Grund dafür besteht darin, daß es schwierig ist, symbolische Strukturen und Prozesse in konnektionistischen Modellen abzubilden (z.B. Norman, 1986; Fodor & Pylyshyn, 1988; Pinker & Prince, 1988). Wir nehmen an, daß zur Erfassung komplexer Problemlösevorgänge sowohl symbolische als auch "sub-symbolische" Eigenschaften erforderlich sind. Daher arbeiten wir daran, neuronale Netzwerke zu entwikkeln, die die Vorteile beider Ansätze in sich vereinen (Goebel, 1990). Ein neuronales Netzwerk-Modell, das in der Lage ist, einfache LISP-Ausdrücke zu evaluieren (Goebel, im Druck) sehen wir als ersten Schritt zur Entwicklung eines erweiterten Modells rekursiven Problemlösens an, das über die geforderte Flexibilität und Kontext-Sensitivität verfügen soll.

Literatur

Anderson, J.R. (1983). *The architecture of cognition*. Cambridge, Mass.: Harvard University Press.

Anderson, J.R. (1987). Skill acquisition: Compilation of weak-method problem solutions. *Psychological Review, 94*, 192-210.

Anderson, J.R., Corbett, A.T. & Reiser, B.J. (1987). *Essential LISP*. Reading, Mass.: Addison-Wesley.

Anderson, J.R., Farrell, R. & Sauers, R. (1984). Learning to program in LISP. *Cognitive Science, 8,* 87-129.

Chase, W.G. & Simon, H.A. (1973). The mind's eye in chess. In W.G. Chase (Ed.) *Visual information processing*. New York: Academic Press, 215-281.

Chi, M.T.H., Feltovich, P.,J. & Glaser, R. (1981). Categorization and representation of physics problems by experts and novices. *Cognitive Science, 5*, 121-152.

DeGroot, A.D. (1965). Thought and choice in chess. The Hague: Mouton.

Fodor, J. & Pylyshyn, P. (1988). Connectionism and cognitive architecture: A critical analysis. *Cognition, 28*, 3-71.

Goebel, R. (1988). *Das Schreiben rekursiver Funktionen: Ein Computermodell*. Unveröffentlichte Diplomarbeit. Marburg: FB Psychologie

Goebel, R. (1990). Binding, Episodic Short-Term Memory, and Selective Attention, Or Why are PDP Models Poor at Symbol Manipulation? In D.S. Touretzky, J.L. Elman, T.J. Sejnowski, & G.E. Hinton (Hrsg.), *Connectionist Models. Proceedings of the 1990 Summer School*. San Mateo: Morgan Kaufman.

Goebel, R. (1992) The role of visual perception, selective attention, and short-term memory for symbol manipulation: a neural network model that learns to evaluate simple LISP expressions. In: K.F. Wender, F. Schmalhofer & H.D. Boecker: *Cognition and Computer Programming*. Ablex Publishing Corporation (im Druck).

Goebel, R. & Vorberg, D. (1991). Das Lösen rekursiver Programmierprobleme: Ein Simulationsmodell. *Kognitionswissenschaft, 2,* 27-36.

Greeno, J.G. & Simon, H.A. (1988). Problem-solving and reasoning. In R.C. Atkinson, R.J. Herrnstein, G. Lindzey, & R.D. Luce (Eds.) *Stevens' Handbook of Experimental Psychology*, 2nd ed. Vol. 2. New York: Wiley, 589-672.

Haack, U., Hahn, K. & Wagner, K.U. (1989). Programmieren als Problemlösen: Die Struktur von Expertenwissen. *Zeitschrift für Psychologie, 197*, 247-262.

Harvey, B. (1985/1986). *Computer Science LOGO Style* (Vols. 1+2). Cambridge, Mass.: MIT Press

Haussmann, K. (1986). Iteratives vs. rekursives Denken beim Problemlösen im Mathematikunterricht. *Mathematica Didactica, 9*, 61-74.

Hinsley, D.A., Hayes, J.R. & Simon, H.A. (1977). From words to equations: meaning and representation in algebra problems. In: Carpenter, P. & Just, M. (eds.), *Cognitive processes in comprehension*. Hillsdale, N.J.: Erlbaum.

Hofstadter, D.R. (1991). The roots of mental fluidity. TR 56, Indiana University: Center for Research on Concepts and Cognition.

Holyoak, K.J. & Thagard, P. (1989). Analogical mapping by constraint satisfaction. *Cognitive Science, 13(3)*, 295-355.

Kahney, H. (1984). What novice programmers know about recursion. In: A. Janda (ed.), *Human factors in computing systems* (S. 209-228). Amsterdam: North-Holland.

Kant, E. & Newell, A. (1984). Problem solving techniques for the design of algorithms. *Information Processing and Management, 20*, 97-118.

Kintsch, W. & Greeno, J. G. (1985). Understanding and solving word arithmetic problems. *Psychological Review, 92*, 109-129.

Kurland, D.M. & Pea, R. D. (1985). Children's mental models of recursive LOGO programs. *Journal of Educational Computing Research, 1*, 235-243.

Leinbach, C. & Wijesinha, A.L. (1986). On classifying recursive algorithms. *ACM SIGCCE-Bulletin, 18*, 186-190.

Luchins, A. (1942). Mechanisation in problem solving. *Psychological Monographs, 54*, 1-95.

Mitchell, M. & Hofstadter, D. (1990). The right concept at the right time: how concepts emerge as relevant in response to context-dependent pressures. *Proceedings of the 12th Annual Conference of the Cognitive Science Society, 1990*, 174-181.

Norman, D.A. (1986). Reflections on Cognition and Parallel Distributed Processing. In D.E. Rumelhart & J.L. McClelland (Hrsg.), *Parallel Distributed Processing*. Volume II, MIT Press, Cambridge, MA.

Pinker, S. & Prince, A. (1988). On Language and Connectionism: Analysis of a Parallel Distributed Processing model of Language Acquisition. Cognition, 28, 73-193.

Pirolli, P.L. (1986). A cognitive model and computer tutor for programming recursion. *Human-Computer-Interaction, 2*, 319-355.

Pirolli, P.L. & Anderson, J.R. (1985). The role of learning from examples in the acquisition of recursive programming skills. *Canadian Journal of Psychology, 39*, 240-272.

Polya, G. (1949). *Schule des Denkens. Vom Lösen mathematischer Probleme*. Bern: Francke.

Sauers, R. & Farrell, R. (1982). *GRAPES user's manual*. Pittsburgh, Pa.: Department of Psychology, CM University.

Schoenfeldt, A.H. (1985). *Mathematical problem solving*. New York: Academic Press.

Soloway, E. (1985). From problems to programs via plans: The content and structure of knowledge for introductory LISP programming. Journal of *Educational Research, 1*, 157-172.

Touretzky, D.S. (1990). *Common LISP. A gentle introduction to symbolic computation*. Redwood City, Ca.: Addison-Wesley.

Vorberg, D. & Goebel, R. (1991). Das Lösen rekursiver Programmierprobleme: Rekursionsschemata. *Kognitionswissenschaft, 1*, 83-95.

Winston, P.H. & Horn, B.K.P. (1984). *LISP*, 2nd ed. Reading, Mass.: Addison-Wesley.

Lernen von Hornklauseln mit Programmierschemata

Birgit Tausend

1   Einleitung

Zum Lernen von Hornklauseln aus Beispielen sind im Bereich des Maschinellen Lernens sowohl induktive als auch analoge Verfahren entwickelt worden. Das Ziel dieser Verfahren ist, aus einer Menge von Beispielen für das zu lernende Konzept Bund einer Menge von bekannten Prädikaten, die als Hintergrundwissen vorhanden sind, eine meist durch ein Prädikat ausgedrückte Definition für das neue Konzept zu bestimmen.

Die Aufgabe, ein neues Prädikat zu definieren, wird oft als Übungsaufgabe an Studenten gestellt, die eine neue Programmiersprache lernen. Dabei haben die neuen Prädikate im allgemeinen eine ähnliche Form wie die, die in der Vorlesung behandelt wurden. Die Übungsaufgaben können entweder einen Hinweis auf das bekannte, ähnliche Prädikat enthalten wie in folgender Aufgabe aus & Shapiro (1986), in der das bekannte Prädikat *difference-sums* ist:

> Write a program to normalize products using *difference-products*, defined analogously to *difference-sums*.

Eine andere Möglichkeit sind sinntragende Prädikatnamen, mit denen der Lernende ein bestimmtes I/O-Verhalten verbindet, wie in der nächsten Aufgabe aus Sterling & Shapiro (1986):

> Write a program for *double(List,ListList)* where every element in *List* appears twice in *ListList*, e.g. *double([1,2,3],[1,1,2,2,3,3])* is true.

Oft werden aber auch Beispiele für das zu definierende Prädikat angegeben, um dessen I/O-Verhalten zu beschreiben, wie in der folgenden Aufgabe aus Bratko (1990):

> Define the relation *subset(Set,Subset)* where Set and Subset are two lists representing two sets. We would like to be able to use this relation not only to check for the subset relation, but also to generate all possible subsets of a given set. For example:
>
> ?-subset([a,b,c],S):
> S=[a,b,c]; S=[b,c]; S=[c]; S=[ ]; S=[a,c]; S=[a]; ...

Von diesen Möglichkeiten zur Spezifikation von neuen Prädikaten in Übungsaufgaben für Studenten werden im Bereich des Maschinellen Lernens hauptsächlich die Beschreibung des I/O-Verhaltens durch Beispiele bei den induktiven Verfahren und Hinweise auf ähnliche Prädikate bei analogen Verfahren verwendet. Induktive Verfahren gehen von einer Menge von Beispielen für ein zu lernendes Konzept Baus. Aus den Beispielen bildet das Lernverfahren eine induktive Hypothese, die zusammen mit dem Hintergrundwissen die Beispiele impliziert. Im allgemeinen gibt es sehr viele Hypothesen für das neue Prädikat, so daß im Hintergrundwissen ein Präferenzkriterium enthalten ist, mit dem die beste Hypothese ausgewählt wird.

Die Hypothesen für das zu lerndende Konzept spannen einen Suchraum auf, in dem die Hypothesen durch eine Genereller-als-Relation angeordnet werden. Daher kann die Induktion von Konzepten aus Beispielen als Suchproblem betrachtet werden (Mitchell, 1982). Die Größe dieses Suchraums und damit der Aufwand, die Hypothese zu finden, die alle positiven, aber keine der negativen Beispiel abdeckt, hängt wesentlich von der verwendeten Repräsentation ab. Werden Attribut-Wert-Paare verwendet, so ist der Suchraum meist klein und auch endlich, während die Prädikatenlogik erster Stufe (PK1) zwar für viele Probleme als Repräsentationssprache geeigneter ist, aber auch einen unendlichen Suchraum mit sich bringt. Daher wird als Repräsentationssprache meist nur eine Untermenge des PK1 verwendet, zum Beispiel die Hornklausellogik oder bestimmte Unterklassen der Hornklausellogik. Andere Möglichkeiten, den Suchraum einzuschränken, bestehen darin, ihn so zu beschneiden, daß keine geeigneten Hypothesen verloren gehen, oder aber das Hintergrundwissen nur in Form von Fakten zu verwenden bzw. nur Hypothesen einer bestimmten Art zu erlauben (Kietz & Wrobel, 1991).

Beim Lernen durch Analogie wird der Hypothesenraum so beschränkt, daß nur Hypothesen erlaubt sind, die ähnlich zu einem bekannten Konzept sind. Dabei ist das Bestimmen eines ähnlichen Konzepts ebenfalls ein Suchproblem, das oft aber teilweise oder ganz umgangen wird, indem Hinweise wie in den Übungsaufgaben oben gegeben werden (Greiner, 1988; Tausend & Bell, 1991) oder Analogien explizit aufgeführt werden (Kedar-Cabelli, 1988a).

Im folgenden Abschnitt werden sowohl induktive als auch analoge Lernverfahren vorgestellt, wobei besonders auf die Verwendung des Hintergrundwissens eingegangen wird. In den Abschnitten 3 und 4 wird das Lernverfahren CAN beschrieben, das induktives und analoges Vorgehen beim Lernen aus Beispielen kombiniert. Eine Diskussion der Vor- und Nachteile von CAN und Vorschäge für Verbesserungen von CAN schließen das Kapitel ab.

2   Hintergrundwissen beim induktiven und analogen Lernen

Zum Lernen von Hornklauseln aus Beispielen wurden verschiedene induktive und analoge Verfahren entwickelt. Sie unterscheiden sich hauptsächlich in der Verwendung des Hintergrundwissens bei der Bildung von Hypothesen und bei der Steuerung der Suche im Hypothesenraum. Einige der Verfahren werden in diesem Kapitel nach einer kurzen Einführung in die logischen Grundlagen vorgestellt.

2.1 Logische Grundlagen

Die in den nächsten Abschnitten beschriebenen Lernverfahren verwenden zur Wissens-repräsentation Prädikatenlogik erster Stufe (PK1) oder eine Untermenge davon. Deshalb werden hier zunächt die wesentlichen Begriffe eingeführt (Lloyd, 1984).

Prädikate werden durch ein *Prädikatssymbol*, zum Beispiel p,q,r,... und ihre *Stelligkeit* a beschrieben. Ein *Term* ist eine *Konstante*, eine *Variable* oder ein *Funktionssymbol* angewandt auf Terme. Variablen werden im allgemeinen groß geschrieben, zum Beispiel X,Y,Z, Konstanten dagegen klein, zum Beispiel a,b,c. Atome sind Prädikate angewandt auf Terme, zum Beispiel $p(t_1,\ldots,t_a)$. *Literale* sind Atome oder negierte Atome, zum Beispiel $\neg L_1$. *Grundliterale* enthalten keine Variablen.

Klauseln sind Disjunktionen von Literalen, die entweder als Implikation

$$C \leftarrow L_1, \ldots, L_n$$

oder als Menge

$$C \vee \neg L_1 \vee \ldots \vee \neg L_n$$

geschrieben werden.

Fakten sind Klauseln mit genau einem positiven Grundliteral. *Hornklauseln* sind Klauseln mit höchstens einem positiven Literal und werden in PROLOG in folgender Form dargestellt.

$$C :\text{-} L_1, \ldots, L_n$$

Ein *Logikprogramm* ist eine endliche Menge von Hornklauseln. Eine *logische Prozedur* ist eine Menge von Hornklauseln, deren Kopf das gleiche Prädikat ist. Ein *Goal* ist ein Aufruf eines logischen Programms der Form

$$\leftarrow A_1, \ldots, A_n$$

Zur Abarbeitung eines logischen Programms wird ein spezieller Inferenzmechanismus angewendet, nämlich die Resolution. Dabei sind folgende Begriffe wichtig:

Eine *Substitution* $\theta = \{v_1/t_1, \ldots, v_n/t_n\}$ ist eine eindeutige Abbildung der Menge der Variablen in die Menge der Terme. $C\theta$ mit der Substitution $\theta = \{v_1/t_1, \ldots, v_n/t_n\}$ ist eine *Instanz* einer Klausel C. Enthält die Instanz $C\theta$ keine Variablen, wird $C\theta$ *Grundinstanz* genannt. Zwei Terme oder Literale t_1 und t_2 heißen *unifizierbar*, wenn es eine Substitution θ gibt mit $t_1\theta = t_2\theta$. Die Substitution θ heißt *Unifikator* von t_1 und t_2.

Eine Substitution θ ist *allgemeinster Unifikator* (most general unifier, mgu) von t_1 und t_2 genau dann, wenn es zu jedem anderen Unifikator θ' von t_1 und t_2 eine Substitution σ gibt mit $t_1\theta\sigma = t_1\theta'$.

Sind zwei Terme unifizierbar, gibt es immer einen bis auf Variablenumbenennungen eindeutigen allgemeinsten Unifikator. Die *Resolution* berechnet aus zwei Klauseln, den Elternklauseln, eine dritte Klausel, die Resolvente. Ein Resolutionsschritt kann so beschrieben werden: Seien A, B Klauseln. Wenn $L_1 \in A$, $L_2 \in B$ und wenn es einen mgu θ gibt mit $L_1\theta = \neg L_2\theta$, dann ist $C = (A - L_1)\theta \cup (B - L_2)\theta$ die *Resolvente* von A und B.

Ein Aufruf $\leftarrow A_1, \dots , A_n$ eines logischen Programms P liefert entweder eine Substitution θ, nämlich falls $(A_1, \dots, A_n)\theta$ logisch aus P folgt, oder aber die Antwort "no".

Die Lernverfahren in den folgenden Abschnitten versuchen, zu einer Menge von Fakten ein logisches Programm P zu finden, durch das mit dem Hintergrundwissen alle (positiven) Fakten bewiesen werden können, aber keine der negativen.

2.2   Induktive Verfahren

Bei den Verfahren zur Induktion von Hornklauseln aus Beispielen unterscheidet man abhängig von der Suchrichtung bei der Hypothesenbildung die Bottom-Up-Verfahren, die von speziellen zu den generellen Hypothesen suchen, und die Top-Down-Verfahren, bei denen zu allgemeine Hypothesen spezialisiert werden.

Bottom-Up-Verfahren, wie zum Beispiel CIGOL (Muggleton & Buntine, 1988), IRES (Rouveirol & Puget, 1990) oder LFP2 (Wirth, 1989), basieren meist auf der inversen Resolution, bei der zu den Beispielen eine geeignete Resolvente induziert wird.

Top-Down-Verfahren, wie etwa FOIL (Quinlan, 1990), RDT (Kietz & Wrobel, 1991) oder SIERES (Wirth & O'Rorke, 1991), gehen zunächst von einer allgemeinen Hypothese aus, die als Kopf einer Hornklausel verwendet wird. Ist diese Hypothese zu generell, kann durch Hinzufügen von Rumpfliteralen die Hornklausel spezialisiert werden, bis alle Beispiele abgedeckt sind.

Der Raum der Hypothesen ist im allgemeinen sehr groß, so daß geeignete Heuristiken gefunden werden müssen, um den Suchraum zu beschränken. So können beispielsweise nur Hypothesen einer bestimmten Form zugelassen werden oder der Informationsgewinn als Präferenzkriterium verwendet werden, wie die im folgenden beschriebenen Verfahren zeigen.

2.2.1   FOIL

FOIL (Quinlan, 1990) ist ein Induktionsverfahren, das aus n-stelligen Beispielen funktionsfreie Hornklauseln der Form $C :- L_1, \dots , L_n$ bildet. Dabei können die Literale L_i auch negiert sein. Die Beispiele in der Beispielmenge T sind entweder positiv und negativ klassifiziert, oder es wird mit der Closed-World-Assumption (Genesereth & Nilsson, 1987) für alle nicht aufgeführten Beispiele angenommen, daß sie negative Beispiele sind. Aus diesen Beispielen erzeugt FOIL eine Hypothese C, die eine Teilmenge T_i von T abdeckt. Diese Hypothese C wird als Klauselkopf verwendet und wird solange durch Hinzufügen von Rumpfliteralen spezialisiert, bis die Menge der durch die aktuelle Hypothese abgedeckten Beispiele T_i keine negativen Beispiele mehr enthält. Die Generierung von Hypothesen wird solange fortgesetzt, bis alle positiven Beispiele in T abgedeckt sind. Die Suche nach geeigneten Spezialisierungsliteralen im Raum aller im Hintergrundwissen vorhanden Literale, die gemeinsame Variablen mit der bisherigen Hypothese haben, wird durch ein informationstheoretisches Maß als Präferenzkriterium gesteuert. Dieses Maß beurteilt, wie nützlich ein Literal für die Unterscheidung von positiven und negativen Beispielen ist.

Zu den Nachteilen gehört u.a. die Notwendigkeit, daß negative Beispiele entweder explizit oder durch die Closed World Assumption vorhanden sind. Eine andere Schwäche ist das kurzsichtige Vorgehen bei der Spezialisierung, das kein Rücksetzen von einmal ausgewählten Literalen erlaubt. Ein weiterer Nachteil ist, daß das Hintergrundwissen in Form von n-stelligen Fakten vorliegen muß, so daß zum einen die gelernte logische Prozedur nach Abschluß des Induktionsprozesses nicht direkt in das Hintergrundwissen übernommen werden kann und kein sogenanntes Closed-Loop-Learning stattfindet. Zum anderen kann auch das Wissen über den sinnvollen Aufbau von Prädikaten, das in der Form von Hornformeln enthalten ist, nicht in den Induktionsprozeß einfließen. Diese Information kann beispielsweise genutzt werden, den Suchraum auf Hypothesen einer bestimmten Form zu beschränken. Ein solcher Ansatz wurde mit dem im nächsten Abschnitt beschriebenen System RDT implementiert.

2.2.2 RDT

Ebenso wie FOIL lernt RDT (Kietz & Wrobel, 1991) funktionsfreie Hornklauseln aus positiven und negativen Beispielen, wobei die Rumpfliterale L_i der Hornklausel auch negiert sein dürfen. Im Unterschied zu FOIL verwendet RDT zur Einschränkung des Suchraums kein informationstheoretisches Maß, sondern eine Topologie der Prädikate und Regelmodelle. Die Topologie der Prädikate ordnet die bekannten Prädikate in Gruppen hierarchisch an und sagt aus, welche Prädikate bei der Definition einer neuen Hornklausel von Bedeutung sind. Regelmodelle sind Schemata mit Prädikatvariablen. Aus diesen Schemata können durch Instanziierung der Prädikatvariablen dann Hypothesen für die Hornklausel gebildet werden.

So sind beispielsweise die Hornklauseln $kind(X,Y) \leftarrow elternteil(Y,X), männlich(X)$ und $kind(X,Y) \leftarrow elternteil(Y,X), weiblich(X)$ Instanzen eines Regelschemas $R = Q(X,Y) \leftarrow P1(Y,X), P2(X)$, wobei Q, $P1$ und $P2$ Prädikatvariablen sind, und Q durch $kind$, $P1$ durch $elternteil$ und $P2$ durch $männlich$, bzw. $weiblich$, substituiert wurden.

Dadurch, daß die Regelmodelle den Raum der möglichen Hypothesen stark einschränken und durch eine Generalisierungsrelation angeordnet werden können, kann die Suche nach geeigneten Literalen für die Spezialisierung bei RDT sehr effizient organisiert werden.

Trotz der Effizienz bei der Induktion von Hornklauseln hat RDT verschiedene Nachteile. Ein Problem ist, daß eine Hornklausel nur dann gelernt werden kann, wenn ein passendes Regelmodell zur Verfügung steht. Eine Verbesserung wäre sicherlich, Änderungen an Regelmodellen zuzulassen, wenn kein passendes vorhanden ist, um sie flexibler zu machen.

Insgesamt bezieht RDT wesentlich stärker Hintergrundwissen ein als FOIL, insbesondere bei der Steuerung der Suche, aber dennoch wäre es sicherlich nützlich, die Regelmodelle flexibler zu gestalten.

2.2.3 SIERES

SIERES (Wirth & O'Rorke, 1991) ist ebenfalls ein Induktionsverfahren, das den Hypothesenraum top-down durchsucht. Im Gegensatz zu FOIL und RDT sind Funktoren zugelassen, und es wird nur aus positiven Beispielen gelernt. Da keine negativen Beispiele vorhanden sind, kann das Abbruchkriterium von FOIL nicht verwendet werden, nämlich die Spezialisierung zu beenden, wenn keine negativen Beispiele mehr abgedeckt werden. Wird allerdings das Verfahren darauf beschränkt, nur deterministische Prädikate zu lernen, wie in Muggleton & (1990) definiert, und wird eine Modusdeklaration angegeben, dann kann das korrekte I/O-Verhalten als Abbruchkriterium dienen. Dabei werden die Terme und Variablen des Klauselkopfes und der bereits zur Spezialisierung in den Rumpf eingefügten Literale in kritische und unkritische unterteilt. Kritische Variablen und Terme sind Outputvariablen, die nicht in den Inputvariablen und Inputvariablen, die nicht in den Outputvariablen vorhanden sind, sowie Terme, die kritische Variablen enthalten.

Das Verfahren SIERES bildet aus den Beispielen *append([s],[t],[s,t])*, *append([a,b],[c],[a,b,c])* und *append([d,e,f],[g,h],[d,e,f,g,h])* die speziellste Generalisierung *append([A|B],[C|D],[A,E|F])*, die aber noch zu allgemein ist und deshalb durch Rumpfliterale weiter spezialisiert werden muß. Alle Terme aus {B, C, D, [C|D], E, F, [E|F]} sind in dieser Hypothese kritisch und können als Variablen für das nächste Rumpfliteral verwendet werden, zum Beispiel für *append(B,[C|D],[E|F])*. Für dieses Literal sind dann alle Terme unkritisch und die Induktion endet schließlich mit der neuen Hornklausel *append([A|B],[C|D],[A,E|F]) :- append(B,[C|D],[E|F])*.

Um die Suche zu steuern, verwendet SIERES Abhängigkeitsgraphen, die ähnlich wie die Regelmodelle von RDT den Suchraum auf Hypothesen einer bestimmten Form einschränken. Die Abhängigkeitsgraphen beschreiben die I/O-Beziehungen zwischen den Literalen des Schemas, so daß nur Hornklauseln erzeugt werden können, bei denen keine unabhängigen Literale vorhanden sind.

Ein weiterer Vorteil ist, daß SIERES auch Prädikate erfinden kann, wenn das Hintergrundwissen nicht ausreicht. In diesem Fall werden für die kritischen Variablen alle für den Abhängigkeitsgraphen noch benötigten Literale induziert.

Dagegen müssen die Abhängigkeitsgraphen bei SIERES zur Verfügung gestellt werden, was abhängig vom Anwendungsbereich aufwendig sein kann. Eine automatische Generierung aus den Prädikaten des Hintergrundwissens könnte dieses Problem beheben.

Ebenso wie RDT beschränkt SIERES den Hypothesenraum auf Hypothesen einer bestimmten Form, die durch die Abhängigkeitsgraphen festgelegt ist, und kann so die Suche effizienter gestalten als FOIL. Im Unterschied zu RDT wird durch die Abhängigkeitsgraphen mehr Gewicht auf die I/O-Beziehungen innnerhalb der Hornklausel gelegt. Diese Vorgehensweise ist allerdings vorteilhaft für eine Induktion aus ausschließlich positiven Beispielen.

2.3 Analoge Verfahren

Von den analogen Verfahren zum Lernen von Hornklauseln sollen hier nur zwei vorgestellt werden, die einen engen Bezug zu den im vorhergehenden Abschnitt vorgestellten induktiven Verfahren haben. Weitere analoge Verfahren werden zum Beispiel in den Arbeiten von Kedar-Cabelli (1988a; 1988b) und Greiner (1988) behandelt.

Analoge Lernverfahren setzen Hintergrundwissen zu anderen Zwecken als induktive Verfahren ein. Die hierbei generierte Hypothese ist sehr stark beeinflußt durch das gewählte analoge Prädikat, das aus dem Hintergrundwissen stammt, da die neue Hornklausel von der Form her möglichst ähnlich zur analogen Hintergrundklausel sein soll.

2.3.1 CLINT-CIA

CIA (DeRaedt & Bruynooghe, 1989; DeRaedt, 1990) ist eine Ergänzung zu Clint, einem interaktiven Programm zur Induktion von Konzepten aus Beispielen. CIA (constructive inducton by analogy) geht davon aus, daß sehr viele Regeln Instanzen desselben Schemas sind, wobei die Schemata ähnlich definiert sind wie die Regelmodelle von RDT, nämlich als Regeln 2. Ordnung mit Programmvariablen. Das analoge Vorgehen besteht nun darin, aus den beim Konzeptlernen erzeugten Hornklauseln Schemata zu erzeugen, die die Suche für neue Konzepte steuern, d.h. für die neuen Konzepte werden bekannte Schemata instanziiert und gegebenenfalls angepaßt, denn auch partielle Matches sind erlaubt.

Bei diesem Match, der zu einer allgemeineren Konzeptbeschreibung führt, müssen das Kopfliteral und ein Teil der Rumpfliterale das instanziierte Schema ergeben. So matcht zum Beispiel das Schema $S = (\exists p,q,r : p(X,Y):-q(X,XW), q(YW,Y), r(XW, YW))$ die Hornklausel $grandparent(F,C) :-male(F), male(C), parent(F,M1), parent (M2,c), eq(M1,M2)$, denn das gegebene Schema S läßt sich zu der Klausel $grandparent (F,C):-parent(F,M1), parent(M2,c) , eq(M1,M2)$ instanziieren (DeRaedt, 1990).

Aber auch partielle Matches, bei denen die Prädikatvariable im Kopf des Schemas nicht instaziiert wird, sind möglich. Das instanziierte Schema $T = (\exists p,q,r : p(X,Y):- q(X),r(X,Y))$ mit $p(F,M1):-male(F),parent(F,M1)$ ist beispielsweise nach DeRaedt (1990) ein partieller Match oben, wobei der Benutzer für das Kopfliteral p nach einem Namen gefragt wird.

CIA ist in Clint integriert, d.h. aus den von Clint induzierten Klauseln werden Schemata generiert. Diese Schemata wiederum werden von Clint dazu benutzt, neue Hornklauseln abzuleiten, d.h. um Konzeptbeschreibungen zu finden, die ein bekanntes Schema ganz oder partiell matchen. Auf diese Weise wird auch die strukturelle Information, die in Hornklauseln enthalten ist, zur Steuerung der Induktion genutzt.

2.3.2 MARS

MARS (Tausend & Bell, 1991) ist ein analoges Verfahren, das ausgehend von zwei ähnlichen Beispielen, von denen eines beweisbar ist, eine diesem entsprechende Hornklausel für das nicht beweisbare Beispiel induziert. Dazu muß zunächst eine Zuordnung zwischen den Argumenten der beiden Beipiele gefunden werden. Danach wird der Beweisbaum für das neue Beispiel schrittweise aus dem Baum für das beweisbare Beispiel konstruiert, indem jeweils Argumente und Prädikatnamen angepaßt werden. Aus dem neuen Beweisbaum wird dann eine Hornklausel generiert, die das neue Beispiel abdeckt.

So kann aus den Beispielen $member(2,[1,2,3])$ und $append ([1],[2,3],[1,2,3])$ zusammen mit den Hornformeln $append([],L,L)$ und $append([X|T1],L,[X|T]) :- append (T,L,T1)$ aus dem Beweis von $append$ eine Hornklauseldefinition für $member$ gebildet werden. Dazu werden geeignete Verbindungen zwischen ähnlichen Argumenten beider

Beispiele hergestellt. Dabei wird das erste Argument von *member* mit dem zweiten von *append* und das dritte Argument von *member* mit dem dritten von *append* in Verbindung gebracht und ein Beweisbaum für *append ([1],[2,3],[1,2,3])* konstruiert. Wird die Hypothese für *member(2,[1,2,3])* top-down konstruiert, muß *member(X,[Y/T1])* ähnlich zu *append([X/T1],L,[X/T])* abhängig von den Verbindungen der Argumente spezialisiert werden. Dies geschieht durch Hinzufügen des Rumpfliterals *member (X,T1)*. Auf diese Weise kann eine Hornklausel *member(X,[Y/T1]):-member(X,T1)* für *member* induziert werden.

Der Vorteil von MARS ist, daß das Hintergrundwissen nicht nur dazu genutzt wird, um als Literal in den Rumpf des neuen Prädikats einzugehen wie bei FOIL, sondern das ähnliche Prädikat steuert auch die Suche, indem seine Form als Präferenzkriterium für die Form der neuen Hornklausel verwendet wird. Im Gegensatz zu RDT und SIERES muß der Anwender keine Schemata vorgeben, sondern die Form bekannter Prädikate kann als Vorlage dienen.

MARS hat durch seine enge Verbindung zu einem ähnlichen bekannten Beispiel aber auch verschiedene Nachteile. Zum einen ist das ähnliche Beispiel vorgegeben und somit auch die Form der neuen Hornklausel. Verzichtet man auf diese Information, die auch als analoger Hinweis bezeichnet wird, so ist eine Suche in der Menge der Hintergrundklauseln notwendig. Dabei ist der Suchraum sehr groß, weshalb beispielsweise die Einführung von Regelmodellen, die stets mehrere Hornklauseln subsumieren, sinnvoll wäre. Ein anderer Nachteil ist, daß die Form der bekannten und der neuen Klausel sehr ähnlich sein muß und keine Methoden vorhanden sind, die sinnvolle Ergänzungen oder Änderungen der alten Regel bei der Konstuktion der neuen Regel finden.

Im folgenden Kapitel wird CAN beschrieben, ein Verfahren, das das Hintergrundwissen besser ausnutzt und flexibler ist als beispielsweise die Regelmodelle in RDT oder die Abhängigkeitsgraphen von SIERES, aber nicht so beschränkt ist wie MARS.

3   Programmierschemata

Wie schon im vorhergehenden Abschnitt deutlich wurde, spielt das Hintergrundwissen sowohl beim induktiven als auch beim Lernen durch Analogie eine wichtige Rolle. In diesem Abschnitt werden Programmierschemata vorgestellt, die dazu dienen sollen, das Hintergrundwissen beim Lernprozeß besser auszunutzen. Programmierschemata fassen Information über die Form der Hintergrundliterale zusammen, indem sie die Beziehungen zwischen den Literalen ähnlicher Prädikate und die Funktion einzelner Literale innerhalb dieser Prädikate beschreiben. Diese Information soll dann später beim Induktionsprozeß von CAN eingesetzt werden, um die Suche im Hypothesenraum zu steuern und die Schemata gezielt zu erweitern.

Nachdem zunächst wichtige Bestandteile erläutert werden, wird das Programmierschema definiert und seine Extraktion aus den Prädikaten des Hintergrundwissens beschrieben.

3.1 Beziehungen zwischen Literalen

Beziehungen zwischen den Literalen einer Hornklausel müssen bei der Induktion beachtet werden, denn es ist nicht sinnvoll, Literale bei der Spezialisierung in den Rumpf einzufügen, die keine Verbindung zu anderen haben.

Die Beziehungen zwischen den Literalen werden ausgedrückt durch gleiche Variablennamen. Durch namensgleiche Variablen entstehen Abhängigkeiten, die bei SIERES in den Abhängigkeitsgraphen verwendet und bei Wirth & O'Rorke (1991) für Literale des Klauselrumpfs definiert werden:

Ein *Literal L_2 hängt von einem Literal L_1 ab*, wenn L_1 und L_2 eine gemeinsame Variable V haben, und V eine Outputvariable in L_1 und eine Inputvariable in L_2 ist.

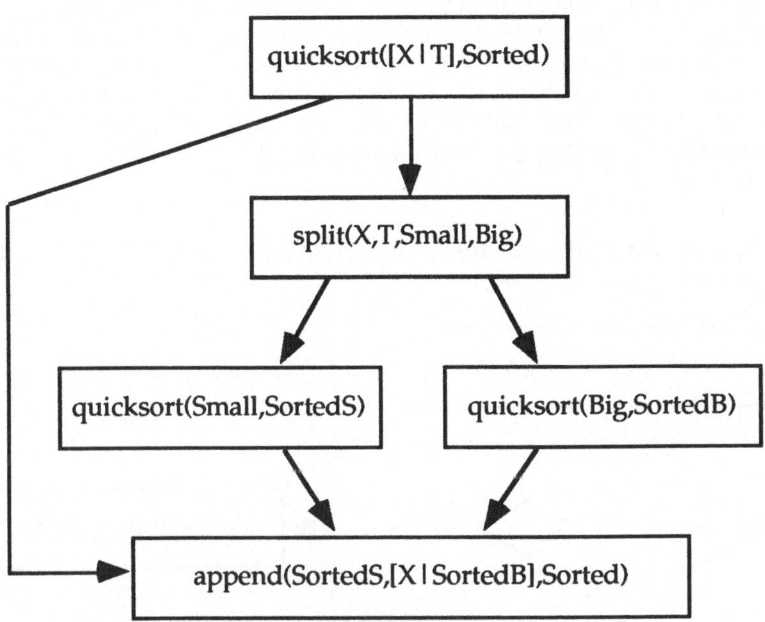

Abbildung 1:   Abhängigkeitsgraph der Hornklausel *quicksort*.

So besteht beispielsweise für die Hornklausel

reverse([X/L1],L):-reverse(L1,L2),append(L2,[X],L)

eine Abhängigkeit zwischen den beiden Rumpfliteralen über die gemeinsame Variable *L2*. Für die Hornklausel *quicksort* bestehen mehrere Abhängigkeiten, die in einem Abhängigkeitsgraphen dargestellt werden können (Abbildung 1).

quicksort([X/T],Sorted):-
     split(X,T,Small,Big),
     quicksort(Small,SortedS)
     uicksort(Big,SortedB),
     append(SortedS,[X/SortedB],Sorted)

Beim Abarbeiten eines logischen Programms werden diese I/O-Beziehungen zwischen Literalen ausgenutzt, um nach dem Beweis eines Subgoals, das jedes Literal darstellt, die Substitution der Outputvariablen als Wert an andere Literale der Klausel weiterzugeben.

Doch die Klauseln enthalten oft auch Literale, die keinen Output in diesem Sinne berechnen. Diese Klauseln können als Bedingungen für die weitere Abarbeitung des Klauselrumpfs betrachtet werden, d.h. falls sie nicht erfüllt werden, wird die Klausel verworfen und nach der nächsten Klausel mit gleichem Prädikatnamen gesucht, um die Bearbeitung fortzusetzen. In der Logikprogrammierung spricht man zwar generell von den Literalen im Klauselrumpf als den Bedingungen für das Prädikat, hier aber sind nur solche Klauseln gemeint, die keine neue Variable im Rumpf einführen.

Eine solche Bedingung ist beispielsweise in der Hornklausel

intersection([X|L1],L2,[X|L]) :- member(X,L2),intersection(L1,L2,L)

enthalten. Das Literal *intersection(L1,L2,L)* ist nach der obigen Definition für I/O-Beziehungen nicht abhängig von *member(X,L2)*. *member* stellt in der Hornklausel eine Bedingung für die weitere Abarbeitung des Rumpfs von *intersection([X/L1],L2, [X/L])* dar, denn falls *member(X,L2)* nicht erfüllt werden kann, wird in der Wissensbasis nach der nächsten Definition für *intersection* gesucht und die Hornklausel

intersection([X|L1],L2,L) :- intersection(L1,L2,L)

ausgewählt.

Der Graph in Abbildung 2 drückt die Abhängigkeiten in der Hornklausel *intersection([X/L1],L2,[X/L]):-member(X,L2), intersection(L1,L2,L)* aus:

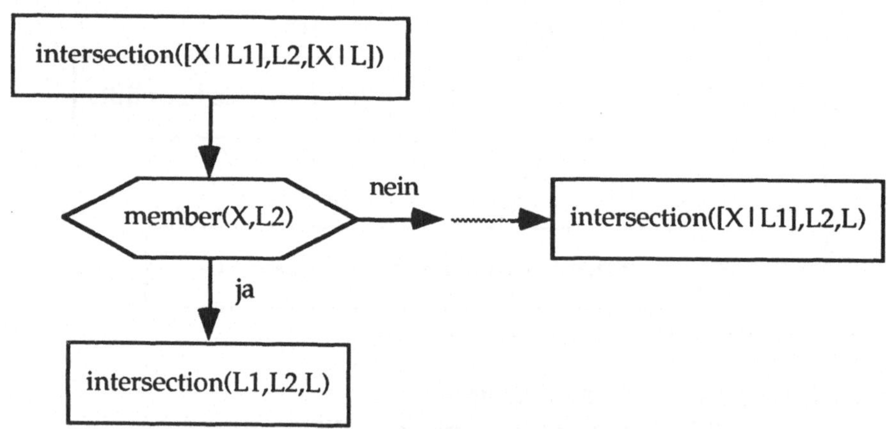

Abbildung 2: Abhängigkeiten innerhalb der Hornklausel *intersection*.

Sowohl die Abhängigkeiten zwischen den berechnenden Literalen, die zwischen Input- und Outputvariablen des Rumpfes bestehen, als auch die Bedingungen sind wichtig für die Induktion. Daher sind beide Bestandteile der Programmierschemata, die im folgenden Abschnitt beschrieben werden.

3.2 Aufbau eines Programmierschemas

Ein Programmierschema; soll Information beinhalten, die bei der Induktion von Horn-klauseln nützlich sein kann, um sinnvolle Hypothesen zu generieren. Gleichzeitig soll es flexibel genug sein, so daß Änderungen möglich sind, wenn kein passendes Schema für eine Hornklausel gefunden wird.

Im wesentlichen besteht ein Programmierschema aus einem Graphen mit den Be-ziehungen in der Klausel, der Klassifizierung der Literale nach ihrer Funktion und der Modusdeklaration für die Argumente. Um die Literale, die Bedingungen sind, klar von den berechnenden Literalen abzugrenzen, müssen die Input- und Outputvariablen ge-nauer definiert werden.

Definition: Sei X eine Variable, die in einer Hornklausel C :- $L_1, \ldots, L_n$ vorkommt.

X ist eine *Inputvariable* eines Literals in C :- $L_1, \ldots, L_n$, falls

- X in C die Modusdeklaration + hat oder

- X in L_i und schon in $L_1, \ldots, L_{i-1}$ vorkommt oder Inputvariable von C ist

X ist dagegen eine *Outputvariable* eines Literals in C :- $L_1, \ldots, L_n$, falls

- X in C steht und die Modusdeklaration - hat oder

- X in L_i, aber nicht in $L_1, \ldots, L_{i-1}$ vorkommt oder Outputvariable von C ist.

In der Klausel *reverse([X/L1],L):-reverse(L1,L2),append(L2,[X],L)* ist zum Beispiel *L1* in *reverse(L1,L2)* eine Inputvariable und *L2* eine Outputvariable. Im zweiten Literal dieser Klausel, nämlich in *append(L2,[X],L)*, sind *L2* und *X* Inputvariablen und *L* ist Outputvariable. Für die Hornklausel *sublist(S,L):-append(L1,L2,L), append(S,L3,L2)* wird L2 im ersten Rumpfliteral *append(L1,L2,L)* als Outputvariable gebraucht und ist Inputvariable für das nächste Literal *append(S,L3,L2)*.

Mit den Definitionen für Input- und Outputvariablen lassen sich die Literalklassen in einem Programmierschema genauer spezifizieren:

Definition: Eine Literal L_i ist eine *Bedingung* für Literale $\{L_{i+1}, \ldots, L_n\}$, falls L_i nur Inputvariablen enthält, und wird mit BED klassifiziert. Eine Literal L_i ist eine *Anweisung* oder ein *berechnendes Literal* und wird mit ANW klassifiziert, falls L_i mindestens eine Outputvariable hat. Das Kopfliteral C einer Klausel C :- $L_1, \ldots, L_n$ ist immer aus der Klasse KOPF.

Die Abhängigkeiten in einer Klausel lassen sich durch einen Beziehungsgraphen beschreiben. Beziehungsgraphen enthalten Prädikatvariablen ohne Argumente, die bei der Induktion durch Prädikate beliebiger Stelligkeit unter Berücksichtigung der Kanten instanziiert werden können.

Definition: Ein Beziehungsgraph ist ein gerichteter Graph, an dessen Knoten und Kanten Prädikatvariablen gebunden sind. Die Knoten enthalten Prädikatvariablen der

Klasse ANW und die Verbindungen sind mit einer Menge von Prädikatvariablen der Klasse BED versehen, die auch leer sein kann. Der Startknoten des Graphen stellt das Kopfliteral einer Hornklausel dar. Der Graph enthält nur Zyklen, die zum Startknoten zurückführen.

Für die Klausel

$$union([X/L1],L2,L):-member(X,L2),union(L1,L2,L).$$

mit dem Kopfliteral *union([X/L1],L2,L)*, der Bedingung *member(X,L2)* und der Anweisung *union(L1,L2,L)* läßt sich der folgender Beziehungsgraph G1 aufstellen (Abbildung 3):

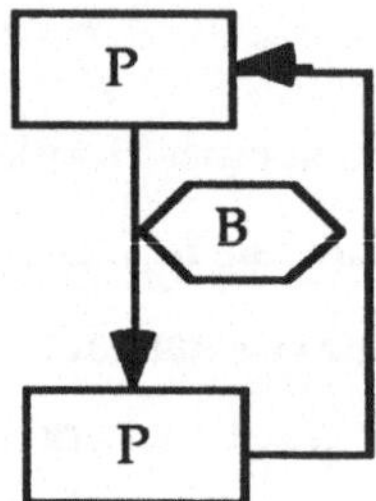

Abbildung 3: Beziehungsgraph der Hornklausel *union([X/L1],L2,L):-member(X,L2), union (L1,L2,L).*

Mit Hilfe dieser Definitionen läßt sich ein Programmierschema; beschreiben.

Definition: Ein Programmierschema ist ein Tripel (PV, G, MD), wobei

- PV eine Abbildung aus der Menge der im Programmschema vorkommenden Prädikatvariablen in die Menge der Literalklassen {BED, ANW, KOPF} ist,

- G einen Beziehungsgraphen nach der vorhergehenden Definition darstellt

- MD eine Menge von Modusdeklarationen für das Programmierschema enthält.

So ist das Programmierschema PS1 = ({P/KOPF, P/ANW, B/BED}, G1, {+,+,-}) mit dem Beziehungsgraphen G1 aus der vorigen Abbildung 3 sowohl für die Hornklausel

$$union([X/L1],L2,L):-member(X,L2),union(L1,L2,L).$$

als auch für die Klausel

$$intersection([X/L1],L2,[X/L]) :- member(X,L2),intersection(L1,L2,L)$$

gültig.

Die Definition einer Genereller-als-Relation zwischen Programmierschemata ermöglicht das Einfügen der Schemata in eine Hierarchie. Diese Hierarchie kann bei der Induktion genutzt werden, um immer speziellere Schemata auszuwählen, bis eines gefunden wird, zu dem die gesuchte Hornklausel gehört.

Entscheidend für die Beurteilung, ob ein Programmierschema allgemeiner ist als ein anderes, ist der Beziehungsgraph. Enthält ein Beziehungsgraph G1 mehr Knoten als ein Graph G2, dann ist G2 genereller als G1. Das zeigt auch das folgende Beispiel in Abbildung 4, in dem Graph1 allgemeiner ist als Graph2. Diese Genereller-als-Relation kann ausgenutzt werden, um die Programmierschemata zur Steuerung der Suche anzuordnen.

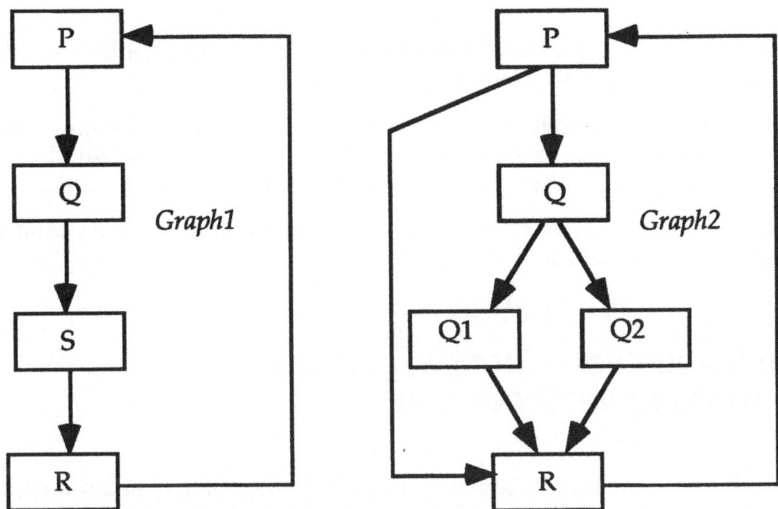

Abbildung 4: Der Beziehungsgraph Graph1 ist allgemeiner als Graph2.

Nachdem die Programmierschemata vollständig beschrieben sind, wird im nächsten Abschnitt gezeigt, wie Programmierschemata aus dem Hintergrundwissen; extrahiert werden können.

3.3 Extraktion von Programmierschemata

Viele der Verfahren aus Kapitel 2 verlassen sich bei der Festlegung der Beschränkungen des Hypothesenraums, wie zum Beispiel Regelschemata oder Abhängigkeitsgraphen, auf den Anwender. Dies hat den Vorteil, daß der Anwender bestimmen kann, welche Spezialisierungen zugelassen sind, aber abhängig vom Anwendungsbereich kann diese Aufgabe auch sehr komplex sein.

Eine andere Möglichkeit besteht darin, die Schemata aus dem Hintergrundwissen; zu extrahieren, wie es zum Beispiel von Clint-CIA gemacht wird. Dazu muß das Hintergrundwissen aber in Form von Prädikaten mit Modusdeklaration und nicht als Fakten vorliegen wie zum Beispiel bei FOIL. Aus diesen Prädikaten können die Programmierschemata für CAN auf einfache Weise gewonnen werden, wie im folgenden gezeigt wird.

Zur Generierung von Programmierschemata werden zunächst die Prädikatnamen in der Hornklausel durch Prädikatvariablen ersetzt. Dann werden die Literale der Hornklausel nach der Definition für Bedingungen, Anweisungen und Kopfliterale im Abschnitt 3.3. klassifiziert. Anschließend wird ein Beziehungsgraph erzeugt, wobei die Knoten den mit ANW klassifizierten Literalen entsprechen.

Beim Aufbau des Beziehungsgraphen für eine Klausel $C :- L_1, \ldots , L_n$ werden Kanten eingefügt, die eine Verbindungen herstellen zwischen

1) Inputvariablen von C und Rumpfliteralen L_i,

2) Input- und Outputvariablen von Rumpfliteralen,

3) zwischen Outputvariablen in Rumpfliteralen und in C,

die in der Klausel gleiche Variablennamen haben. Danach werden die mit BED gekennzeichneten Literale in den Graphen eingetragen.

Ein neues Programmierschema kann dann mit Hilfe der Genereller-als Relation in die Hierarchie eingeordnet werden, falls es noch nicht vorhanden ist. Auf diese Weise kann die Hierarchie jederzeit mit neuen Programmierschemata ergänzt werden.

Im nächsten Kapitel wird erläutert, wie die Programmierschemata beim Induktionsprozeß verwendet werden.

4 Induktion von Hornklauseln mit Programmierschemata

Nachdem die Programmierschemata in Kapitel 3 eingeführt worden sind, soll in diesem Kapitel gezeigt werden, wie sie beim Induktionsprozeß genutzt und gegebenenfalls angepaßt werden können. Vorgestellt wird das Top-Down-Verfahren CAN, das aus positiven Beispielen lernt, die als n-stellige Beispiele repräsentiert sind. Als Wissensrepräsentation wird Hornklausellogik verwendet, wobei Funktoren erlaubt sind. Zur Steuerung der Suche bei der Hypothesenbildung werden Programmierschemata verwendet, die angepaßt werden können, wenn kein geeignetes Schema; vorhanden ist, um die Hornklausel zu induzieren.

4.1 Programmierschemata zur Steuerung der Suche im Hypothesenraum

Ausgangpunkt für die Induktion ist eine Menge von Beispielen, für die eine logische Prozedur gefunden werden muß, die diese Beispiele abdeckt. Dazu werden zunächst allgemeine Hypothesen für die logische Prozedur aufgestellt, die dann mit Hilfe der Programmierschemata weiter spezialisiert werden. Das heißt, daß für die Prädikatvariablen geeignete Instanziierungen durch Hintergrundprädikate bestimmt werden, die für die Beispielmenge gelten, für die das Schema ausgewählt wurde. Dabei muß beachtet werden, daß die Variablen durch Namensgleichheit die Verbindungen herstellen, die durch den Beziehungsgraphen vorgegeben sind, damit keine Literale im Klauselrumpf vorkommen, die unabhängig sind oder die Outputvariablen des Kopfliterals nicht durch die Rumpfliterale berechnet werden.

Für die Steuerung der Hypothesenbildung wird die Genereller-als-Relation aus Kapitel 3.4. ausgenutzt. Diese Relation ermöglicht die hierarchische Anordnung der Programmierschemata. Bei der Spezialisierung der Hornklausel wird zuerst das allgemeinste Programmierschema verwendet, und falls dieses Schema nicht geeignet ist, werden alle spezielleren Schemata probiert, bis ein geeignetes gefunden ist.

Das Abbruchkriterium für die Suche nach einer geeignete Hypothese ist, daß die Outputvariablen wie bei SIERES (Wirth & O'Rorke, 1991) korrekt berechnet werden.

Für die Auswahl von Instanziierungen der Prädikatvariablen muß der Beziehungsgraph beachtet werden, d.h. es dürfen nur Prädikate ausgewählt werden, die die gleichen Variablenbeziehungen wie der Graph haben. Entstehen zwischen zwei Rumpfliteralen mehrfache Beziehungen, so spielt das keine Rolle, wenn diese Beziehungen
gleichgerichtet sind. So kann das Programmierschema in Abbildung 5 sowohl für die
Klausel member(X,[Y|L]):-member(X,L) als auch für die Klausel append([X|L1],L2,
[X|L]):-append(L1,L2,L) verwendet werden.

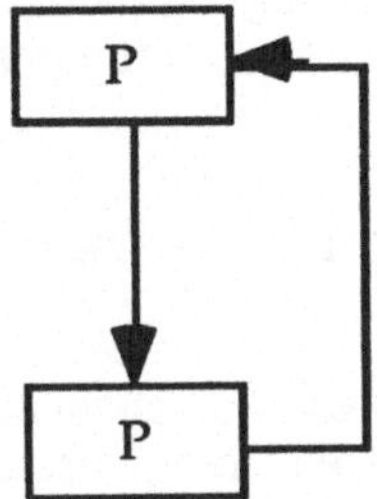

Abbildung 5: Programmierschema mit gleichen Variablenbeziehungen.

Dagegen ist der Beziehungsgraph G1 in Abbildung 6 nicht geeignet für die Klausel
quicksort:

> *quicksort([X/T],Sorted):-*
>   *split(X,T,Small,Big),*
>   *quicksort(Small,SortedSmall),*
>   *quicksort(Big,SortedBig),*
>   *append(SortedSmall,[X/SortedBig],Sorted),*

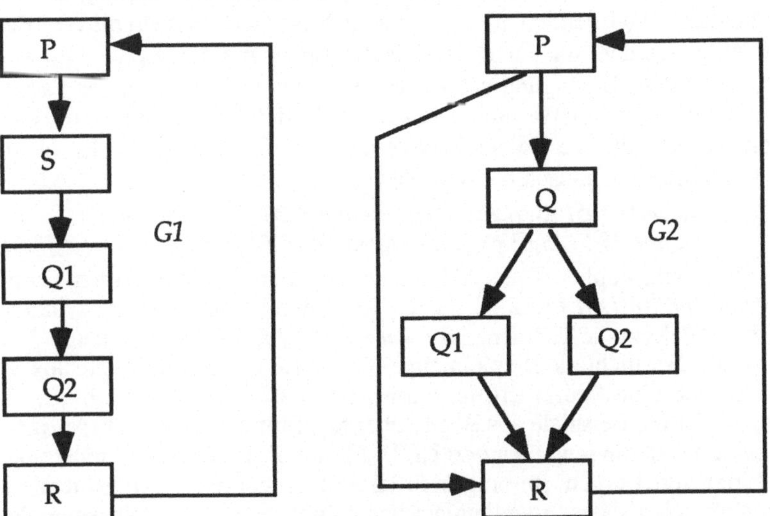

Abbildung 6: Der Beziehungsgraph G2 (rechts) stellt im Gegensatz zu G1 (links) ein zulässiges Programmierschema für die *quicksort*-Hornklausel dar.

Der Grund ist, daß die Beziehung zwischen der Instanziierung von Q1 durch *quick-
sort(Small,SortedSmall)* und Q2 durch *quicksort(Big,SortedBig)* nicht gegeben ist.

Für die quicksort-Klausel treffen vielmehr die Variablenbeziehungen des Beziehungsgraphen G2 in der gleichen Abbildung zu.

Dadurch, daß die Programmierschemata die Hypothesen bei der Induktion auf eine
bestimmte Form beschränken, und durch die Forderung, daß die Variablenbeziehungen
in den induzierten Regeln den Beziehungen im Beziehungsgraphen des gewählten Programmierschemas entsprechen müssen, kann der Hypothesenraum erheblich eingeschränkt werden. Allerdings kann es vorkommen, daß keine Hornklausel bestimmt
werden kann, falls kein geeignetes Programmierschema vorhanden ist. Eine Lösung
für dieses Problem wird im nächsten Abschnitt beschrieben.

4.2 Anpassung von Programmierschemata bei der Induktion

Ein Problem von Induktionsverfahren, die Schemata oder Graphen zur Beschränkung
des Suchraums verwenden, ist, daß die Hornklauseln nur dann gelernt werden können,
wenn ein passendes Schema vorhanden ist. Prinzipiell lassen sich die Schemata auch
anpassen, indem zum Beispiel partielle Matches zugelassen werden, aber es ist
fraglich, ob dabei immer sinnvolle Hypothesen ohne unabhängige Literale entstehen.
Daher kommt es bei der Anpassung darauf an, den Suchraum so zu beschränken, daß
die Änderungen zu sinnvollen Hypothesen führen. Wie im folgenden gezeigt wird,
kann die Klassifizierung der Literale in einem Schema dazu genutzt werden, durch
gezielte Änderungen im Beziehungsgraphen ein Programmierschema anzupassen,
wenn keines der vorhandenen Schemata zur Induktion einer Hornklausel aus der gegebenen Beispielmenge geeignet ist.

Sind beispielweise die Literale $L_i, \dots , L_n$ nur für eine Teilmenge der Beispiele
gültig, die durch die Literale $L_1, \dots , L_{i-1}$ abgedeckt werden, dann müssen Bedingungen eingefügt werden, die für die Beispiele gelten, die von $L_i, \dots , L_n$ abgedeckt
werden. Diese neue Bedingung hat als Argumente eine Teilmenge der Variablen aus
$L_1, \dots , L_{i-1}$ und der Inputvariablen von C. Zusätzlich kann eine andere Hornklausel
induziert werden, die die Beispielmenge abdeckt, für die $L_i, \dots , L_n$ nicht gelten.
Dieses Vorgehen kann anhand der Beispielmenge
$B = \{union([2,6,5],[3,6],[2,5,3,6]), union([6,5],[3,6], [5,3,6]),$
$\qquad union([3,5],[3,6],[5,3,6]), union([5],[3,6],[5,3,6]), union([],[3,6],[3,6])\}$
und des Beziehungsraphen G aus Abbildung 5 deutlich gemacht werden. G mit der In-
stanziierung $union([X|L1],L2,L)$ für das Kopfliteral P und $union(L1,L2,L)$ für das
Rumpfliteral P deckt die Teilmenge $B' = \{union([6,5],[3,6], [5,3,6]), union([3,5],[3,6],$
$[5,3,6])\}$ ab, aber nicht die Beipielmenge $B'' = B\backslash B'$. Um die Beispiele aus B'' auszu-
schließen, muß eine Bedingung in $union([X|L1],L2,L){:}{-}union(L1,L2,L)$ eingefügt
werden, die für die Beispiele aus B' gilt, aber nicht für die aus B''. Diese Anforderung
erfüllt etwa die Bedingung $member(X,L2)$. Für die Beipiele aus B'' muß eine weitere
Klausel induziert werden. Im umgekehrten Fall können Bedingungsliterale aus dem
Beziehungsgraphen eines Programmierschemas entfernt werden, falls keine Bedingung
existiert, die für alle Beispiele zutrifft, die von diesem Schema abgedeckt werden.

Eine weitere Möglichkeit ist das Hinzufügen von Anweisungsliteralen, falls die
Outputvariablen nicht richtig berechnet werden. Als Inputvariablen können alle Vari-
ablen vorausgehender Literale und die Inputvariablen von C verwendet werden. Die
Outputvariablen des neuen Literals müssen als Inputvariablen in den nachfolgenden
Literalen oder als Outputvariablen des Kopfliterals auftreten.

Dieser Teil von CAN orientiert sich an dem Vorgehen, das analoge Lernverfahren beim L von Konzepten anwenden, indem sie eine neue an eine bekannte Konzeptdefinition anpassen. Auch bei diesen Verfahren kommt es darauf an, die Änderungen gezielt vorzunehmen, um eine geeignete Konzeptbeschreibung zu erhalten.

5   Diskussion und Ausblick

Nachdem in den vorhergehenden Abschnitten beschrieben wurde, wie Programmierschemata definiert sind und wie CAN sie bei der Induktion verwenden und anpassen kann, sollen im folgenden Vor- und Nachteile diskutiert werden.

Dabei sei zunächst festgestellt, daß Programmierschemata, genau wie andere Schemata auch, speziell dazu benutzt werden können, die Anzahl der Hypothesen, die bei der Induktion erzeugt werden, auf ein sinnvolles Maß zu beschränken.

Im Gegensatz zu anderen Ansätzen sind die Programmierschemata so angelegt, daß sie flexibel gehandhabt werden können. Ist kein zu den Beispielen passendes Schema vorhanden, gibt es Möglichkeiten, den Beziehungsgraphen zu ändern. Diese Änderungen basieren auf der Klassifikation der Literale und sind somit abhängig von der Funktion, die ein neues Literal in der Hornklausel übernehmen soll, bzw. was seine Funktion in dem Beziehungsgrahen war, aus dem es entfernt wird. Für die Änderung von Programmierschemata müssen aber in CAN noch verschiedene Mechanismen integriert werden, die diese Änderungen steuern. Dazu müssen vor allem bessere Kriterien gefunden werden, die entscheiden, welche Art von Änderung vorgenommen wird, und welche Stelle im Beziehungsgraphen dafür am besten geeignet ist.

Eine andere Verbesserung betrifft die Literalklassen. Bisher wird bei der Klassifikation nur zwischen Klauselköpfen, Bedingungen und Anweisungen unterschieden. Deshalb muß untersucht werden, ob noch andere Funktionen von Literalen, zum Beispiel die von rekursiven Literalen, ausgenutzt werden können. Ebenfalls wichtig kann die Funktion einer Gruppe von Literalen in einer Hornklausel sein. Auf diese Weise soll versucht werden, die Schemata nicht nur als eine Ansammlung von Literalen zu betrachten, sondern als Beschreibung einer Problemlösung durch eine Hornklausel.

Ein wesentlicher Vorteil der Programmierschemata in CAN ist, daß sie aus dem Hintergrundwissen extrahiert werden können. Dies macht zum einen den Einsatz des Anwenders zum Festlegen von Schemata überflüssig, und ermöglicht es zum anderen, das Hintergrundwissen besser auszunutzen, wie es beispielsweise auch von Verfahren des Lernens durch Analogie getan wird. Dagegen muß die Modusdeklaration, die ja auch ein Bestendteil des Programmierschemas ist, entweder im Hintergrundwissen vorhanden sein oder durch den Anwender ergänzt werden. Daher ist zu untersuchen, ob auf die Modusdeklaration ganz oder unter bestimmten Umständen verzichtet werden kann, bzw. ob auch die Modusdeklaration oder eine kleine Menge möglicher Modusdeklarationen automatisch bestimmt werden kann.

Bisher sind die Programmierschemata so aufgebaut, daß sie nur einen Beziehungsgraphen enthalten. Für viele Beispielmengen wird aber die Induktion einer logischen Prozedur notwendig sein, die aus mehreren disjunktiven Hornklauseln besteht. Aus diesem Grund ist es notwendig zu prüfen, ob der Beziehungsgraph auch Verweise auf andere Programmierschemata beinhalten sollte, mit denen zusammen eine disjunktive Definition des neuen Prädikats induziert werden kann.

Insgesamt hat CAN wegen seiner Flexibilität und seiner Möglichkeit, Programmierschemata aus dem Hintergundwissen zu generieren, anderen Ansätzen gegenüber Vorteile. Aber es sind auch noch viele Verbesserungen notwendig, wie zum Beispiel die Erweiterung der Literalklassen oder die Definition von Kriterien für bestimmte Arten von Änderungen der Programmierschemata.

Literatur

Bratko, I. (1990). *Prolog Programming for Artificial Intelligence*. 2nd ed. Wokingham: Addison-Wesley.

DeRaedt, L. (1990). *Interactive Concept-Learning*, Ph.D. dissertation. Katholieke Universiteit, Leuven.

DeRaedt, L. & Bruynooghe, M. (1989). Constructive induction by analogy: A method to learn how to learn. *Proc. of Fourth European Working Session on Learning*, London: Pitman.

Genesereth, M.R. & Nilsson, N.J. (1987). *Logical Foundations of Artificial Intelligence*. Los Altos: Morgan Kaufmann.

Greiner, R. (1988). *Learning by Understanding Analogies*. Ph.D. dissertation, Stanford University, Stanford, CA.

Kedar-Cabelli, S. (1988). Towards a computational model of purpose directed analogy. In A. Prieditis (Ed.), *Analogica*. Los Altos: Morgan Kaufmann.

Kedar-Cabelli, S. (1988). Formulating concepts and analogies according to purpose. (Technical Report Nr. ML-TR-26, Department of Computer Science, Rutgers University). New Brunswick, NJ: Rutgers University.

Kietz, J.U. & Wrobel, S. (1991). Controlling the complexity of learning in logic through syntactic and task-oriented models. (Arbeitspapiere der GMD, Nr. 503). Bonn: GMD.

Lloyd, J.W. (1987). *Foundations of Logic Programming*.. 2nd ed. Berlin: Springer.

Mitchell, T.M. (1982). Generalization as search. *Artificial Intelligence, 18*(2), 203-226.

Muggleton, S. & Buntine, W. (1988). Machine invention of first- order predicates by inverting resolution. *Proc. of Fifth International Conference on Machine Learning*, Los Altos: Morgan Kaufmann.

Muggleton, S. & Feng, C. (1990). Efficient induction of logic programs. *Proc. of First International Conference on Algorithmic Learning Theory*. Tokyo: Ohmsha.

Quinlan, J.R. (1990). Learning logical definitions from relations. *Machine Learning, 5*,, 239-266.

Rouveirol, C. & Puget, J.F. (1990). Beyond inversion of resolution. In *Proc. of Seventh International Conference on Machine Learning*, Los Altos: Morgan Kaufmann.

Sterling, L. & Shapiro, E. (1986). *The Art of Prolog*. Cambridge, MA: MIT Press.

Tausend, B. & Bell, S. (1991). Analogical reasoning for logic programming. *Proc. of European Working Session on Learning 1991*. Berlin: Springer.

Wirth, R. (1989). Completing logic programs by inverse resolution. *Proc. of Fourth European Working Session on Learning*, London: Pitman.

Wirth, R. & O'Rorke, P. (1991). Constraints on predicate invention. *Proc. of Eighth International Conference on Machine Learning*, Los Altos: Morgan Kaufmann.

Analogien in einem fallbasierten Lernmodell[1]

Gerhard Weber

1   Einführung

Zum Erlernen einer Programmiersprache gehört der Erwerb von Wissen über deren Syntax und Semantik. Programmierwissen umfaßt aber wesentlich mehr als nur deklaratives Wissen. Programmieranfänger, aber auch erfahrene Programmierer und Experten, benutzen häufig Beispiele und frühere Lösungen zu ähnlichen Problemen, um ein aktuelles Programmierproblem zu lösen (Pirolli & Anderson, 1985; Chi, Bassok, Lewis, Reimann & Glaser, 1989; Neal, 1989). Dabei werden analoge Beispiele in einem oder mehreren Aspekten geändert und an das gegenwärtige Problem angepaßt. Solche Manipulationen können zur korrekten Lösung führen. Aber in vielen Fällen werden, gerade von Anfängern, Analogien und die Unterschiede zwischen den Analoga nicht voll verstanden, was auf Fehlkonzeptionen beruht und zu Fehlern führt. Andererseits kann über Ähnlichkeiten zwischen verschiedenen Programmierepisoden generalisiert werden. Häufig benutzte Generalisierungen entsprechen dann Regeln (Riesbeck & Schank, 1989) und höheren Programmierkonzepten.

Damit sind zwei Bereiche angesprochen, die sowohl der Kognitiven Psychologie als auch der Künstlichen Intelligenz zuzuordnen sind. Zum einen geht es um das langfristige Speichern und um den Abruf von Ereignissen, im speziellen Fall um Programmierepisoden. Zum anderen wird das Wissen über ein früheres Programmierproblem genutzt, um ein aktuelles Programmierproblem zu lösen. Es handelt sich also einerseits um das Auffinden und Nutzen von Analogien und andererseits um fallbasiertes Schließen (case-based reasoning, CBR). Analogien und fallbasiertes Schließen sind zwei Seiten einer Medaille (Carbonell & Veloso, 1988). Während sich Analogien eher mit dem Auffinden und Abruf analoger Situationen und der Abbildung zwischen Analoga beschäftigen, geht es in CBR-Systemen um die Anwendung ähnlicher Situationen und Problemlösungen auf ein aktuelles Problem.

Dieser Beitrag beschäftigt sich mit der Frage des Abrufs von Analogien im Rahmen eines CBR-Systems. Zahlreiche Modelle beschreiben zwar, wie analoge Fälle auf die aktuelle Situation abgebildet werden können (Gentner, 1983; Falkenhainer, Forbus & Gentner, 1986, 1989; Holyoak & Thagard, 1989) und wie der Transfer zwischen Analoga funktioniert (Anderson, 1987; Anderson & Thompson, 1989), aber es ist noch weitgehend unklar, wie der Abruf analoger Situationen aus dem Gedächtnis geschieht. In zahlreichen Untersuchungen konnte gezeigt werden, daß semantische Ähnlichkeiten (Gentner & Landers, 1985; Gick & Holyoak, 1983; Holyoak & Koh,

[1] Diese Arbeit wurde von der "Deutschen Forschungsgemeinschaft" im Rahmen des Schwerpunktprogramms "Wissenspsychologie" unter der Nummer We 498/12 gefördert.

1987; Ratterman & Gentner, 1987; Ross, 1984, 1987, 1989) beim Abruf von Analogien eine Rolle spielen, vielfach werden jedoch relevante, aber oberflächlich unähn-
liche Analoga nicht gefunden (Gick & Holyoak, 1980; Gentner & Landers, 1985;
Ratterman & Gentner, 1987; Seifert, McKoon, Abelson & Ratcliff 1986). In der letzten Zeit ist besonders die Rolle struktureller Konsistenzen beim Abruf von Analogien
untersucht worden (Holyoak & Koh, 1987; Ross, 1989; Wharton, Holyoak, Downing, Lange & Wickens, 1991; Weber, 1991).

Im folgenden wird eine Methode zum erklärungsbasierten Abruf von Analogien
(EBR) vorgestellt, die auf einem fallbasierten Lernmodell beruht und auf gespeicherte
Erklärungsstrukturen zugreift, die aus einer kognitiven Diagnose gewonnen werden
(Weber, 1991). Diese Abrufmethode wird in einer Simulationsstudie mit dem ARCS-
Modell (Thagard, Holyoak, Nelson & Gochfeld, 1990) verglichen, das sich in zahl-
reichen Simulationen als ein Modell für den Abruf von Analogien aus dem mensch-
lichen Gedächtnis bewährt hat.

2   Abruf von Analogien

In den letzten Jahren sind zahlreiche Theorien und Modelle über die Rolle von Analo-
gien beim Erinnern, Klassifizieren, Lernen und Problemlösen entwickelt worden.
Solche Theorien und Modelle kommen aus allen Bereichen der Kognitiven Wissen-
schaften und umfassen sowohl die eher psychologischen Aspekte des menschlichen
Lernens und Problemlösens (zum Beispiel Anderson & Thompson, 1989; Falkenhai-
ner, Forbus & Gentner, 1986; Gentner, 1982, 1983, 1989; Gick & Holyoak, 1980;
Holyoak, 1982; Johnson-Laird, 1989; Kolodner, Simpson & Sycara-Cyranski, 1985;
Ross, 1984, 1989; Rumelhart, 1989) als auch die KI-Aspekte des maschinellen Ler-
nens (zum Beispiel Burstein, 1986; Carbonell, 1984, 1986; Dershowitz, 1986; Kedar-
Cabelli, 1985; Michalski, 1989).

Nach Holyoak und Thagard (1989) ist es sinnvoll, Analogien in vier Hauptkomponenten zu zerlegen. Dies sind

1) der Abruf oder die Auswahl eines plausiblen und nützlichen Analogons als
    Quelle (source) der Analogie,

2) die Abbildung dieser Quelle auf die Zielsituation (target),

3) die analogischen Inferenzen oder der Transfer und

4) das nachfolgende Lernen.

Für das Auffinden und Aufzeigen von Analogien sind allerdings in erster Linie die
ersten beiden Komponenten von Bedeutung. Auf sie soll im folgenden vornehmlich
eingegangen werden. Sowohl für das Auffinden von Analogien als auch für das Auf-
decken der analogen Abbildungen sind strukturelle Konsistenzen, semantische Ähnlichkeiten und pragmatische Bevorzugungen von Bedeutung.

Strukturelle Konsistenzen. In den meisten Theorien werden strukturelle Konsistenzen als ein Kriterium für Analogien angesehen. Die wohl bedeutendste Theorie in diesem Rahmen, die Structure-Mapping-Theorie von Gentner (1983, 1989), betont gerade diesen Aspekt der Analogien. Von Palmer (1989) wird eine formale Beschreibung
struktureller analoger Abbildungen im Sinne der Modelltheorie von Tarski (1954)

gegeben. Eine entsprechende Formalisierung findet sich bei Holyoak und Thagard (1989). Eine strukturelle Abbildung wird danach als eine Isomorphie zwischen der Quelle und dem Ziel der Analogie angesehen, wobei Objekte und Relationen der Quelle auf entsprechende Objekte und Relationen des Ziels abgebildet werden. Nun genügen psychologisch interessante und von menschlichen Problemlösern benutzte Analogien selten den strengen Bedingungen eines Isomorphismus. Daher werden strukturelle Analogien eher als *Annäherungen* an Isomorphismen betrachtet, die in einer mehr oder minder strengen Übereinstimmung mit einem Ideal stehen können.

Semantische Ähnlichkeit. In mehreren Untersuchungen ist gezeigt worden, daß die Ähnlichkeit von Objekten und Prädikaten den Abbildungsprozeß beeinflußt, wobei eine größere semantische Ähnlichkeit zu einem leichteren Entdecken der Analogien führt (Holyoak & Koh, 1987; Ross, 1987; Winston, 1980). In manchen Modellen wird die semantische Ähnlichkeit von Relationen nicht explizit berücksichtigt, sondern als eine Überlagerung der strukturellen Ähnlichkeit durch zusätzliche Einschränkungen betrachtet. So werden entweder nur identische Relationen zugelassen (Falkenhainer et al., 1986) oder sie müssen gemeinsame Merkmale, wie zum Beispiel gemeinsame Oberbegriffe, besitzen (Burstein, 1986; Winston, 1980). Nach Holyoak und Thagard (1989) gibt es jedoch bisher nur wenige befriedigende Ansätze zur Formalisierung semantischer Analogien. Dies stellt ein weites Betätigungsfeld für zukünftige Forschungen dar.

Pragmatische Bevorzugungen. Vielfach wird angenommen, daß auch die pragmatische Wichtigkeit einzelner Elemente zweier Analoga beim Aufzeigen von Analogien eine Rolle spielt. Dazu gehört zum Beispiel das Wissen über kausale Zusammenhänge, die in der Analogie erfüllt sein müssen (Winston, 1980) oder auch die Berücksichtigung der Hierarchie von höheren Plänen, Zielen und funktionalen Zusammenhängen (Anderson & Thompson, 1989; Carbonell, 1984, 1986; Kedar-Cabelli, 1985). Nach Gentner (1989) spielen pragmatische Randbedingungen, wie zum Beispiel höhere Pläne und Ziele, eher während der Phasen der Auswahl einer Analogie oder der Anwendung einer Analogie eine Rolle, weniger jedoch während des eigentlichen Abbildungsprozesses. Demgegenüber zeigen Holyoak und Thagard (1989) anhand von Beispielen, daß pragmatische Bevorzugungen sehr wohl das Ergebnis eines Abbildungsprozesses beeinflussen können.

Während für den Abruf analoger Situationen eher semantische Ähnlichkeiten und pragmatische Bevorzugungen eine Rolle spielen (Holyoak & Koh, 1987; Holyoak & Thagard, 1989), beruhen Modelle über den Abbildungsprozeß in Analogien eher auf strukturellen Konsistenzen (Falkenhainer et al., 1986; Gentner, 1983; Hofstadter & Mitchell, 1988; Winston, 1980). Von Holyoak und Thagard wurden die Programme ARCS (Thagard et al., 1990) für den Abruf von Analogien und ACME (Holyoak & Thagard, 1989) für den Prozeß der Abbildung von Analogien entwickelt. Als ein Modell des Abrufs von Analogien aus dem menschlichen Gedächtnis ist hier das ARCS-Modell von Interesse. Da das ARCS-Modell aber im wesentlichen eine Variante des ACME-Modells darstellt, soll dieses zunächst erläutert werden.

2.1 Das ACME-Modell

Eine Theorie, die sowohl strukturelle als auch semantische und pragmatische Randbedingungen in den Prozeß der Analogienbildung einbezieht, wird von Holyoak und Thagard (1989) vorgestellt. Die Theorie ist in Form des Computer-Programms

ACME (Analogical Constraint Mapping Engine) implementiert. In diesem Programm werden Randbedingungen anhand eines Netzwerks repräsentiert, das aus sich unterstützenden und konkurrierenden Hypothesen über Abbildungen zwischen Elementen der Domänen zusammengesetzt ist. Die beste Abbildung wird mit Hilfe eines kooperativen Algorithmus (Marr & Poggio, 1976) identifiziert, der in Form eines parallelen "constraint-satisfaction"-Ansatzes (Rumelhart, Smolensky, McClelland & Hinton, 1986) implementiert ist.

Von Rumelhart (1989) wird gezeigt, daß Modelle mit parallel verteilten Prozessen (parallel distributed processing, PDP) prinzipiell geeignet sind, Analogien zu finden und aufzuzeigen. In einer Kritik dieses Beitrags bemerkt DeJong (1989), daß Rumelhart zwar noch nicht aufzeigt, wie ein Algorithmus für solch einen analogen Zugriff implementiert werden kann, dies jedoch ein sehr vielversprechender Ansatz sei, der sich wesentlich von allen anderen diskutierten Ansätzen abhebt. Das ACME-Modell von Holyoak und Thagard ist ein erster Versuch, "constraint-satisfaction"-Methoden zur Implementation eines kooperativen Algorithmus für analoge Abbildungen einzusetzen. Dabei kann man aber diesen Ansatz weniger als eine explizite Implementation eines PDP-Modells für die psychologischen Vorgänge beim Auffinden von Analogien ansehen, sondern man sollte es eher als ein Werkzeug für ein sehr flexibles, abgestuftes Pattern-Matching auffassen.

Ähnlich wie im SME-Programm (Structure-Mapping-Engine) von Falkenhainer et al. (1986) nimmt ACME als Eingabe Strukturen, die aus Mengen von Sätzen bestehen, die im Prädikatenkalkül geschrieben sind. Aus diesen Sätzen generiert ACME alle Propositionen mit den sie konstituierenden Prädikaten und Objekten. Dabei können Propositionen eine hierarchische Struktur aufweisen, wobei einzelne Prädikate Propositionen als Argumente haben können. Funktionen mit n Argumenten werden als Relationen mit n+1 Argumenten aufgefaßt, wobei als n+1-tes Argument der Wert der Funktion hinzukommt. Das Schwergewicht der Modellierung von Analogie-Abbildungen in ACME liegt auf der strukturellen Abbildung, wobei semantische Ähnlichkeiten und pragmatische Bevorzugungen allerdings gleichzeitig berücksichtigt werden können. Aus diesen Informationen wird ein Netzwerk aufgebaut, dessen Einheiten Hypothesen über mögliche Abbildungen aller Propositionen, Prädikate und Objekte aus beiden Strukturen aufeinander darstellen. Die Verbindungen werden so aufgebaut, daß unterstützende Hypothesen einander anregen, inkompatible sich gegenseitig hemmen. Abbildungen sind jeweils nur von Proposition zu Proposition, von Prädikat zu Prädikat und von Objekt zu Objekt vorgesehen. Die möglichen Abbildungen werden noch dahingehend eingeschränkt, daß n-stellige Prädikate nur auf ebenfalls n-stellige Prädikate abgebildet werden können. Eine "semantische Einheit" hat erregende Verbindungen zu allen Prädikaten, wobei spezielle Gewichte für die Ähnlichkeit bestimmter Prädikate festgelegt werden können. Ebenso können von einer "pragmatischen Einheit" erregende Verbindungen für besonders interessierende Einheiten gezogen werden.

Dieses Netzwerk wird durch eine konnektionistische "constraint-satisfaction"-Methode (Rumelhart et al., 1986) zu einer Lösung gebracht, wobei in jedem Zyklus die neuen Aktivationswerte der Einheiten nach der Grossberg-Regel (Grossberg, 1978) berechnet werden. Ein Ende des Simulationslaufs ist erreicht, wenn die Aktivitäten nur noch geringfügig variieren, d.h. für jede Aktivität einer Einheit ein asymptotischer Wert erreicht ist. Positive Aktivationsniveaus der Einheiten indizieren mögliche Abbildungen zwischen Propositionen, Prädikaten bzw. Objekten. Es wird ein Gesamtmaß G berechnet, das als ein grober Index für die Güte der Gesamtanpassung der aufgezeigten Abbildung bezüglich der Rahmenbedingungen der strukturellen Isomorphie, der semantischen Ähnlichkeit und der pragmatischen Bevorzugung einzelner Elemente interpretiert werden kann.

An einem Beispiel soll hier gezeigt werden, wie in dem von uns behandelten Gegenstandsbereich, nämlich dem Erlernen einer Programmiersprache, entsprechende analoge Abbildungen identifiziert werden können. Ähnlich wie bei Anderson und Thompson (1989) soll dies aus den ersten Übungen zum Erlernen der Programmiersprache LISP genommen werden. Nehmen wir an, im Lehrmaterial wurde zunächst gezeigt, wie eine Funktion *first* mit der dem Schüler bekannten Funktion *car* definiert werden kann. Der Beispielskode lautet:

```
(defun first (liste)                    (1)
    (car liste))
```

In einem zweiten Beispiel wird gezeigt, wie die so definierte neue Funktion *first* genutzt werden kann, um auf ein zweites Element in einer Liste zuzugreifen. Der Beispielskode lautet:

```
(defun second (liste)                   (2)
    (first (cdr liste)))
```

Nun besteht die Aufgabe für den Schüler darin, analog eine Funktion *third* zu definieren, die entsprechend auf das dritte Element einer Liste zugreift. Der Schüler kodiert diese Funktion folgendermaßen:

```
(defun third (liste)                    (3)
    (second (cdr liste)))
```

Mit Hilfe des ACME-Modells könnte nun leicht gezeigt werden, daß die Definition (3) des Schülers analog zu der Beispieldefinition (2) erstellt worden ist. Eine Zerlegung des Anweisungsteils der Definitionen in Propositionen würde in der Notation des Prädikatenkalküls folgende Strukturen ergeben:

Quelle	Ziel
(Var(liste) S1)	(Var(liste) T1)
(First(s10, s11) S2)	(Second(t10, t11) T2)
(Cdr(liste, s10) S3)	(Cdr(liste, t10) T3)

Mit anderen Worten besagt die Proposition S1, daß das Objekt liste die Eigenschaft besitzt, eine Variable zu sein (Prädikat Var). Die Proposition S2 besagt, daß die Funktion First mit einem Argument, dem Objekt s10, aufgerufen wird und als Resultat das Objekt s11 liefert. Die Proposition S3 besagt, daß die Funktion Cdr mit einem Argument, dem Objekt liste aufgerufen wird und als Ergebnis das Objekt s10 liefert. Entsprechend ist die Struktur des Ziels zu interpretieren.

Entsprechend ihrer semantischen Ähnlichkeit werden die Hypothesen-Kanten der Prädikate mit unterschiedlichen semantischen Gewichten mit der semantischen Einheit verbunden. Übereinstimmende Prädikate (wie die Eigenschaft, daß es sich bei dem Objekt liste um eine Variable handelt, und die LISP-Funktion "Cdr") erhalten die höchsten Gewichte. Die Aufstellung der aus diesen Strukturen herleitbaren Propositionen, Prädikate und Objekte sowie die Hypothesen-Knoten und einige Kanten des daraus resultierenden Abbildungsnetzwerks sind in Abbildung 1 aufgeführt. Ein Lauf dieses einfachen und noch überschaubaren Netzwerks zeigt die erwarteten analogen Abbildungen auf.

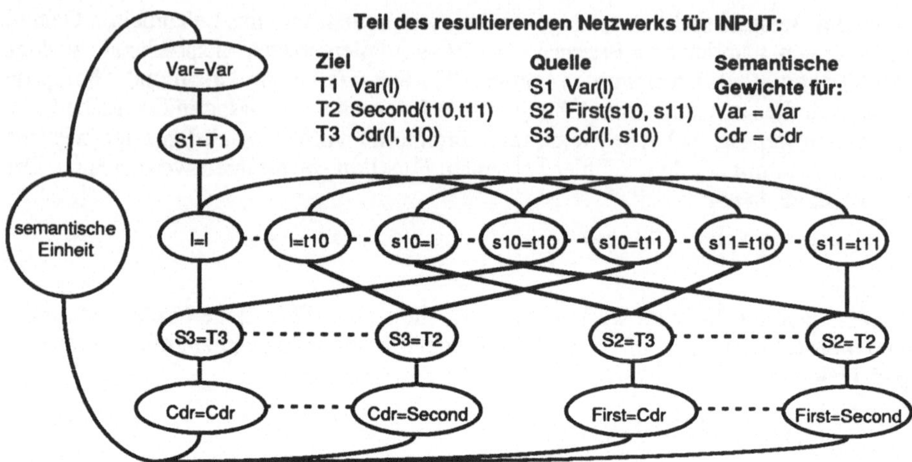

Abbildung 1: Teil des ACME Abbildungs-Netzwerks der Funktionsaufrufe (first (cdr l)) und (second (cdr l)). Durchgezogene Linien stehen für erregende, gepunktete Linien für hemmende Kanten.

2.2 Das ARCS-Modell

Wie in zahlreichen experimentellen Studien gezeigt wurde, haben semantische Ähnlichkeiten einen sehr viel größeren Einfluß auf den anfänglichen Prozeß des Abrufs von Analogien als auf den darauf folgenden Abbildungsprozeß (Gentner & Landers, 1985; Holyoak & Koh, 1987; Ratterman & Gentner, 1987; Ross, 1987). Die Bedeutung semantischer Randbedingungen für den analogischen Zugriff entspricht der vielfach nachgewiesenen Rolle semantischer Merkmale als Abrufreize für Informationen aus dem Langzeitgedächtnis. Wenn nicht eine minimale semantische Überlappung zwischen Konzepten im Ziel-Analogon und denen in einigen potentiellen, im Gedächtnis gespeicherten Quell-Analoga besteht, dann existieren auch keine Verbindungswege, um sie abzurufen. Und ohne solche Verbindungswege kann auch keine noch so große pragmatische Relevanz oder strukturelle Übereinstimmung zum Abruf gespeicherter Analoga führen, selbst wenn eine zutreffende Abbildung über nichtsemantische Randbedingungen durchgeführt werden könnte.

Um beim Abruf von Analogien semantische Übereinstimmungen stärker zu berücksichtigen, wurden im ARCS-Modell einige wesentliche Änderungen gegenüber dem ACME-Modell durchgeführt, das ja nur den Abbildungsprozeß modelliert:

- Für jede verglichene Struktur aus dem Gedächtnis wird ein Struktur-Abbildungsknoten eingeführt. Es gewinnt am Ende diejenige Strukur, deren Einheit die höchste Aktivität bestitzt.

- In der Probe wird jedes Prädikat nur ein einziges Mal aufgeführt. Bestimmte Prädikate, die kontextunabhängig sind, werden überhaupt nicht betrachtet.

- Zu jedem Prädikat des Ziel-Analogons werden dessen semantisch verwandte Prädikate (zum Beispiel über- und untergeordnete Begriffe, zur gleichen Kategorie gehörende Begriffe, Teilbegriffe, Synonyme und Antonyme) gesammelt und für den Abrufprozeß zu den eigentlichen Prädikaten hinzugefügt. Die Informationen stammen zum überwiegenden Teil aus WordNet (Miller, Fellbaum, Kegel & Miller, 1988), einem automatischen Thesaurus für die englische Sprache. WordNet stellt eine Annäherung an die menschliche Organisation von natürlichsprachlichen Konzepten dar.

- Es werden nur Hypothesen-Einheiten für übereinstimmende Prädikate aus der erweiterten Prädikatenliste aufgebaut. Somit werden wesentlich weniger Hypothesen-Einheiten benötigt als im ACME-Modell. Diese Hypothesen-Einheiten werden mit der semantischen Einheit über eine Kante verbunden. Das Gewicht dieser Kanten variiert mit der im vorhergehenden Schritt bestimmten Art der semantischen Relation zwischen den zwei Prädikaten.

2.3 Analogien und CBR

Sowohl fallbasiertes Schließen (CBR) als auch das Auffinden von Analogien beschäftigen sich mit dem Abruf früherer Fälle und Problemlösungen. In CBR-Systemen werden Fälle üblicherweise durch einen elaborierten Indizierungsmechanismus abgerufen. Thagard und Holyoak (1989) behaupten in ihrem Beitrag zum 1989er Case-based Reasoning Workshop, daß Indizierung der falsche Weg zum Abruf von Analoga sei. Auf einer eher generelleren Ebene argumentieren sie,

- daß fallbasiertes Schließen, wenn man es als ein kognitives Modell betrachtet, ausschließlich auf Anekdoten beruht,

- daß sich fallbasiertes Schließen normalerweise nur mit Analogien innerhalb einer Domäne beschäftigt und

- daß ihr eigenes Modell analogen Schließens eine Komponente einer allgemeineren kognitiven Architektur sei.

Auf einer detaillierten Ebene argumentieren sie über Indizierungen,

- daß dieser Mechanismus weitgehend seriell ist, anstatt eine parallele Suche im Gedächtnis durchzuführen,

- daß der Abrufprozeß nicht im Wettbewerb der möglichen Kandidaten stattfindet,

- daß Indizierung pragmatische Eigenschaften wie Ziele und Vorhersagefehler überbetont, während semantische Eigenschaften und strukturelle Ähnlichkeiten vernachlässigt werden, und

- daß Indizierung zu viel Vorverarbeitung erfordert.

In diesem Beitrag wird gezeigt, wie ein CBR-System so konstruiert werden kann, daß die meisten dieser Argumente zurückgewiesen werden können. Solch ein System ruft Analoga genauso gut ab wie das ARCS-Programm (Thagard et al., 1990) oder sogar noch etwas besser.

Beim analogischen Abruf ist, im Vergleich zur Abbildung zwischen Analoga, das Auffinden semantischer Ähnlichkeiten zwischen Elementen und Relationen im Ziel-Analogon und den Quell-Analoga im Gedächtnis bedeutsam (Holyoak & Koh, 1987;

Holyoak & Thagard, 1990). Aber strukturelle und pragmatische Randbedingungen spielen im Abrufprozeß ebenfalls eine wichtige Rolle. Für die meisten Modelle über analogischen Abruf ist es ein Problem, alle Randbedingungen gleichzeitig zu berücksichtigen, wie dies in ARCS geschieht.

In fallbasierten Systemen beruht der Abruf ähnlicher früherer Fälle auf Indizes, die benutzt werden, um das Gedächtnis zu testen. Diese Indizes bestehen aus relevanten Eigenschaften des Eingabeproblems, die in einer ersten Analysephase (Riesbeck & Schank, 1989) herausgearbeitet werden. Für CBR-Systeme ist es kritisch, wie Indizes gefunden werden, wie spezifisch sie sind, so daß sie die ähnlichsten Fälle identifizieren können und wie allgemein sie sind, so daß sie auf einen großen Bereich möglicher Fälle abgebildet werden können.

Wir haben ein episodisches Lerner-Modell (ELM), ein fallbasiertes Lernmodell im Bereich des Lernens der Programmiersprache LISP, entwickelt, das diesen Problemen bei der Indizierung in CBR-Systemen begegnet. In diesem Modell werden frühere Fälle so abgespeichert, daß Information über diese Fälle direkt genutzt werden kann, um neue Fälle zu analysieren. Diese interpretierten Eingabeprobleme können direkt genutzt werden, um auf ähnliche frühere Fälle zuzugreifen. ELM wird als Schüler-modell in einem Intelligenten Tutoriellen System (ITS) für die Programmiersprache LISP (Weber, 1988) eingesetzt. Eine der intelligenten Eigenschaften dieses Systems besteht in der Unterstützung des Lernprozesses durch eine Analogienkomponente. Diese Komponente sucht nach ähnlichen Fällen zu einer vorliegenden Situation, um einer tutoriellen Komponente die Möglichkeit zu geben, Schülern ihre Fehler und Fehlkonzeptionen anhand früherer Fehler und Lösungen dieser Fehler zu erklären. Eine der zentralen Aufgaben dieser Analogienkomponente ist der Abruf analoger Fälle. Da der ELM-LISP-Tutor ein On-Line-System ist, muß der Abrufprozeß schnell genug sein, um dem Schüler innerhalb akzeptabler Zeit Rückmeldung geben zu können. Damit sind Speicher- und Zeitbedarf weitere Randbedingungen für den Abrufprozeß. Hier hat aber gerade das ARCS-Modell große Probleme. Der Aufbau des Hypothesen-netzwerks ist sehr speicher- und zeitaufwendig und für etwas komplexere Probleme und ein größeres Fallgedächtnis ist der Abruf von Analogien nicht mehr innerhalb weniger Sekunden durchführbar.

Da für den Abrufprozeß bedeutsam ist, wie Fälle in einem Fallgedächtnis abge-speichert sind, wird im nächsten Abschnitt beschrieben, wie im ELM-Modell Fälle (das sind LISP-Programme, die Schüler zur Lösung eines vorgegebenen Programmier-problems erstellt haben) interpretiert und gespeichert werden. Im darauf folgenden Abschnitt wird der Algorithmus der erklärungsbasierten Abruf-Methode (EBR) beschrieben und diese Methode schließlich mit dem ARCS-Modell in einer Simula-tionsstudie verglichen.

3   ELM: Ein fallbasiertes Lernmodell

Das ELM-Modell enthält Wissen über den Benutzer (Schüler) in Form einer Samm-lung von Episoden. Im Sinne des fallbasierten Lernens können solche Episoden als Fälle angesehen werden. Um das Schülermodell zu konstruieren bzw. zu modifizieren, wird der vom Schüler produzierte Programmkode bezüglich des Bereichswissens, der Aufgabenbeschreibung sowie des Schülermodells analysiert (Abbildung 2). Die kogni-tive Diagnose liefert einen Ableitungsbaum von Konzepten und Regeln, die benötigt werden, um das Zustandekommen der vorliegenden Lösung zu erklären und die Rückschlüsse darüber erlauben, über welche Konzepte und Regeln der Schüler verfügt. Diese beobachteten Konzepte und Regeln werden als Instanzen der jeweiligen Konzepte und Regeln der Wissensbasis gespeichert und bilden, zusammen mit nachfolgenden Generalisierungen, das episodische Lernermodell. Um die Funktionsweise des episodischen Lernermodells zu verstehen, soll eine kurze Beschreibung der Repräsentation des Bereichswissens und des Diagnoseprozesses gegeben werden.

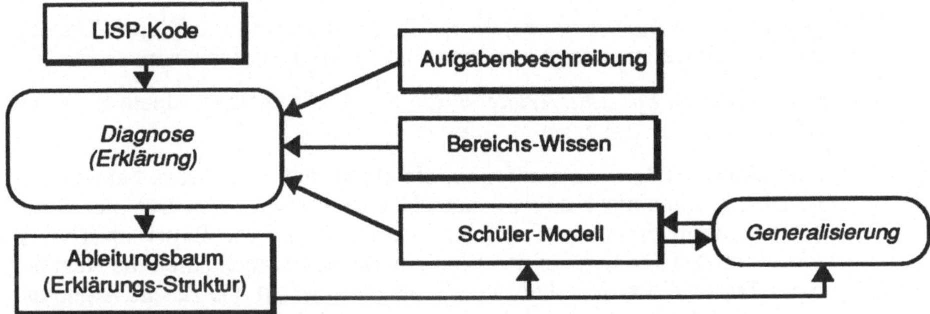

Abbildung 2: Komponenten von ELM

Schüler programmieren LISP-Ausdrücke und Funktionsdefinitionen in einem syntaxorientierten Struktur-Editor (Köhne & Weber, 1987; Weber & Möllenberg, in Druck). Somit ist der Funktionskode zumindest syntaktisch korrekt. Das ELM-Modell arbeitet nach einer erklärungsbasierten Lernmethode (EBL) (Mitchell, Keller & Kedar-Cabelli, 1986; DeJong & Mooney, 1986) in zwei Schritten. In einem ersten Schritt wird der vorliegende Programmkode von der Diagnosekomponente interpretiert (erklärt) und liefert einen Ableitungsbaum der für die Lösung des Programmierproblems nötigen Lösungsschritte (im Sinne des erklärungsbasierten Lernens die Erklärungsstruktur). Im zweiten Schritt werden die Elemente der Erklärungsstruktur als Instanzen der Frames der Wissensbasis abgespeichert und generalisiert. Diese Generalisierung kann bei der erklärungsbasierten Generalisierung (EBG) bereits mit einem einzigen Beispiel geschehen.

```
Name:               NIL-Test
Type:               Static
Abstractions:       (Fn-With-Boole-Res Equality-Rel)
Specializations:    NIL
Sorted-Rules:       (Negation-NIL-Test-Rule Equal-NIL-Test-Rule
                    Empty-List-NIL-Test-Rule)
Transformations:    (NIL-Test ?Expr) → (Not (T-Test ?Expr))
```

Tabelle 1: Einige Einträge des Programmierkonzepts "NIL-Test".

Die Wissensbasis für das *Bereichswissen* besteht aus Konzepten und Regeln, die in einem framebasierten System hierarchisch abgespeichert sind.

- *Konzepte*
  Die Konzepte umfassen Wissen über die Programmiersprache LISP (konkrete LISP-Prozeduren sowie übergeordnete semantische Konzepte), Schemata über allgemeines Algorithmen- und Problemlösewissen (zum Beispiel spezielle

Rekursionsschemata), sowie Informationen, die die Steuerung des Diagnoseprozesses betreffen. Diese Konzept-Frames enthalten Einträge, die Eigenschaften dieses Konzeptes beschreiben. Zum Beispiel enthält das Konzept NIL-Test
(Tabelle 1) u.a. folgende Einträge:

- den *Namen* des Konzepts;

- den *Typ* des Konzepts, wobei "static" bedeutet, daß das Konzept zum stati-
  schen Bereichswissen gehört;

- eine Liste von *Abstraktionen*, die auf direkt übergeordnete "Super-Klassen"
  und auf Generalisierungen im Sinne einer "ISA"-Hierarchie verweisen;

- eine Liste von *Spezialisierungen*, die auf direkt untergeordnete Konzepte
  oder episodische Instanzen verweisen;

- eine Liste von *Transformationen*, die einen Plan, der dieses Konzept anspricht, in semantisch äquivalente Pläne umformen. Zum Beispiel besagt
  die Transformation (NIL-Test ?Expr) --> (NOT (T-Test ?Expr)) im Konzept
  NIL-Test, daß der Test auf den Wahrheitswert NIL auch durch die Negation
  eines Tests auf den Wahrheitswert T, angewendet auf das gleiche Argument,
  durchgeführt werden kann;

- eine *sortierte Liste von Regeln*, die auf den Plan anwendbar sein können,
  der dieses Konzept anspricht.

- *Regeln*
  Die Regeln geben an, wie Programmier- und Problemlöse-Konzepte sowie
  Schemata für eine konkrete Lösung vom Schüler inhaltlich gefüllt werden können. Regeln beschreiben zum einen korrekte Lösungen, die der Problemstellung mehr oder minder angemessen sind (sie sind nach Bewertungen geordnet,
  so daß diese Bewertung für den tutoriellen Prozeß genutzt werden kann). Zum
  anderen beziehen sie sich auf fehlerhafte Lösungen, die bei Programmieranfängern beobachtete Fehler beschreiben. Somit ist eine Fehlerbibliothek (kano-
  nisches Schülermodell) in Form von Regeln in die Wissensbasis integriert, die
  vergleichbar ist zu Fehlerbibliotheken in anderen tutoriellen Systemen (zum
  Beispiel im CMU-LISP-Tutor (Anderson & Reiser, 1985)). Die Regeln sind
  vergleichbar mit den Implementations-Methoden für Ziele, wie sie zum Beispiel im PROUST-Tutor (Johnson, 1986) benutzt werden.

Ein Beispiel für ein Regel-Frame ist in Tabelle 2 aufgeführt. Ebenso wie die
Konzept-Frames enthalten Regel-Frames Einträge über Name, Typ, Abstraktionen und Spezialisierungen. Der "Priorität"-Eintrag gibt die Priorität an, nach
der die Regeln im zugehörigen Konzept sortiert werden und nach der die Regeln
abgearbeitet werden, falls keine weiteren Informationen (zum Beispiel episodisches Wissen) vorliegen. Die Priorität kann zwischen 0 und 10 variieren, wobei Zahlen von 7 bis 10 eine "gute" Regel-Qualität bedeuten, 4 bis 6 "suboptimale" Regeln darstellen, 1 bis 3 "fehlerhafte" Regeln anzeigen und 0 für die
"default"-Regel steht. Die "default"-Regel greift immer dann, wenn der vorliegende Teil des Schülerkodes durch keine andere Regel erklärt werden kann.
Das bedeutet, daß die Erklärung, zumindest für diesen Teil des Ableitungsbau-
mes, fehlgeschlagen ist. Es wird dann eine "neue" Regel mit der Priorität 0,5
erzeugt, die immer dann greift, wenn der Schüler bei gleichem Plan wieder den
gleichen Kode erzeugt. So ist es möglich, beim späteren Abruf vom Analogien
die Ähnlichkeit zur früheren Lösung zu erkennen und dem Schüler zurückzu-

melden, daß sie oder er bereits früher den gleichen Fehler gemacht hat, ohne daß aber eine weitere Erklärung für das Zustandekommen des Fehlers gegeben werden kann.

Die Regel-Voraussetzung (precondition) kann aus einer Konjunktion von Testausdrücken bestehen, die bezüglich der aktuellen Variablenbindungen "wahr" sein müssen. Dabei wird implizit als eine Voraussetzung angenommen, daß diese Regel durch einen aktuellen Plan angesprochen wird, der gegen das Muster (NIL-Test ?Arg) abgeglichen werden kann, wobei jeder Teilplan für das Argument des NIL-Tests stehen kann. Diese Notation der Regeln ist vergleichbar mit dem Ansatz in zielorientierten Produktionssystemen, wie zum Beispiel im ACT*-Modell (Anderson, 1983). P.T bedeutet, daß es darüber hinaus keine weiteren expliziten Voraussetzungen gibt. Es wird später gezeigt werden, daß durch eine erklärungsbasierte Generalisierung über episodische Frames weitere Voraussetzungen für die Anwendbarkeit der Regel erzeugt werden können. Zum Beispiel kann ein Muster (<NULL-OP> ?expr) erzeugt werden, gegen das der LISP-Kode abgeglichen werden muß. D.h., jede Liste mit den Funktionsnamen NULL oder ENDP als erstes Element und jeder beliebige LISP-Ausdruck als zweites Element erfüllen die Voraussetzung für die Anwendung dieser Regel. Falls die Voraussetzung für diese Regel erfüllt ist, dann wird als Konsequenz der Regel ein neuer Plan (Equality ?Arg (Truth-Value NIL)) aufgerufen, wobei ?Arg an den gleichen Teilplan gebunden ist wie im ursprünglichen Plan (NIL-Test ?Arg).

```
Name:               Equal-NIL-Test-Rule

Type:               Static

Abstractions:       (Suboptimal-Rules  Not-Semantic-Relation)

Specializations:    NIL

Priority:           5

Quality             suboptimal

Precondition:       P.T

Consequence:        (SOLVE-PLAN  (EQUALITY ?Arg  (TRUTH-VALUE  NIL)))
```

Tabelle 2: Einige Einträge der Regel Equal-NIL-Test-Rule, die den Plan (NIL-Test ?Arg) löst.

Da die Regeln ebenso wie die Konzepte hierarchisch in Frames organisiert sind, liegt eine homogene Repräsentation des für die Diagnose benötigten Wissens vor, die leicht durch spezielle episodische Informationen über den einzelnen Schüler modifiziert und individualisiert werden kann.

In den *Aufgabenbeschreibungen* sind neben dem Aufgabentext und Beispielen u.a. Algorithmen aufgeführt, wie das Programmierproblem im Prinzip gelöst werden kann. Für ELM relevant sind dabei Einträge wie der Typ der Aufgabe (in den meisten Fällen "expr" für die Kodierung eines einfachen LISP-Ausdrucks oder "define-procedure" für die Definition einer neuen LISP-Funktion) und Einträge für den Ausdruck bzw. für die Parameter und den Funktionsrumpf. Diese Einträge enthalten Pläne, die höhere Konzepte oder Schemata der Wissensbasis ansprechen. Beispiele für Aufgabenbeschreibungen sind in Anhang A aufgeführt. Es handelt sich um die Programmierung einfacher endrekursiver Funktionen. Das entsprechende cdr-end-Rekursionsschema kann als ein Spezialfall des allgemeinen Teil-Restschemas (Vorberg & Goebel, 1991) angesehen werden. Die Pläne, die Algorithmen zur Lösung des Programmierproblems beschreiben, sind hierarchisch organisiert und bestehen aus Aufrufen von Konzepten der Wissensbasis mit Teilplänen als Argumente. Zum Beispiel enthält der Plan zur Lösung des Problems "Simple-And" (Anhang A) im Test für den zweiten Fall der Fallunterscheidung den Teilplan (NIL-Test (First-Element (Parameter ?List))). Dieser Plan spricht das Programmierkonzept NIL-Test aus der Wissensbasis mit dem Teilplan (First-Element (Parameter ?List)) als Argument an.

Das *Schülermodell* wird aus episodischen Informationen über den einzelnen Schüler aufgebaut. Dabei werden Konzepte und Regeln, die im Ableitungsbaum bei der Interpretation der Lösung eines Programmierproblems identifiziert wurden, als Instanzen der korrespondierenden Konzept-Frames in die Wissensbasis integriert. Somit werden Episoden (das sind Fälle im Sinne des CBR) verteilt in Form eines Überlagerungsmodells (Carr & Goldstein, 1977) im Schülermodell gespeichert. Episodische Instanzen im Schülermodell werden im zweiten Schritt des EBG-Algorithmus generalisiert.

3.1 Der erste Schritt der EBG-Methode: Automatische kognitive Diagnose

Die kognitive Diagnose arbeitet generativ im Sinne des 'model-tracing'-Ansatzes (Anderson, Boyle & Reiser, 1985). Dabei wird versucht, aufgrund des Bereichswissens, des Schülermodells sowie des Wissens über die Aufgabe den vom Schüler produzierten Kode zu generieren. Alle Pläne, Konzepte und Regeln, die gebraucht wurden, um den Kode automatisch zu generieren, werden im Ableitungsbaum zusammengefaßt und erklären im Sinne des Erklärungsschritts der EBG-Methode, wie der Kode vom Schüler produziert werden konnte. Der Algorithmus der automatischen kognitiven Diagnose ist ausführlich bei Weber (1989) sowie Weber und Bögelsack (in Druck) beschrieben und soll hier nur kurz an einem Beispiel dargestellt werden.

```
(defun simple-and (li)
   (cond    ((null li) t)
            ((equal (car li) nil) nil)
            (t (simple-and (cdr li))))))
```
Tabelle 3: LISP-Kode für die Definition der Funktion "Simple-And".

Nehmen wir an, ein Schüler hat für die Aufgabe "Simple-And" (Anhang A) folgenden Kode in Tabelle 3 produziert. Die kognitive Diagnose beginnt mit der in der Aufgabenbeschreibung angegebenen Planbeschreibung zur Lösung der Aufgabe. Jede Planbeschreibung spricht ein Konzept aus der Wissensbasis an und führt als Argumente weitere Teilpläne oder Konstanten auf. In den Konzept-Frames sind Regeln vermerkt, die angeben, wie der Plan, der dieses Konzept angesprochen hat, korrekt oder auch falsch gelöst werden kann. Außerdem kann es Transformationen geben, die den Plan in einen semantisch äquivalenten Plan überführen, falls die aufgeführten Regeln den Kode nicht zufriedenstellend erklären können. Die Regeln rufen entweder wieder neue Teilpläne auf oder überprüfen, ob der erwartete Ausdruck im Programmkode auftritt. Im zweiten terminierenden Fall der Fallunterscheidung der Aufgabe "Simple-And" wird der Plan (NIL-Test (First-Element (Parameter ?List))) aufgerufen. D.h., es wird erwartet, daß das erste Element des Rekursions-Parameters ?List dahingehend getestet wird, ob es den Wahrheitswert NIL hat. Im Programmkode wird dieser Test durch den Ausdruck (equal (car li) nil) gelöst. Das Ergebnis der Diagnose dieses Teils des Kodes ist in Abbildung 3 aufgeführt.

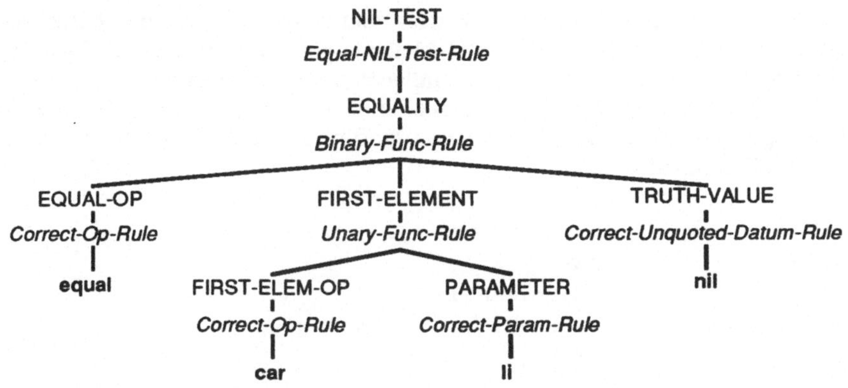

Abbildung 3: Ableitungsbaum für den Kode **(equal (car li) nil)** für den Plan (NIL-Test (First-Element (Parameter ?List))). Legende: GROSSBUCHSTABEN = Konzepte, *Schrägschrift* = Regeln, **fett** = Kode.

Der Plan (NIL-Test (First-Element (Parameter ?List))) spricht das Konzept NIL-TEST (Tabelle 1) an, in dem mehrere Regeln vermerkt sind, wie der Plan gut, suboptimal oder auch falsch gelöst werden könnte. Aus dem Ableitungsbaum (Abbildung 3) ist zu erkennen, daß die suboptimale Regel *Equal-NIL-Test-Rule* (Tabelle 2) erklären kann, wie dieser Test programmiert wurde. Die Regel *Equal-NIL-Test-Rule* stellt einen neuen Plan (Equality (First-Element (Parameter ?List)) (Truth-Value NIL)) auf, der gegen den Kode abgeglichen werden kann. Dieser neue Plan spricht das Konzept EQUALITY an, in dem Regeln vermerkt sind, wie kommutative zweistellige Funktionen gelöst werden können. Eine "gute" Regel ist die *Binary-Func-Rule*, die erwartet, daß in einer Liste zunächst der EQUAL-Operator kodiert wird und dann sequentiell die beiden Teilpläne (First-Element (Parameter ?List)) und (Truth-Value NIL)) gegen den Kode abgeglichen werden können. Der gesamte Ableitungsbaum enthält somit vollständige Information darüber, welche Konzepte durch die Pläne zur Lösung der Aufgabe angesprochen und welche Regeln zur Ausführung dieser Pläne herangezogen wurden, d.h. es kann erklärt werden, wie der vorliegende Kode entstanden sein könnte.

3.2   Der zweite Schritt der Methode der erklärungsbasierten Generalisierung: Generalisierung in ELM

Im zweiten Schritt der EBG-Methode werden die Informationen aus dem Ableitungsbaum im episodischen Lernermodell abgespeichert und generalisiert. Für jedes im Ableitungsbaum angesprochene Konzept wird eine episodische Instanz erzeugt, die unter dem Konzept-Frame der Wissensbasis in die möglicherweise bereits bestehende Hierarchie episodischer und generalisierter Frames eingebaut wird. Existieren unter dem Konzept-Frame der Wissensbasis bereits episodische Instanzen und Generalisierungen, so wird die neue Instanz auf derjenigen Ebene in die bereits bestehende Hierarchie eingebaut, auf welcher der übergeordnete generalisierte Frame am spezifischsten ist. Über alle Frames auf dieser Ebene wird dann nach weiteren Gemeinsamkeiten im Sinne einer ähnlichkeitsbasierten Generalisierung (Lebowitz, 1983) gesucht und, falls möglich, generalisiert.

Handelt es sich um die erste Instanz unter dem Konzept-Frame der Wissensbasis, so wird diese Instanz im Sinne der EBG-Methode generalisiert. Der LISP-Kode, der den aktuellen Plan erfüllte, wird soweit verallgemeinert, daß jeder Kode, der auf dieses Muster paßt, von der gleichen Regel bearbeitet werden könnte. Dies soll am Beispiel des Konzepts NIL-TEST aus dem oben aufgeführten LISP-Kode für die Aufgabe "Simple-And" erläutert werden.

```
Name:                 NIL-TEST.TS.4-1
Type:                 EPI-Inst
Task:                 Simple-And
Abstraction:          NIL-TEST.S-4-1.EBG
Concept:              NIL-TEST
Context:              2.-Case-In-NF.S.4-1
Transformation:       nil
Rule:                 Equal-NIL-Test-Rule
Plan:                 (NIL-Test (First-Element (Parameter ?List)))
Datum:                (equal (car li) nil)
Episode-No:           4
Event-No:             1
Rule-Quality:         suboptimal
Overall-Quality:      suboptimal
Overall-Priority:     5
```

Tabelle 4: Einige Einträge der episodischen Instanz NIL-TEST.TS.4-1, die zu dem Konzept NIL-TEST aus dem Ableitungsbaum in Abbildung 3 erstellt wurde.

Für das im Ableitungsbaum (Abbildung 3) aufgeführte Konzept NIL-TEST wird eine Instanz NIL-TEST.TS.4-1 gebildet (Tabelle 4). In dieser Instanz ist vermerkt, daß es sich um die erste Lösung der Aufgabe "Simple-And" handelt und daß dies bereits die vierte Episode ist. Vorher hat der Schüler oder die Schülerin drei Beispiele für einfache end-rekursive Programme im Lernmaterial zum LISP-Kurs studiert[2]. Weiterhin ist vermerkt, daß das Konzept NIL-TEST im Kontext des zweiten Falles in einer Fallunterscheidung vom Plan (NIL-Test (First-Element (Parameter ?List))) aufgerufen wurde und daß der entsprechende Programmkode (equal (car li) nil) von der "suboptimalen" Regel *Equal-NIL-Test-Rule* erklärt werden konnte. Da es sich um die erste Instanz unter dem Konzept NIL-TEST handelt, wird das Datum generalisiert. Es entsteht eine Schablone mit Variablen, die alle Arten von Kode zulassen, der durch die gleiche Regel erklärt werden könnte. Der Kode (equal (car li) nil) wird zu einer Schablone (<Equal-Op> (<First-Elem-Op> <Variable>) nil) generalisiert. Diese Schablone ist sehr speziell und es kann passieren, daß Beispiele, die nicht auf diese Schablone passen, zu allgemeineren Generalisierungen führen. Diese Schablone wirkt bei der weiteren Steuerung der kognitiven Diagnose durch episodische Frames wie eine zusätzliche explizite Voraussetzung für die Regel *Equal-NIL-Test-Rule*. In einem Generalisierungs-Frame NIL-TEST.S-4-1.EBG wird die Schablone sowie die Regel *Equal-NIL-Test-Rule* abgespeichert und das episodische Frame NIL-TEST.TS.4-1 wird als eine Instanz dieses Generalisierungs-Frames in das Lernermodell eingebaut (Bild 4).

---

[2] Es handelt sich um die Aufgaben "Top-Level-Liste-P" (Test, ob eine Liste nur atomare Elemente enthält), "El-In-List-P" (Test, ob ein Ausdruck auf oberster Ebene in einer Liste vorkommt) und "Monoton-Steigend-P" (Test, ob Zahlen in einer Zahlenliste monoton ansteigend sortiert sind).

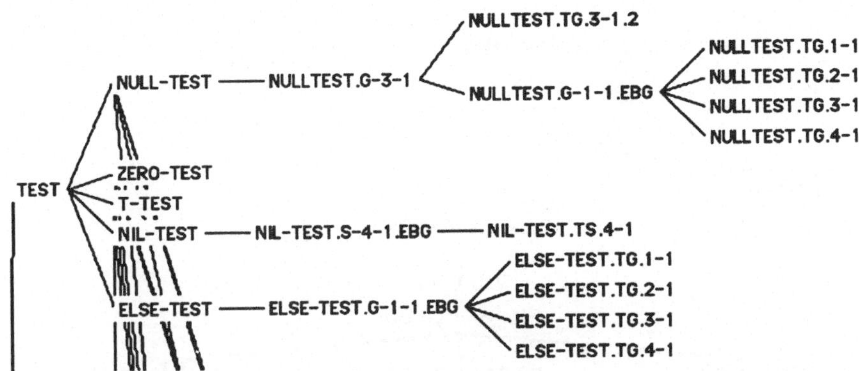

Abbildung 4:   Ausschnitt aus der Hierarchie episodischer Instanzen und Generalisierungen nach dem Einbau und erklärungsbasierter Generalisierung des episodischen Frames NIL-TEST.TS.4-1.

Die Auswirkung episodischer Frames auf nachfolgende Diagnosen und der Einbau neuer episodischer Frames in eine bereits bestehende Frame-Hierarchie kann an einem weiteren Beispiel demonstriert werden. Nach der Aufgabe "Simple-And" hatten die Schüler im LISP-Kurs eine Funktion "Simple-Or" zu programmieren, die testet, ob in einer Liste von Wahrheitswerten mindestens ein Element den Wahrheitswert "wahr" hat (Anhang A). Im Unterschied zum zweiten terminierenden Fall in der Fallunterscheidung des Problems "Simple-And" steht nun ein Plan, der das Konzept T-TEST aufruft. Es muß also das erste Element der Rekursionsliste auf den Wahrheitswert "T" überprüft werden. Eine häufige Lösung, wie sie von Schülern programmiert wurde, die zunächst das Problem "Simple-And" wie oben beschrieben lösten, ist die in Tabelle 5 aufgeführte Funktionsdefinition[3].

```
(defun simple-or (li)
   (cond    ((null li) nil)
            ((not (equal (car li) nil)) t)
            (t (simple-or (cdr li))))))
```

Tabelle 5: LISP-Kode für die Definition der Funktion "Simple-Or".

Interessant ist bei dieser Lösung, daß der Test auf den Wahrheitswert "T" durch eine Negation des Tests auf den Wahrheitswert "NIL" gelöst wurde und damit ein Teil der Lösung des Problems "Simple-And" durch einfache Negation wieder verwendet werden konnte. Dies ist ein Beispiel dafür, wie ein Problem in Analogie zu einer früheren Lösung mit möglichst wenig Änderung möglich wird. Die kognitive Diagnose des Programmkodes ergibt für den Test im zweiten terminierenden Fall der Fallunterscheidung den in Abbildung 5 gezeigten Ableitungsbaum.

Im Ableitungsbaum für die Lösung von "Simple-Or" erscheint als ein Teilbaum die gleiche Ableitung wie für den zweiten terminierenden Fall in der Lösung von "Simple-And". Diese Interpretation wurde während der kognitiven Diagnose aufgrund der episodischen Information für das Konzept NIL-TEST bevorzugt und führt somit zu einer Beschleunigung der Diagnose.

---

[3] Typische Lösungssequenzen für die Probleme "Simple-And" und "Simple-Or" sowie deren Häufigkeiten sind bei Weber & Bögelsack (in Druck) beschrieben.

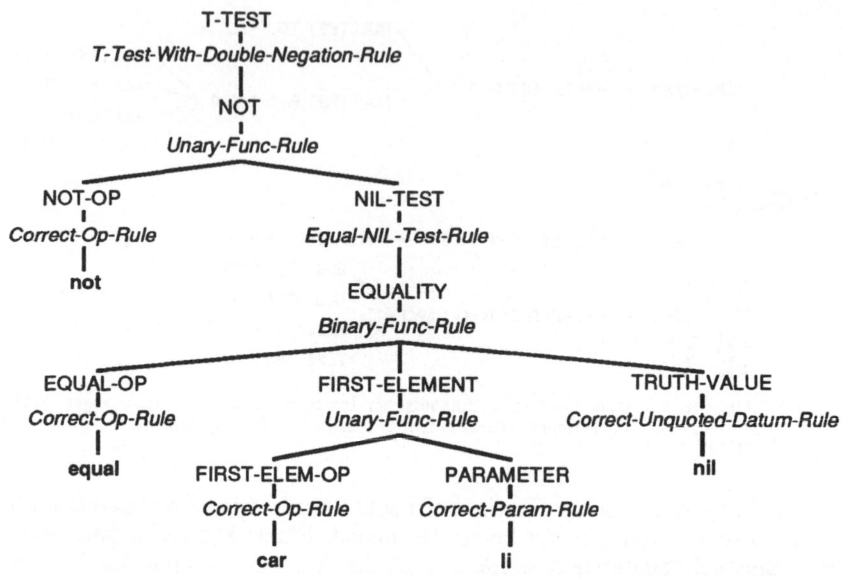

Abbildung 5: Ableitungsbaum für den Kode `(not  (equal  (car li)  nil))` für den Plan (T-Test (First-Element (Parameter ?List))). Legende: GROSSBUCHSTABEN = Konzepte, *Schrägschrift* = Regeln, **fett** = Kode.

Für das im Ableitungsbaum angesprochene Konzept NIL-TEST wird eine Instanz NIL-TEST.TS.5-1 erzeugt und unter die bereits existierende Generalisierung NIL-TEST.S-4-1.EBG eingeordnet (Abbildung 6). Da es sich bei dem Generalisierungs-Frame NIL-TEST.S-4-1.EBG bereits um eine sehr spezielle Generalisierung handelt, wird keine weitere ähnlichkeitsbasierte Generalisierung durchgeführt.

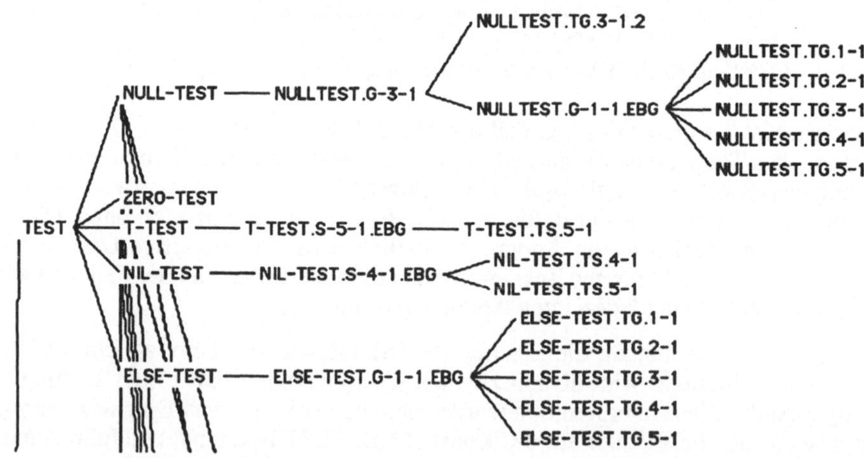

Abbildung 6: Ausschnitt aus der Hierarchie episodischer Instanzen und Generalisierungen nach dem Einbau des episodischen Frames NIL-TEST.TS.5-1 in die existierende Frame-Hierarchie.

3.4 Analogien in ELM

Das fallbasierte Lernmodell ELM besitzt die wichtige Eigenschaft, daß für eine Episode die einzelnen Schritte der Problemlösung in der Erklärungsstruktur strukturell abgebildet werden und daß diese einzelnen Problemlöseschritte auf episodische Frames verteilt im Lerner-Modell abgespeichert werden. Die EBL-Methode impliziert, daß nicht ausschließlich pragmatische Aspekte im Fallgedächtnis abgespeichert werden, wie dies in vielen anderen fallbasierten Systemen geschieht. Die Hierarchie der abgespeicherten Lösungen für verschiedene Teilprobleme spiegelt die Struktur der Lösung wieder. Außerdem liefert die hierarchische Struktur der Konzepte und Regeln in der Wissensbasis Informationen über semantische Ähnlichkeiten, die beim Abruf früherer analoger Fälle genutzt werden können.

Das Verteilen der Information über einzelne Episoden auf die gesamte Wissensbasis bietet den Vorteil, daß zum Abruf von Episoden keine gesonderten Indizes gebildet werden müssen, sondern daß die Episoden-Frames, die einzelne in der Episode angesprochene Konzepte und Regeln instanziieren, selbst als Indizes dienen können. Dies wird im folgenden Abschnitt über den erklärungsbasierten Abruf von Analogien ausführlicher dargestellt.

Im ELM-LISP-Tutor gibt es zwei typische Situationen, in denen analoge Fälle aus dem Fallgedächtnis von ELM abgerufen werden. Zum einen werden analoge Fälle von einer tutoriellen Komponente benötigt, um Schülern Erinnerungen an frühere Problemlösungen oder Analogien zu Beispielen aus dem Lernmaterial aufzuzeigen, wenn ein Fehler oder eine suboptimale Lösung im Programmkode diagnostiziert wurde. Solche Erinnerungen könnnen genutzt werden, um dem Schüler zu erklären, in welcher Weise der aktuelle Fehler ähnlich zu einem früheren Fehler ist und wie das Problem damals gelöst wurde bzw. wie es jetzt gelöst werden kann. Außerdem kann aufgezeigt werden, wie ein falscher Teil des Kodes auf einer fehlerhaften oberflächlichen Ähnlichkeit zu einer früheren Lösung beruht und durch fehlerhaftes Abbilden auf die aktuelle Situation entstanden ist. Es wird häufig bei Anfängern beobachtet, daß solche fehlerhaften oberflächlichen Analogien durch unzureichend verstandene strukturelle und semantische Analogien entstehen (Gentner & Landers, 1985; Holyoak & Koh, 1987; Escott & McCalla, 1988; Weber, Waloszek & Wender, 1988). Andererseits sollte das tutorielle System in der Lage sein, dem Schüler Analogien zu früheren Lösungen und Beispielen im Kontext des bereits teilweise erstellten, noch unvollständigen Kodes anzubieten, wenn der Schüler oder die Schülerin während der Programmentwicklung um Hilfe bittet. In diesem Falle muß die Analogienkomponente des ELM-LISP-Tutors Analogien für die Lösung des nächsten anstehenden Teilproblems im Kontext der bis zu diesem Punkt bereits gelösten Teilprobleme finden und aufzeigen.

In beiden Fällen stellt der bereits existierende Programmkode die Basis dar, um analoge Fälle aus dem Fallgedächtnis von ELM abzurufen. Im nächsten Abschnitt wird gezeigt, wie eine erklärungsbasierte Abrufmethode (EBR) geeignet ist, Analogien in einem Fallgedächtnis eines fallbasierten Lernsystems aufzufinden.

4   Die EBR-Methode

Basierend auf der Erklärungsstruktur, die in Form verteilter episodischer Frames für
die einzelnen Schritte des Problemlöseweges abgespeichert ist, ist es leicht, analoge
Problemlösesituationen zum aktuellen Problem aufzufinden. Im Prinzip können zwei
verschiedene Situationen auftreten, in denen Analoga abgerufen werden sollen.

Die "ähnliche Lösung"-Situation. In dieser Situation erhält die Abrufkomponente
ein Problem und die aktuelle, vollständige Kodierung der Lösung des Problems und
soll im Fallgedächtnis nach den besten Analoga zur vorliegenden Lösung suchen.
Diese Analoga können bei der Interpretation nützlich sein, wieso eine Person ein Problem auf eine ganz bestimmte Art gelöst hat oder warum ein beobachteter Fehler passiert sein könnte.

Die "ähnliches Problem"-Situation. In dieser Situation erhält die Abrufkomponente ein Problem und möglicherweise eine teilweise Lösung. Durch das Wissen über das
Problem kann eine Lösung vom automatischen Programmierer in der Diagnose-Kom-
ponente generiert werden, die sowohl die bereits vorliegende teilweise Lösung als auch
das Wissen über den Problemlöser im Fallgedächtnis berücksichtigt. Anhand der zum
Generieren der Problemlösung benötigten Konzepte und Regeln kann das Fallgedächtnis nach den ähnlichsten Fällen durchsucht werden und es können ähnliche Erklärungsstrukturen für die fehlenden Teile der unvollständigen Lösung gefunden werden.
Da möglicherweise verschiedene Unterprobleme gelöst werden müssen, kann es
verschiedene ähnliche Fälle geben, die am besten zu diesen Unterproblemen passen.
Dies ist ein Nebeneffekt der verteilten Speicherung von Problemlösungen in Form
von Frames für Lösungen für verschiedene Teilprobleme. Es können also Analogien
zu den Unterproblemen in verschiedenen früheren Fällen aufgefunden und diese somit
als Analoga abgerufen werden.

Beide Situationen unterscheiden sich bezüglich der Frage, ob ein Problem bereits
vollständig gelöst ist (unabhängig davon ob richtig oder falsch) oder nicht. Im ersten
Fall wird eine bereits existierende Lösung zum Abruf eines Analogons genutzt, im
zweiten Fall wird zunächst eine mögliche Lösung automatisch generiert und diagnostiziert und anschließend zum Abruf von Analoga herangezogen.

4.1   Der Algorithmus der EBR-Methode

Der Algorithmus der EBR-Methode arbeitet in folgenden fünf Schritten:

Schritt 1: Diagnostiziere die Lösung für ein Problem, wobei diese Lösung entweder vom Problemlöser (Programmierer) erstellt oder aber vom System automatisch generiert wurde. Die kognitive Diagnose liefert eine Erklärungsstruktur mit allen Plänen, Konzepten und Regeln, die benutzt wurden, um dieses Problem auf die vorliegende Art zu lösen.

Schritt 2: Speichere alle Elemente der Erklärungsstruktur als Instanzen in das Fallgedächtnis und generalisiere wenn möglich. Falls eine Lösung vom System automatisch generiert wurde, speichere die zugehörigen episodischen Frames und nachfolgen-

de Generalisierungen nur temporär. Alle so erstellten episodischen Frames gehören zur Zielepisode.

Schritt 3: Sammle für alle Episoden-Frames der Zielepisode alle ähnlichen Frames zunächst aus der Hierarchie der episodischen Frames und dann aus der Ähnlichkeits-Hierarchie der Konzepte und Regeln der Wissensbasis und weise ihnen Ähnlichkeitsgewichte zu.

a) Weise den ähnlichen Frames aus der Hierarchie der episodischen Frames Ähnlichkeitsgewichte entsprechend ihrer Distanz in der Hierarchie zu. Ähnlich sind alle Episoden-Frames unter dem gleichen Generalisierungs-Frame. Die Distanz bestimmt sich aus der Anzahl der Schritte vom Ziel-Frame bis zum übergeordneten Generalisierungs-Frame. Alle unter diesem Generalisierungs-Frame subsumierten Frames besitzen die gleiche Distanz, egal ob noch weitere Zwischen-Generalisierungen existieren.

b) Weise den ähnlichen Frames aus der Ähnlichkeits-Hierarchie der Konzepte und Regeln der Wissensbasis Ähnlichkeitsgewichte entsprechend ihrer semantischen Ähnlichkeit in der Hierarchie zu. Semantisch ähnlich sind alle solchen episodischen Frames, die Instanzen eines semantisch ähnlichen Konzepts oder einer semantisch ähnlichen Regel sind und deren Datumseintrag kompatibel[4] mit dem aktuellen Datum des Zielepisoden-Frames ist. Die Ähnlichkeitsgewichte bestimmen sich aus der semantischen Nähe in der Hierarchie der Frames der Wissensbasis.

Schritt 4: Berechne Gewichtungen für alle in Schritt 3 bestimmten ähnlichen episodischen Frames, indem deren Ähnlichkeitsgewichte durch die Summe der Ähnlichkeitsgewichte aller für das zugehörige Zielepisoden-Frame konkurrierenden episodischen Frames dividiert werden.

Schritt 5: Summiere für jede Episode, aus der in Schritt 3 episodische Frames gefunden wurden, die Gewichtungen, die ihnen in Schritt 4 zugewiesen wurden und sortiere die Episoden nach der Größe der summierten Gewichtungen.

Dieser Algorithmus legt in erster Linie Gewicht auf semantische Ähnlichkeiten zu Konzepten und Regeln aus der Erklärungsstruktur, die bei der kognitiven Diagnose des Programmkodes identifiziert wurden. Da die Erklärungsstruktur aber auch strukturelle Informationen enthält und diese in den episodischen Frames mit gespeichert sind, gehen somit auch strukturelle Konsistenzen in den EBR-Algorithmus ein. Pragmatische Aspekte werden in diesem Algorithmus nicht direkt berücksichtigt, aber es ist ohne weiteres möglich, speziell interessierenden Teilplänen besondere pragmatische Gewichte zu geben, so daß Konzept- und Regel-Frames, die in Schritt 3 des Algorithmus als ähnlich identifiziert werden, höhere Gewichtungen erhalten und so den Abruf eines Analogons beeinflussen können.

Die Konstruktion einer Erklärungsstruktur in der EBR-Methode zum Abruf von analogen Fällen ist vergleichbar zur Hypothesenbildung in der erklärungsbasierten Indizierungs-Methode (EBI) von Barletta und Mark (1988). Aber die EBR-Methode unterscheidet sich von der EBI-Methode wesentlich in der verteilten Repräsentation episodischer Instanzen von Konzepten und Regeln.

---

[4] Kompatibel sind solche Daten (LISP-Kode), die entweder identisch sind oder zur gleichen Datenklasse (z.B. gleiche Operatoren, gleiche Tests) gehören.

5 Vergleich EBR vs. ARCS (explanation-based recall vs. analog retrieval by constraint satisfaction)

Es gibt verschiedene Möglichkeiten zu überprüfen, wie erfolgreich die EBR-Methode arbeitet. Es kann untersucht werden, ob der Abruf und das Bereitstellen von Analogien im ELM-LISP-Tutor hilfreich ist, es kann in Experimenten verglichen werden, wie Versuchspersonen bzw. die EBR-Methode analoge Fälle in vergleichbaren Situationen abrufen, und es kann in einer Simulationsstudie die EBR-Methode mit einem anderen Modell zum Abruf von Analogien verglichen werden.

In diesem Artikel wird die EBR-Methode mit dem ARCS-Modell (Holyoak & Thagard, 1990; Thagard et al., 1990), verglichen. Das ARCS-Modell kann viele Ergebnisse, die beim Abruf von Analogien aus dem menschlichen Gedächtnis beobachtet wurden, simulieren. Da außerdem der Algorithmus dieses Modells sehr ausführlich und vollständig beschrieben ist (Holyoak & Thagard, 1989; Thagard et al., 1990) und daher leicht nachvollzogen werden kann, bietet es sich zum direkten Vergleich mit der EBR-Methode an.

5.1 Voraussetzungen für den Vergleich

Im ARCS-Modell sind zwei zentrale Voraussetzungen nicht durch den Algorithmus festgelegt, sondern vom gewählten Gegenstandsbereich abhängig. Zum einen muß festgelegt werden, wie einzelne Ereignisse, Fälle oder Texte in Propositionen zu zerlegen sind und zum anderen muß angegeben werden, wie semantische Relationen bestimmt und semantische Gewichte zugewiesen werden.

Zerlegung in Propositionen. Die Zerlegung von LISP-Kode kann wie bereits bei der Beschreibung des ACME-Modells dargestellt, durch einen expliziten Algorithmus beschrieben werden. Da LISP-Programme aus hierarchisch verschachtelten Funktionsaufrufen bestehen, können sie wie bei Holyoak und Thagard (1989) beschrieben in Propositionen zerlegt werden. Funktionsaufrufe werden als Prädikate mit n+1 Argumenten repräsentiert, wobei n Argumente für die Argumente des Funktionsaufrufs stehen und das n+1-te Argument das Resultat des Funktionsaufrufs bedeutet. Nur einige spezielle Formen (wie zum Beispiel Schemata für Funktionsdefinitionen mit "defun" (spezielle Zerlegungen der Variablenliste und des Funktionskörpers) und mehrstufige Fallunterscheidungen mit "cond" (spezielle Zerlegung in Fälle (cond-Klauseln), die wiederum aus einem Test- und einem Konsequenzen-Teil bestehen), müssen gesondert behandelt werden, um deren Syntax und Semantik zu berücksichtigen. Ein Beispiel für die Zerlegung von LISP-Kode in Propositionen für die oben diskutierte Funktionsdefinition von "Simple-And" ist in Anhang B aufgeführt.

Zuweisen semantischer Gewichte. Da Analoga zu LISP-Programmen abgerufen werden sollen, liegen Analogien innerhalb einer Domäne vor. Daher ergeben sich die meisten semantischen Ähnlichkeiten durch die Übereinstimmung der Funktionsnamen. Weitere Abstufungen semantischer Relationen können aus einer hierarchischen Clusterung der Funktionen bezüglich ihrer Bedeutung bestimmt werden. Zum Beispiel können alle Prädikat-Funktionen oder alle arithmetischen Funktionen in Cluster mit niedriger Ähnlichkeit zusammengefaßt werden. Innerhalb dieser Cluster bilden zum Beispiel Typ-Prädikate oder arithmetische Funktionen zur Addition Cluster mittlerer Ähnlichkeit, während Synonyme wie "car" und "first" Cluster mit hoher Ähnlichkeit bilden.

Nun kann gegen einen Vergleich des Abrufs von Analogien auf der Basis von LISP-Kode durch das ARCS-Modell gegen den Abruf von Analogien auf der Basis von Erklärungsstrukturen durch die EBR-Methode eingewendet werden, daß viel mehr Vorverarbeitung und damit auch viel mehr Information in der durch die EBR-Methode erstellten Erklärungsstruktur steckt. Somit würden zwei ganz unterschiedliche Informationen miteinander verglichen. Da die Erklärungsstruktur aber hierarchisch aus Konzepten und Regeln aufgebaut ist und weitgehend die Struktur des LISP-Kodes widerspiegelt (Abbildung 3 und 5), ist es leicht, diese ebenfalls in Propositionen zu zerlegen. Unterschiedliche Gewichte für die Ähnlichkeit von Konzepten und Regeln können dabei direkt aus der Hierarchie der Konzepte und Regeln in der Wissensbasis gewonnen werden, wie dies auch in der EBR-Methode geschieht. Somit ist in diesem Fall die gespeicherte Information identisch und nur die Abruf-Algorithmen unterscheiden sich. Die Zerlegung der Erklärungsstruktur der Funktionsdefinition für die Aufgabe "Simple-And" (Tabelle 3) ist in Anhang C angegeben.

5.2 Die Datenbasis für den Vergleich

Für die Simulationsstudie wurden Daten aus Interaktionsprotokollen von 13 Studentinnen und Studenten herangezogen, die in einem einführenden LISP-Kurs Funktionsdefinitionen als Übungsaufgaben am Rechner programmierten. Alle Funktionsdefinitionen wurden in einem strukturierten LISP-Editor (Köhne & Weber, 1987) programmiert und waren somit zumindest syntaktisch korrekt. Die Programmierprobleme umfaßten insgesamt fünf Lektionen, beginnend mit den ersten Übungen zur Definition von LISP-Funktionen bis hin zur Programmierung rekursiver Funktionen. In diesen fünf Lektionen konnten 35 verschiedene Probleme gelöst werden.

Es wurden alle Beispiele aus den Lektionen (je Lektion drei Beispiele) sowie alle Versuche, eine vollständige Funktionsdefinition zu evaluieren, als Kandidaten für Ziele von Analogien herangezogen. D.h., jede Beispieldefinition aus dem Kursmaterial sowie jede vom Schüler programmierte vollständige, evaluierte Funktionsdefinition wurde von der Diagnosekomponente analysiert und die Erklärungsstruktur im Fallgedächtnis abgespeichert. Außerdem wurde der Kode sowie die Erklärungsstruktur in Propositionen zerlegt und gespeichert.

5.3 Die Simulationsläufe

Der aktuelle Fall (das Ziel der Analogie), also der Funktionskode, der von einer Versuchsperson evaluiert wurde, wurde gegen alle früheren gespeicherten Fälle (potentielle Quellen der Analogie) dieser Versuchsperson getestet, um die beste Quelle der Analogie zu ermitteln. Dabei wurde der Abruf von Analogien auf Ereignisse innerhalb einer Lektion beschränkt. Dies geschah zum einen, weil Beispiele und Aufgaben innerhalb einer Lektion sehr viel ähnlicher waren als zwischen verschiedenen Lektionen und damit eher als Analoga in Betracht kamen. In Simulationsläufen, in denen alle Ereignisse über alle fünf Lektionen berücksichtigt wurden, wurden nur vereinzelt Fälle beobachtet, in denen Analogien zu Funktionsdefinitionen in anderen Lektionen auftraten. Zum anderen wuchs im ARCS-Modell der Aufwand bei einer gleichzeitigen Berücksichtigung von mehr als 10 möglichen Kandidaten für Analogien drastisch an, wobei einerseits der benötigte Speicherbedarf für die konnektionistischen Hypothesennetzwerke an die Grenzen der Kapazität der zur Simulation verwendeten seriellen Computer stieß und andererseits der Zeitbedarf für die Simulationsläufe mit dem ARCS-Modell zu groß wurde.

Insgesamt wurden 404 Fälle beobachtet, für die analoge Fälle aus dem Fallgedächtnis abgerufen werden konnten. Simulationen mit unserer Implementation des ARCS-Modells wurden mit denselben Werten für Parameter wie in Holyoak und Thagard (1989) und Thagard et al. (1990) durchgeführt. Als Datenbasis wurden einerseits die propositionalen Zerlegungen des Kodes (Gruppe "Kode") und andererseits die propositionalen Zerlegungen der Erklärungsstruktur (Gruppe "Diagnose") herangezogen, wobei die Zerlegung in Propositionen sowie die Bestimmung der semantischen Gewichte wie oben beschrieben durchgeführt wurde.

5.4 Ergebnisse

Für jeden aktuellen Fall wurden die besten Analoga zu allen vorhergehenden Fällen sowohl mit dem EBR-Algorithmus als auch mit dem ARCS-Modell bestimmt, wobei das ARCS-Modell sowohl mit den Daten der Gruppe "Kode" als auch mit den Daten der Gruppe "Diagnose" gerechnet wurde.

			Diagnose	Kode
gleich			71.8	63.9
verschieden	beide Methoden gleich gut		14.4	14.6
		G1	6.9	3.7
		G2	2.2	5.2
		andere Gründe	5.2	5.7
	EBR besser		8.4	16.1
		Banden-Effekt	4.7	6.7
		Additional-Proposition-Effekt	2.2	8.7
		andere Gründe	1.5	0.7
		ARCS besser	3.2	3.5
	beide Methoden schlecht		2.2	2.0

Tabelle 6: Prozentsatz von Fällen, in denen von der EBR- und der ARCS-Methode die gleichen oder verschiedene beste Analoga abgerufen wurden, bei einer Gesamtzahl von 404 Fällen. In der Spalte "Diagnose" wurde die ARCS-Methode auf der Basis einer propositionalen Dekomposition der Erklärungsstruktur des diagnostizierten Kodes durchgeführt, in der Spalte "Kode" wurde für die ARCS-Methode nur der LISP-Kode propositional zerlegt.

Die Ergebnisse dieses Vergleichs sind in Tabelle 6 dargestellt. In mehr als 2/3 aller Fälle wurden von beiden Methoden (EBR und ARCS) die gleichen besten Analoga abgerufen. Entsprechend der Erwartung war die Übereinstimmung etwas höher, wenn die ARCS-Methode auf der propositionalen Zerlegung der Erklärungsstruktur (Gruppe "Diagnose") basierte (71,8%), als wenn ihr nur eine propositionale Zerlegung des LISP-Kodes (Gruppe "Kode") zur Verfügung stand (63,9%).

Lieferten beide Methoden mehrere optimale Analoga, so wurde jeder Einzelfall dahingehend analysiert, welche von beiden Methoden das bessere Analogon abrief, bzw. ob keine Methode zu einem befriedigenden Resultat führte.

Beide Methoden schlecht: In 2 % aller Fälle konnte keine Methode ein geeignetes Analogon auffinden. Dies passierte bei sehr ungewöhnlichen fehlerhaften Lösungen, für die es keine strukturell und semantisch ähnlichen früheren Lösungen oder Beispiele im Fallgedächtnis gab.

Beide Methoden gleich gut: In über 14 % der Fälle riefen beide Methoden verschiedene frühere Lösungen ab, die beide als geeignete Analoga betrachtet werden konnten. In den meisten Fällen lag dies an einer unterschiedlichen Gewichtung ähnlicher richtiger bzw. fehlerhafter Lösungen. Basierend auf einer propositionalen Zerlegung der Erklärungsstruktur bevorzugte die ARCS-Methode in 6,9 % der Fälle ein ähnliches korrektes Beispiel, während die EBR-Methode eine vorausgehende fehlerhafte Lösung auswählte (G1 in Tabelle 6). In nur 2,2 % aller Fälle war es genau umgekehrt (G2 in Tabelle 6). Dies soll an einem Beispiel (Tabelle 7) erläutert werden.

In der ersten Lektion zur Programmierung rekursiver Funktionsdefinitionen ist als erste Aufgabe das Problem "Simple-And" (Anhang A) zu lösen.

```
EPISODE-NR.4-1 Aufgabe A5.1        EPISODE-NR.4-2 Aufgabe A5.1
(DEFUN SIMPLE-AND (LISTE)          (DEFUN SIMPLE-AND (LISTE)
 (COND                             (COND
  ((NULL LISTE) NIL)                ((NULL LISTE) T)
  ((EQUAL (CAR LISTE) NIL) NIL)     ((EQUAL (CAR LISTE) NIL) NIL)
  (T (SIMPLE-AND (CDR LISTE)))))    (T (SIMPLE-AND (CDR LISTE)))))


EPISODE-NR.5-1 Aufgabe A5.2        EPISODE-NR.5-2 Aufgabe A5.2
(DEFUN SIMPLE-OR (LISTE)           (DEFUN SIMPLE-OR (LISTE)
 (COND                             (COND
  ((NULL LISTE) T)                  ((NULL LISTE) NIL)
  ((EQUAL (CAR LISTE) T) T)         ((EQUAL (CAR LISTE) T) T)
  (T (SIMPLE-OR (CDR LISTE)))))     (T (SIMPLE-OR (CDR LISTE)))))
```

Tabelle 7: Fehlerhafte und korrekte Lösungsversuche einer Versuchsperson für die rekursiven Programmieraufgaben "Simple-And" und "Simple-Or" (Anhang A).

Eine Versuchsperson liefert dabei zunächst einen fehlerhaften Kode (Episode 4-1). Es handelt sich um die vierte Episode in dieser Lektion, da vorher drei Beispiele aus dem Lernmaterial als eigene Episoden betrachtet werden. Die Aufgabe wurde analog zu einem der Beispiele gelöst (siehe hierzu auch Weber & Bögelsack, in Druck), wobei der zweite Fall der Fallunterscheidung richtig auf das aktuelle Problem übertragen wurde, der erste Fall allerdings unverändert übernommen wurde, so daß ein falscher Wahrheitswert zurückgeliefert wird. Solch ein Fehler ist typisch, wenn das Prinzip der Rekursion und damit auch die Analogie noch unvollständig verstanden wurde. Es werden dann häufig oberflächliche Ähnlichkeiten in der Analogie übernommen (Gentner & Landers, 1985; Ratterman & Gentner, 1987; Seifert, McKoon, Abelson & Ratcliff 1986; Escott & McCalla, 1988).

Nachdem die Versuchsperson den Fehler lokalisiert und behoben hatte, lieferte sie einen fehlerfreien Kode (Episode 4-2). In der nächsten Aufgabe war das Problem "Simple-Or" zu lösen. Die erste Lösung (Episode 5-1) ist wiederum falsch, wobei der zweite Fall wieder analog zur vorhergehenden Aufgabe richtig transformiert wurde, im ersten Fall jedoch wie in Episode 4-1 im ersten Fall ein falscher Wahrheitswert zurückgeliefert wird, und zwar der gleiche Wahrheitswert wie in Episode 4-2. Die EBR-Methode liefert Episode 4-1 als bestes Analogon, während die ARCS-Methode die korrekte Lösung aus Episode 4-2 bevorzugt. Die EBR-Methode legt also in diesem Fall einen größeren Wert auf die Ähnlichkeit des Fehlers in der Lösung, während die ARCS-Methode in diesem Fall stärker die oberflächliche Ähnlichkeit berücksichtigt. Die Bevorzugung des Fehlers durch die EBR-Methode ist in erster Linie auf den Wettbewerb zwischen konkurrierenden ähnlichen episodischen Frames zurückzuführen. Da in der Konsequenz des ersten Falles der Fallunterscheidung der Wahrheitswert über eine Fehler-Regel erklärt werden konnte, dieser gleiche Fehler aber nur in einem einzigen früheren Fall, nämlich in Episode 4-1, vorkam, geht das korrespondierende episodische Frame mit einem wesentlich höheren Gewicht in die Auswahl der Analoga ein. Offensichtlich ist auf diese Art der Wettbewerb im EBR-Modell stärker als im ARCS-Modell. Diese Interpretation kann noch dadurch untermauert werden, daß das EBR-Modell ebenfalls die Episode 4-2 als bestes Analogon bevorzugt, wenn die episodischen Frames nicht bezüglich der konkurrierenden episodischen Frames gewichtet werden.

In Episode 5-2 ist der Fehler korrigiert worden. Diese Lösung wird im Abschnitt "EBR-Methode besser" diskutiert, da dies ein Beispiel dafür ist, daß die ARCS-Methode Probleme hat, das beste Analogon zu finden.

ARCS-Methode besser: In ca. 3,5 % aller Fälle lieferte die ARCS-Methode das bessere passende Analogon. In den meisten Fällen lag dies an einer zu starken Betonung struktureller Randbedingungen durch die EBR-Methode. Zum Beispiel rufen einige Konzepte verschiedene Regeln auf, wenn sie durch Pläne mit einer unterschiedlichen Anzahl von Argumenten angesprochen werden. Die entsprechenden episodischen Instanzen können dann an sehr unterschiedlichen Stellen in die Hierarchie der episodischen Frames eingebaut sein, was wohl ihre strukturelle Unterschiedlichkeit widerspiegelt, aber nicht deren semantische Ähnlichkeit berücksichtigt. Meistens wird dieser Effekt durch andere episodische Frames kompensiert. Wenn aber sehr ähnliche Alternativen als potentielle Analoga zur Verfügung stehen, kann jedoch die strukturelle Ähnlichkeit zu einer Bevorzugung der sonst nicht ganz so gut passenden Alternative durch die EBR-Methode führen.

EBR-Methode besser: In mehr als 8 % bzw. 16 % aller Fälle rief die EBR-Methode ein besseres Analogon ab als die ARCS-Methode. In den meisten Fällen konnte dies auf zwei Probleme zurückgeführt werden, die im speziellen constraint-satisfaction Algorithmus der ARCS-Methode begründet sind. Dies ist einerseits der sogenannte "Banden-Effekt", andererseits der häufig auftretende "Additional-Proposition-Effekt". Da beide Effekte grundlegende Probleme des ARCS-Algorithmus ansprechen, werden sie im folgenden in eigenen Abschnitten ausführlicher besprochen.

5.5 Der "Banden-Effekt"

Der "Banden-Effekt" ("gang-effect", McClelland & Rumelhart, 1981) tritt auf, wenn sehr ähnliche oder identische Lösungen für ein Problem im Fallgedächtnis existieren, weil das gleiche Problem mehrfach gelöst wurde und nur geringfügige Änderungen auftraten oder ein Beispiel aus dem Lernmaterial nochmals rekodiert wurde. Diese sehr ähnlichen Lösungen mit weitgehend identischen Teilstrukturen bilden zusammen eine "Bande" und unterstützen einander während des constraint-satisfaction Prozesses, während andere, möglicherweise besser passende Fälle unterdrückt werden. Dies kann aber nur dann auftreten, wenn diese "Banden"-Fälle und der besser passende Fall strukturell und semantisch sehr ähnlich sind.

Dies läßt sich an der oben beschriebenen Episodenfolge am Beispiel der Episode 5-2 (Tabelle 7) demonstrieren. Das EBR-Modell findet jetzt als bestes Analogon die vorausgehende fehlerhafte, aber sehr ähnliche Lösung 5-1, während das ARCS-Modell die korrekte, aber nicht ganz so ähnliche Lösung 4-2 und an zweiter Stelle sogar die Lösung 4-1 bevorzugt. Die EBR-Methode berücksichtigt also stärker die strukturelle Übereinstimmung (in den Episoden 5-1 und 5-2 ist im Test des zweiten Falles ein Plan für die Durchführung eines T-Tests zu lösen) und weniger den Fehler in der Konsequenz des ersten Falles der Fallunterscheidung. Dieses Beispiel deutet darauf hin, daß die EBR-Methode in der Lage ist, strukturelle Übereinstimmung, die auf höherer Abstraktion beruhen, zu erkennen und zu berücksichtigen. Die Lösungen in den Episoden 4-1, 4-2 und 5-1 sind alle strukturell und semantisch sehr ähnlich. Die Lösungen 4-1 und 4-2 sind dabei bis auf den falschen Wahrheitswert in der Konsequenz des ersten Falles der Fallunterscheidung identisch und bilden daher eine "Bande". Diese Bandenbildung verhindert, daß die eigentlich ähnlichere Lösung 5-1 als bestes Analogon abgerufen wird. Dieser Effekt läßt sich leicht überprüfen, indem man den Banden-Effekt durch eine zusätzliche, zur Lösung 5-1 ähnliche Episode kompensiert. Wiederholt man in einer Simulation der Daten die Episode 5-1 noch einmal, bevor die folgende korrekte Lösung des Problems bearbeitet wird, so bilden die beiden identischen Episoden 5-1a und 5-1b ebenfalls eine Bande. Nun werden auch von der ARCS-Methode die beiden identischen Episoden 5-1a und 5-1b als beste Analoga bevorzugt.

Solche Bandenbildungen können im vorliegenden Datenmaterial sehr häufig vorkommen, da die Aufgaben und vor allen Dingen fehlerhafte und korrigierte Lösungen semantisch und strukturell sehr ähnlich sind. Es ist jedoch nicht ohne weiteres zu erkennen, ob der Banden-Effekt vorliegt, da er zum Beispiel durch den "Additional-Proposition-Effekt" überlagert sein kann oder aber auch die Bande akzeptable Analoga liefert. Er kann im einzelnen Fall nur nachgewiesen werden, wenn wie oben beschrieben in zusätzlichen Simulationsläufen der Effekt durch eine zusätzliche Episode kompensiert oder aber die Bande selbst aufgelöst wird.

5.6 Der "Additional-Proposition-Effekt"

Ein weiteres Problem der ARCS-Methode tritt auf, wenn sich die Lösungen für zwei Probleme nur dadurch unterscheiden, daß in der einen Lösung noch eine oder mehrere Propositionen zu den Propositionen der anderen Lösung hinzukommen und die Prädi-

kate (LISP-Funktionen) auch noch semantisch ähnlich sind. Da in der ARCS-Methode gegenüber dem ACME-Modell (Holyoak & Thagard, 1989) strukturelle Übereinstimmung weniger bedeutungsvoll sind und semantische Ähnlichkeiten eine größere
Rolle spielen, wird in solch einem Fall von der ARCS-Methode der Fall mit der
größeren Anzahl von Propositionen bevorzugt, auch wenn der andere Fall im Vergleich zum aktuell vorliegenden Fall strukturell ähnlicher oder sogar identisch ist.
Dieses Phänomen nennen wir daher den "Additional-Proposition-Effekt" (Effekt der
zusätzlichen Proposition). Dieser Effekt kann an einem einfachen Beispiel demonstriert werden.

Fallgedächtnis	Probe

```
EPISODE-NR.1-1 Beispiel B2.1        EPISODE-NR.4-1 Aufgabe A2.1
(DEFUN FIRST-EXMPL (LI)             (DEFUN ERSTES (LI)
  (CAR LI))                           (CAR LI))

EPISODE-NR.2-1 Beispiel B2.2
(DEFUN SECOND-EXMPL (LI)
  (CAR (CDR LI)))

EPISODE-NR.3-1 Beispiel B2.3
(DEFUN DEVIDE-AND-COMBINE (LI)
  (CONS (CAR LI) (CDR LI)))
```

Tabelle 8: Drei Beispiele sowie eine Lösungen der ersten Aufgabe aus der 2. Lektion.

Im Fallgedächtnis sind die propositionalen Zerlegungen der LISP-Kodes dreier Beispiele aus der zweiten Lektion gespeichert. In der ersten Aufgabe soll noch einmal die
Funktion "Erstes" neu definiert werden. Der Kode ist bis auf den Funktionsnamen mit
dem Beispiel B2.1 identisch (Tabelle 8). Die Kodes der Beispiele B2.2 und B2.3 sind
komplexer und damit auch strukturell verschieden, die verwendeten LISP-Funktionen
"CDR" und "CONS" sind aber mittel und schwach semantisch verwandt mit der
Funktion "CAR". Die propositionalen Zerlegungen der Kodes der Beispiele 2 und 3
weisen gegenüber dem Beispiel 1 nur zusätzliche Propositionen mit semantisch verknüpften Prädikaten auf. Das vom ARCS-Modell aufgebaute Hypothesen-Netzwerk
enthält mehr Knoten und Kanten, die die thematischen Knoten für die Beispiele 2 und
3 unterstützen. Daher bevorzugt die ARCS-Methode als beste Analoga zum Kode der
Aufgabe A2.1 die beiden komplexeren Beispiele 2 und 3 gegenüber dem identischen
Beispiel 1.

6   Diskussion

Das ARCS-Modell (Thagard et al., 1990) ist sehr allgemein und gut geeignet, den
Abrufprozeß von Analogien aus dem menschlichen Gedächtnis zu simulieren (Wharton et al., 1991). Aber es ist in seiner jetzigen Form eher theoretisch interessant und
weniger praktisch geeignet, um als Abrufkomponente in Alltagssituationen zu dienen.
Thagard und Holyoak (1989) behaupten zwar, daß Indizierung in fallbasierten Systemen zu viel Vorverarbeitung benötigt und daher für ein Modell der menschlichen Informationsverarbeitung nicht angemessen ist. Aber gerade das ARCS-Modell benötigt
sehr viel Zeit, alleine um das Hypothesennetzwerk aufzubauen. Selbst wenn der darauf
folgende Prozeß, das Netzwerk ins Gleichgewicht zu bringen, auf einem parallelen
Rechner durchgeführt wird und daher vergleichsweise schnell ist, so wird doch das gesamte Netzwerk nur für diesen einen Prozeß aufgebaut. Für den nächsten Abruf eines

anderen Analogons muß bereits wieder ein völlig neues Hypothesennetzwerk aufgebaut werden. Für ein nur wenig komplexeres Problem als es üblicherweise in Beispielen gezeigt wird, wird hierzu sehr viel Speicherplatz und Zeit benötigt. Zum Beispiel war es in den vorliegenden Daten nicht ungewöhnlich, daß in der letzten betrachteten Lektion mehr als 40 frühere Lösungen und Beispiele als mögliche Kandidaten für Quellen der Analogie in Betracht kamen. Wurden mit dem ARCS-Modell alle Kandidaten gleichzeitig getestet, so mußte ein Hypothesennetzwerk mit mehr als 3500 Knoten und mehr als 200 000 symmetrischen Kanten aufgebaut werden. Dies dauerte selbst auf einem relativ schnellen 12 MIPS-Computer mehr als 10 Minuten und benötigte für den gesamten LISP-Prozeß mehr als 30 MByte Speicherplatz. Wenn wir dies auf Situationen extrapolieren, die typischerweise beim Abruf analoger Fälle aus dem menschlichen Gedächtnis auftreten, wo wegen semantischer Überlappung noch sehr viel mehr frühere Situationen als potentielle Kandidaten für Quellen der Analogie berücksichtigt werden müssen, so ist es nicht vorstellbar, wie dieses Problem mit dem ARCS-Algorithmus, insbesondere zur On-Line Analyse, gelöst werden kann. Ein inkrementelles Modell, wie zum Beispiel von Keane (1990), könnte besser geeignet sein, analoge Fälle aus einem großen Fallgedächtnis abzurufen.

Darüber hinaus konnte in diesem Beitrag gezeigt werden, daß das ARCS-Modell einige Probleme aufwirft, wenn Analoga aus einem Fallgedächtnis abgerufen werden sollen, in dem semantisch sehr ähnliche, aber strukturell verschiedene Fälle vorliegen. Wie für den "Additional-Proposition-Effekt" gezeigt werden konnte, bevorzugt die ARCS-Methode einen strukturell komplexeren gegenüber einem strukturell identischen Fall, wenn beide semantisch sehr ähnlich sind. Es könnte sein, daß dieses Phänomen - wie auch der "Banden-Effekt" - in anderen Studien mit der ARCS-Methode nicht beobachtet wurde, da sich alle Fälle in diesen Untersuchungen in zu vielen Aspekten unterschieden. Aber in natürlichen, nicht-experimentellen Situationen, zum Beispiel beim Erlernen einer Programmiersprache, kommen typischerweise häufig semantisch sehr ähnliche, aber strukturell unterschiedliche Fälle vor. In solch einer Situation scheint die EBR-Methode die besseren Resultate zu liefern.

Das ARCS-Modell liefert in der vorliegenden Studie die besseren Resultate, wenn die Probleme in Form einer propositionalen Zerlegung einer Erklärungsstruktur vorliegen, als wenn sie nur auf einer propositionalen Zerlegung des uninterpretierten LISP-Kodes beruhen. Eine propositionale Zerlegung des LISP-Kodes kann nur die in den LISP-Funktionen vorliegenden Strukturen und deren semantische Ähnlichkeiten berücksichtigen, während in der Erklärungsstruktur darüber hinaus Schemata und vom Programmierer verfolgte Problemlöseziele angesprochen werden. Gerade solche höheren thematischen Strukturen spielen aber eine bedeutende Rolle beim Abruf von Analogien (Wharton et al., 1991).

Die hier vorgestellte Simulationsstudie gibt Hinweise dafür, wie Lernen beim Menschen fallbasiert durch Erinnerung an frühere Ereignisse über den Abruf von Analogien geschehen kann. Frühere Episoden und Beispiele werden nicht einfach uninterpretiert abgespeichert, sondern in Form von Interpretationen, die thematische Abstraktionen sowie Ziele und einzelne Schritte des Lösungsprozesses widerspiegeln. Teilstrukturen, die in ihrer Bedeutung nicht verstanden wurden, werden nur ihrer Oberflächenstruktur nach entsprechend gespeichert. Wie in den obigen Beispielen gezeigt werden konnte, ist die EBR-Methode sehr sensibel für Ähnlichkeiten, die auf vorausgehenden vergleichbaren Fehlern bzw. Fehlerkorrekturen beruhen. Diese Sensibilität ist in der hierarchischen Speicherung und der Generalisierung ähnlicher episodischer Frames begründet. Ähnliche episodische Frames aus Generalisierungen über Fehler werden direkt vom EBR-Algorithmus aufgefunden und müssen sich nicht, wie bei der ARCS-Methode, gegen korrekte Alternativen aus einem anderen Kontext behaupten. Solche weniger passenden Konkurrenten können durch den Bandeneffekt manchmal sogar die bessere Alternative unterdrücken. Die EBR-Methode erweist sich somit als sehr kontext-sensitiv. Dies korrespondiert mit der Beobachtung bei Programmieranfängern, daß manche Fehler nur in einem bestimmten Kontext auftreten, in einem anderen Kontext jedoch die gleiche LISP-Funktion korrekt kodiert wird. Im Sinne des ACT*-Modells von Anderson (Anderson, 1983, 1987; Anderson, Conrad & Corbett, 1989) könnte man dies so erklären, daß Produktionsregeln in Abhängigkeit vom jeweiligen zu bearbeitenden Ziel, was in unserem Fall unterschiedlichen Kontexten entspricht, gelernt werden. Wird also die gleiche LISP-Funktion in unterschiedlichen Kontexten, also mit verschiedenen Zielsetzungen, verwendet, so kann es sein, daß kein direkter Lerntransfer vom einen Kontext auf den anderen stattfindet, sondern daß neu gelernt werden muß und daher auch bei scheinbar bereits gelernten LISP-Funktionen wieder Fehler beobachtet werden.

Diese Sensibilität der EBR-Methode für ähnliche Fehler oder ähnliche frühere Lösungswege kann nun von einer tutoriellen Komponente direkt genutzt werden. Tritt ein Fehler auf, so finden die EBR-Methode eine vergleichbaren früheren Fehler und wählt die entsprechende Episode meist als bestes Analogon aus. Diese Episode kann nun dem Schüler oder der Schülerin mit einem entsprechenden Hinweis zur Erinnerung angeboten werden. Soll allerdings aufgezeigt werden, wie der Fehler am besten zu korrigieren ist, so kann an der Stelle des Fehlers ein korrekter Kode durch die Diagnosekomponente generiert werden. Diesen Teilkode kann dann die Analogienkomponente übernehmen, um eine ähnlich frühere Episode zu finden, die eine Teillösung enthält, die diesem generierten Teilkode entspricht. Diese Episode kann dann als "gute" Analogie aufgezeigt werden.

Von der Art der Informationen, die im Fallgedächtnis gespeichert sind, hängt es wesentlich ab, wie angemessen das ARCS-Modell ist. In Simulationsstudien mit dem ARCS-Modell wurden bisher fast ausschließlich propositionale Zerlegungen von Texten verwendet, die nur bedingt Interpretationen und thematische Abstraktionen widerspiegeln (Thagard et al., 1990; Wharton et al, 1991). Daß das ARCS-Modell jedoch trotzdem in den dort aufgeführten Simulationen sehr gute Übereinstimmungen mit dem Abruf von Analogien aus dem menschlichen Gedächtnis aufweist, liegt wesentlich daran, daß Analogien zwischen verschiedenen Domänen untersucht wurden. Die geringere Überlappung semantischer Ähnlichkeiten zwischen Teilstrukturen der dort untersuchten Texte und Probleme reicht offensichtlich aus, um potentielle Kandidaten hinreichend zu diskriminieren.

Die EBR-Methode ist wegen der stärkeren Berücksichtigung struktureller Ähnlichkeiten und der Verwendung abgespeicherter Erklärungsstrukturen im Bereich von Analogien innerhalb einer Domäne sensitiver als das ARCS-Modell. Sie kann als eine Approximation an eine kompetitive, parallele Methode des analogischen Abrufs gesehen werden, wie sie zum Beispiel im ARCS-Modell realisiert ist. Da parallele Computer derzeit nur bedingt eingesetzt werden können, stellt die EBR-Methode eine Alternative zum ARCS-Algorithmus dar, wenn in Echtzeit-Situationen (zum Beispiel in tutoriellen Systemen) analoge Fälle aus einer größeren Fallbasis abgerufen und zur Verfügung gestellt werden müssen.

Literatur

Anderson, J.R. (1983). *The architecture of cognition*. Cambridge, MA: Harvard University Press.

Anderson, J.R. (1987). Skill acquisition: Compilation of weak-method problem solutions. *Psychological Review, 94*, 192-210.

Anderson, J.R., Boyle, C.F. & Reiser, B.J. (1985). Intelligent tutoring systems. *Science, 228*, 456-452.

Anderson, J.R., Conrad, F.G., & Corbett, A.T. (1989). Skill acquisition and the LISP tutor. *Cognitive Science, 13*, 467-505.

Anderson, J.R., & Reiser, B.J. (1985). The LISP tutor. *Byte, 10(4)*, 159-175.

Anderson, J.R. & Thompson, R. (1989). Use of analogy in a production system architecture. In S. Vosniadou & A. Ortony (Eds.), *Similarity and analogical reasoning* (pp. 267-297). London: Cambridge University Press.

Barletta, R. & Mark, W. (1988). Explanation-based indexing of cases. In J.L. Kolodner (Ed.), *Proceedings of the the DARPA-workshop on Case-Based Reasoning, Los Altos, CA*, (pp. 50-60).

Burstein, M.H. (1986). A model of learning by incremental analogical reasoning and debugging. In R.S. Michalski, J.G. Carbonell & T.M. Mitchell (Eds.), *Machine learning* (Vol. 2, pp. 351-370). Los Altos, CA: Morgan Kaufmann Publishers.

Carbonell, J.G. (1984). Learning by analogy: Formulating and generalizing plans from past experience. In R.S. Michalski, J.G. Carbonell & T.M. Mitchell (Eds.), *Machine learning* (Vol. 1, pp. 137-161). Berlin: Springer.

Carbonell, J.G. (1986). Derivational analogy: A theory of reconstructive problem solving and expertise acquisition. In R.S. Michalski, J.G. Carbonell & T.M. Mitchell (Eds.), *Machine learning: an artificial intelligence approach* (Vol. 2, pp. 371-392). Los Altos: Morgan Kaufmann Publishers.

Carbonell, J. & Veloso, M. (1988). Integrating derivational analogy into a general problem solving architecture. In J.L. Kolodner (Eds.), *Proceedings of the the DARPA-workshop on Case-Based Reasoning, Los Altos, CA*, (pp. 104-124).

Carr, B. & Goldstein, I. (1977). *Overlays: a theory of modelling for computer aided instruction*. (AI Memo 406), Cambridge, MA: Massachusetts Institute of Technology, AI Laboratory,

Chi, M.T.H., Bassok, M., Lewis, M., Reimann, P. & Glaser, R. (1989). Self-explanations: how students study and use examples in learning to solve problems. *Cognitive Science, 13*, 145-182.

DeJong, G. (1989). The role of explanation in analogy; or, The curse of alluring a name. In S. Vosniadou & A. Ortony (Eds.), *Similarity and analogical reasoning* (pp. 346-366). London: Cambridge University Press.

DeJong, G., & Mooney, R. (1986). Explanation-based learning: an alternative view. *Machine Learning, 1*, 145-176.

Dershowitz, N. (1986). Programming by analogy. In R. S. Michalski, J. G. Carbonell & T. M. Mitchell (Eds.), *Machine learning* (Vol. 2, pp. 393-422). Los Altos: Morgan Kaufmann Publishers.

Escott, J.A. & McCalla, G.I. (1988). Problem solving by analogy: A source of errors in novice LISP programming. In *Proceedings of Intelligent Tutoring Systems ITS-88, Montreal, June 1-3*, (pp. 312-319).

Falkenhainer, B., Forbus, K.D. & Gentner, D. (1986). The structure-mapping engine. In *Proceedings of the AAAI-86, Los Altos, CA*, (pp. 272-277).

Falkenhainer, B., Forbus, K.D. & Gentner, D. (1989). The structure-mapping engine: Algorithm and examples. *Artificial Intelligence, 41*, 1-63.

Gentner, D. (1982). Are scientific analogies metaphors? In D.S. Miall (Ed.), *Metaphor: Problems and perspectives*. Brighton, England: Harvester Press.

Gentner, D. (1983). Structure mapping: A theoretical framework for analogy. *Cognitive Science, 7*, 155-170.

Gentner, D. (1989). The mechanisms of analogical learning. In S. Vosniadou & A. Ortony (Eds.), *Similarity and analogical reasoning* (pp. 199-241). London: Cambridge University Press.

Gentner, D. & Landers, R. (1985). Analogical reminding: a good match is hard to find. In *Proceedings of the International Conference on Systems, Man and Cybernetics, Tucson, AR*, (pp. 607-613).

Gick, M.L. & Holyoak, K.J. (1980). Analogical problem solving. *Cognitive Psychology, 12*, 306-355.

Gick, M.L. & Holyoak, K.J. (1983). Schema induction and analogical transfer. *Cognitive Psychology, 15*, 1-38.

Grossberg, S. (1978). A theory of visual coding, memory and development. In E.L.J. Leeuwenberg & H.F.J. Buffart (Eds.), *Formal theories of visual perception* (pp. 7-26). New York: Wiley.

Hofstadter, D.R. & Mitchell, M. (1988). Conceptual slippage and mapping: A report on the COPYCAT project. In *Proceedings of the Tenth Annual Conference of the Cognitive Science Society,* (pp. 601-607). Hillsdale, NJ: Cognitive Science Society, Lawrence Erlbaum Associates.

Holyoak, K.J. (1982). An analogical framework for literary interpretation. *Poetics, 11,* 105-126.

Holyoak, K.J. & Koh, K. (1987). Surface and structural similarity in analogical transfer. *Memory & Cognition, 15,* 332-340.

Holyoak, K.J. & Thagard, P. (1989). Analogical mapping by constraint satisfaction. *Cognitive Science, 13,* 295-356.

Holyoak, K.J. & Thagard, P. (1990). A constraint-satisfaction approach to analogue retrieval and mapping. In K.J. Gilhooly, M.T.G. Keane, R.H. Logie & G. Erdos (Eds.), *Lines of thinking* (Vol. 1, pp. 205-220). Chichester, England: Wiley.

Johnson, L.W. (1986). Intention-based diagnosis of novice programming errors. London: Pitman.

Johnson-Laird, P.N. (1989). Analogy and the exercise of creativity. In S. Vosniadou & A. Ortony (Eds.), *Similarity and analogical reasoning* (pp. 313-331). London: Cambridge University Press.

Keane, M.T.G. (1990). Incremental analogizing: theory and model. In K.J. Gilhooly, M.T.G. Keane, R.H. Logie & G. Erdos (Eds.), *Lines of thinking* (Vol. 1, pp. 221-236). Chichester, England: Wiley.

Kedar-Cabelli, S. (1985). Purpose-directed analogy. In *Proceedings of the Seventh Annual Conference of the Cognitive Science Society,* (pp. 150-159). Hillsdale, NJ: Cognitive Science Society, Lawrence Erlbaum Associates.

Köhne, A. & Weber, G. (1987). STRUEDI: a LISP-structure editor for novice programmers. In H.J. Bullinger & B. Schackel (Eds.), *Human-Computer Interaction INTERACT '87* (pp. 125-129). Amsterdam: North-Holland.

Kolodner, J.L., Simpson, R.L. & Sycara-Cyranski, K. A. (1985). A process model of case-based reasoning in problem solving. In *Proceedings of the Ninth International Joint Conference on Artificial Intelligence, Los Angeles, CA,* (pp. 284-290).

Lebowitz, M. (1983). Generalization from natural language text. *Cognitive Science, 7,* 1-40.

Marr, D. & Poggio, T. (1976). Cooperative computation of stereo disparity. *Science, 1984,* 283-287.

McClelland, J.L. & Rumelhart, D.E. (1981). An interactive activation model of context effects in letter perception: Part 1. An account of basic findings. *Psychological Review, 88,* 375-407.

Michalski, R.S. (1989). Two-tiered concept meaning, inferential matching, and conceptual cohesiveness. In S. Vosniadou & A. Ortony (Eds.), *Similarity and analogical reasoning* (pp. 122-145). London: Cambridge University Press.

Miller, G.A., Fellbaum, C., Kegl, J. & Miller, K. (1988). WORDNET: An electronic lexical reference system based on theories of lexical memory. *Revue Québécoise Linguistique, 17,* 181-213.

Mitchell, T.M., Keller, R.M., & Kedar-Cabelli, S.T. (1986). Explanation-based generalization: a unifying view. *Machine Learning, 1,* 47-80.

Neal, L.R. (1989). A system for example-based learning. In *Proceedings of the CHI'89: Human Factors in Computing Systems,* (pp. 63-68).

Palmer, S.E. (1989). Levels of description in information processing theories of analogy. In S. Vosniadou & A. Ortony (Eds.), *Similarity and analogical reasoning* (pp. 332-345). London: Cambridge University Press.

Pirolli, P.L. & Anderson, J.R. (1985). The role of learning from examples in the acquisition of recursive programming skills. *Canadian Journal of Psychology, 39,* 240-272.

Ratterman, M. & Gentner, D. (1987). Analogy and similarity: determinants of accessibility and inferential soundness. In *Proceedings of the Ninth Annual Conference of the Cognitive Science Society,* (pp. 23-35). Hillsdale, NJ: Erlbaum.

Riesbeck, C.K., & Schank, R.C. (1989). *Inside case-based reasoning.* Hillsdale, NJ: Lawrence Erlbaum Associates.

Ross, B.H. (1984). Remindings and their effects in learning a cognitive skill. *Cognitve Psychology, 16,* 371-416.

Ross, B.H. (1987). This is like that: the use of earlier problems and the separation of similarity effects. *Journal of Experimental Psychology: Learning, Memory, and Instruction, 13,* 629-639.

Ross, B.H. (1989). Distinguishing types of superficial similarities: Different effects on the access and use of earlier problems. *Journal of Experimental Psychology: Learning, Memory, and Cognition, 15,* 456-468.

Rumelhart, D.E. (1989). Toward a microstructural account of human reasoning. In S. Vosniadou & A. Ortony (Eds.), *Similarity and analogical reasoning* (pp. 298-312). London: Cambridge University Press.

Rumelhart, D.E., Smolensky, P., McClelland, J.L. & Hinton, G.E. (1986). Schemata and sequential thought processes in PDP models. In J.L. McClelland, D.E. Rumelhart & the PDP Research Group (Eds.), *Parallel distributed processing: explorations in the microstructure of cognition* (Vol. 2, pp. 7-57). Cambridge, MA: Bradford Books / MIT Press.

Seifert, C.M., McKoon, G., Abelson, R.P. & Ratcliff, R. (1986). Memory connections between thematically similar episodes. *Journal of Experimental Psychology: Learning, Memory, and Cognition, 12,* 220-231.

Tarski, A. (1954). Contributions to the theory of models. *Indigationes Mathematicae, 16,* 572-588.

Thagard, P., Holyoak, K.J., Nelson, G. & Gochfeld, D. (1990). Analog retrieval by constraint satisfaction. *Artificial Intelligence, 46,* 259-310.

Vorberg, D. & Goebel, R. (1991). Das Lösen rekursiver Programmierprobleme: Rekursionsschemata. *Kognitionswissenschaft, 1,* 83-95.

Weber, G. (1988). Cognitive diagnosis and episodic modelling in an intelligent LISP-tutor. In *Proceedings of the Intelligent Tutoring Systems ITS-88, Montreal, June 1-3,* (pp. 207-214).

Weber, G. (1989). Automatische kognitive Diagnose in einem Programmier-Tutor. In D. Metzing (Ed.), *Künstliche Intelligenz GWAI-89* (pp. 331-336). Berlin: Springer.

Weber, G. (1991). Explanation-based retrieval in a case-based learning model. In *Proceedings of the Thirteenth Annual Conference of the Cognitive Science Society,* (pp. 522-527). Hillsdale, NJ: Cognitive Science Society.

Weber, G. & Bögelsack, A. (in Druck). Representation of programming episodes in the ELM model. In K.F. Wender, F. Schmalhofer & H.D. Böcker (Eds.), *Cognition and computer programming* . Hillsdale, NJ: Ablex Publishing Corporation.

Weber, G. & Möllenberg, A. (in Druck). STRUEDI: a tutoring system for LISP beginners. In K. F. Wender, F. Schmalhofer & H.D. Böcker (Eds.), *Cognition and computer programming*. Hillsdale, NJ: Ablex Publishing Corporation.

Weber, G., Waloszek, G. & Wender, K.F. (1988). The role of episodic memory in an intelligent tutoring system. In J. Self (Ed.), *Artificial intelligence and human learning: Intelligent computer-aided instruction* (pp. 141-155). London: Chapman & Hall.

Wharton, C.M., Holyoak, K.J., Downing, P.E., Lange, T.E. & Wickens, T.D. (1991). Retrieval competition in memory for analogies. In *Proceedings of the Thirteenth Annual Conference of the Cognitive Science Society,* (pp. 528-533). Hillsdale, NJ: Cognitive Science Society.

Winston, P.H. (1980). Learning and reasoning by analogy. *Communications of the ACM, 23,* 689-703.

Anhang A

Teile der Aufgabenbeschreibungen für die rekursiven Aufgaben "Simple-And" und "Simple-Or".

```
Name:     Simple-And

No:       A5.1

Text:     "Schreibe eine rekursive Funktion mit einer Liste als
          Argument. Die Funktion soll T zurückliefern, falls alle
          Elemente der Liste den Wahrheitswert T haben, andernfalls
          NIL."

I/O:      (T T T T) → T, (T NIL T) → NIL, (NIL NIL NIL) → NIL,
          () → T

Type:     Define-Procedure

Params:   (?List)

Body:     (Cdr-End-Recursion
              Rec-Parameter:      ?List
              Case:   Test:       (Null-Test (Parameter ?List))
```

```
                    Consequence:  (Truth-Value T)
        Case:   Test:         (NIL-Test (First-Element
                                  (Parameter ?List)))
                    Consequence:  (Truth-Value NIL))
        Case:   Test:         (Else-Test T)
                    Consequence:  (Cdr-Rec-Clause (Parameter ?List))
```

```
Name:    Simple-Or

No:      A5.2

Text:    "Schreibe eine rekursive Funktion mit einer Liste als
         Argument. Die Funktion soll T zurückliefern, falls
         wenigstens ein Element der Liste den Wahrheitswert T hat,
         andernfalls NIL."

I/O:     (T T T T) → T, (T NIL T) → T, (NIL NIL NIL) → NIL,
         () → NIL

Type:    Define-Procedure

Params:  (?List)

Body:    (Cdr-End-Recursion
              Rec-Parameter:         ?List
              Case:   Test:          (Null-Test (Parameter ?List))
                      Consequence:   (Truth-Value NIL)
              Case:   Test:          (T-Test (First-Element
                                         (Parameter ?List)))
                      Consequence:   (Truth-Value T)
              Case:   Test:          (Else-Test T)
                      Consequence:   (Cdr-Rec-Clause (Parameter ?List))
```

Anhang B

Zerlegung des LISP-Kodes für die Funktionsdefinition von "Simple-And" (Tabelle 3)
in Propositionen.

```
(DEFUN (SIMPLE-AND Varlist-953 form-955) PROP-977)

(VARLIST (LI Varlist-953) PROP-954)

(COND (cond-clause-956 cond-clause-961 cond-clause-969 form-955)
      PROP-976)

(COND-CLAUSE (cond-clause-test-957 T cond-clause-956) PROP-960)

(NULL (LI cond-clause-test-957) PROP-958)

(COND-CLAUSE (cond-clause-test-962 NIL cond-clause-961) PROP-968)

(EQUAL (arg-963 NIL cond-clause-test-962) PROP-966)

(CAR (LI arg-963) PROP-964)

(COND-CLAUSE (T cond-clause-consequence-971 cond-clause-969)
      PROP-975)

(SIMPLE-AND (arg-972 cond-clause-consequence-971) PROP-974)

(CDR (LI arg-972) PROP-973)
```

Anhang C

Zerlegung der Erklärungsstruktur für die Funktionsdefinition von "Simple-And" (Tabelle 3) in Propositionen.

```
(FUNCTION-DEFINITION (Function-Def-Rule arg-1019 arg-1021)
        PROP-1071)
(DEF-FUNC-OP (Correct-Op-Rule arg-1019) PROP-1020)
(BODY-DEFINITION (Fn-Body-Rule arg-1022 arg-1021) PROP-1070)
(SIMPLE-CDR-RECURSION (Recursion-Scheme-Rule arg-1023 arg-1022)
        PROP-1069)
(CASE-DECISION-NF (Case-Dec-3-Rule arg-1024 arg-1026 arg-1036
        arg-1054 arg-1023) PROP-1068)
(CASE-DEC-OP (Correct-Op-Rule arg-1024) PROP-1025)
(1.CASE-IN-NF (Case-In-NF-Rule arg-1027 arg-1033 arg-1026)
        PROP-1035)
(NULL-TEST (Unary-Func-Rule arg-1028 arg-1030 arg-1027) PROP-1032)
(NULL-TEST-OP (Correct-Op-Rule arg-1028) PROP-1029)
(PARAMETER (Correct-Param-Rule arg-1030) PROP-1031)
(TRUTH-VALUE (Correct-Unquoted-Datum-Rule arg-1033) PROP-1034)
(2.CASE-IN-NF (Case-In-NF-Rule arg-1037 arg-1051 arg-1036)
        PROP-1053)
(NIL-TEST (Equal-NIL-Test-Rule arg-1038 arg-1037) PROP-1050)
(EQUALITY (Binary-Func-Rule arg-1039 arg-1041 arg-1047 arg-1038)
        PROP-1049)
(EQUAL-OP (Correct-Op-Rule arg-1039) PROP-1040)
(FIRST-ELEMENT (Unary-Func-Rule arg-1042 arg-1044 arg-1041)
        PROP-1046)
(FIRST-ELEM-OP (Correct-Op-Rule arg-1042) PROP-1043)
(PARAMETER (Correct-Param-Rule arg-1044) PROP-1045)
(TRUTH-VALUE (Correct-Unquoted-Datum-Rule arg-1047) PROP-1048)
(TRUTH-VALUE (Correct-Unquoted-Datum-Rule arg-1051) PROP-1052)
(3.CASE-IN-NF (Case-In-NF-Rule arg-1055 arg-1057 arg-1054)
        PROP-1067)
(ELSE-TEST (Else-Test-Rule arg-1055) PROP-1056)
(CDR-REC-CLAUSE (Schema-Eval-Rule arg-1058 arg-1057) PROP-1066)
(RECURS-CALL (Recurs-Call-Rule arg-1059 arg-1058) PROP-1065)
(LIST-REST (Unary-Func-Rule arg-1060 arg-1062 arg-1059) PROP-1064)
(LIST-REST-OP (Correct-Op-Rule arg-1060) PROP-1061)
(PARAMETER (Correct-Param-Rule arg-1062) PROP-1063)
```

Teil III

Lernen bereichspezifischer Heuristiken

Lernen von abkürzungsorientiertem, diagnostischen Problemlösen[1]

Klaus-Dieter Althoff

Akzeptanz und Validierung von Expertensystemen hängen wesentlich von der Transparenz und Nachvollziehbarkeit des implementierten Problemlöseverhaltens ab. Insbesondere die Nachvollziehbarkeit wird dabei in starkem Maße von dem Expertensystem zur Verfügung stehendem Strategiewissen beeinflußt. Dieser Beitrag stellt ein induktives Lernverfahren mit fallbasierter Hypothesengenerierung und -bewertung vor, das in der Lage ist, auf einer allgemeinen Ebene das abkürzungsorientierte diagnostische Problemlöseverhalten erfahrener Servicetechniker nachzubilden. Es ist ein integrierter Bestandteil einer Werkbank zur Diagnose technischer Systeme und teilt sich die Aufgabe der Wissensakquisition mit einem System zum fallbasierten Schließen, einem System zur Wissenskompilation sowie Mechanismen zur Unterstützung der manuellen Wissensakquisition.

1 Einführung

Im Rahmen des MOLTKE-Projektes[2] (Richter, 1991; Althoff, 1991b) wurde am Beispiel einer komplexen technischen Anwendungsdomäne die MOLTKE-Werkbank (Althoff, Maurer & Rehbold, 1990) zur Diagnose technischer Systeme entwickelt. Eine wesentliche Zielsetzung des Projektes war dabei die Modellierung des diagnostischen Problemlöseverhaltens eines langjährigen Servicetechnikers der Herstellerfirma. Eine in diesem Zusammenhang wichtige Erkenntnis ist, daß sich die Diagnosestrategie erfahrener Servicetechniker in starkem Maße an Abkürzungsmöglichkeiten orientiert, die in der Funktionsweise des zugrunde liegenden technischen Systems und/oder der Erfahrung des Technikers begründet sind.

Ein Servicetechniker ist aufgrund seines Erfahrungswissens in der Lage, Diagnosen schneller zu stellen, falsche Diagnosen zu vermeiden, Konsequenzen aus falschen Diagnosen zu ziehen sowie das (erfolgreiche) Diagnoseverfahren bereits erlebter Situationen auf das aktuelle Problem (sinngemäß) zu übertragen. Diese Fähigkeiten beruhen dabei auf seinem intuitiven Verständnis für ähnliche Situationen bzw. seinem Vermögen, verkürzte Lösungswege anwenden zu können. Die Fähigkeit des Service-

---

[1] Die hier dargestellte Arbeit wurde teilweise gefördert durch die Deutsche Forschungsgemeinschaft, Sonderforschungsbereich 314 "Künstliche Intelligenz - Wissensbasierte Systeme", Projekte X6 und X9 (Prof. Dr. M.M. Richter, Universität Kaiserslautern). Das Projekt X6 wurde in Kooperation mit dem Lehrstuhl für Fertigungsmeßtechnik und Qualitätssicherung (WZL, Prof. Dr.-Ing. Dr. h.c. T. Pfeifer) der RWTH Aachen durchgeführt.
[2] **MO**dels, **L**earning and **T**emporal **K**nowledge in **E**xpert Systems for Engineering Domains

technikers, möglichst kurze Lösungswege zu beschreiten, wird als *abkürzungsorientiertes diagnostisches Problemlösen* bezeichnet.

Ein Beispiel aus der Domäne der CNC-Maschinen (Computerized Numerical Control) soll dies illustrieren: Eine Werkzeugmaschine wird in einem Bereich mit sehr hoher Umgebungstemperatur eingesetzt, wobei angenommen wird, daß bei dieser Maschine umgebungsbedingt in 90% der Störfälle ein bestimmter Teil der Hydraulik ausfällt. Ein erfahrener Servicetechniker, der diese Maschine kennt, wird im allgemeinen schon nach der Feststellung der ersten Symptome entscheiden, ob dieser Fehler aufgetreten ist oder nicht. Erkennt er ein Teilmuster der Symptomatik des Hydraulikfehlers, so wird er auf ein Abarbeiten des kompletten Suchweges verzichten. Auf diese Weise werden Erwartungen genutzt, um fehlendes Wissen zu prognostizieren (Janetzko, 1991).

Maschinenfehlermeldung	i59	
I/O-Status IN36	logisch-1	
I/O-Status OUT7	logisch-1	**die in dieser**
Ventil 5Y1	geschaltet	**Reihenfolge**
Ventil 5Y2	nicht geschaltet	**erhobenen**
Leitungssystem	in Ordnung	**Symptome**
Aufnahmekegel	nicht verschmutzt	
I/O-Status IN32	logisch-1	
I/O-Karte	defekt	**die Diagnose**

Abbildung 1:   Ein "Fall" in der MOLTKE-Wissensbasis (Diagnosepfad)

Solches Wissen, das auf konkreten Erfahrungen beruht, steht heutigen Diagnosesystemen meist nicht zur Verfügung. Hingegen kennt der Servicetechniker aus seiner Tätigkeit Fälle für solch spezifisches Fehlverhalten. Ein konkreter Fall ist in Abbildung 2 dargestellt. Dieser Fall soll nun mit dem in der Wissensbasis repräsentierten Wissen verglichen werden. Abbildung 1 zeigt das Ergebnis einer Sitzung mit dem MOLTKE-Diagnosesystem (Diagnosepfad). Abbildung 1 ist so zu verstehen, daß bei Eingabe der aufgeführten Symptomwerte die Diagnose "I/O-Karte defekt" gestellt wird.

Wie man leicht feststellt, hat der Techniker das Symptom I/O-Status IN36 mit Wert logisch-1 nicht erhoben. Mit anderen Worten: Er hat es nicht benötigt, um die gleiche Diagnose stellen zu können wie das MOLTKE-System. Man kann dieses Verhalten auf zweierlei Weise interpretieren:

* Der Servicetechniker betrachtete das Symptom als für die gegebene Situation irrelevant.

* Die Relevanz der übrigen Symptomwerte für die Diagnose oder den fehlenden Symptomwert ist so stark, daß ein Analogieschluß zwischen der vollständigen und der unvollständigen Situation gerechtfertigt ist - also der fehlende Symptomwert durch eine Analogie abgeleitet werden konnte.

In beiden Fällen wäre die fragliche Symptomausprägung durch die restlichen Symptomwerte mit einer gewissen Wahrscheinlichkeit bestimmt. Man kann versuchen, den Grad dieser Bestimmtheit durch Lernen aus weiteren Fällen zu verbessern. Allgemein lernt ein Techniker auf eine doppelte Weise:

- Er lernt von einem bestimmten früheren Fall, in dem er in einer konkreten Situation eine dortige Lösung sinnvoll auf den aktuellen Fall überträgt.

- Er lernt aus der Gesamtheit aller früheren Fälle sein gesamtes Lösungsverhalten zu verbessern.

Maschinenfehlermeldung	i59	
I/O-Status OUT7	logisch-1	**die in dieser**
Ventil 5Y1	geschaltet	**Reihenfolge**
Ventil 5Y2	nicht geschaltet	**erhobenen**
Leitungssystem	in Ordnung	**Symptome**
Aufnahmekegel	nicht verschmutzt	
I/O-Status IN32	logisch-1	
I/O-Karte	defekt	**die Diagnose**

Abbildung 2: Ein Diagnosefall des Servicetechnikers

Dieser Beitrag stellt das GenRule[3]-System vor, dessen Zielsetzung es ist, das dargelegte Expertenverhalten auf eine einfache Art und Weise nachzubilden. Dazu lernt GenRule aus vorgelegten *Diagnosefällen* (siehe Abbildung 2) *Abkürzungsregeln* (Regeln, die aus gegebenen Symptomwerten weitere ableiten). Eine Fokussierung des Diagnoseverfahrens auf das Feuern dieser Regeln ermöglicht eine Abkürzung des Diagnoseprozesses, da weniger Symptome zu erheben sind. Zudem wird dadurch eine Orientierung des Diagnoseverfahrens am Diagnoseverhalten der jeweiligen Experten bewirkt.

GenRule realisiert ein inkrementelles induktives Lernverfahren, das seine Hypothesen (Abkürzungsregeln) auf der Basis eines Fallgedächtnisses (*case memory*; z.B. Kolodner, 1983) generiert. Die vorgelegten *Diagnosefälle* werden dabei automatisch mit aus der Wissensbasis extrahierten *Diagnosepfaden* (siehe Abbildung 1) verglichen. Dies geschieht mittelbar durch das Einfügen der Pfade in das Fallgedächtnis. Derartige Pfade werden automatisch aus einer vorgelegten Wissensbasis extrahiert und auf Anforderung im Fallgedächtnis aktualisiert. Negative Beispiele - das sind Fälle, die generierten Regeln widersprechen - bewirken dabei ein Absenken sogenannter *Determinationsfaktoren*, die wiederum eine Approximation der jeweiligen bedingten Wahrscheinlichkeit realisieren, daß die rechte Seite einer Abkürzungsregel gilt, falls die linke Seite erfüllt ist. Überschreiten die generierten Regeln einen bestimmten, definierbaren Determinationsfaktor (Schwellwert), so werden sie in die Wissensbasis integriert. Andererseits werden in der Wissensbasis befindliche Regeln, die diesen Schwellwert mit der Zeit wieder unterschreiten, automatisch wieder aus der Wissensbasis entfernt. Das Fallgedächtnis fungiert in diesem Fall als eine Art Abhängigkeitsgraph für die generierten Regeln.

Neben episodischem Wissen (siehe auch Strube, 1989) in Form von Diagnosefällen existieren zwei weitere Wissensquellen, die für die Diagnose technischer Systeme wesentlich sind. Dies sind zum einen das abstrakte Diagnosewissen der jeweils involvierten Experten sowie Wissen über das zu

---

[3] Generator of Empirical MOLTKE Rules

diagnostizierende technische System selbst. Die Zielsetzung des MOLTKE-Projektes war die Entwicklung einer Wissensakquisitionsumgebung, die eine möglichst weitgehende Unterstützung bei der Entwicklung der jeweiligen Wissensbasen bietet. Dies bedeutete insbesondere die Einbeziehung aller wichtigen Wissensquellen. Die MOLTKE-Werkbank stellt hierfür Mechanismen zur Verfügung, die es erlauben, dieses Wissen innerhalb einer Wissensbasis zu integrieren (siehe auch Abbildung 3). Die hierfür verwendete Beschreibungssprache hat den Charakter eines (operationalen) Designmodells im Sinne von KADS (Breuker & Wielinga, 1989; Wielinga, Schreiber & Breuker, 1991) und bildet zusammen mit den Interpretern die Grundlage für die MOLTKE-Diagnoseshell.

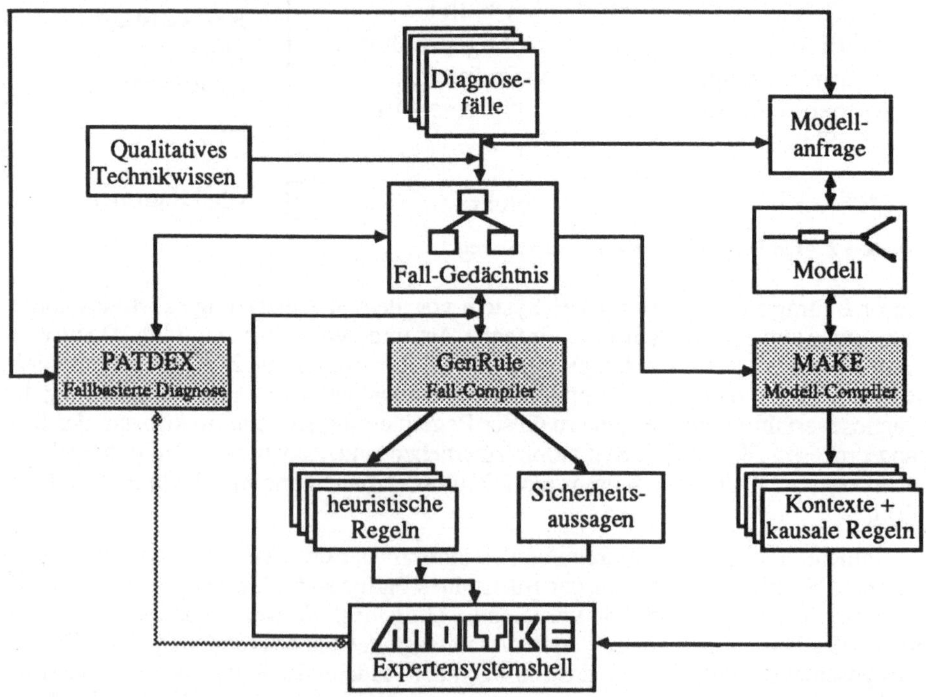

Abbildung 3: Organisation der MOLTKE-Werkbank

Während GenRules Beitrag zur Wissensintegration dabei die Extraktion von allgemeinem Diagnosewissen aus Fällen ist, extrahiert das MAKE[4]-System (Rehbold, 1991) derartiges Wissen aus einem funktionalen Modell des zu diagnostizierenden technischen Systems. Mit Blick auf die eigentliche Integrationsaufgabe wird vom Experten manuell eingetragenes bzw. von MAKE generiertes Wissen im Vergleich mit dem episodischen als sicherer angesehen. Im Rahmen der MOLTKE-Werkbank werden Fälle deshalb hauptsächlich zum Lernen von Diagnosestrategien (GenRule) sowie zur Ausnahmebehandlung verwendet. Letzteres ist die Aufgabe des PATDEX[5]-Systems (Althoff, 1991a; Althoff & Weß, 1991; Weß, 1991; Althoff, 1991b), das derartige Fälle mit Hilfe seines fallbasierten Schlußfolgerungsmechanismus interpretiert (fallbasiertes Schließen). Ausnahmen sind dabei Diagnosefälle, für die in der aktuellen

---

[4] Model-Based Automatic Knowledge Extractor

[5] PATtern Directed EXpert system

Wissensbasis keine *ähnlichen* Diagnosepfade existieren. Derartige Fälle dienen GenRule nicht zur Hypothesengenerierung, sondern beeinflussen lediglich bereits generierte Regeln über die zugehörigen Determinationsfaktoren. Ausnahmen werden somit von der Diagnoseshell gar nicht behandelt. Die Grundlage der Kooperation zwischen PATDEX und GenRule bilden die gemeinsame Fallrepräsentation sowie das gemeinsame Fallgedächtnis (siehe Abbildung 4). Während GenRule immer auf der Fallgesamtheit operiert (dies ist zur Berechnung der Determinationsfaktoren wichtig), verarbeitet PATDEX die als Ausnahmen erkannten Fälle. Zudem bietet PATDEX eine dem Lehrlingslernen vergleichbare Unterstützung bei der Wissensakquisition.

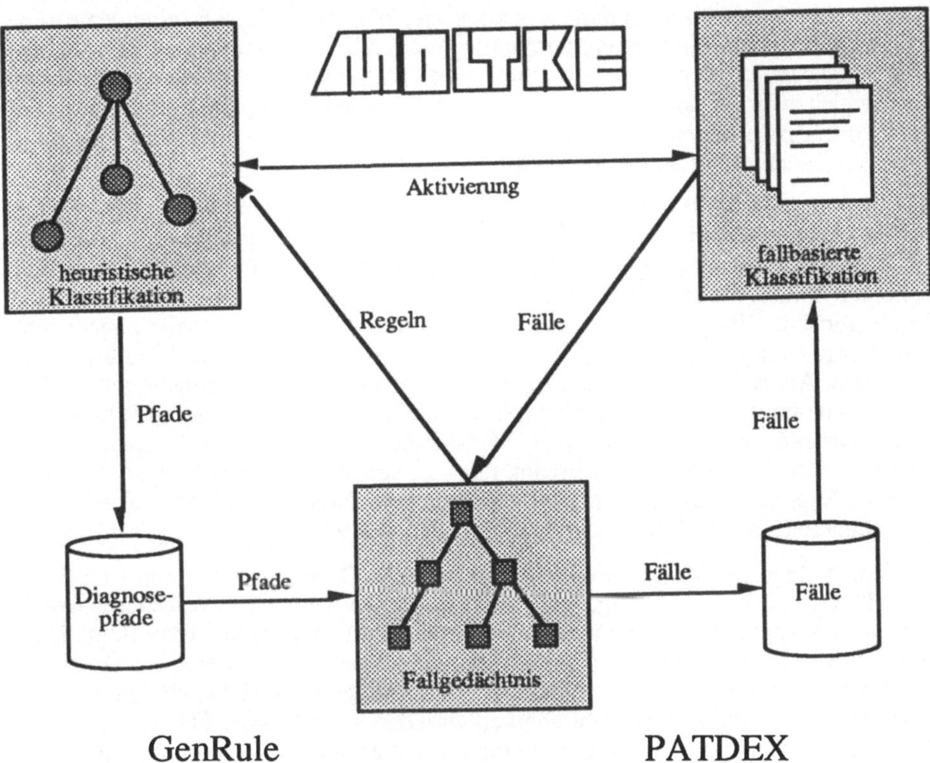

Abbildung 4: Die Lernkomponente innerhalb der MOLTKE-Werkbank

Prinzipiell haben die innerhalb der Werkbank eingesetzten Lernverfahren die Funktion, das durch die Diagnoseshell vorgegebene operationale Designmodell möglichst weitgehend mit konkretem Wissen zu füllen. Die dabei verwendeten Hauptlernstrategien sind Lernen durch Analogie (GenRule), fallbasiertes Schließen (PATDEX) sowie eine dem erklärungsbasierten Lernen vergleichbare Form der Wissenskompilation (MAKE).

Im nächsten Abschnitt werden einige für diesen Beitrag wichtige Begriffe aus dem Bereich des diagnostischen Problemlösens eingeführt. Im dritten Abschnitt wird das GenRule-Verfahren einführend beschreiben und an einem ausführlichen Beispiel erläutert, sowie der Einfluß von GenRule auf die Diagnosestrategie der Diagnoseshell der Werkbank dargestellt. Auf weitere Teilkomponenten von GenRule, die nicht Gegenstand dieses Beitrages sind, wird im Abschnitt 3.4 verwiesen. Abschließend wird

GenRule sowohl aus der Sicht der zugrundeliegenden konkreten Wissensakquisitionsaufgabe als auch der abstrakten Lernaufgabe bewertet und mit einer beispielhaften
Auswahl von Systemen aus der Literatur verglichen.

2   Diagnosebegriffe

Ein *Symptom* beschreibt einen meßbaren Teil des Zustandes des zu diagnostizierenden
Systems. Ein Symptom kann dabei ein konkreter Meßwert sein, z.B. eine gemessene
Spannung, oder auch ein daraus abstrahierter Wert, z.B. die Spannung ist zu hoch. Ein
aktuell gemessener Wert eines Symptoms wird als *Symptomwert* bezeichnet[6]. Hierbei
kann es sich auch um den den Wert "unbekannt" handeln. Symptomwerte werden mit
Hilfe von *Tests* erhoben. Die Menge, der zu einem Zeitpunkt aktuellen Symptomwerte, wird auch als *Situation* bezeichnet.

Eine *Diagnose* wird durch eine Menge von Symptomwerten - also durch eine Situation - charakterisiert. Formal werden Diagnosen über *Diagnoseformeln*[7] beschrieben. Die Verfeinerungshierarchie der Diagnosen wird mit Hilfe eines Graphen, dem
Kontextgraphen, modelliert. *Kontexte* repräsentieren dabei Grob-, Zwischen- oder
Enddiagnosen. Einem Kontext werden zweierlei Arten von Regeln zugeordnet:
Reihenfolge- und *Abkürzungsregeln*. Die Bedingungsteile dieser Regeln sind Diagnoseformeln. Als Aktionen werden im Falle einer feuernden Reihenfolgeregel ein Test
angestoßen und im Falle einer Abkürzungsregel ein Symptom mit einem Wert belegt.
Dabei repräsentieren Abkürzungsregeln Zusammenhänge zwischen Symptomwerten,
beispielsweise "Wenn das Licht brennt, dann ist der Schalter geschlossen". Die Strategie des Experten kann durch die Reihenfolgeregeln dargestellt werden. Diese ordnen
einer Situation den als nächstes durchzuführenden Test zu.

Zum Aufbau der Klassifikationsfähigkeit eines Diagnosesystems mit Hilfe der
MOLTKE-Shell ist es wichtig, alle (interessanten) Fehler zu identifizieren und in
Form von Kontexten im System zu modellieren. Kontexte werden dabei durch Mengen von Symptomwerten, die *Kontextvorbedingungen*[8], charakterisiert. Durch das
Explizieren der Inklusionsbeziehungen der Vorbedingungen wird dann der Kontext-
graph aufgebaut. Die Testauswahlfähigkeit wird dadurch realisiert, daß auf der Menge
der für einen Kontext interessanten Symptome (dies sind alle Symptome, die in den
Vorbedingungen möglicher Nachfolgekontexte innerhalb des Graphen vorkommen)
eine Ordnung definiert wird. Diese Ordnung kann sowohl explizit durch Reihenfolgeregeln angegeben werden als auch implizit über Abkürzungsregeln. Letzteres resultiert
dann durch die Konkretisierung einer Metastrategie (z.B. "feuere so viele Abkürzungsregeln wie möglich") in einer anwendbaren Strategie.

---

[6] Im Rahmen dieses Beitrages wird "Symptomwert" im Sinne eines Paars (Symptomname, eigentlicher
Wert) verwendet. Mit Symptomwert könnte dann z.B. gemeint sein: Spannung-Kontaktpunkt-7=12V,
statt einfach nur 12V.

[7] Zugrunde gelegt wird eine Teilmenge einer dreiwertigen Prädikatenlogik 1. Stufe.

[8] Kontextvorbedingungen sind somit Situationen. Jede Kontextvorbedingung korrespondiert allerdings
auf eindeutige Weise zu einer Diagnoseformel (eine entsprechende Normalform vorausgesetzt).

3   GenRule

Zur Verbesserung einer gegebenen MOLTKE-Wissensbasis mit Hilfe empirisch gerechtfertigter Diagnosefälle orientiert sich GenRule an dem *abkürzungsorientierten diagnostischen Problemlösen* erfahrener Servicetechniker. Dazu lernt GenRule *Abkürzungen* aus Analogien zwischen bereits in der Wissensbasis vorhandenen Diagnosepfaden und neu präsentierten Fällen. "Vorhanden" bedeutet hier, daß die Diagnosepfade durch Beispielläufe (Simulation) des Shell-Interpreters explizit gemacht werden können. Pfade und Fälle sind dabei beschrieben als ein Paar aus einer Situation und einer Diagnose (siehe Abbildungen 1 und 2). Die gelernten Abkürzungen werden in die MOLTKE-Shell als heuristische Abkürzungsregeln integriert (Abbildung 5).

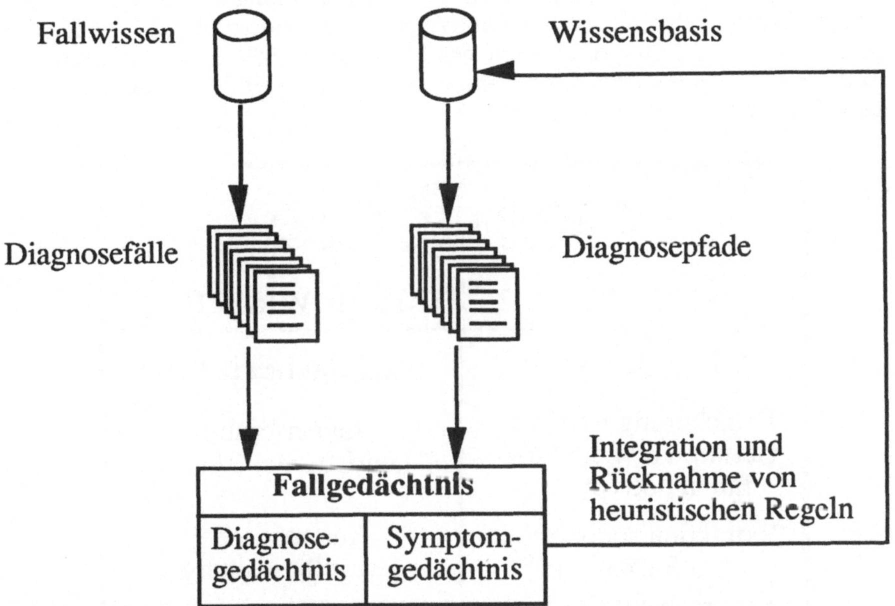

Abbildung 5: Das GenRule-Verfahren

Das Diagnoseverfahren der Shell kann wie folgt beeinflußt werden:

- Die Abkürzungsregeln dienen zur Fokussierung des Diagnoseverfahrens der Shell, die versucht, möglichst viele Abkürzungsregeln zu feuern. Dies erweitert die Testauswahl über Reihenfolgeregeln.

- Über Abkürzungsregeln abgeleitete Symptomwerte verbessern den *Klassifikationsprozeß*, indem sie ihn durch die Erhebung von weniger Symptomen beschleunigen. Alternativ dazu machen sie ihn (zumindest) transparenter, da sie ihn auf die gleiche Art und Weise unterteilen wie dies beim jeweiligen Servicetechniker der Fall ist (der Anwender wird gefragt, ob er die Diagnose akzeptiert oder ob er von den abgeleiteten Symptomwerten noch einige überprüfen möchte).

- Die Shell blockiert alle Tests, die Symptome bestimmen, für die bereits mit einer Abkürzungsregel Werte abgeleitet worden sind. Der Anwender hat allerdings jederzeit die Freiheit, Symptomwerte zu ergänzen bzw. zu korrigieren.

Die Shell verarbeitet die durch die Abkürzungsregeln zur Verfügung stehende unsichere Information mit Hilfe von a priori und a posteriori Abschätzungen. Maßgeblich bestimmt wurde der zugrunde liegende Mechanismus durch zwei wesentliche Anforderungen aus der Domäne der CNC-Maschinen (die allerdings auch für andere technische Diagnoseprobleme typisch sind). Zum einen muß die Shell große Wissensmengen mit hinreichender Performanz verarbeiten können. Zum anderen muß unsicheres Wissen situationsgemäß verwendet werden können, d.h. es muß möglich sein, die Unsicherheit der Diagnose in Beziehung zum Aufwand der (praktischen) Ergebnisvalidierung zu setzen. Der Benutzer entscheidet somit, ob er die Diagnose akzeptiert oder ob er eine Teilmenge oder alle unsicheren Symptomwerte überprüft und die Shell auf Basis gegebenenfalls korrigierter Werte neu klassifizieren läßt. In diese Entscheidung fließen der Aufwand der Abhilfemaßnahme, der Aufwand der Symptomwerterhebung und die Erfahrung des Benutzers ein.

Abbildung 6:   GenRule-Teilkomponenten

GenRule verwendet ein Fallgedächtnis zur effizienten Abwicklung der Regelgenerierung, insbesondere der Berechnung und Aktualisierung der Determinationsfaktoren der einzelnen Regeln (Abbildung 6). Diese Faktoren dienen zur statistischen Rechtfertigung der Abkürzungsregeln und realisieren eine Approximation der bedingten Wahrscheinlichkeit dafür, daß die rechte Regelseite gilt, wenn die linke Seite gegeben ist. Positive Beispiele erhöhen somit den Determinationsfaktor einer Regel, während negative ihn senken. Um unterschiedlichen Anforderungen gerecht werden zu können, verwendet GenRule verschiedene Faktoren, die zum einen auf der Basis aller Fälle (*allgemeiner Determinationsfaktor*), zum anderen für spezialisierte Fallgrundgesamtheiten (*spezielle Determinationsfaktoren*) berechnet werden können.

In den nachfolgenden Abschnitten werden die wichtigsten Aspekte des GenRule-Systems, die Organisation und die Funktion des Fallgedächtnisses sowie auf der Prozeß der Regelgenerierung, näher vorgestellt und anhand eines ausführlichen Beispiels erläutert. Der letzte Abschnitt geht auf weitere Teilkomponenten von GenRule ein.

3.1 Fallgedächtnis

Die Diagnosefälle und -pfade werden im Fallgedächtnis von GenRule organisiert. Der Aufbau der Speicherstruktur orientiert sich an den Arbeiten von Kolodner (1983), stellt aber in seiner konkreten, der Problemstellung angepaßten Realisierung eine Neuentwicklung dar. Ziel ist dabei, die benötigte Zeit für die Bereitstellung von Fällen und Pfaden möglichst gering zu halten, und zwar auf Kosten des benötigten Speicherplatzes bzw. der benötigten Zeit zum Einfügen der Fälle und Pfade. Grundidee hierbei ist die Integration neuen Wissens (nämlich episodisches Wissen in Form von Diagnosefällen und -pfaden) in bereits bekanntes und die dabei erforderliche automatische Reorganisation der Struktur. Folgende Teilaufgaben von GenRule werden durch das Gedächtnis besonders unterstützt:

- die Partitionierung der Fälle und Pfade gemäß ihrer Diagnose,

- das Auffinden von Diagnosefällen, die bestimmte, vorgegebene Situationen enthalten (zur Berechnung der Determinationsfaktoren),

- das Auffinden von Diagnosefällen und -pfaden, die einander ähnlich sind (zur Regelgenerierung),

- die Verwaltung und Aktualisierung der generierten Abkürzungsregeln,

- die Aktualisierung der PATDEX zugeteilten Fälle,

- die Verwaltung des episodischen Wissens, insbesondere das Vergessen von Fällen bzw. das Ändern von Pfaden.

Die Organisation des Fallgedächtnisses erfolgt mit Hilfe von Begriffen, die auf der *Ähnlichkeit* von Diagnosefällen bzw. -pfaden basieren und durch die Generalisierung der Gemeinsamkeiten von Diagnosefällen bzw. -pfaden entstehen (*dropping condition*). Insgesamt handelt es sich um einen dynamischen Prozeß, der sich bei jeder Änderung des Fallgedächtnisses wiederholt. Bereits vorhandenes Wissen unterstützt somit die Entscheidung, wie und wo neues Wissen integriert wird, insbesondere werden *ähnliche* Fälle und Pfade möglichst nah zusammen abgelegt. Zur Vereinfachung der Bereitstellung wird eine Indizierungstechnik eingeführt. Die Indizierung dient der Diskriminierung ähnlicher Diagnosefälle bzw. -pfade durch einzelne Symptomwerte und damit der Teilung von Begriffen in Unterbegriffe. Sie erfolgt durch explizites Notieren von Unterscheidungsmerkmalen (Symptomwerte) von Fällen als Index innerhalb einer Begriffsbeschreibung. Der Bereitstellungsprozeß stellt sich dann als gerichtete Suche dar, wobei die Indizes als Schlüssel dienen (Traversieren von Indizes).

Das Fallgedächtnis ist als ein gerichteter azyklischer Graph realisiert, der sich allerdings nur auf der untersten Ebene von einer strikten Baumstruktur unterscheidet. Dies liegt darin begründet, daß die real vorkommenden Fälle und Pfade zum einen durch mehrere Knoten (*Fall-* bzw. *Pfadknoten*) im Graph repräsentiert sind, zum anderen immer die Blätter der Speicherorganisation darstellen. Das Fallgedächtnis unterteilt sich in zwei gleichartige Teilgedächtnisse, das Symptom- und das Diagnosegedächtnis:

- Das *Diagnosegedächtnis* dient zur Regelgenerierung und zur Berechnung der speziellen Determinationsfaktoren. Die eingetragenen Fall- und Pfadknoten werden nach ihrer Diagnose unterschieden.

- Das *Symptomgedächtnis* speichert nur Fallknoten. Es wird ausschließlich zur Berechnung des allgemeinen Determinationsfaktors benötigt.

Das Fallgedächtnis ist aus sechs verschiedenen Knotentypen (Norm-, Index, Fall-, Pfad-, Diagnose- und Wurzelknoten) sowie zwei verschiedenen Kantentypen (unmarkierte und mit Symptomwerten markierte) aufgebaut:

- *Normknoten* sind die wichtigsten Bausteine der Speicherstruktur. Ein solcher Knoten entsteht durch einen Generalisierungsprozeß und enthält gemeinsame Symptomwerte der Fall- bzw. Pfadknoten (Situation des Normknotens), die in der Hierarchie unterhalb dieses Normknotens angesiedelt sind, so daß nach diesen Symptomen an dieser Stelle nicht indiziert wird. Weiterhin verwaltet er die Fallzähler, die bei den Abkürzungsregeln als Nenner bzw. Zähler der Determinationsfaktoren verwendet werden. Als Nachfolgeknoten können Index-, Pfad- und Fallknoten auftreten. Sie sind durch unmarkierte Kanten mit dem Normknoten verbunden.

- *Indexknoten* treten ausschließlich als Nachfolgeknoten von Normknoten auf. Ein Indexknoten enthält ein Symptom als Differenzierungsmerkmal für die Fall- und Pfadknoten, die in der Hierarchie unterhalb dieses Indexknotens auftreten. Ihnen können Fall-, Pfad- und Normknoten folgen. Die Nachfolgekanten eines Indexknotens sind mit den dem Symptom zugehörigen Werten markiert. Jeder Indexknoten weist folglich genau so viele Nachfolgekanten auf wie Symptomwerte für das beinhaltete Symptom in den untergeordneten Fall- und Pfadknoten auftreten.

- Ein Fall wird als Knoten der Hierarchieanordnung aufgefaßt, d.h. *Fallknoten* sind Verweise auf jeweils genau einen Diagnosefall. Ein Diagnosefall besitzt normalerweise mehrere Fallknoten. Diese wiederum bilden Blätter der Speicherorganisation. Fallknoten werden in das Symptom- und in das Diagnosegedächtnis eingefügt.

- *Pfadknoten* sind das Analogon zu Fallknoten für Diagnosepfade. Hier werden Diagnosepfade als Knoten des Gedächtnisses aufgefaßt. Sie verweisen jeweils auf genau einen Diagnosepfad. Ein Diagnosepfad besitzt normalerweise mehrere Pfadknoten, die wiederum Blätter der Speicherorganisation darstellen. Pfadknoten werden nur in das Diagnosegedächtnis eingefügt.

- *Diagnoseknoten* treten lediglich als direkte Nachfolger des Diagnosewurzelknotens auf und haben ausschließlich Normknoten als Nachfolgeknoten. Sie ermöglichen die Klassifizierung der Fall- und Pfadknoten nach ihrer Diagnose.

- Für die beiden Teilgedächtnisse existiert jeweils ein *Wurzelknoten*, die beide keinen Vorgänger besitzen. Als Nachfolgeknoten eines *Diagnosewurzelknotens* sind dabei lediglich Diagnoseknoten und beim *Symptomwurzelknoten* ausschließlich Normknoten zulässig.

Um die Verwendung des GenRule-Fallgedächtnisses transparenter zu machen, werden nun einige Bedingungen formuliert, deren Einhaltung durch die Einfüge- und Bereitstellungsalgorithmen garantiert wird. Hierzu die folgenden Definitionen:

- Ein *Ast* ist ein gerichteter Kantenzug innerhalb des Fallgedächtnisses mit einem Wurzelknoten als Anfang und einem Fall- oder Pfadknoten als Ende.

- Die *vollständige Normsituation* für einen Ast ist die Vereinigung der Situationen aller Normknoten in diesem Ast.

Ausgehend von dieser Situation lassen sich die folgenden Bedingungen formulieren:

- Ein Fall- bzw. Pfadknoten befindet sich in einem Ast direkt unter einem Normknoten genau dann, wenn die vollständige Normsituation gleich der Situation des Fall- bzw. Pfadknotens ist.

- Ein Fall- bzw. Pfadknoten befindet sich in einem Ast direkt unter einem Indexknoten genau dann, wenn die vollständige Normsituation für diesen Ast eine echte Teilmenge der Situation des Fall- bzw. Pfadknotens ist.

- Hängen zwei Fall- oder Pfadknoten direkt unter demselben Normknoten, dann ist ihre Situation gleich.

- In jedem Ast des Diagnosegedächtnisses befindet sich maximal ein Pfadknoten.

Durch das Einfügen der Fälle und Pfade in das Fallgedächtnis wird die Speicherstruktur aufgebaut. Der Aufwand für den Aufbau der Indizierung ist zwar relativ hoch, was sich in einem komplexen Algorithmus widerspiegelt, aber für die praktische Anwendbarkeit unumgänglich. Das Einfügen eines Falles bzw. Pfades in das Gedächtnis besteht in der Regel aus mehrfachem Einfügen von Fall- bzw. Pfadknoten an verschiedenen Stellen in die Speicherstruktur. Dabei wird jedesmal separat die Regelgenerierung angestoßen, die selbständig prüft, ob, wieviele und welche Regeln generiert werden müssen. Die Regelgenerierung ist zwar ein Teil des Einfügeprozesses, wird aber der Übersichtlichkeit wegen erst im nachfolgenden Abschnitt 3.2 behandelt. Der Einfügealgorithmus selbst wird aufgrund seiner Komplexität nicht im Rahmen dieses Beitrages vorgestellt, dazu sci auf Althoff (1991b) verwiesen. Abschnitt 3.3 enthält ein ausführliches Beispiel, an dem viele wichtige Aspekte des Einfügeprozesses deutlich werden. Weitere Komponenten des Fallgedächtnisses werden in Abschnitt 3.4 behandelt.

3.2 Regelgenerierung

Die Regelgenerierung ist mit dem Einfügen der Fälle und Pfade in die Speicherstruktur eng verbunden. Diese ist gerade so aufgebaut, daß sie den Generierungsprozeß möglichst weitgehend unterstützt. GenRule realisiert somit ein inkrementelles induktives Lernverfahren mit einer fallbasierten Hypothesengenerierung und -bewertung.

Aufgrund der gleichartigen Behandlung von Fällen und Pfaden ist die Reihenfolge des Einfügens für die Regelgenerierung unwichtig. Die Regelgenerierung ist inkrementell, da für jeden Fall- bzw. Pfadknoten separat der Generierungsprozeß angestoßen wird. Sie ist vollständig und korrekt hinsichtlich des vorhandenen episodischen Wissens, da zum einen alle in Betracht kommenden Hypothesen generiert werden, zum anderen nur Regeln generiert werden, wo ein konkreter Anlaß bestand, keine Regeln mehrfach generiert sowie alle Regeln exakt nach den jeweils bekannten relativen Häufigkeiten bewertet werden. Durch die Verwendung der Fallzähler in den Normknoten von Symptom- bzw. Diagnosegedächtnis gestaltet sich dabei auch der Regelbewertungsprozeß inkrementell, was eine automatische Aktualisierung der Determinationsfaktoren und somit eine automatische Integration bzw. Rücknahme von Regeln zur Folge hat.

Grundlegend für GenRule ist der Vergleich von *ähnlichen* Diagnosefällen und -pfaden. Ein Pfad und ein Fall sind einander *ähnlich*, wenn sie in der zugehörigen Diagnose übereinstimmen und zudem der Pfad alle Symptomwerte des Falles beinhaltet. Ähnlichkeit ist somit als Ununterscheidbarkeit auf einer abstrakten Ebene definiert (siehe auch Abbildung 7).

Abbildung 7: Ähnlichkeit als Ununterscheidbarkeit auf einer abstrakten Ebene

Ist ein Fall $\mathcal{F}$ nun zu einem Pfad $\mathcal{P}$ ähnlich und zudem die Fallsituation eine echte Teilmenge der Pfadsituation, so handelt es sich bei $\mathcal{F}$ um ein positives Beispiel. Gelernt werden dann alle die Symptomwerte, die der Pfad enthält, der Fall aber nicht. Voraussetzung für diesen Lernschritt ist, daß die Diagnose und die Situation des vorgelegten Falles erfüllt sind. Das Lernergebnis ist eine Abkürzungsregel je gelerntem Symptomwert. Der interessierende Detaillierungsgrad des Lernverfahrens ist somit das Ableiten von Symptomwerten bzw. das Ausschließen von Symptomtests der in den aktuellen Pfaden vorkommenden Symptome. Bewertet wird eine Abkürzungsregel mit Hilfe von Determinationsfaktoren:

Definition

Sei $\mathcal{F}$ ein Diagnosefall, $\mathcal{P}$ ein $\mathcal{F}$ ähnlicher Diagnosepfad, dessen Situation echt die Situation von $\mathcal{F}$ umfaßt. Eine wie oben beschrieben generierte Abkürzungsregel wird dann mit folgendem Determinationsfaktor δ aus [0,1] bewertet:

$$\delta := \frac{\text{card}(\{\text{Fälle f} \mid \text{Situation}(\mathcal{F}) \subseteq \text{Situation(f)}\}) + 1}{\text{card}(\{\text{Fälle f} \mid \text{Situation}(\mathcal{P}) \subseteq \text{Situation(f)}\}) + 1}$$

Der Determinationsfaktor δ bezeichnet somit das Verhältnis aus der Anzahl von Diagnosefällen, deren Situationsbeschreibung gleich oder echt umfassend zu der Situationsbeschreibung von $\mathcal{F}$ ist, zur Anzahl von Diagnosefällen, deren Situationsbeschreibung gleich oder echt umfassend zu der Situationsbeschreibung von $\mathcal{P}$ ist. Durch die Addition von "+1" in Zähler und Nenner von δ wird zudem der aktuelle Pfad $\mathcal{P}$ mitgezählt. Negative Beispiele für eine generierte Abkürzungsregel sind somit Fälle, die den Determinationsfaktor der Regel senken, während positive Beispiele ihn erhöhen.

Angewendet wird das Lernergebnis durch die Integration der gelernten Abkürzungsregeln in die MOLTKE-Shell. Sie werden zur Regelmenge des jeweiligen Kontextes hinzugefügt. Die explizite Repräsentation des Lernergebnisses in Form von Abkürzungsregeln ermöglicht eine einfache Rücknahme von inkorrekten Abkürzungen durch den Benutzer, da die Klassifikationsfähigkeit der Shell über die Kontextvorbedingungen unangetastet bleibt. Da derartige Regeln das Diagnoseverfahren der Shell allerdings umso mehr verbessern, je häufiger sie zu korrekten Abkürzungen führen und je nachvollziehbarer die Art und Weise ist, wie diese Abkürzungen erzielt wurden, stellt GenRule der Shell nur dann Abkürzungsregeln zur Verfügung, wenn diese einen gewissen Determinationsfaktor nicht unterschreiten.

Um die Anwendbarkeit generierter Abkürzungsregeln differenzierter abschätzen zu können, berechnet GenRule drei verschiedene Determinationsfaktoren, die die Sicherheit der Aussage einer Abkürzungsregel in Abhängigkeit von unterschiedlichen Grundgesamtheiten von Diagnosefällen beschreiben. Diese Grundgesamtheiten hängen direkt von den Annahmen hinsichtlich der in einem Diagnoselauf erzielten Diagnose ab. Werden keinerlei Annahmen diesbezüglich gemacht, so ergibt sich eine sehr vorsichtige (schlechte) Abschätzung. Wird dagegen davon ausgegangen, daß dies die gleiche Diagnose ist, die der Regelgenerierung zugrunde lag, dann ergibt sich eine sehr optimistische Abschätzung, da dies häufig nicht der Fall sein wird. Ausgehend von den Determinationsfaktoren für diese beiden Grundgesamtheiten werden die Faktoren für alle anderen Diagnosen über lineare Interpolation ermittelt. Dies ist von ausreichender Genauigkeit und ermöglicht eine effiziente Berechnung der Faktoren zur Laufzeit.

Um die Verarbeitung unsicheren Wissens möglichst einfach und transparent zu gestalten, werden von der Shell zur Laufzeit im eigentlichen Sinne keine Sicherheitsfaktoren berechnet. Dagegen bestimmt der Benutzer die maximal erlaubte Unsicherheit der Abkürzungsregeln, die in der Shell zur Anwendung gelangen. Darüber hinaus legt er fest, wie viele Abkürzungsregeln in einer Diagnosesitzung feuern bzw. wie viele mit Abkürzungsregeln abgeleitete (unsichere) Symptomwerte dazu verwendet werden dürfen, um Abkürzungsregeln zu feuern.

Wird eine Diagnose ausgegeben, so wird der Benutzer darüber informiert, daß unsichere Symptomwerte zu ihrer Etablierung verwendet worden sind. Er kann sich dann dafür entscheiden, die gegebene Diagnose zu akzeptieren, die unsicheren Symptomwerte zu verifizieren, vorhandene Symptomwerte zu ändern bzw. weitere Symptomwerte einzugeben. Mit einem dem Rete-Algorithmus von OPS5 ähnlichen Verfahren (Forgy, 1982) kann die Shell sämtliche hier angeführten Aktionen sehr effizient durchführen.

3.3 Beispiel

Anhand eines Beispiels mit drei einzufügenden Fällen und einem einzufügenden Pfad wird die Vorgehensweise des Einfügealgorithmus beim Aufbau der Speicherstruktur und der Regelgenerierung verdeutlicht. Da es zur Demonstration des prinzipiellen Verfahrens ausreicht, werden vereinfachend Symptome als Großbuchstaben sowie ihre Werte als Zahlen dargestellt. Als Diagnosen werden die Bezeichnungen "Defekt I" und "Defekt II" verwendet. Es wird dabei die folgende Reihenfolge gewählt:

Fall 1:   [Defekt I; (A=1), (B=1), (C=1)]

Pfad 1:   [Defekt I; (A=1), (B=1), (C=1), (D=1), (E=3)]

Fall 2:   [Defekt I; (A=1), (B=1), (C=1), (D=1)]

Fall 3:   [Defekt II; (A=1), (B=1), (D=2)]

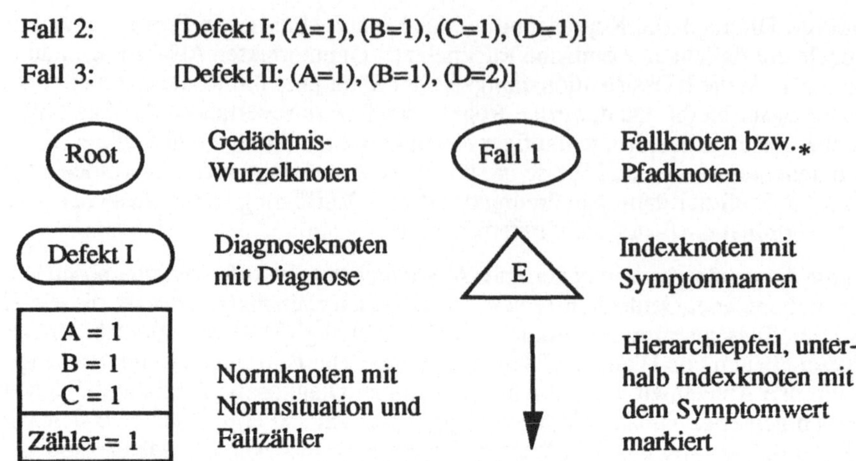

* Um graphisch eine Baumstruktur zu erhalten, werden Fall- bzw.
Pfadknoten für jeden Vorgänger neu dargestellt.

Abbildung 8: Im Beispiel verwendete Symbole

Zum Einfügen von Fällen und Pfaden läßt sich prinzipiell sagen, daß Fälle zuerst ins Symptom- und dann ins Diagnosegedächtnis unterhalb des entsprechenden Diagnoseknotens eingefügt werden. Beim Einfügen werden die Fallzähler der Normknoten aktualisiert. Regeln werden erst beim Einfügen in das Diagnosegedächtnis generiert (soweit erforderlich). Pfade werden ausschließlich ins Diagnosegedächtnis unterhalb des entsprechenden Diagnoseknotens eingefügt. Auch hierbei können Regeln generiert werden. Abbildung 8 erklärt die im vorgestellten Beispiel verwendeten Symbole.

Symptom-Gedächtnis   Diagnose-Gedächtnis

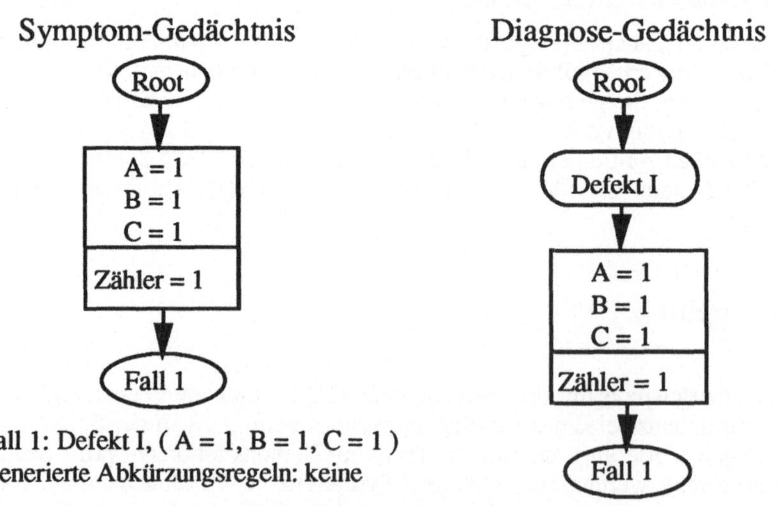

Fall 1: Defekt I, (A = 1, B = 1, C = 1)
Generierte Abkürzungsregeln: keine

Abbildung 9: Das Fallgedächtnis nach dem Einfügen von Fall 1

Abbildung 9 beschreibt die initiale Struktur des Fallgedächtnisses nach dem Einfügen von Fall 1. Zu beachten ist hier hauptsächlich, daß ein Fall- oder Pfadknoten nie direkt unter einen Symptomwurzel- bzw. Diagnoseknoten gehängt wird.

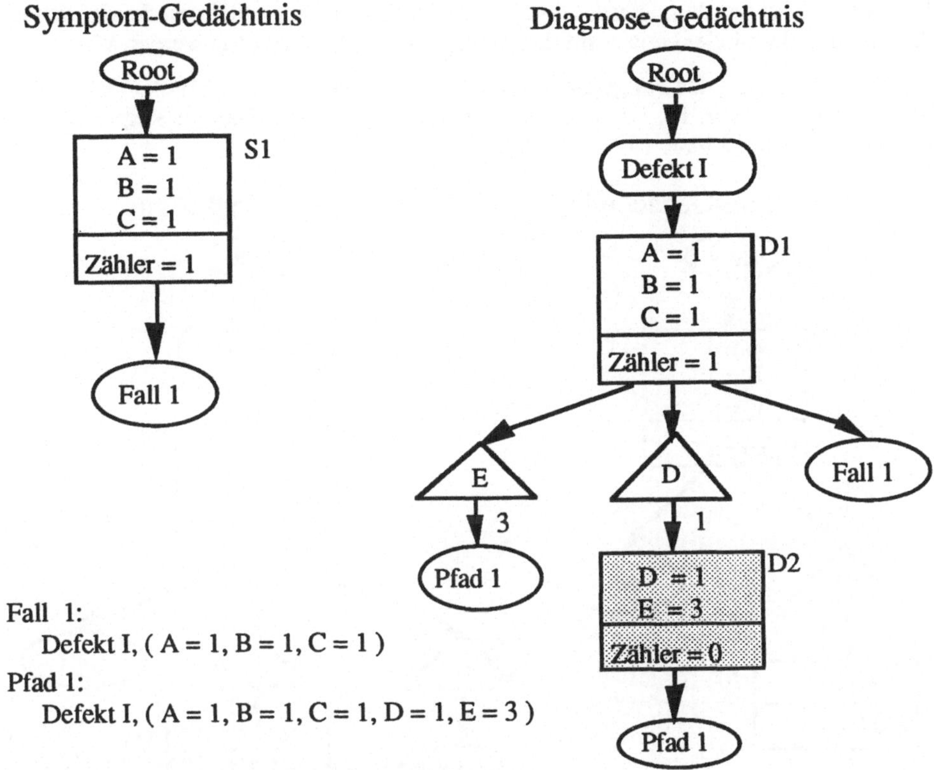

Fall 1:
   Defekt I, (A = 1, B = 1, C = 1)
Pfad 1:
   Defekt I, (A = 1, B = 1, C = 1, D = 1, E = 3)

Abbildung 10: Das Fallgedächtnis nach dem Einfügen von Pfad 1

Durch das Einfügen von Pfad 1 verändert sich das Gedächtnis wie in Abbildung 10 beschrieben. Zur Diagnose "Defekt I" liegt nun ein Fall und ein Pfad vor, die einander ähnlich sind (siehe Abbildung 7). Zudem handelt es sich bei der Pfadsituation {A=1, B=1, C=1, D=1, E=3} um eine echte Obermenge der Fallsituation {A=1, B=1, C=1} von Fall 1. Es wird somit der Regelgenerierungsprozeß angestoßen, was zur Erzeugung von zwei Abkürzungsregeln führt. Es werden deshalb zwei Regeln generiert, weil Abkürzungsregeln lediglich einen Symptomwert "belegen" dürfen (dies vereinfacht ihre statistische Bewertung).

	Bedingung	Aktion	Fälle	Pfade	allgemeiner DF	spezieller DF
1.	A = 1 B = 1 C = 1	E = 3	Fall 1	Pfad 1	$\dfrac{D2 + 1}{S1 + 1} = \dfrac{1}{2}$	$\dfrac{D2 + 1}{D1 + 1} = \dfrac{1}{2}$
2.	A = 1 B = 1 C = 1	D = 1	Fall 1	Pfad 1	$\dfrac{D2 + 1}{S1 + 1} = \dfrac{1}{2}$	$\dfrac{D2 + 1}{D1 + 1} = \dfrac{1}{2}$

Abbildung 11: Durch einen Vergleich von Fall 1 und Pfad 1 generierte Regeln

Die gelernten Regeln sind in Abbildung 11 dargestellt. Der schraffierte Normknoten D2 aus Abbildung 10 ist ausschließlich wegen der Regelgenerierung im Diagnosegedächtnis erzeugt worden. Dieser Normknoten ist in dem Sinne nicht eindeutig, daß er ebenso unter dem Indexknoten mit dem Symptom E hätte eingefügt werden können.

Die Erweiterung des Fallgedächtnisses durch die Fälle 2 bzw. 3 findet sich in den Abbildungen 12 bzw. 14. Die jeweils generierten bzw. aktualisierten Regeln sind in den Abbildungen 13 bzw. 15 beschrieben.

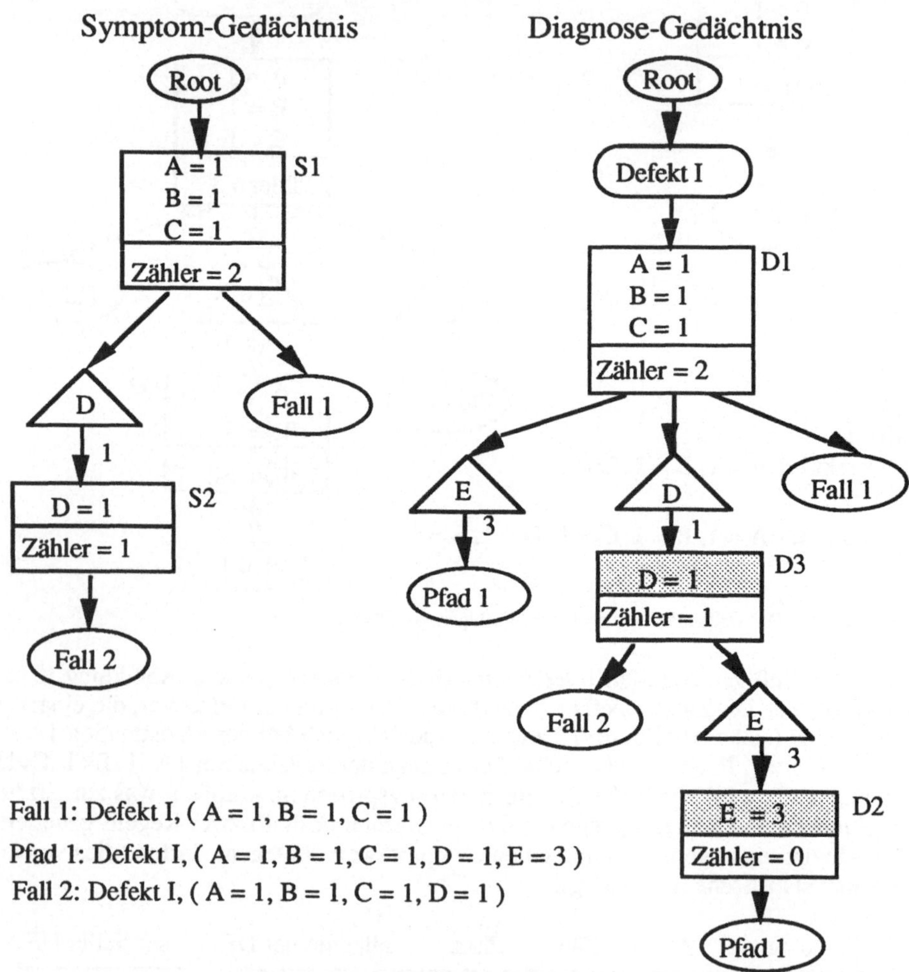

Abbildung 12: Das Fallgedächtnis nach dem Einfügen von Fall 2

Beim Einfügen von Fall 2 (Abbildungen 12 und 13) ist das Aufspalten des alten Normknotens D2 interessant. Dabei ist wichtig, daß die Zeiger der Regeln 1 und 2 korrigiert werden. In der Abbildung wird das durch die nach unten verschobene Bezeichnung D2 veranschaulicht. Durch die Veränderung der Fallzähler in den Normknoten ändern sich auch die Werte der durch diese Zähler repräsentierten Determinationsfaktoren.

	Bedingung	Aktion	Fälle	Pfade	allgemeiner DF	spezieller DF
1.	$A = 1$ $B = 1$ $C = 1$	$E = 3$	Fall 1	Pfad 1	$\dfrac{D2 + 1}{S1 + 1} = \dfrac{1}{3}$	$\dfrac{D2 + 1}{D1 + 1} = \dfrac{1}{3}$
2.	$A = 1$ $B = 1$ $C = 1$	$D = 1$	Fall 1	Pfad 1	$\dfrac{D2 + 1}{S1 + 1} = \dfrac{1}{3}$	$\dfrac{D2 + 1}{D1 + 1} = \dfrac{1}{3}$
3.	$A = 1$ $B = 1$ $C = 1$ $D = 1$	$E = 3$	Fall 2	Pfad 1	$\dfrac{D2 + 1}{S2 + 1} = \dfrac{1}{2}$	$\dfrac{D2 + 1}{D3 + 1} = \dfrac{1}{2}$

Abbildung 13: Durch das Einfügen von Fall 2 generierte Regeln

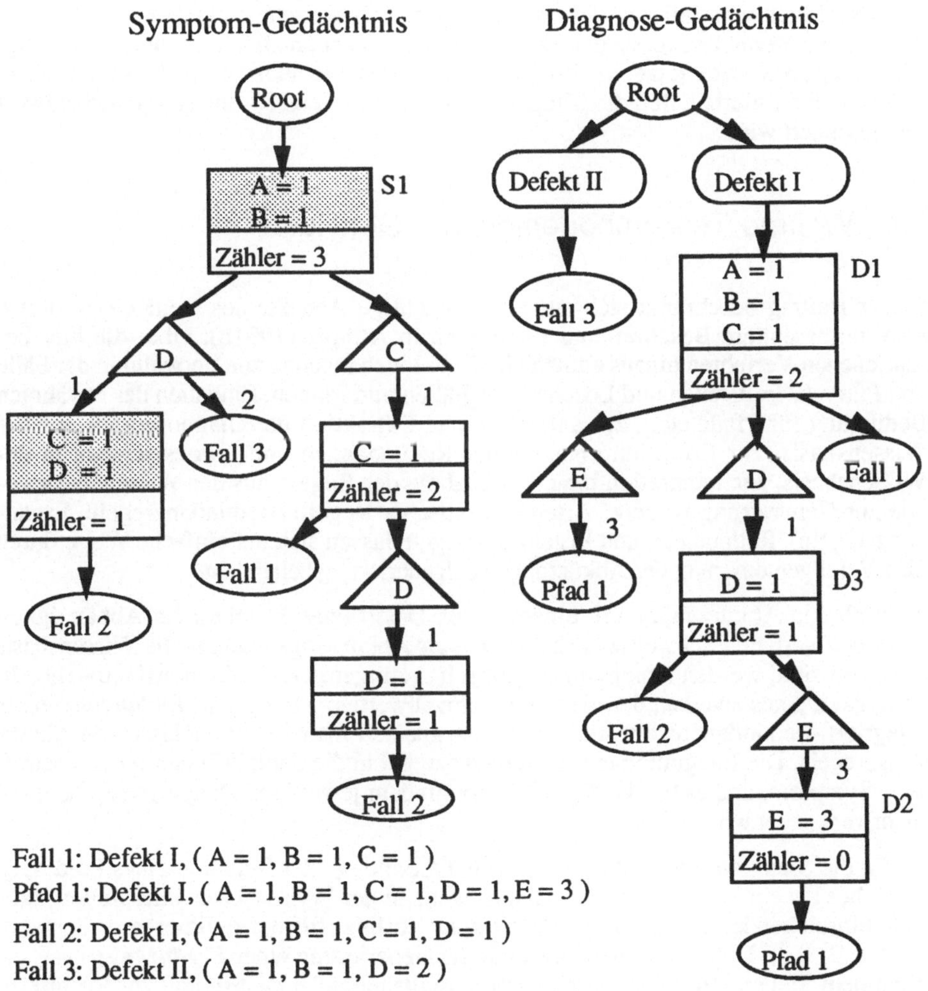

Fall 1: Defekt I, ($A = 1, B = 1, C = 1$)
Pfad 1: Defekt I, ($A = 1, B = 1, C = 1, D = 1, E = 3$)

Fall 2: Defekt I, ($A = 1, B = 1, C = 1, D = 1$)
Fall 3: Defekt II, ($A = 1, B = 1, D = 2$)

Abbildung 14: Das Fallgedächtnis nach dem Einfügen von Fall 3

	Bedingung	Aktion	allgemeiner DF	spezieller DF
1.	A = 1 B = 1 C = 1	E = 3	$\dfrac{D2+1}{S1+1} = \dfrac{1}{4}$	$\dfrac{D2+1}{D1+1} = \dfrac{1}{3}$
2.	A = 1 B = 1 C = 1	D = 1	$\dfrac{D2+1}{S1+1} = \dfrac{1}{4}$	$\dfrac{D2+1}{D1+1} = \dfrac{1}{3}$
3.	A = 1 B = 1 C = 1 D = 1	E = 3	$\dfrac{D2+1}{S2+1} = \dfrac{1}{2}$	$\dfrac{D2+1}{D3+1} = \dfrac{1}{2}$

Abbildung 15: Die aktualisierten Faktoren nach dem Einfügen von Fall 3

Beim Einfügen von Fall 3 (Abbildungen 14 und 15) entsteht im Diagnosegedächtnis keine große Veränderung, da der Fall 3 unter einem neuen Diagnoseknoten eingefügt wird. Dagegen wird jetzt im Symptomgedächtnis ein Normknoten aufgespalten. Wesentlich ist hierbei, daß die Situation des Normknotens S2 um den Symptomwert C=1 erweitert wird.

3.4 Weitere Teilkomponenten von GenRule

Dieser Beitrag beschränkt sich auf einige wichtige Aspekte des GenRule-Systems, eine umfassendere Beschreibung findet sich in Althoff (1991b). Über die hier beschriebenen Verfahren hinaus enthält GenRule Mechanismen zur Verwaltung der Fälle und Pfade (Bereitstellen und Löschen von Fällen und Pfaden, Einhalten der erwähnten Bedingung für Pfade etc.), zur automatischen Extraktion der Diagnosepfade aus der Wissensbasis, zur Ermittlung bestimmter Redundanzen und Inkonsistenzen in der Wissensbasis, zur Integration bzw. Rücknahme der Regeln aus der Wissensbasis sowie zur Generierung weiterer Arten heuristischer Regeln (Redundanzregeln, Ergänzungsregeln). Redundanz- und Ergänzungsregeln lassen sich auf einfache Weise durch eine Verallgemeinerung der Abkürzungsregelgenerierung behandeln.

Während Abkürzungen mit einem hohen Determinationsfaktor (in Abhängigkeit eines definierbaren Schwellwertes; z.B. 0,9) als Abkürzungsregeln in die Wissensbasis integriert sind, werden Abkürzungen mit sehr geringem Determinationsfaktor (in Abhängigkeit eines zweiten, definierbaren Schwellwertes; z.B. 0,1) als *Redundanzregeln* integriert. Redundanzregeln sind somit eine speziell interpretierte Klasse von Abkürzungsregeln. Die Integration einer Redundanzregel in die Shell bedeutet für das betroffene Symptom, daß es für die Klassifikation in dem jeweiligen Diagnoseteilpfad nicht mehr verwendet wird.

Ist die Situation eines Falles eine echte Obermenge der Situation eines Pfades, so wird dies als ein Hinweis auf eine Inkonsistenz in der Wissensbasis interpretiert, falls eine hinreichende statistische Rechtfertigung vorliegt (dritter definierbarer Schwellwert; z.B. 0,7). Die Konsequenz ist dann die Generierung einer *Ergänzungsregel*, die nach dem Stellen einer Diagnose gegebenenfalls darauf hinweist, daß zur Rechtfertigung der gestellten Diagnose zusätzlich (wahrscheinlich) die Erhebung des bzw. der fehlenden Symptome erforderlich ist. Ergänzungsregeln sind somit spezielle Reihenfolgeregeln, die eine statistische Rechtfertigung besitzen und Tests erst nach dem Stellen der eigentlichen Diagnose (quasi als Ergänzung) vorschlagen. Ergänzungsregeln werden von der Shell zentral, d.h. unabhängig von der Kontextgraphstruktur, verwaltet.

4   Weitere Teilsysteme der MOLTKE-Werkbank

Das Lernverfahren von GenRule motiviert sich aus der zugrunde liegenden konkreten Wissensakquisitionsaufgabe. GenRule ist dabei als Ergänzung zu MAKE (Rehbold, 1991) und PATDEX (Althoff & Weß, 1991; Althoff, Maurer & Rehbold, 1990; Althoff, Maurer et al., 1990; Althoff, Kockskämper Maurer, Stadler & Weß , 1989; Weß, 1991; Althoff, 1991b) zu sehen, deren Gesamtzielsetzung es ist, einen möglichst vollständigen Kontextgraphen inklusive der zugrundeliegenden Diagnosestrategie zu lernen. Durch die von Anfang an behandelten realen Anwendungssituationen spielte die Integration manueller Wissensakquisitionstechniken eine wesentliche Rolle.

TDIDT-Verfahren (*Top Down Induction of Decision Trees*) schieden als mögliche Lernverfahren von vornherein wegen der für flexible Diagnosestrategien schlecht geeigneten Baumstruktur aus. Das Lernen von einfachen Diagnoseregeln war ebenfalls nicht ausreichend, da die Modellierung des diagnostischen Problemlöseverhaltens erfahrener Diagnoseexperten eine dem Kontextgraphen vergleichbare Struktur nahelegte. Zudem war es wichtig, Wissen über Struktur, Verhalten und Fehlverhalten des jeweils zugrundeliegenden technischen Systems mit einzubeziehen. Innerhalb des MOLTKE-Projektes wurde daher die Entscheidung getroffen, mit MAKE ein System zu realisieren, daß mit einem dem erklärungsbasierten Lernen vergleichbaren Verfahren der Wissenskompilation aus einem funktionalen Modell des zu diagnostizierenden technischen Systems eine Teilwissensbasis für die Shell generierte. Eine derartige Wissensbasis ist dann der Ausgangspunkt für GenRule. Die spezielle Zielsetzung für GenRule war dabei ein zielgerichtetes (auf Basis lokaler Betrachtungen), verständliches (Lernen von Sachgebietskonstrukten: Abkürzungsregeln), sensibles (Fall-Fall-Vergleich, keine großen Generalisierungsschritte), flexibles (gleichartige Behandlung von Fällen und Pfaden, inkrementelle Regelgenerierung, automatische Extraktion der Diagnosepfade) und effizientes (inkrementelle Regelbewertung, automatische Integration bzw. Rücknahme der Regeln) Lernverfahren zu realisieren.

Eine MOLTKE-Wissensbasis muß i.a. als eine schwache Hintergrundtheorie angesehen werden, d.h. sie ist redundant, unvollständig und/oder inkonsistent. Die Redundanz äußert sich dabei durch zu viele Diagnosepfade in der Wissensbasis bzw. durch Pfade, die an sich zu lang sind. Unvollständigkeit der Wissensbasis dagegen bedeutet, daß Diagnosepfade fehlen bzw. zu kurz sind. Inkonsistenzen in der Wissensbasis schließlich ergeben sich aus widersprüchlichen Situationen bzw. Diagnosen ihrer Pfade. Es ist die Aufgabe von GenRule (zusammen mit dem PATDEX-System), die Wissensbasis mit Hilfe empirischer Diagnosefälle zu verbessern. Für die angesprochenen drei Grundproblematiken werden dabei folgende Lösungsansätze verfolgt:

- *Redundanz*:
  Diagnosepfade werden durch die Generierung heuristischer Regeln (Abkürzungsregeln, Redundanzregeln) verkürzt. Bei seiner Analyse der Wissensbasis gibt GenRule eine Warnmeldung aus, sobald es Diagnosepfade fin-

det, die durch das Diagnoseverfahren nicht mehr verwendet bzw. nicht von
anderen Pfaden unterschieden werden können.

- *Unvollständigkeit*:
  Erkennt GenRule, daß Diagnosepfade zu kurz sind, so generiert es Ergänzungsregeln, die die Erhebung der fehlenden Symptome als zusätzliche Rechtfertigung für zu stellende Diagnosen verlangen. Diagnosefälle, für die GenRule
  keinen ähnlichen Diagnosepfad findet, werden an PATDEX weitergereicht, das
  die Shell um fallbasierte Klassifikation auf der Grundlage der weitergereichten
  Fälle erweitert.

- *Inkonsistenz*:
  GenRule berücksichtigt explizit die Tatsache, daß zu einer Diagnose häufig
  mehrere Fehler korrespondieren, was zur Behandlung systematischer Inkonsistenzen verwendet werden kann (Althoff, 1991b). PATDEX kann widersprüchliche Fälle verarbeiten und nach Ähnlichkeitskriterien anordnen. Lösungen auf
  Basis derartiger Informationen haben dann eher Hinweischarakter.

Da reale empirische Falldaten nicht fehlerfrei sind, stellt sich eine weitere Aufgabe,
nämlich die vorgelegten Fälle möglichst sinnvoll zu filtern. Die beiden grundsätzlichen Hilfsmittel, die GenRule und PATDEX hierzu verwenden, sind die häufig-
keitsorientierte Rechtfertigung der generierten Regeln und die probabilistische Klassifikation auf der Basis von Ähnlichkeiten. So ignoriert GenRule z.B. redundante Fälle,
solange diese nicht zu häufig auftreten. Inkonsistente Fälle werden von PATDEX verarbeitet (interaktives Testen der PATDEX-Fallstruktur), bis sie nach Auflösung der
Inkonsistenzen in die Wissensbasis Eingang finden. Zum Erkennen unvollständiger
Fälle verwendet GenRule eine Kombination unterschiedlicher Determinationsfaktoren,
die erfüllt sein muß, damit eine heuristische Regel in die Wissensbasis aufgenommen
wird. Grundsätzlich erscheint hier allerdings, wie auch in den vorher erwähnten Pro-
blematiken, eine Einbeziehung technischen Hintergrundwissens sinnvoll. Ansätze
hierzu wären z.B. die Identifikation kausaler Abhängigkeiten in den Fällen bzw. die
Verhaltenssimulation mit Hilfe explizit repräsentierter Fehlermodelle auf Basis der
Fallsituationen (Becker, 1991; Althoff, 1991b). Beide Ansätze können hierzu das
MAKE (Rehbold, 1991) zugrundeliegende Modell verwenden. Einen ersten Ansatz
zum Einbeziehen allgemeinen qualitativen Technikwissens stellten bereits Althoff,
Faupel et al. (1989) vor.

5   Zusammenfassung und Diskussion von GenRule

Nach Jantke (1991) lassen sich induktive Lernverfahren (siehe auch Abbildung 16)
charakterisieren anhand:

- der Klasse der zu erlernenden Objekte;

- der Art und Weise, Information vorzulegen, die i.a. unvollständig sein kann;

- der Semantik auf Informationsfolgen, die den Zusammenhang zwischen zu lernenden Objekten und möglichen Arten, sie vorzulegen, festlegt;

- der Klasse der zugelassenen Lernverfahren;

- dem Raum der von zulässigen Lernverfahren erzeugbaren Hypothesen;

- dem Konvergenzbegriff auf dem Hypothesenraum, der Folgen von gebildeten Hypothesen, bei denen möglicherweise erfolgreich gelernt wurde, von anderen unterscheidet;

- der Semantik auf dem Hypothesenraum, die beschreibt, was genau eine im Lernprozeß erzeugte oder durch eine Hypothesenfolge approximierte Hypothese beschreibt.

Wichtig ist hierbei u.a., daß bei einer eingehenden *Informationsfolge* die Konsequenz im Normalfall eine *Hypothesenfolge* sein wird. Bei einem für reale Aufgabenstellungen konzipierten System wie GenRule ist es allerdings schwierig, verläßliche Aussagen darüber zu machen, wann das System das gelernt hat, was es soll (nämlich eine verbesserte Diagnosestrategie sowie eine durch beseitigte Redundanzen sowie berücksichtigte Abkürzungen und Ergänzungen verbesserte Wissensbasis). GenRule ist für den Umgang mit unvollständiger Information konzipiert. Eine allgemeine Einschätzung wird vom jeweiligen Benutzer bzw. Experten durch die Angabe von Schwellwerten für die Integration der Regeln in die Wissensbasis erwartet. Über die Art und Weise wie Fälle und Pfade präsentiert werden, können i.a. keine Aussagen getroffen werden. Der flexible fallbasierte Prozeß zur Hypothesengenerierung und -bewertung stellt hier allerdings die notwendige Funktionalität bereit, um mit dieser Unsicherheit geeignet umzugehen. Während hinsichtlich des Einfügens von Fällen keine Einschränkungen existieren, darf sich innerhalb eines Astes im Diagnosegedächtnis jeweils nur ein Pfad befinden (siehe Abschnitt 3.1).

Eingabe: Folge von Fällen F $F_1, F_2, ..., F_k$

Ausgabe: Folge von Hypothesen H

Ziel: Konvergenz   INDUKTION

$\exists\, m, \forall n \geq m:\ H_n = H_{n+1}$ $H_1, H_2, ..., H_k$

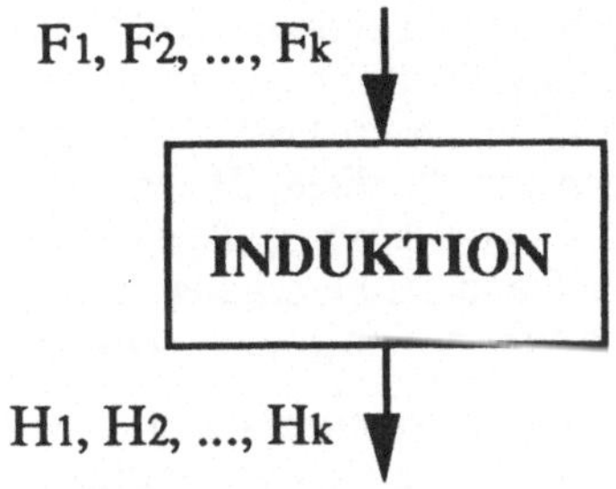

Abbildung 16: Induktives Lernen

Ein einfaches Konvergenzkriterium für GenRule ergibt sich mit der Situation, in der keine weiteren Regeln mehr generiert werden. Dieser Zustand kann insbesondere dann ereicht werden, wenn sich für die Menge der im Fallgedächtnis repräsentierten Pfade keine Veränderung mehr ergibt. Ein spezifischeres Konvergenzkriterium wäre die Tatsache, daß sich die Determinationsfaktoren der Regeln bezüglich der gewählten Schwellwertkombinationen nicht mehr ändern. Über das Erreichen derartiger Zustände kann allerdings lediglich gemutmaßt werden. Ein schlechtes Lernverhalten wäre GenRule zu attestieren, wenn viele Redundanzen sowie Abkürzungs- und Ergänzungsmöglichkeiten in der Wissensbasis vorhanden wären, GenRule sie aber nicht finden würde (oder umgekehrt).

Eine Realisierung des Fallgedächtnisses als vollindizierter Suchbaum (optimal hinsichtlich der Bereitstellung von Fällen und Pfaden) scheidet wegen des exponentiell wachsenden Speicherplatzbedarfs aus. Statt dessen ist das Gedächtnis als ein teilindizierter Suchbaum implementiert mit einer vollständigen Indizierung nur dort, wo es sehr vorteilhaft ist. Diese Vorgehensweise ist deshalb praktikabel, weil davon auszugehen ist, daß funktionell unterschiedliche Baugruppen eines technischen Systems auf Symptomebene kaum miteinander in Beziehung stehen (starke Dekomponierbarkeit technischer Diagnoseproblematiken). Darüber hinaus ist die Anzahl der Attribute pro Fall meist kleiner als zehn. Prinzipiell kann das Fallgedächtnis auch dadurch handhabbar gehalten werden, daß die Anzahl der Fälle und Pfade unterhalb einer vorgegebenen Obergrenze gehalten wird (Vergessen, Filtern). Ist als eine Art schwaches Konvergenzkriterium die Menge der Pfade im Fallgedächtnis als (nahezu) stabil anzusehen, so kann die Speicherstruktur des Diagnosegedächtnisses unterhalb der Pfadknoten abgeschnitten werden. Durch (nachträgliches) Einfügen der Pfadknoten ins Symptomgedächtnis kann hier genauso vorgegangen werden. Unterhalb der Pfadknoten werden dann keine Fälle mehr eingefügt, wohl aber alle betroffenen Zähler aktualisiert. Die Zähler der zu den Pfadknoten gehörenden Normknoten akkumulieren dabei die Anzahl aller Fälle, die sich im Teilbaum unterhalb befinden würden. Die Regelgenerierung ist dann immer noch vollständig, aber unter Umständen hinsichtlich der statistischen Rechtfertigung nicht mehr korrekt (nämlich eventuell dann, wenn sich doch noch Pfade ändern).

Eine Übersicht über die im Vorfeld der MOLTKE-Werkbank entwickelten Systeme und insbesondere eine ausführliche Einführung in die ursprüngliche Anwendung der Diagnose von CNC-Bearbeitungszentren gibt Richter (1991). Die Quintessenz der bislang durchgeführten Projekte ist, daß die Diagnoseshell sich im praktischen Einsatz bewährt hat, ihre Wissensakquisitionsoberfläche allerdings verbesserungswürdig ist (siehe auch Maurer, 1991a,b; Althoff, 1991b). Darüber hinaus ist sowohl die Auswahl der Problemklasse als solche sowie die grundsätzliche Architektur der Werkbank durch entsprechende Veröffentlichungen im nachhinein bestätigt worden (z.B. Laczkovich, 1990; Horrix, 1991; Verweyen-Frank, 1990). GenRule, PATDEX und MAKE ergänzen diese Shell auf eine natürliche Art und Weise. So kann u.a. aufgrund der in van Someren, Zheng und Post (1990) vorgestellten Untersuchungsergebnisse und Integrationsvorschläge behauptet werden, daß die MOLTKE-Werkbank zum aktuellen Stand der Forschung für den Bereich technischer Diagnoseproblematiken im Bereich Wissensintegration beiträgt (siehe auch Althoff, Maurer & Rehbold, 1990).

Eine Zusammenstellung von Ansätzen für den Bereich der Verfeinerung (Verbesserung) von Wissensbasen liefert Valtorta (1991). Hier seien stellvertretend die Systeme KRUST (Craw & Sleeman, 1990) und INDE+ (Aben & van Someren, 1990) erwähnt. Ein wesentlicher Unterschied dieser Systeme im Vergleich zu GenRule ist, daß sie versuchen, direkt die Klassifikationsfähigkeit zu verbessern, was bei GenRule nicht intendiert ist. Da wird die Klassifikationsfähigkeit z.B. aus dem Maschinenmodell gewonnen und durch manuelle Eingabe durch den Experten ergänzt. Diese neuartige Sicht bei der Verfeinerungsproblematik wird durch die dem MOLTKE-Projekt zugrunde liegende Sicht von Diagnose als Klassifikation *plus* Testselektion ermöglicht.

Die Verwendbarkeit von GenRule wird gerade dadurch erhöht, daß es die Klassifikationsfähigkeit der Shell auf Basis des Kontextgraphen nicht antastet, sondern lediglich zum einen die Reihenfolge der Tests beeinflußt, zum anderen sozusagen Sollbruchstellen ins Diagnoseverfahren einführt, die der Benutzer akzeptieren kann, aber natürlich nicht muß.

BOLERO (Lopez & Plaza, 1991) ist ebenfalls ein System, das Strategiewissen mit Hilfe eines Fallgedächtnisses lernt. GenRule nutzt das Gedächtnis allerdings in einer viel spezifischeren Art und Weise, die sich aus der Kombination mit MAKE und PATDEX ergibt. Insbesondere führt der Einsatz des von GenRule gelernten Strategiewissens zu keiner zusätzlichen Laufzeiteinbuße, da auf das Fallgedächtnis während einer Diagnosesitzung nicht zugegriffen werden muß (im Unterschied zu BOLERO). Die von GenRule verwendete Fallrepräsentation ist einfacher als die von BOLERO, insbesondere wird auf die explizite Repräsentation von Zielen verzichtet. Dies erleichtert die Akquisition der Fälle wesentlich und könnte prinzipiell durch Ausfüllen einfacher Formulare (ähnlich den TÜV-Symptomerhebungsbögen) seitens der betroffenen Servicetechniker durchgeführt werden. Eine spezielle Trainingsphase für GenRule ist somit nicht erforderlich (im Gegensatz zu BOLERO).

Für den Bereich der Wissensintegration sind insbesondere Systeme wie BLIP (Morik, 1989, 1990) und DISCIPLE (Kodratoff & Tecuci, 1987) zu erwähnen. Letzteres integriert verschiedene Lernstrategien zur Unterstützung der Wissensakquisition. BLIP geht davon aus, es als Aufgabe der Wissensakquisition zu betrachten, einen bestimmten Sachbereich zu modellieren. Maschinelles Lernen wird dabei als automatisches Modellieren aufgefaßt, was auf natürliche Art und Weise eine Integration der beiden Bereiche ermöglicht.

Dagegen haben die in der MOLTKE-Werkbank eingesetzten Lernverfahren die Funktion, ein vorgegebenes operationales Designmodell für die Diagnose technischer Systeme mit konkretem Wissen zu füllen. Dies ist, verglichen mit dem Ansatz von BLIP, eine vereinfachendere Sichtweise, da das Modell des Sachbereiches nicht gelernt, sondern über das Designmodell bereits vorgegeben wird. Dies erscheint uns für die zugrundeliegende Domäne auch als sinnvoll. Die Lernverfahren werden somit zur Konkretisierung des vorgegebenen Modells eingesetzt, d.h. zur Entwicklung der Klassifikations- und Testauswahlfähigkeiten des Zielsystems.

Alle hier erwähnten Teilsysteme der MOLTKE-Werkbank (Shell, PATDEX, MAKE, GenRule) sind vollständig implementiert. Bei MAKE und GenRule beinhaltet dies gleichzeitig die vollständige Integration mit der MOLTKE-Shell. Die softwaretechnische Integration von PATDEX, GenRule und der Shell befindet sich zur Zeit (Nov. 1991) in der Entwicklung (Koks, 1991), ebenso die Erweiterungen von GenRule hinsichtlich der Generierung von Redundanz- und Ergänzungsregeln bzw. der Reduzierung des Speicherplatzbedarfes (Jäger & Wenzel, 1991).

Danksagung

Ralph Traphöner hat eine Vielzahl von Ideen in die Architektur von GenRule eingebracht. Die erste Systemversion für die Diagnose von CNC-Maschinen wurde von Wolfgang Wernicke implementiert. Stephan Boecher entwickelte mit MAKE und GenRule eine Wissensbasis für eine Tunnelvortriebsmaschine. Die derzeit aktuelle Version von GenRule wurde von Thomas Engelmann und Jürgen Wäsch implementiert. Ihrer Projektarbeit entstammen auch weite Teile des Beispiels aus Abschnitt 3.3. Dietmar Janetzko kommentierte eine frühere Version dieses Beitrages. Frank Maurer verdanke ich durch zahlreiche Diskussionen viele Anregungen. Bei Robert Rehbold möchte ich mich für die frühzeitige Abstimmung der Zielsetzungen von MAKE und GenRule bedanken.

Literatur

Aben, M. & van Someren, M. (1990). Heuristic Refinement of Logic Programs. *Proc. ECAI-90*, 7-12

Althoff, K.-D. (1991a). Lernverfahren in MOLTKE. Erscheint in: Richter, M.M. (Hrsg.) (1991). *MOLTKE - Methoden zur Fehlerdiagnose in technischen Systemen*. Berlin: Springer Verlag (in Vorbereitung)

Althoff, K.-D. (1991b). Eine fallbasierte Lernkomponente als integrierter Bestandteil der MOLTKE-Werkbank zur Diagnose technischer Systeme. *Dissertation*, Universität Kaiserslautern (in Vorbereitung)

Althoff, K.-D., Faupel, B., Kockskämper, S., Traphöner, R. & Wernicke, W. (1989). Knowledge Acquisition in the Domain of CNC Machining Centers: the MOLTKE Approach. In: Boose, J., Gaines, B. & Ganascia, J.G. (Hrsg.) (1989). *Proc. of the 3rd European Workshop on Knowledge Acquisition for Knowledge-Based Systems*. Paris, 180-195

Althoff, K.-D., Kockskämper, S., Maurer, F., Stadler, M. & Weß, S. (1989). Ein System zur fallbasierten Wissensverarbeitung in technischen Diagnosesituationen. In: Retti, J. & Leidlmeier, K. (Hrsg.) (1989), *5. Österreichische Artificial-Intelligence-Tagung*, Berlin: Springer Verlag, 65-70

Althoff, K.-D., Maurer, F. & Rehbold, R. (1990). Multiple Knowledge Acquisition Strategies in MOLTKE. *Proc. EKAW-90*, 21-40, Amsterdam: IOS Press

Althoff, K.-D., Maurer, F., Traphöner, R. & Weß, S. (1990). Die Lernkomponente der MOLTKE3-Werkbank zur Diagnose technischer Systeme. *KI, 5(1), Sonderheft Maschinelles Lernen*. 58-64

Althoff, K.-D. & Weß, S. (1991). Case-Based Knowledge Acquisition, Learning and Problem Solving in Diagnostic Real World Tasks. *Proc. EKAW-91*, Berlin, Heidelberg: Springer Verlag

Becker, B. (1991). Wissensintensive Lernverfahren und ihre Anwendung auf die Diagnose technischer Systeme. *Diplomarbeit*, Universität Kaiserslautern

Boecher, S. (1990). Integration der Wissensakquisitionswerkzeuge MAKE und GenRule für die Entwicklung eines technischen Diagnosesystems in MOLTKE. *Diplomarbeit*, Universität Kaiserslautern

Breuker, J.A. & Wielinga, B.J. (1989). Models of Expertise in Knowledge Acquisition. In: Guida, G. & Tasso, C. (Hrsg.) (1989). *Topics in Expert System Design*. Amsterdam: North-Holland, 265-297

Craw, S. & Sleeman, D. (1990). Automating the Refinement of Knowledge-Based Systems. *Proc. ECAI-90*, 167-172

Engelmann, T. & Wäsch, J. (1991). GenRule/2 - Eine Erweiterung und Verbesserung des GenRule-Systems unter Smalltalk-80 Release 4. *Projektarbeit*, Universität Kaiserslautern

Horrix, C. (1991). Expertensysteme zur Fehlerdiagnose von Werkzeugmaschinen. *Werkstatt und Betrieb* 124, 2, 101-104

Jäger, T. & Wenzel, C. (1991). GenRule/3 - Eine Erweiterung und Verbesserung des GenRule-Systems. *Projektarbeit*, Universität Kaiserslautern (in Vorbereitung)

Janetzko, D. (1991). Aufbau, Nutzen und Veränderung von Erwartungen. *Dissertation*, Universität Bochum (in Vorbereitung)

Jantke, K.P. (1991). Induktive Inferenz - Einführung und Überblick. Folienkopien zum Vortrag am 2.9.1991 im Rahmen des Seki-Forums der Universität Kaiserslautern

Kodratoff, Y. & Tecuci, G. (1987). The Central Role of Explanations in DISCIPLE. In: Morik, K. (Hrsg.) (1989): *Knowledge Representation and Organization in Machine Learning*. Berlin: Springer Verlag, 135-147

Koks, G. (1991). Entwicklung einer Testumgebung zur Bewertung der Integrationsmöglichkeiten von GenRule, PATDEX und der MOLTKE-Shell. *Diplomarbeit*, Universität Kaiserslautern (in Vorbereitung)

Kolodner, J.L. (1983). Maintaining Organization in a Dynamic Long-Term Memory. *Cognitive Science*, 7, 243-280

Laczkovich, R.R. (1990). *Expertensysteme zur technischen Fehlerdiagnose. Eine betriebswirtschaftlich orientierte Analyse ihrer Leistungs- und Gestaltungspotentiale*. Berlin: Erich Schmidt Verlag

Lopez, B. & Plaza, E. (1991). BOLERO: Case-based Learning of Strategic Knowledge. *Proc. EWSL-91*, 398-411

Maurer, F. (1991a). Das MOLTKE 2 Basissystem. In: Richter, M.M. (Hrsg.) (1991). *MOLTKE - Methoden zur Fehlerdiagnose in technischen Systemen*. Berlin: Springer Verlag (in Vorbereitung)

Maurer, F. (1991b). CAKE - Computer Aided Knowledge Engineering. *Beitrag zum Workshop "Software Engineering and Knowledge Engineering"*, IJCAI-91

Morik, K. (1989). Sloppy Modeling. In: Morik, K. (Hrsg.) (1989): *Knowledge Representation and Organization in Machine Learning*. Berlin: Springer Verlag, 107-134

Morik, K. (1990): Integrating Manual and Automatic Knowledge Acquisition - BLIP. In: McGraw & Westphal (Hrsg.). *Readings in Knowledge Acquisition - Current Practices and Trends*, Ellis Horwood, 213-232

Rehbold, R. (1991). Integration modellbasierten Wissens in technische Diagnostik-Expertensysteme. *Dissertation*, Unversität Kaiserslautern

Richter, M.M. (Hrsg.) (1991). *MOLTKE - Methoden zur Fehlerdiagnose in technischen Systemen*. Berlin: Springer Verlag (in Vorbereitung)

Strube, G. (1989). Episodisches Wissen. *Arbeitspapiere der GMD*, 385, 10-26

Traphöner, R. (1991). Ein Konzept zur Verarbeitung von Erfahrungswissen in MOLTKE. *Projektarbeit*, Universität Kaiserslautern

Valtorta, M. (1991). Knowledge Base Refinement: A Bibliography. *Applied Intelligence 1*, Nr. 1, 87-94

van Someren, M.W., Zheng, L.L., Post, W. (1990). Cases, Models or Compiled Knowledge; a Comparative Analysis and Proposed Integration. *Proc. EKAW-90*, 339-355, Amsterdam: IOS Press

Verweyen-Frank, H. (1990). Wissensakquisition für Fehlerdiagnosesysteme - entscheidend ist der Knowledge Engineer. *KI*, 2, 53-55

Wernicke, W. (1989). Ein System zur Verarbeitung von Erfahrungswissen in MOLTKE 2.0. *Diplomarbeit*, Universität Kaiserslautern

Weß, S. (1990). PATDEX/2: ein System zum adaptiven, fallfokussierenden Lernen in technischen Diagnosesituationen. *SEKI Working Paper SWP-91-01*, Universität Kaiserslautern

Wielinga, B.J., Schreiber, G. & Breuker, J.A. (1991). KADS: A Modelling Approach to Knowledge Engineering. *Document KADS-II/T1.1/PP/UvA/008/ 1.0*, Universität Amsterdam (auch eingereicht zu *Knowledge Acquisition*)

Das Erlernen einer Programmiersprache: Wissenserwerb aus Texten, Beispielen und komplexen Programmen

Ralph Bergmann, Stefan Boschert
und Franz Schmalhofer

1   Einleitung

Bekanntlich können Menschen aus sehr unterschiedlichen Erfahrungen und Lernmaterialien gerade diejenigen Konzepte erwerben, die sich später für ihr weiteres Handeln als nützlich erweisen. Dies gilt auch für das Erlernen einer Programmiersprache. So können relevante Kenntnisse über eine Programmiersprache aus Lehrtexten, aus konkreten Beispielen der verfügbaren Programmkonstrukte und aus vollständigen Programmen mit komplexen Kontrollstrukturen erworben werden. Weitergehende Kenntnisse werden oft durch die Interaktion mit einem Programmiertutor (Weber, 1992), durch das Explorieren einer Programmierumgebung oder beim Erstellen eines speziellen Programms erworben.

Für das erfolgreiche Studium eines Lernmaterials werden meist mehr oder weniger umfangreiche Kenntnisse vorausgesetzt. Während sich in manchen Fällen so eine natürliche Sequenz der Lernmaterialien ergibt, können manchmal auch verschiedene Lernmaterialien zum Erwerb des gleichen Wissens eingesetzt werden. Die vorliegende Arbeit beschreibt kognitive Modellierungen des Wissenserwerbs aus drei verschiedenen Materialien: Texten, Beispielen von Programmkonstrukten und komplexen Programmen. Während die Texte und Beipiele alternativ oder zur gegenseitigen Ergänzung beim Erwerb des gleichen Wissens eingesetzt werden können, setzt das Studium von komplexen Programmen bereits solche Kenntnisse über Programmkonstrukte voraus.

Wir beschäftigen uns in dieser Arbeit mit dem Erlernen einer Programmiersprache von Anfang an: Zuerst wird Erwerb von Programmierkonstrukten aus Text und Beispielen modelliert, was als die "erste Stunde" des Erlernens einer bezeichnet werden kann. Das darauf aufbauende Erlernen von zielorientiertem Problemlösewissen aus vollständigen Programmen bezeichnen wir als die "zweite Stunde".

2   Die "erste Stunde": Das Erlernen von Programmkonstrukten aus Text und Beispielen

Die relevanten Konzepte einer Programmiersprache kann ein Anfänger durch das Studieren eines einführenden Textes oder durch das Studium von mehreren Programmbeispielen erwerben. Sowohl das Lernen aus Text als auch das Lernen aus Beispielen bringt spezielle Vor- und Nachteile mit sich. Deshalb ist der Wissenserwerb aus einer geeigneten Kombination der beiden Materialien nahezu immer günstiger als das Lernen aus nur einem Material.

In den bisherigen Forschungen zu diesem Thema wurde meist versucht, die Effektivität des Lernens aus verschiedenen Lernmaterialien nahezu ausschließlich an Hand der Ergebnisse empirischer Untersuchungen zu beurteilen. So wurde in der pädagogischen Psychologie mit einem aufwendigen Forschungsprogramm die Frage erkundet, ob rezeptives Lernen (Ausubel, 1964) oder Entdeckungslernen (Bruner, 1961) zu einem günstigeren Lernerfolg führen würden. In einer Vielzahl von Untersuchungen (etwa Guthrie, 1967), die von Neber (1981) zusammenfassend beschrieben wurden, führte einmal das eine und dann wieder das andere Lernmaterial zu einem besseren Lernerfolg.

Aufgrund der verschiedenen in den Untersuchungen verwendeten Operationalisierungen und wegen der zunächst widersprüchlich erscheinenden Ergebnisse mußten zunehmend stärkere Differenzierungen verwendet werden, um die empirischen Befunde überblicksmäßig beschreiben zu können. Die starke Differenzierung, von denen anfängliches versus spätes Behalten und anfänglicher Transfer versus später Transfer noch als vergleichsweise nützliche Unterscheidungen anzusehen sind, führte zu großer Unübersichtlichkeit. So kam Lefrancois (1976) auch zu der Einschätzung, daß sich diese Untersuchungen insgesamt als erfolglos erwiesen haben.

Heute werden im Bereich der Mensch-Maschine-Kommunikation ähnliche Fragen mit der gleichen Forschungsmethodik wieder untersucht. Lehren, die aus dem mangelnden Ertrag der Untersuchungen der pädagogischen Psychologie gezogen werden könnten, werden dabei nicht berücksichtigt, d.h. die gleichen Fehler scheinen sich in einem anderen Gegenstandsgebiet (Lernen der Computernutzung durch Neulinge) zu wiederholen. So wird beispielsweise in Experimenten mit sehr geringem oder keinerlei theoretischem Überbau erforscht, ob sich die Lernschwierigkeiten von Computerneulingen durch vollständige Handlungsanweisungen beheben lassen. Andererseits wird für Computerneulinge ein aktives Entdeckungslernen durch "learning by doing" empfohlen (Carroll, 1985).

Im Gegensatz zu der pädagogischen Psychologie und empirischen Untersuchungen auf dem Gebiet der Mensch-Maschine Kommunikation wurden in der experimentellen allgemeinen Psychologie Textverstehen und der Konzepterwerb aus Beispielen nicht vergleichend untersucht. Textverstehen (z. B. Kintsch, 1974) wurde im Rahmen eines Gedächtnisparadigmas untersucht. Dabei wurden Gedächtnisrepräsentationen, Enkodierungsprozesse und Repräsentationsfragen im allgemeinen thematisiert. Der Konzepterwerb beim Studieren von Beispielen wurde innerhalb des Problemlöseparadigmas untersucht, wobei Verarbeitungsstrategien, Hypothesenbildung und Konzeptidentifikation thematisiert wurden.

Dadurch, daß Textverstehen und der Konzepterwerb aus Beispielen voneinander getrennt, dafür aber gründlicher untersucht wurden, haben wir heute einerseits ein gutes Verständnis der kognitiven Prozesse beim Textverstehen und andererseits auch ein gleichermaßen gutes Verständnis der kognitiven Prozesse des Konzepterwerbs aus Beispielen. Dagegen liegt bisher keine integrative Theorie darüber vor, wie Konzepte aus Text und aus Beispielen erworben werden.

Wie die bereits erläuterten Themenstellungen aus der pädagogischen Psychologie und der Mensch-Maschine-Kommunikation zeigen, ist eine vergleichende Betrachtung des Konzepterwerbs aus Text und Beispielen oder einer Kombination dieser Materialien in vielen Anwendungssituationen von Bedeutung. Schließlich stellen Lernen aus Text und Lernen aus Beispielen zwei der wichtigsten Formen des menschlichen Konzepterwerbs dar. Da empirische und experimentelle Untersuchungen ohne eine adäquate theoretische Fundierung zu unfruchtbaren Differenzierungen führen, durch die das Kernthema leicht aus dem Auge verloren wird, sollte hier ein neuer Forschungsweg beschritten werden. Im folgenden soll ein kognitives Modell des Wissenserwerbs aus Texten und Beispielen für die Domäne des Erlernens elementarer Funktionen einer Programmiersprache beschrieben werden.

2.1 Modellierung des Erlernens elementarer LISP-Funktionen

Jede elementare LISP-Funktion, wie FIRST, REST, EQUAL und LIST, läßt sich durch vier Attribute definieren. Durch die Angabe von Spezifikationen für die Attribute "NAME", "ANZAHL_DER_ARGUMENTE", "ARGUMENT_TYP", und "I/O_BEZIEHUNG" kann bei entsprechenden Vorkenntnissen jede dieser Funktionen als vollständig definiert betrachtet werden. Aus der Kombination der Attribute ergibt sich das folgende Funktionsschema mit vier Slots:

Funktionsschema:

```
NAME:
ANZAHL_DER_ARGUMENTE:
ARGUMENT_TYP:
I/O_BEZIEHUNG:
```

Durch das Füllen der Slots ergibt sich ein instanziiertes Funktionsschema, wodurch eine LISP-Funktion definiert wird. Die Funktion FIRST ist somit bestimmt durch:

```
NAME: first
ANZAHL_DER_ARGUMENTE: eins
ARGUMENT_TYP: liste
I/O_BEZIEHUNG: erstes-element-der-liste
```

Personen, die bereits Kenntnisse der LISP-Syntax und über die elementaren Datenstrukturen in LISP (Atome und Listen) aufweisen und das oben spezifizierte Funktionsschema besitzen, sollten nun eine LISP-Funktion wie FIRST sowohl aus einem Text als auch aus einer geeigneten Menge von Beispielen erlernen können. Tabelle 1 zeigt einen Ausschnitt des Texts und eine Sequenz von Funktionseingaben in den LISP-Interpreter mit dem dazu korrespondieren Output.

```
Text
Die Funktion FIRST wird verwendet, um den ersten S-Term aus
einem zusammengesetzten S-Term zu extrahieren.
Die Funktion FIRST hat genau ein Argument.
Das ·Argument der Funktion FIRST muß ein zusammengesetzter
S-Term sein.
Der Wert der Funktion FIRST ist der erste S-Term des Arguments.

Beispiele
Anhand der folgenden Beispiele können Sie Kenntnisse der Funk-
tion FIRST erwerben. Beachten Sie die Anführungszeichen!
Mögliche Eingaben und die dazugehörigen Ausgaben des LISP-
Systems werden jeweils links und rechts in einer Zeile angege-
ben.
```

`(FIRST '(A B))`	→	A
`(FIRST '((A B) C))`	→	(A B)
`(FIRST '(A (B C)))`	→	A
`(FIRST '((A B) (C D)))`	→	(A B)
`(FIRST '(A))`	→	A
`(FIRST (FIRST '((A B) C)))`	→	A
`(FIRST '(FIRST ((A B) C)))`	→	FIRST
`(FIRST 'A 'B)`	→	ERROR
`FIRST '(A B)`	→	ERROR
`(FIRST (A B))`	→	ERROR
`(FIRST 'A)`	→	ERROR
`(FIRST (A 'B))`	→	ERROR

Tabelle 1:   Ausschnitte aus den Lernmaterialien

Im Text sind in natürlichsprachlicher Form die Werte für die Attribute des Funktionsschemas explizit angegeben. Deshalb sollte ein Lernender aus diesem Text das relevante Wissen über die Funktion FIRST erwerben können.

Bei gleichem Vorwissen kann die Funktion FIRST aber auch aus den in Tabelle 1 angegebenen Beispielen erlernt werden. Wenn der Lernende das erste Beispiel mit seinem Vorwissen analysiert, kann er feststellen, daß es sich dabei um eine syntaktisch korrekte Eingabe in das LISP-System handelt. Desweiteren läßt sich erkennen, daß FIRST eine Funktion ist und (A B) das Argument. Der Output des Funktionsaufrufs ist A. Daraus können nun Hypothesen über Typ und Anzahl der Argumente und über die I/O-Beziehung gebildet werden, die wiederum richtig oder falsch sein können. Nachdem eine genügende Anzahl der angegebenen Beispiele für die Hypothesenprüfung und Hypothesenmodifikation genutzt worden ist, haben sich die Hypothesen bestätigt, die im Text als Aussagen explizit mitgeteilt wurden. Somit sollte aus einem Text und aus Beispielen, die bei einem bestimmten Vorkenntnisstand als "informationsäquivalent" (Larkin & Simon, 1987; Schmalhofer, Boschert & Kühn, 1990) angesehen werden können, das gleiche Konzept erworben werden.

2.2 Ein kognitives Modell des Konzepterwerbs

Eine erste graphische Veranschaulichung des Modells ist in Abbildung 1 gegeben. Das Vorwissen des Lernenden, das einerseits aus dem Alltagswissen, das mehrere Heuristiken einschließt, und andererseits aus bereichsspezifischen Vorkenntnissen wie dem Funktionsschema besteht, ist in dieser Abbildung durch zwei Kästen dargestellt. Das beim Lernen neu aufgebaute Wissen ist durch drei Ellipsen dargestellt: Beim Lernen aus Text wird eine Bedeutungsrepräsentation des Textes (Textbasis) erstellt. Ein Situationsmodell, das eine Repräsentation der Gegenstandsdomäne (zum Beispiel das Wissen über den LISP-Interpreter) darstellt, kann ebenfalls beim Lernen aus Text erworben oder erneuert ("updating") werden. Wie das obengenannte Beispiel des Erlernens der LISP-Funktion FIRST gezeigt hat, sollte das gleiche Situationsmodell auch aus einer Menge informationsäquivalenter Beispiele erworben werden. Beim Lernen aus Beispielen werden Schablonen (Template-Base, vgl. Anderson, Farrell & Sauers, 1984) als periphere Wissensrepräsentationen aufgebaut.

Das Modell basiert auf den folgenden Grundannahmen (vgl. Schmalhofer, Boschert & Kühn, 1990; S. 178-179):

a) *Multiple Wissensrepräsentationen:* Es werden drei Wissensrepräsentationen postuliert, die im folgenden als 1) Situationsmodell, 2) Schablonenbasis und 3) als Textbasis bezeichnet werden. Das Situationsmodell (van Dijk & Kintsch, 1983) repräsentiert die strukturelle Basis des Gegenstandsbereiches. Dagegen beinhaltet die Schablonenbasis Eigenschaften von Situationsbeispielen, die durch Schablonen (Anderson, Farrell & Sauers, 1984) dargestellt werden. Die Textbasis (Kintsch, 1974) ist aus Propositionen aufgebaut, die in Texten zum Ausdruck kommen können.

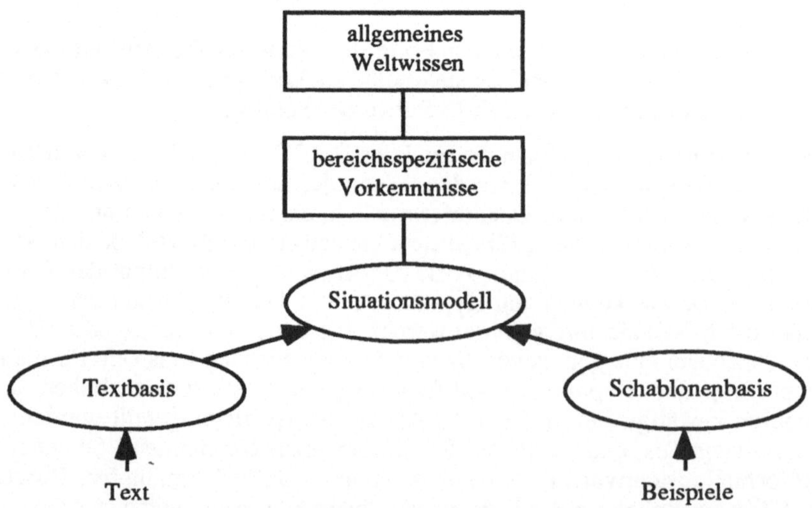

Abbildung 1: Integriertes Modell des menschlichen Lernens

b) *Text- und situationsbasierter Wissenserwerb:* Der Erwerb von allgemeinem Situationswissen kann aus natürlichsprachlichen Beschreibungen und/oder aus beispielhaften Einzelsituationen, also text- und/ oder situationsbasiert erfolgen. In Abhängigkeit vom Lernmaterial entstehen dabei zuerst text- und situationsbasierte Wissensrepräsentationen, d.h. eine propositionale Textbasis oder Schablonen. Beim Lernen aus Text und Lernen aus Beispielen werden also verschiedene periphere Wissensrepräsentationen (Textbasis oder Schablonenbasis) aufgebaut.

c) *Gleiches allgemeines Situationswissen bei informationsäquivalenten Lernmaterial:* Da sowohl die Textbasis als auch die Schablonenbasis weiter verarbeitet werden, kann aus text- und situationsbasiertem Lernmaterial das gleiche allgemeine Situationswissen erworben werden. Dazu müssen die beiden Lernmaterialien jedoch informationsäquivalent sein.

d) *Abhängigkeit von Vorwissen und Zielsetzung:* Zur Wissensenkodierung wird stets das für den jeweiligen Bereich spezifische Vorwissen herangezogen. Beim Wissenserwerb können in Abhängigkeit von der jeweiligen Zielsetzung durch Umsetzungsprozesse zwischen Schablonenbasis und Textbasis implizite Informationen des Materials in explizites Wissen umgewandelt werden.

Lernen aus Text: Auf der situativen Ebene laufen beim Lernen aus Text Inferenzprozesse ab. So werden aus neu hinzukommenden Informationen und dem aktivierten alten Wissen Inferenzen gezogen (Schmalhofer, Kühn & Messamer, 1989). Dadurch werden weitere Bezüge zwischen den neuen Informationen und dem alten Wissen erzeugt und es findet eine teilweise Operationalisierung allgemeineren Wissens statt.

Lernen aus Beispielen: Beim Lernen aus Beispielen werden ebenfalls die Wissenseinheiten aktiviert, die zu dem Beispiel in Beziehung stehen. Mit dem so aktivierten Wissen wird dann das vorliegende Beispiel erklärt. Dabei können durch die *empirical generation heuristic* oder die *wishful thinking heuristic* Hypothesen generiert werden: Die *emprical generation heuristic* postuliert, daß das in einem Beispiel Gegebene allgemein gültig ist. Die *wishful thinking heuristic* erzeugt durch Abduktion gerade die Hypothesen, die zur Vervollständigung der Erklärung eines Beispiels erforderlich sind. Durch Generalisierungs-, Spezialisierungs- und Selektionsheuristiken werden die so erzeugten Hypothesen dann modifiziert. Dann bestimmt die Wissensintegrationsphase mit welcher Stärke die einzelnen Wissenseinheiten im Gedächtnis Bestand haben.

Die bisherige Modellierung beschreibt, wie aus Texten und Beispielen elementare Programmkonstrukte erworben werden. Mit den in der "ersten Stunde" erworbenen Programmkonstrukten werden nun in der "zweiten Stunde" komplexere Programme gelernt.

3   Die "zweite Stunde":
Das Erlernen komplexer Programme

Ziel der im folgenden beschriebenen Modellierung ist es, den Wissenserwerb der "zweiten Stunde" beim Erlernen der Programmiersprache LISP zu modellieren. Diese Wissenserwerbsphase ist dadurch charakterisiert, daß die Lernmaterialien nicht mehr nur die Programmkonstrukte von LISP beschreiben, sondern daß ganze Programme als Lernmaterialien vorgegeben werden. Damit ist ein geändertes Wissenserwerbsziel verbunden, das darin besteht, zielorientiertes Problemlösewissen zu akquirieren, also

Wissen, das effektiv zum Lösen von Programmierproblemen in LISP eingesetzt werden kann. Die Lernprozesse, die für diesen Wissenserwerbsschritt postuliert werden, unterscheiden sich für Anfänger und Fortgeschrittene als Konsequenz ihres unterschiedlichen Vorwissens. Aus diesem Grunde werden zunächst Anfänger und Fortgeschrittene durch ihr Vorwissen charakterisiert. Diese Differenzierung führt zu einer Unterscheidung von zwei Wissensformen auf situativer Ebene, die im Rahmen einer Modellerweiterung als System- und Prozedurwissen eingeführt werden. Um die eigentlichen Wissenserwerbsprozesse konkreter darstellen zu können, wird zunächst eine Beispielsituation eingeführt, anhand deren der Erwerb von Prozedurwissen bei Anfängern und Fortgeschrittenen erläutert wird. Die Modellierung dieser Prozesse erfolgt in einer Computersimulation durch die Anwendung erklärungsbasierter Lernverfahren (Mitchell, Keller & Kedar-Cabelli, 1986; DeJong & Mooney, 1986) unter Verwendung einer formalen Repräsentation des Vorwissens als Theorie.

3.1 Vorwissen bei Programmieranfängern und Fortgeschrittenen

Programmieranfänger und fortgeschrittene Programmierer lassen sich wie folgt durch ihr unterschiedliches Vorwissen charakterisieren: Zu Beginn der "zweiten Stunde" des Erlernens der Programmiersprache LISP wird vorausgesetzt, daß der Lerner, egal ob Anfänger oder Fortgeschrittener, die "erste Stunde" erfolgreich absolviert hat, d.h. sämtliches relevante Wissen aus den jeweiligen Lernmaterialien erworben hat. Hierbei sei unbestritten, daß der Fortgeschrittene diesen Lernerfolg in kürzerer Zeit bzw. mit weniger Lernaufwand erzielt hat als der Anfänger. Da die "erste Stunde" des Wissenserwerbs dadurch gekennzeichnet ist, daß die Konstrukte der Programmiersprache LISP mit ihrer Syntax und Semantik vermittelt werden, haben Anfänger und Fortgeschrittene folglich das gleiche Wissen über das LISP-System erworben. Beide kennen also den gleichen Satz von Programmkonstrukten und den damit verbundenen Interaktionsmöglichkeiten, die das LISP-System zur Verfügung stellt.

Dennoch gibt es Unterschiede zwischen Anfängern und Fortgeschrittenen in bezug auf ihre Problemlösekompetenz beim Programmieren. Anfänger haben vor der "ersten Stunde" keinerlei Erfahrung im Umgang mit einer Programmiersprache, haben also noch keine Programmierprobleme selbständig oder unter Anleitung gelöst. Auch während der "ersten Stunde" wird kein Problemlösewissen vermittelt, so daß Anfänger nicht über zielorientiertes Problemlösewissen für Programmierprobleme verfügen. Fortgeschrittene hingegen haben bereits vor der "ersten Stunde" Programmiererfahrung dadurch, daß sie selbständig Programmierprobleme in einer anderen Sprache als LISP gelöst haben. Dadurch verfügen sie über allgemeines, LISP-unabhängiges Problemlösewissen, welches jedoch zum Verstehen eines Programmes in LISP sehr nützlich ist.

In unserem kognitiven Modell des Wissenserwerbs muß nun gerade der Unterschied zwischen Anfängern und Fortgeschrittenen, also das zielorientierte Problemlösewissen, reflektiert werden. Hierzu werden ähnlich wie bei Ryle (1973), Anderson (1983) und Newell (1982) die folgenden Wissensarten eingeführt:

Systemwissen: Systemwissen beschreibt das gesamte Wissen über ein bestimmtes System. Dies sind die Interaktionsmöglichkeiten, die (von außen) mit dem System bestehen zusammen mit den daraus resultierenden Veränderungen im System. Im LISP-System bestehen die Interaktionsmöglichkeiten im Auswerten bestimmter

Funktionen, wobei bestimmte Symbolbindungen als Eingaben eine Rolle spielen und gegebenenfalls neue Symbolbindungen resultieren. Die Konstrukte der Programmiersprache LISP sind nun gerade als spezielle Funktionen realisiert, so daß das Wissen hierüber als Systemwissen zu bezeichnen ist.

Prozedurwissen: Prozedurwissen beschreibt im Gegensatz zum Systemwissen alles Wissen, das notwendig ist, um gezielt Probleme in einem System zu lösen. Allgemein kann ein Problem in einem System durch die Angabe eines Ausgangs- und eines Zielzustandes beschrieben werden. Die Lösung eines solchen Problems besteht aus einer Menge von (evtl. abstrakten) Aktionen oder Interaktionen, die in dem System zulässig sind, sowie einer Anweisung, wie diese Aktionen anzuwenden sind. Die Ausführung dieser Aktionen in dem System muß den Ausgangszustand des Problems in dessen Zielzustand überführen. Im LISP-System besteht die Beschreibung eines Programmierproblems in der Spezifikation einer Prozedur, die durch Vor- und Nachbedingung im Sinne der Programmverifikation gegeben ist. Lösung des Problems ist ein korrektes LISP-Programm, welches aus den zulässigen LISP-Anweisungen und dem darin implizit vorhandenen Kontrollfluß bestehen.

Prozedurwissen kann zum einen sehr spezifisch sein und die konkrete Lösung eines konkreten Problems beschreiben oder auch genereller, so daß ein allgemeiner Lösungsplan für eine ganze Klasse von Problemen beschrieben ist. In diesem Sinne verfügen also Programmieranfänger über keinerlei Prozedurwissen, fortgeschrittene Programmierer hingegen über allgemeines Prozedurwissen zum generellen Lösen von Programmierproblemen, jedoch nicht über LISP-spezifisches Prozedurwissen. Beim Systemwissen unterscheiden sich Programmieranfänger und Fortgeschrittene nicht. Ziel der "zweiten Stunde" des Wissenserwerbs beim Erlernen der Programmiersprache LISP ist es nun, LISP-spezifisches Prozedurwissen zu erwerben, was den Lernenden in die Lage versetzt, bestimmte Programmierprobleme zu lösen. Hierbei wird sich zeigen, daß der fortgeschrittene Programmierer durch sein Vorwissen im Bereich des allgemeinen Prozedurwissens einen erheblichen Vorteil gegenüber dem Anfänger hat.

3.2 Modellerweiterung: Unterscheidung von System- und Prozedurwissen

Aufgrund der eingeführten Unterscheidung der beiden Wissensarten ist eine Erweiterung des Modelles aus Abbildung 1 erforderlich, so daß sich diese Unterscheidung widerspiegelt.

Abbildung 2 zeigt das so erweiterte Modell. Man erkennt, daß die Grundstruktur des Modelles und die drei Wissensrepräsentationen (Textbasis, Schablonen und Situationsmodell) erhalten geblieben sind. Das neue Lernmaterial, die Programme, werden auf der Seite der Beispiele eingeordnet, da sie ebenfalls in einer Kunstsprache (der Programmiersprache) abgefaßt sind und nicht in natürlichsprachlichem Text. Die Differenzierung zwischen System- und Prozedurwissen ist auf der Ebene des Situationsmodelles eingeführt worden, da erst auf dieser Ebene das Verständnis der erworbenen Konzepte aus Text und Beispiel modelliert ist und sich somit der rein inhaltliche Unterschied, der zwischen System- und Prozedurwissen besteht, dort erst niederschlägt.

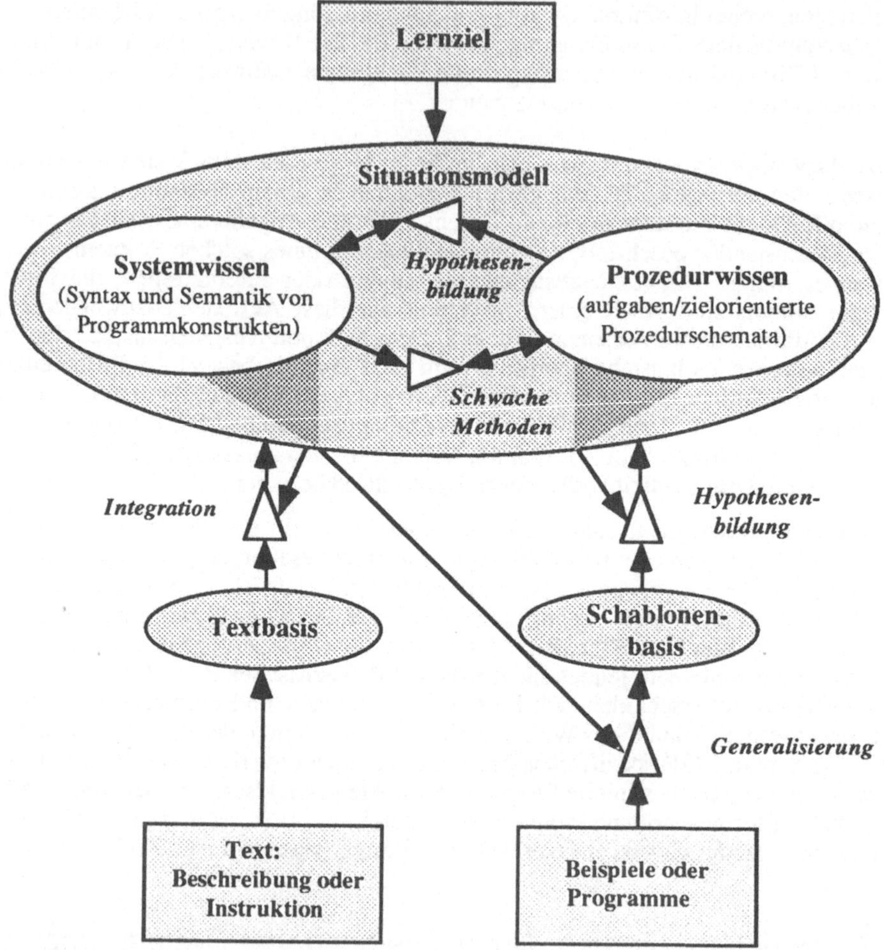

Abbildung 2:   Makroskopische Erweiterung des Lernmodells.

System- und Prozedurwissen stehen jedoch nicht lose nebeneinander, sondern es gibt durchaus die Möglichkeit, daß die eine Wissensform in die andere überführt wird. Hierbei werden in dieser Modellerweiterung folgende Transformationen postuliert:

Aus Systemwissen kann Prozedurwissen mit Hilfe von schwachen Methoden generiert werden. Als schwache Methoden werden hierbei im wesentlichen reine Suchprozesse verstanden, wobei im Suchraum aller möglichen Kombinationen von LISP-Konstrukten nach der Lösung für ein Programmierproblem gesucht wird, ohne daß der Suchraum problemspezifisch eingeschränkt wird. Dies entspricht der Situation, in der sich ein Anfänger nach erfolgreicher Absolvierung der "ersten Stunde" befindet, wenn er ein Programmierproblem lösen soll. Lösungen können nur für extrem einfache Probleme gefunden werden, was sich aus der Komplexität des Prozesses begründen läßt. Falls einfache Probleme von guten Lernenden dennoch gelöst werden, so wurde gerade Prozedurwissen direkt aus Systemwissen gebildet.

Der umgekehrte Fall, in dem Systemwissen aus Prozedurwissen abgeleitet wird, liegt bei der folgender Lernkonstellation vor: Ein Fortgeschrittener lernt aus einem

Programm für ein Problem, für das er bereits Prozedurwissen besitzt, zum Beispiel dadurch, daß er dasselbe Problem bereits vorher in einer anderen Programmiersprache gelöst hat. In seinem Lernmaterial tritt jetzt aber ein Programmkonstrukt auf, das er bisher nicht kannte, wozu er also kein Systemwissen besitzt. Aufgrund seiner allgemeinen Kenntnis des Lösungsprinzips, das gerade im Prozedurwissen steckt, ist es ihm aber möglich, Hypothesen darüber zu generieren, was das bislang unbekannte Programmkonstrukt bewirkt und kann so neues Systemwissen generieren. Dies ist jedoch nur durch die Einbettung der unbekannten Aktion in einer größere Menge von bereits bekannten Aktionen möglich.

Die für den Wissenserwerb der "zweiten Stunde" relevanten Prozesse sind jedoch die Generalisierung von Programmen hin zu prozeduralen Programmschablonen sowie die Hypothesenbildung zur Instanziierung allgemeinen Prozedurwissens hin zu LISP-spezifischem Prozedurwissen auf der situativen Ebene. Die Generalisierung von Programmen erfolgt unter Zuhilfenahme von Systemwissen und wird im Modell als ein im wesentlichen deduktiver Prozeß modelliert. Prozedurwissen spielt für diesen Prozeß keine Rolle, so daß dieser gerade von Programmieranfängern durchgeführt werden kann. Die Prozesse der Hypothesenbildung aus Programmen (oder Schablonen) bedürfen aber gerade des allgemeinen Prozedurwissens und können demzufolge lediglich von den Fortgeschrittenen geleistet werden.

3.3 Lernen aus Programmen: Eine Beispielsituation

Um die beiden Prozesse des Erwerbs von Prozedurwissen bei Anfängern und Fortgeschrittenen etwas konkreter darstellen zu können, wird nun zunächst exemplarisch ein Programm vorgestellt und daran der Wissenserwerb allgemein erörtert.

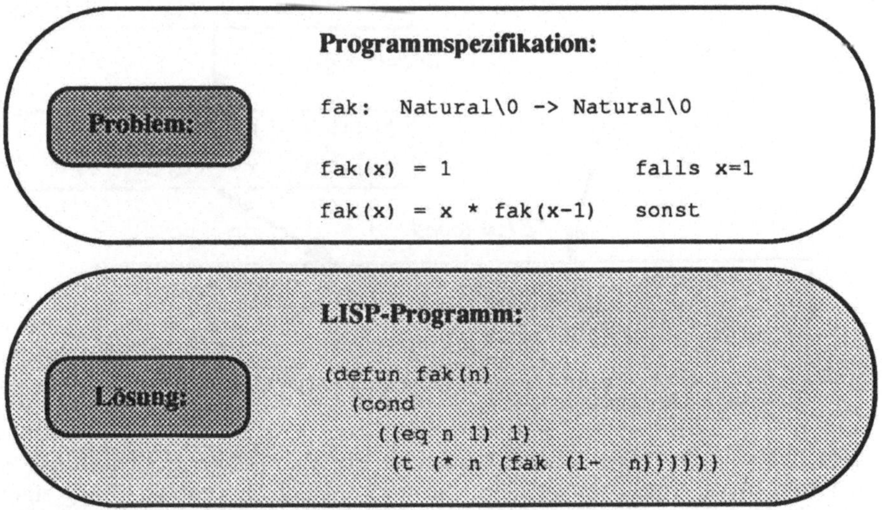

Abbildung 3: Eine Beispielsituation zum Lernen aus Programmen.

Abbildung 3 zeigt eine konkrete Beschreibung eines Programmierproblems. Die Aufgabe besteht darin, die Fakultätsfunktion zu programmieren. Sie wird mit der zugehörigen Lösung gezeigt, in der die Fakultät in Anlehnung an die rekursive Definition auch in LISP rekursiv berechnet wird.

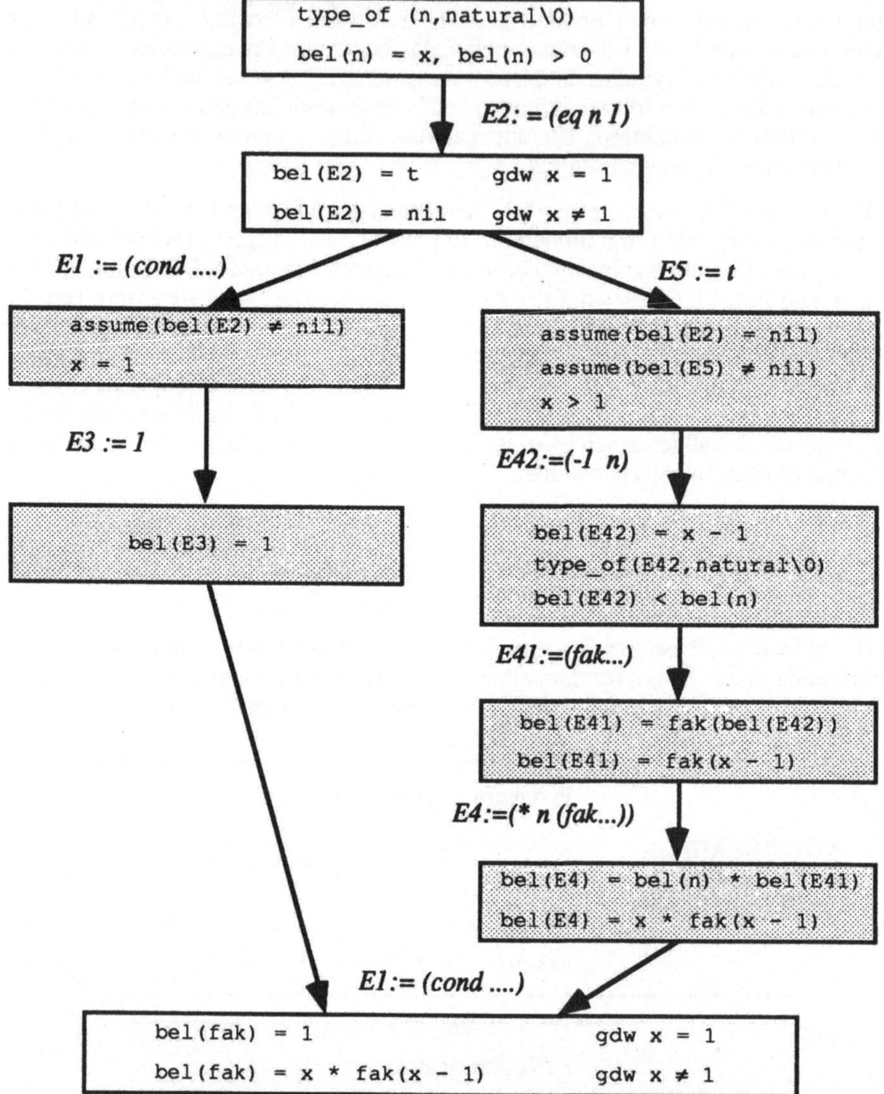

Abbildung 4: Erklärungen mit Systemwissen bei einem Programmieranfänger. Trace einer Programmsimulation in symbolischer Form.

Es stellt sich nun die Frage, was ein Lernender, der eine solche Problemlösung studiert, aus ihr lernen kann. Zum einen könnte der Lernende die Problemlösung einfach nur oberflächlich erinnern, ohne die Lösung überhaupt zu verstehen. Diese Form des Auswendiglernens würde einen Lernenden, der die "erste Stunde" nicht absolviert hat, jedoch nicht von einem solchen Lernenden unterscheiden, der bereits Systemwissen erworben hat. Diese Form des reinen Auswendiglernens ist selbst für Anfänger nicht plausibel.

Im Gegensatz zum Auswendiglernen versucht der Lernende, die dargebotene Problemlösung unter Zuhilfenahme seines vorhandenen Wissens zu erklären, um das Lösungsprinzip zu verstehen. Da Anfänger und Fortgeschrittene für diesen Prozeß jedoch unterschiedliches Vorwissen besitzen, werden auch unterschiedliche Erklärungsstrukturen bei Anfängern und Fortgeschrittenen erzeugt, was letztlich auch unterschiedliche Lernresultate hervorbringt. Im folgenden werden die Wissenserwerbsprozesse bei Anfängern und Fortgeschrittenen separat diskutiert.

3.4 Erwerb von Prozedurwissen bei Anfängern

Anfänger besitzen Systemwissen, welches die Konstrukte der Programmiersprache LISP beschreibt. Dieses Wissen erlaubt es dem Anfänger, den Ablauf des Programmes zu bestimmen und diesen mental zu simulieren. Hierdurch kann eine Erklärung des Programms dadurch erfolgen, daß die Funktionsweise des Programms in seinem zeitlichen Verlauf nachgebildet wird. Solche Abbildungen oder Protokolle von Programmabläufen werden in der Informatik häufig in Form eines Trace zur Fehlersuche in einem Programm eingesetzt. Ein solcher Trace beschreibt den Ablauf eines Programms jedoch mit konkreten Eingabewerten und dokumentiert die konkreten Zwischenergebnisse, die bei der Programmabarbeitung auftreten. Bei der "mentalen Simulation" eines Programms wird jedoch kein konkreter Trace erstellt, sondern die Berechnungsfolgen allgemeiner Art bestimmt. Hierbei werden keine konkreten Zahlenwerte für Berechnungsergebnisse ermittelt, sondern vielmehr allgemeinere Relationen zwischen einzelnen Ergebnisse der Berechnung.

In einer Computersimulation dieses Erklärungsprozesses kann ein solcher symbolischer Trace automatisch aus einer formalen Repräsentation des Systemwissens erzeugt werden (Bergmann, 1992a; Haupenthal, 1992). Hierbei werden Eingabevariablen in das zu simulierende Programm mit symbolischen Werten belegt und die Konsequenzen allgemeiner Art aus dem Systemwissen abgeleitet. Hieraus ergibt sich eine Abfolge von Systemzuständen, die in Abbildung 4 dargestellt ist.

In dieser Abbildung stellt ein Kasten jeweils einen Zustand des LISP-Systems dar, der durch bestimmte Prädikate näher beschrieben ist. Die Pfeile beschreiben den Übergang von einem Systemzustand in den nächsten durch die "mentale" Ausführung einer Programmanweisung. Hierbei beschreibt das Systemwissen, repräsentiert in Form von STRIPS-artigen Operatorbeschreibungen sowie zusätzlichen Inferenzregeln, wie der Folgezustand bestimmt ist. Da dieses Systemwissen in einer deklarativen Form repräsentiert ist, kann auch für den Effekt jeder einzelnen Programmanweisung eine Erklärung gefunden werden, die gerade aus dem Beweis auf der Basis des Systemwissens als Theorie besteht.

Erklärungsbasiertes Lernen (EBL) dieser separaten Erklärungen für die einzelnen Programmanweisungen führt durch eine Generaliserung der konkret ausgeführten Programmanweisung zu einer variabilisierten Anweisung, die eine größere Menge von potentiellen Programmkonstrukten ermöglicht. Hierbei bestimmt EBL eine Menge von *constraints* über die Art der Programmanweisung derart, daß die Effekte der Programmanweisung, die im konkreten Fall aufgetreten sind, auch in jeder Instanziierung des generalisierten Programmkonstruktes auftreten. Die so erhaltene Generalisierung des gesamten Ablauftraces ist in Abbildung 5 dargestellt.

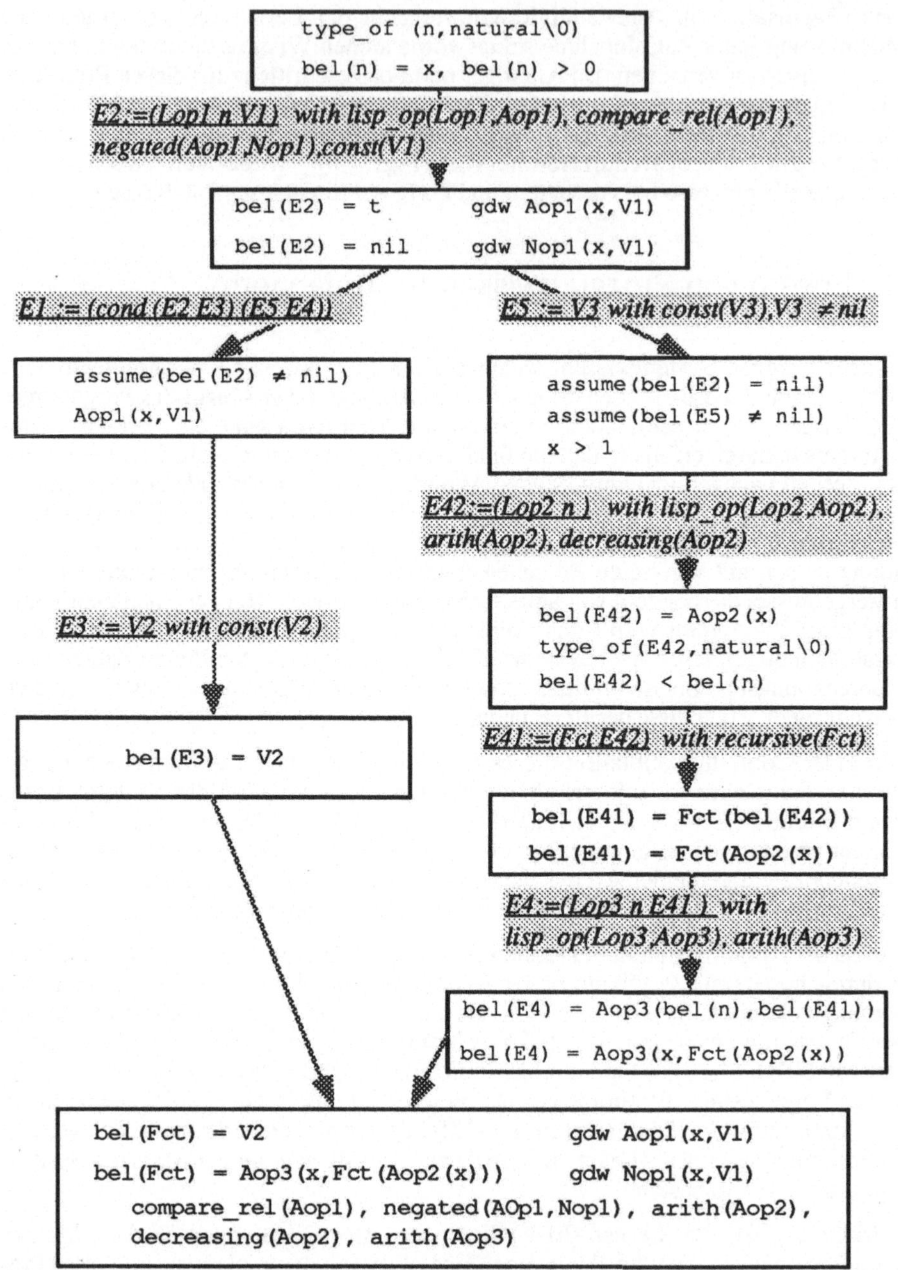

Abbildung 5: Generalisierung der Erklärung bei einem Programmieranfänger.

Die Zusammenfassung der generalisierten Programmkonstrukte unter Berücksichtigung der Abhängigkeiten, die zwischen den Konstrukten bestehen, ermöglicht das Erstellen einer Problemlöseschablone. In dieser Schablone ist die konkrete Problemstellung dadurch zu einem allgemeineren Problemschema generalisiert, daß bestimmte Variablen mit bestimmten *constraints* eingeführt sind (Bergmann, 1992b).

Ebenso werden im Lösungsschema bestimmte Variabilisierungen zugelassen, die jedoch durch die Problemstellung bestimmt sind. Abbildung 6 zeigt die für den in Abbildung 5 dargestellten generalisierten Ablauftrace erzeugte Problemlöseschablone. Diese Schablone spiegelt gerade das Wissen wieder, das der Anfänger, der das Beispielprogramm von Abbildung 3 studiert hat, als Ergebnis des Generalisierungsprozesses speichert.

```
Problem-        Fct: Natural\0 --> Natural\0
schema:
                Fct (x) = V2                        gdw Aop1(x,V1)

                Fct (x) = Aop3(x,Fct(Aop2(x)))  gdw Nop1(x,V1)

                  const(V1), const(V2), compare_rel(Aop1),
                  negated(Aop1,Nop1), arith(Aop2),
                  decreasing(Aop2), arith(Aop3)
```

```
Lösungs-        (defun Fct (n)
schema:           (cond
                    ((Lop1 n V1) V2)
                    (V3             (Lop3 n (Fct (Lop2 n)))))))

                  lisp_op(Lop1,Aop1), lisp_op(Lop2,Aop2),
                  lisp_op(Lop3,Aop3), const(V3), V3 ≠ nil
```

Abbildung 6:   Erzeugtes Prozedurwissen eines Programmieranfängers.

3.5 Erwerb von Prozedurwissen bei Fortgeschrittenen

Der Wissenserwerb bei Fortgeschrittenen, die aus dem Beispielprogramm lernen, unterscheidet sich von dem der Anfänger dadurch, daß die Fortgeschrittenen weiteres Wissen in Form allgemeinen Prozedurwissens bereits zur Verfügung haben und gerade dieses zur Erklärung der Funktionsweise des speziellen LISP-Programmes einsetzen können. Für die Erklärung der Fakultätsfunktion von Abbildung 3 kann das folgende allgemeine Problemlöseschema bei einem Fortgeschrittenen vorausgesetzt werden (vgl. Goebel & Vorberg, 1991; Vorberg & Goebel, 1991; Soloway, 1985):

```
Problemschema:
Zu programmieren sei eine rekursiv definierte Funktion, wobei
in der Definition die folgenden Rollen vorkommen:
Tb: eine Terminierungsbedingung
Tf: das Ergebnis im terminierenden Fall
Ar: eine Reduzierung des Argumentes des Funktionsaufrufes
Ra: ein rekursiver Aufruf der Funktion
Rf: die Berechnung des Ergebnisses im rekursiven Fall

Lösungsschema:
Berechne Tb
Wenn Tb erfüllt ist              Dann:   Berechne Tf
                                 Sonst:  Berechne Ar
                                         Berechne Ra
                                         Berechne Rf
```

Ein solches allgemeines Lösungsschema, das unabhängig von einer spezifischen Programmiersprache ist, kann der Fortgeschrittene beispielsweise dadurch erworben haben, daß er selbst (vor der "ersten Stunde") rekursive Probleme in einer anderen Programmiersprache gelöst hat und dabei dieses allgemeine Schema identifiziert und zum Problemlösen eingesetzt hat.

Dieses Schema ist auch nützlich, um die Funktionsweise der LISP-Lösung zu verstehen, da sie ebenfalls auf diesem Schema aufbaut. Hierbei kann nun der Fortgeschrittene zunächst anhand der Problemstellung und durch oberflächliche Betrachtung der Lösung die Hypothese generieren, daß dieses Schema gerade zum Versehen der Lösung relevant ist. Es wird dann versucht, diese Hypothese zu bestätigen.

Aufgrund der gegebenen Problembeschreibung können die in diesem Schema vorkommenden Rollen gefüllt werden und die Anwendbarkeit des Problemschemas kann getestet werden. Dadurch sind auch die Rollen, die im Lösungsschema vorkommen, gefüllt, und es verbleibt der Erklärungsbedarf, wie die im Lösungsschema vorkommenden Programmiersprachen-unabhängigen Problemlösungsschritte LISP-spezifisch in dem Programm von Abbildung 3 realisiert sind. Dadurch kann das gegebene Programm erklärt werden, ohne daß eine aufwendige Ablaufsimulation notwendig ist, da durch das allgemeine Lösungsschema wesentliche Teile der Erklärung auf einem allgemeineren Niveau bereits abgedeckt sind. Die daraus resultierende Erklärungsstruktur ist in Abbildung 7 dargestellt.

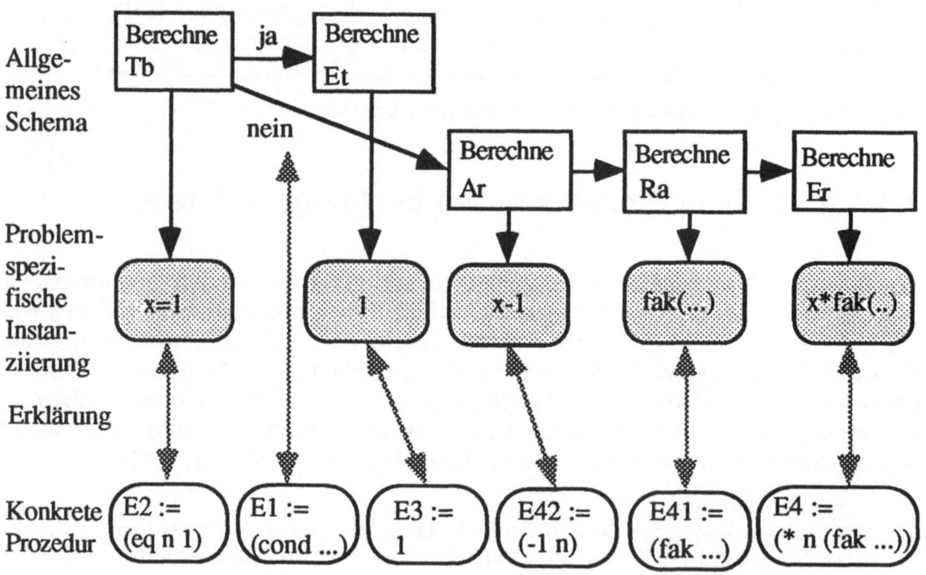

Abbildung 7:   Erzeugte Erklärungsstruktur eines fortgeschrittenen Programmierers.

Man erkennt hier das problemspezifisch instanziierte Schema mit den zugehörigen fünf Rollen sowie die Zuordnung dieser generellen Problemlöseschritte zu dem speziellen LISP-Programm. Ergebnis dieses Lernprozesses ist es zunächst, die Anwendbarkeit der allgemeinen Problemlösung auch für den Bereich LISP zu erkennen und zu erlernen, wie dieses allgemeine Lösungsschema LISP-spezifisch instanziiert werden kann. Zur Erklärung dieser LISP-spezifischen Instanziierung kann wieder Gebrauch von Systemwissen gemacht werden, und im Falle von komplexeren LISP-Realisierungen für eine allgemeine Lösungsaktion kann erneut die Simulationstechnik zur Konstruktion einer Erklärung herangezogen werden.

3.6 Diskussion der Modellaussagen für den Wissenserwerb

Die Wissenserwerbsprozesse beim Lernen aus Programmen, wie sie in der "zweiten Stunde" beim Lernen von LISP auftreten, können nun für Anfänger und Fortgeschrittene wie folgt zusammenfassend verglichen werden: Anfänger und Fortgeschrittene lernen dadurch aus Programmen, daß sie sich die Funktionsweise des Programmes aufgrund ihres bisherigen Wissens erklären und dadurch lernen, bei welchen Problemstellungen ähnliche Lösungen möglich sind. Anfänger und Fortgeschrittene haben zur Erklärung verschiedenes Wissen zur Verfügung. Anfänger verfügen lediglich über Systemwissen, das die Wirkungsweise der einzelnen Konstrukte der Programmiersprache erklärt, wohingegen Fortgeschrittene über allgemeines Prozedurwissen (zielgerichtetes Problemlösewissen) verfügen, das unabhängig von einer spezifischen Programmiersprache ist.

Aufgrund des unterschiedlichen Vorwissens wird das Programm auch unterschiedlich erklärt, wodurch bei Anfängern und Fortgeschrittenen auch unterschiedliche Erklärungsstrukturen für dasselbe Programm entstehen. Anfänger erklären durch eine zeitliche Ablaufsimulation, wohingegen die fortgeschrittenen Programmierer eine eher statische Erklärung für die Instanziierung des allgemeinen Problemlösewissens generieren.

Diese unterschiedlichen Erklärungsstrukturen bewirken auch unterschiedliche Generalisierungen als Ergebnis des Lernprozesses. Anfänger erwerben eine sehr spezifische Problemlöseschablone, Fortgeschrittene jedoch erklären und erwerben ein LISP-spezifisches Instanziierungsprinzip für allgemeines Problemlösewissen, das bereits zu ihrem Vorwissen gehört. Dieser Unterschied beim erworbenen Wissen resultiert ebenfalls in einer unterschiedlichen Problemlösekompetenz bei Anfängern und Fortgeschrittenen. Anfänger können nach dem Wissenserwerb aus Programmen genau solche Probleme lösen, die gerade durch die spezifische Lösungsschablone abgedeckt sind, jedoch keine weiteren. Fortgeschrittene Programmierer sind in der Lage, eine größere Menge allgemeinen Problemlösewissens aus ihrem Vorwissen für LISP spezifisch zu instanziieren und so auch Probleme zu lösen, die anders geartet sind als diejenigen, welche im Lernmaterial vorkamen.

4   Überprüfung der Grundannahmen des Modells durch psychologische Experimente

In mehreren Experimenten wurde die psychologische Adäquatheit des ursprünglichen Modells untersucht. Die Modellierung des Lernens aus Programmen (das "neue" Modell) hat mehrere Ähnlichkeiten mit den Arbeiten von Pirolli (1991) und van Lehn, Jones und Chi (1991). Pirolli berichtet auch über Experimente, die die psychologische Plausibilität dieser Modellierungen belegen. Experimente, die sich auf das Erlernen von Programmen beziehen ("zweite Stunde") werden zur Zeit durchgeführt.

Im folgenden werden Ergebnisse von Experimenten berichtet, die sich mit dem Erwerb von Programmkonstrukten beschäftigten.

4.1 Zielabhängigkeit des Wissenserwerbs

Zur Überprüfung der Zielabhängigkeit des Wissenserwerbs wurden je 20 Versuchspersonen (Vpn) unterschiedliche Lernziele vorgegeben. Die Vpn der einen Bedingung wurden instruiert, daß sie nach dem Lesen eines "kleinen LISP-Manuals" eine Textzusammenfassung schreiben sollten. Den Vpn der anderen Bedingung wurde mitgeteilt, daß sie nach dem Lesen kleine Programmieraufgaben lösen sollten (vgl. Schmalhofer & Glavanov, 1986). Bei allen Vpn wurden dann die Lesezeiten der einzelnen Sätze des Texts registriert. Betrachtet man nun die Lesezeit pro Wort in Abhängigkeit der Hierarchiestufe, auf der sich ein Satz in der bekanntlich hierarchisch strukturierten Textbasis befindet, so ergibt sich folgendes Ergebnis: Für die Vpn, die den Text unter der Zielsetzung der Textzusammenfassung studierten, nehmen die Verarbeitungszeiten (Lesezeit pro Wort) bei niedrigeren Hierarchiestufen ab. Der Satz, der die Wurzel der Hierarchie bildet, wird also am längsten gelesen. Bei den Versuchspersonen der zweiten Bedingung wurde dieser *level's effect* (Cirilo & Foss, 1980) dagegen nicht beobachtet. Daraus läßt sich schließen, daß die Personen mit dem Ziel der Textzusammenfassung mehr Gewicht auf den Aufbau der Textbasis gelegt haben, so daß der bekannte *level's effect* zu beobachten war. Die anderen Personen haben dagegen mehr mentale Ressourcen in den Aufbau des Situationsmodells investiert.

Aufgrund der Lesezeitanalysen würde man ebenfalls erwarten, daß unter der Zielsetzung der Textzusammenfassung die Textbasis stärker ausgeprägt wurde und bei den anderen Vpn das Situationsmodell gedächtnismäßig stärker ausgebildet wurde. Diese Vorhersage konnte in einem Folgeexperiment auch bestätigt werden. Für Satzverifikationsaufgaben können verschiedene Arten von Testsätzen konstruiert werden, so daß sich daraus die Stärke der Gedächtnisspuren für die propositionale Textbasis und das Situationsmodell getrennt errechnen lassen (Schmalhofer, 1986; Schmalhofer & Glavanov, 1986). So läßt sich die Stärke der propositionalen Textbasis aus dem Unterschied in der Antwort zu Paraphrasen und Inferenzsätzen errechnen. Die Stärke der situativen Repräsentation wird auf ähnliche Weise aus den Reaktionsunterschieden zu Inferenzsätzen und falschen Sätzen errechnet.

In den Experimenten von Schmalhofer und Glavanov zeigte sich, daß die Textzusammenfassungsinstruktion tatsächlich zu einer stärker ausgeprägten Textbasis und die Programmierinstruktion zu einem stärker ausgeprägten Situationsmodell führten. Somit konnte die Zielabhängigkeit des Wissenserwerbs sowohl mit Lesezeitanalysen als auch durch das im Gedächtnis gespeicherte Wissen nachgewiesen werden.

4.2 Einfluß des Vorwissens auf den Wissenserwerb

Der Wissenserwerb hängt nicht nur von dem Lernziel, sondern auch von den Vorkenntnissen des Lernenden ab. Wenn eine Versuchsperson bereichsspezifische Vorkenntnisse besitzt, so kann dadurch eine tiefergehendere Verarbeitung des Lernmaterials erfolgen als beim Fehlen solcher Vorkenntnisse. Insbesondere können durch die Vorkenntnisse mehrere nützliche Inferenzen gezogen werden. In solchen Fällen sollten sich deshalb für Vpn mit Vorkenntnissen längere Lesezeiten ergeben als für Vpn ohne Vorkenntnissen. Hinsichtlich des erworbenen Wissens sollten Vpn mit Vorkenntnissen ein deutlich stärker ausgeprägtes Situationsmodell und Vpn ohne Vorkenntnisse eine vergleichsweise stark ausgeprägte Textbasis aufweisen. Der Aufbau einer Textbasis ist eine allgemeine Fertigkeit und daher nicht von bereichs-spezifischen Vorkenntnissen abhängig. Die Defizite im Aufbau des Situationsmodells führen bei Vpn ohne Vorkenntnissen zu einer Intensivierung bei der Erstellung der propositionalen Textbasis (Mani & Johnson-Laird, 1982).

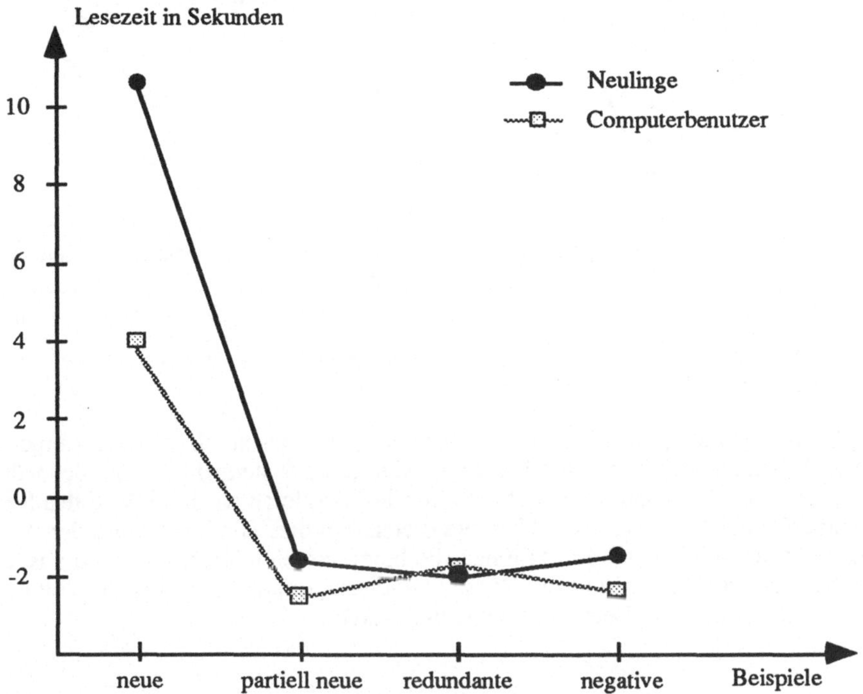

Abbildung 8: Lesezeitprofile für Beispiele bei unterschiedlichen Benutzerkategorien.

Diese Vorhersagen wurden in Experimenten von Schmalhofer & Boschert (1991) geprüft. In dieser Untersuchung studierten Computerbenutzer, die eine Programmiersprache wie z. B. PASCAL kannten (aber nicht LISP), und Computerneulinge, die keinerlei Programmier- oder Computererfahrung besaßen, Text oder Beispiele über LISP-Funktionen.

Die Untersuchungsergebnisse bestätigten die getroffenen Vorhersagen: Größere Vorkenntnisse führten bei bestimmten Segmenten des Instruktionsmaterials wegen einer tiefergehenden Verarbeitung zu einer anfangs längeren Bearbeitungszeit. Wegen dieser tiefergehenden Verarbeitung erwies sich das darauf folgende Material für die Vpn mit Vorkenntnissen als redundant, so daß das Folgematerial schneller gelesen wurde. Für Beispiele, die nach dem Lesen eines zugehörigen Texts studiert wurden, zeigt Abbildung 8 Lesezeitprofile für neue, partiell redundante, redundante und negative LISP-Beispiele bei Computerbenutzern und Neulingen. Die Klassifizierung der Beispiele wurde modellgeleitet durchgeführt (vgl. Schmalhofer & Kühn, 1988).

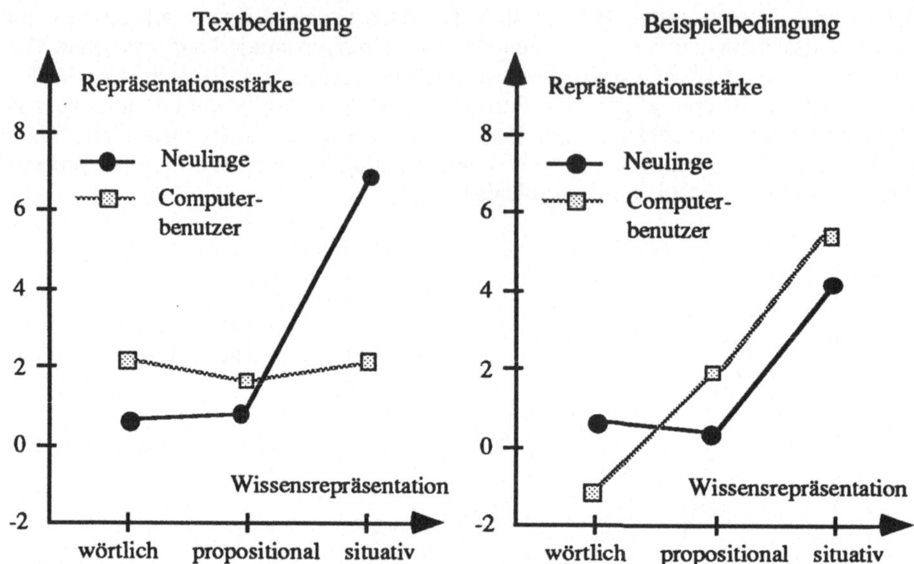

Abbildung 9: Vorhersage hinsichtlich der beim Lernen erstellten Wissensrepräsentationen unter der Text- und der Beispielbedingung.

Wie Abbildung 9 zeigt, wurden auch die Vorhersagen hinsichtlich der beim Lernen erstellten Wissensrepräsentationen bestätigt. Abbildung 9 stellt die Stärke der wörtlichen und propositionalen Textrepräsentation im Vergleich zu der Stärke des Situationsmodells bei Neulingen und Computerbenutzern dar. Die linke Seite der Abbildung zeigt die Wissensrepräsentationen die beim ausschließlichen Lernen aus Text aufgebaut wurde. Rechts sind die Wissensrepräsentationen zu sehen, die beim ausschließlichen Lernen aus Beispielen aufgebaut wurden.

4.3 Wissenserwerb aus informationsäquivalenten Lernmaterialien

Durch das vorgeschlagene Modell können die Gemeinsamkeiten zwischen Lernen aus Text und dem Konzepterwerb aus einer Sequenz von Beispielen besser verstanden werden. Nach dem Modell sollte aus Text und dazu informationsäquivalenten Beispielen das gleiche Situationsmodell aufgebaut werden. Unterschiede würden sich somit nur in den peripheren Wissensrepräsentationen ergeben. Während beim Lernen aus Text auf dem Weg zum Situationsmodell eine Textbasis als peripherere Wissensrepräsentation aufgebaut wird, wird beim Lernen aus Beispielen keine Textbasis erstellt. Selbst wenn Text und informationsäquivalente Beispiele zusammen studiert werden, sollte sich wegen der Informationsäquivalenz der Materialien kein stärkeres Situationsmodell ergeben als aus einem der Lernmaterialien. Diese Vorhersagen konnten in einer Untersuchung von Schmalhofer et al. (1990) experimentell bestätigt werden. Abbildung 10 zeigt die wörtliche und propositionale Textrepräsentation sowie die situativen Repräsentationsstärken der drei Lernbedingungen (Lernen aus Text; Lernen aus informationsäquivalenten Beispielen; Lernen aus Text und Beispielen).

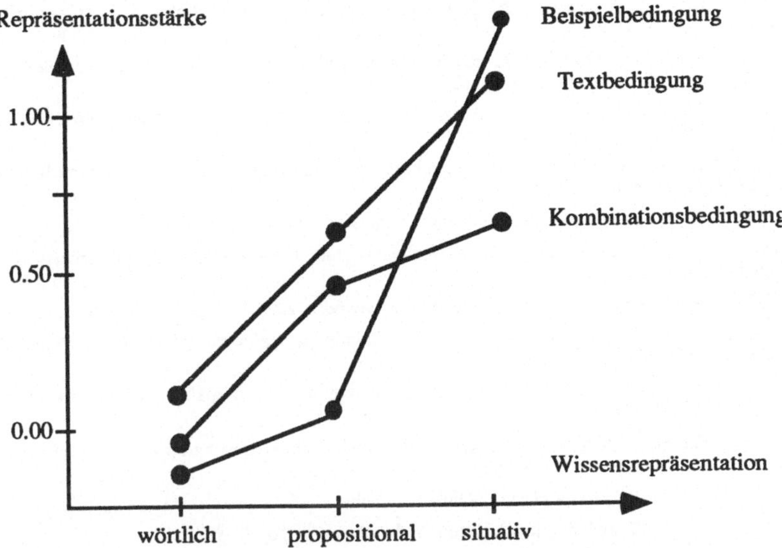

Abbildung 10: Mittlere Repräsentationsstärken von wörtlicher, propositionaler und situativer Information für die drei Bedingungen

5 Diskussion

In der vorliegenden Arbeit wurde das Erlernen von elementaren Programmkonstrukten und der Erwerb von komplexen Kontrollstrukturen, die für rekursive Programme von Bedeutung sind, für den Erwerb der Programmiersprache LISP beschrieben. In den Folgestunden eines Programmierunterrichts können Personen durch Interaktion mit einer Programmierumgebung oder mit Hilfe von Computer-Tutoren (Weber, 1992) die für die Erstellung von Programmen erforderlichen kognitiven Fähigkeiten erwerben. Durch die Arbeiten aus den verschiedenen Forschungsprojekten ergibt sich somit ein zusammenhängendes Bild vom Erlernen einer Programmiersprache von der ersten Stunde bis zum Expertenstatus.

Literatur

Anderson, J.R. (1983). *The architecture of cognition.* Cambridge, MA: Harvard University Press.

Anderson, J.R., Farrell, R. & Sauers, R. (1984). Learning to program in LISP. *Cognitive Science, 8,* 87-129.

Ausubel, D.P. (1964). Some psychological and educational limitations of learning by discovery. *Arithmetic Teacher, 11,* 290-302.

Bergmann, R. (1992a). Learning from programs for an automated reuse of code. Proceedings of the IEEE Conference on Computer Systems and Software Engineering, COMPEURO '92.

Bergmann, R. (1992b). Knowledge acquisition by generating skeletal plans. In F. Schmalhofer, G. Strube & Th. Wetter (Eds.) *Contemporary Knowledge Engineering and Cognition..*

Bruner, J.S. (1961). The act of discovery. *Harvard Educational Review, 31,* 21-32.

Carroll, J.M. Mack, R.L. & Lewis, C.H (1985) Exploring exploring a word processor. *Human-Computer-Interaction, 1*, 283-307.

Cirilo, R.K. & Foss, D.J. (1980) Text structure and reading time for sentences. *Journal of Verbal Learning and Verbal Behavior, 19*, 96-109.

DeJong, G. and Mooney, R. (1986). Explanation-based learning: An alternative view. *Machine Learning, 1* (2), 145-176.

Goebel, R. & Vorberg, D. (1991). Das Lösen rekursiver Programmierprobleme: Ein Simulationsmodell. *Kognitionswissenschaft, 2*, 27-36.

Guthrie, E.R. (1935). *The psychology of learning.* New York: Harper & Row.

Haupenthal, W. (1992). *Erklärungsbasiertes Lernen aus Programmen.* Projektarbeit, Universität Kaiserslautern.

Kintsch, W. (1974). *The representation of meaning in memory,* Hillsdale, N.J.: Erlbaum.

Larkin, J. H. & Simon, H. A. (1987). Why a diagram is (sometimes) worth ten thousand words. *Cognitive Science, 11,* 65-100.

Mani, K. & Johnson-Laird, P.N. (1982) The mental representation of spatial descriptions. *Memory and Cognition, 10,* 181-187.

Mitchell, T.M., Keller, R.M. & Kedar-Cabelli, S.T. (1986). Explanation-based generalization: A unifying view. *Machine Learning, 1* (1), 47-80.

Neber, H. (1981). *Entdeckendes Lernen.* Weinheim: Beltz.

Newell, A. (1982). The knowledge level. *Artificial Intelligence, 18,* 87-127.

Ryle, G. (1973). *The concept of mind.* Harmondsworth: Penguin.

Schmalhofer, F. (1986). The construction of programming knowledge from system explorations and exlanatory text: A cognitive model. In C.R. Rollinger & W. Horn (Eds.), *GWAI-86 und 2. Österreichische Artificial-Intelligence-Tagung* (S. 152-163). Heidelberg: Springer.

Schmalhofer, F. & Glavanov, D. (1986). Three components of understanding a programmer's manual: Verbatim, propositional, and situational representations. *Journal of Memory and Language. , 25,* 279-294.

Schmalhofer, F. & Kühn, O. (1988). Acquiring computer skills by exploration versus demonstration. *Proceedings of the Tenth Annual Conference of the Cognitive Science Society* (pp. 724-730). Hillsdale, New Jersey: Lawrence Erlbaum Associates.

Schmalhofer, F. & Boschert, S. (1991). Learning from text and examples: How situation model, text representation, and template base depend on instruction materials and prior domain knowledge. Manuskript. Kaiserslautern: Deutsches Forschungszentrum für Künstliche Intelligenz.

Schmalhofer, F., Boschert, S. & Kühn, O. (1990). Der Aufbau allgemeinen Situationswissens aus Text und Beispielen. *Zeitschrift für Pädagogische Psychlogie, 4* (3), 177-186.

Schmalhofer, F., Kühn, O. & Messamer, P. (1989). Receptive and exploratory learning in intelligent tutoring systems. *Proceedings of the Fourth Annual Rocky Mountain Conference on Artificial Intelligence* (pp. 71-82). Denver, Colorado.

Soloway, E. (1985). From problems to programs via plans: the content and structure of knowledge for introductory LISP programming. *Journal of Educational Research, 1,* 157-172.

van Dijk, T.A. & Kintsch, W. (1983). *Strategies of discourse comprehension.* Academic Press: New York.

Vorberg, D. & Goebel, R. (1991). Das Lösen rekursiver Programmierprobleme: Rekursionsschemata. *Kognitionswissenschaft, 1,* 83-95.

Weber, G. (1992). Analogien in einem fallbasierten Lernmodell. In K. Reiss, M. Reiss & H. Spandl, *Maschinelles Lernen - Modellieren von Lernen auf Maschinen.* Heidelberg: Springer.

Kognitive Modellierung von Text-, Situations- und mathematischem Verständnis beim Lösen von Textaufgaben[1]

Kurt Reusser

1 Kognitive Modellierung mittels Computersimulation

Seit Turing (1950) und von Neumann (1960) die Grundlagen zur Theorie symbolverarbeitender Automaten gelegt und Newell und Simon in den fünfziger Jahren die Computersimulation erstmals als Forschungsmethode in denkpsychologischer Absicht verwendet haben (Newell, Shaw & Simon, 1958; Newell & Simon, 1961, 1972; Simon, 1962), hat sich - vor allem im Zuge der Entwicklung der Kognitionswissenschaft - der Anspruch, Theorien auch als lauffähige Computerprogramme zu formulieren, in der Psychologie als *Forschungsprogramm der kognitiven Modellierung* etabliert (vgl. Schmalhofer & Wetter, 1986; Ohlsson, 1988). Nach diesem Forschungsprogramm können Computersimulationen kognitiver Prozesse als effektive Prozeßtheorien, wie sie Johnson-Laird (1983) als Erklärungstheorien für mentales Verhalten gefordert hat, aufgefaßt werden.

Hatten die ersten kognitiven Modellierungen infolge einer vorerst fehlenden psychologischen Semantik noch weitgehend sprach- und weltwissensfreie, logisch-mathematische Prozesse (Beweisen, logische Umformungen, kryptarithmetische Aufgaben lösen) zum Gegenstand, so erlauben die heutigen strukturanalytischen Mittel auch zum Teil die Modellierung sprachlicher und sachlich-qualitativer kognitiver Prozesse.

Der vorliegende Beitrag beschäftigt sich mit der computergestützten Modellierung von Verstehensprozessen beim Lösen von elementaren mathematischen Sach- oder Textaufgaben (Reusser, 1985, 1989). Was Textrechnungen im Vergleich zu mathematisch isomorphen Aufgaben in numerischer Form schwierig macht, erscheint auf den ersten Blick klar: Ihre Lösung erfordert die Übersetzung einer Problemsituation in Textform in eine mathematische Gleichung. Dies setzt voraus, daß ein Aufgabentext als sprachliches Gebilde entschlüsselt und darin eine Sachsituation mit lückenhafter mathematischer Tiefenstruktur erkannt wird. Wesentlich weniger klar und keineswegs trivial ist es jedoch, im Detail zu explizieren, was im Kopf eines Schülers vorgeht, der eine solche Aufgabe löst, oder woran es liegen könnte, wenn er dabei Schwierig-

[1] Die vorliegende Arbeit, welche auf meiner Habilitationsschrift (Reusser, 1989a) basiert, wurde unterstützt vom Schweizerischen Nationalfonds zur Förderung der wissenschaftlichen Forschung (Projekt-Nr. 10-2052.86). Xander Kämpfer, Ruedi Stüssi und Markus Sprenger danke ich für die Arbeiten bei der Adaptation des ursprünglich für amerikanische Textaufgaben entwickelten Simulationsprogramms SPS an Aufgaben in deutscher Sprache.

keiten hat. Seit Wundt und der Würzburger Schule weiß die Psychologie von den Grenzen der Genauigkeit, Vollständigkeit und Validität introspektiver und verbaler Daten (Ericsson & Simon, 1984) und allgemein von den Schwierigkeiten, aus Beobachtungen der äußeren Verhaltenskorrelate kognitiver Prozesse zu einer kohärenten Theorie zu gelangen bzw. die Verlaufsform von Verstehens- und Lernprozessen in wünschbarer Auflösung zu modellieren.

Es stellt sich die Frage, inwiefern der Computer in dieser Situation ein nützliches Hilfsmittel darstellen könnte, um kognitive Prozesse zu studieren. Papert (1973) verglich die Erforschung des Denkens mittels des Computers einmal mit der Erforschung des Vogelfluges und wies darauf hin, daß man für diese Art des Fliegens nicht aufgrund der Beobachtung fliegender Vögel eine Erklärung gefunden hat, sondern im wesentlichen erst durch das systematische Experimentieren mit künstlichen Flugobjekten im Windkanal. Analog läßt sich auch mit Bezug auf die Funktion der Computersimulation bei der Erforschung von Verstehens- und Denkprozessen argumentieren: Da keine noch so genaue Beobachtung in natürlichen Settings ausreicht, um das komplexe und dynamische Gefüge sprachlich-mathematischer Verstehensprozesse zu erhellen, bedarf es zusätzlicher und künstlicher Mittel, um eine präzise theoretische Vorstellung dieser Prozesse zu gewinnen. Läßt sich mit Hilfe des Computers eine hinreichernd detaillierte Prozeßmodell entwerfen und durcharbeiten, so kann es sodann unter kontrollierten Bedingungen auch einer empirischen Prüfung unterworfen werden.

Reitman (1967) hat den forschungsmethodologischen Grundgedanken einer psychologisch motivierten Computersimulation einmal in die Formel gefaßt: *to invent what you need to know*. Das heißt nicht, einen Denkprozeß frei zu erfinden, sondern den Forschungsprozeß am erreichten Stand der "kognitiven Phänomenologie" (Aebli, 1980) zu orientieren. Erst wenn ein ausgearbeitetes Modell und ein phänomenaler Gegenstand sich im Sinne eines funktionellen Parallelismus nach theoretisch begründbaren, kritischen Indikatoren entsprechen, kann in einem strengen Sinne von kognitiver Simulation gesprochen werden (Hilgard & Bower, 1971).

Ein wichtiges Merkmal der Methode der Computersimulation besteht darin, daß ein erzeugtes Modell bis in den letzten Winkel seines Funktionierens exploriert werden kann, daß Teilprozesse (z.B. Fehlerprozesse) systematisch variiert und auf ihre Effekte hin geprüft werden können und sich empirische Hypothesen von hoher Spezifität ableiten lassen. Ein nicht zu unterschätzender Vorteil besteht schließlich in der gegenüber Textdarstellungen erleichterten Kommunizierbarkeit von Modellen: eine Theorie, die auf dem Computer läuft, kann sozusagen *in actu* betrachtet und studiert werden.

2 Kognitive Modellierung von Mathematisierungsprozessen: Von Bobrow (1964) zu Kintsch und Greeno (1985)

Eines der frühesten Simulationsmodelle eines kognitiven Prozesses, das STUDENT-Programm von Bobrow (1964), hatte die Lösung mathematischer Textaufgaben zum Gegenstand. In Übereinstimmung mit dem sprachgrammatischen Geist der Frühphase der maschinellen Sprachübersetzung - "a process of dictionary look-up, plus substitution, plus grammatical reordering" (Waltz, 1982, S. 5) - bestand die Funktionsweise des Programms in der direkten, satzweisen Übersetzung (direct translation) englischer Sätze in algebraische Terme aufgrund der Zuordnung von Schlüsselwörtern und Wortkombinationen zu mathematischen Termen und Operationen.

Hier ein von STUDENT gelöstes Problem:

(IF THE NUMBER OF CUSTOMERS TOM GETS IS TWICE THE SQUARE OF 20 PER CENT OF THE NUMBER OF ADVERTISEMENTS HE RUNS, AND THE NUMBER OF ADVERTISEMENTS HE RUNS IS 45, WHAT IS THE NUMBER OF CUSTOMERS TOM GETS?)

In zwei ersten Transformationsschritten ersetzt STUDENT gewisse Ausdrücke durch äquivalente Standardausdrücke (TWICE wird zu 2*, PER CENT zu PERCENT, SQUARE OF zu SQUARE) und ordnet den aufgabenrelevanten Wörtern funktionale Rollenetiketten zu (tagging by function). "Tags" identifizieren die grammatische Rolle dieser Wörter im Text. Zu den verwendeten "tags" gehören die drei hierarchisch geordneten Operatortypen OP, OP1, OP2, weiter die Etikette VERB für Verben, PRO für Pronomen und QWORD für Fragewörter. Danach wird das Problem durch STUDENT wie folgt repräsentiert:

(IF THE NUMBER (OF/OP) CUSTOMERS TOM (GETS/VERB) IS 2 (TIMES/OP1) THE (SQUARE/OP1) 20 (PERCENT/OP2) (OF/OP) THE NUMBER (OF/OP) ADVERTISEMENTS (HE/PRO) RUNS, AND THE NUMBER (OF/OP) ADVERTISEMENTS (HE/PRO) RUNS IS 45, (WHAT/QWORD) IS THE NUMBER (OF/OP) CUSTOMERS TOM GETS/VERB)

In einem weiteren Schritt zerlegt STUDENT das Problem in drei einfache "kernel sentences". Unter Weglassung der "function tags" und der Konjunktion "AND" sieht STUDENTs Problemrepräsentation nun wie folgt aus:

THE NUMBER OF CUSTOMERS TOM GETS IS 2 TIMES THE SQUARE 20 PERCENT OF THE NUMBER OF ADVERTISEMENTS HE RUNS. THE NUMBER OF ADVERTISEMENTS HE RUNS IS 45. WHAT IS THE NUMBER OF CUSTOMERS TOM GETS?

Es folgt nun der entscheidende Schritt, durch den die obige Form in ein Gleichungssystem übersetzt wird. Die mathematische Transformation wird dadurch eingeleitet, daß STUDENT einen weiteren Operator identifiziert, nämlich die Gleichheitsrelation IS, welche zweimal im Problemtext und einmal in der Frage vorkommt. Bevor STUDENT das Wort "is" mit "=" gleichsetzt, wird ausgeschlossen, daß "is" hier nicht die Funktion eines Hilfsverbs innehat. Die Übersetzung in ein System von linearen Gleichungen wird dadurch bewerkstelligt, daß die operative Bedeutung der mit "tags" versehenen Operatoren in einem algebraischen Operationslexikon nachgeschaut, und die Operationen der Reihe nach (z.B. PERCENT-Operation (OP2) vor SQUARE-Operation (OP1)) ausgeführt werden. Das Ergebnis sieht so aus:

(THE EQUATIONS TO BE SOLVED ARE)
(EQUAL X00001 (NUMBER OF CUSTOMERS TOM (GETS/VERB)))
(EQUAL (NUMBER OF ADVERTISEMENTS (HE/PRO) RUNS) 45)
(EQUAL (NUMBER OF CUSTOMERS TOM (GETS/VERB))
        (TIMES 2 (EXPT (TIMES .2000
        (NUMBER OF ADVERTISEMENTS (HE/PRO) RUNS))2)))
(THE NUMBER OF CUSTOMERS TOM GETS IS 162)

Die Gleichungen werden sodann symbolisch notiert und aufgelöst:

    x = number of customers Tom gets
    y = number of advertisements Tom gets = 45

    y = 45
    x = 2 * (0.2y)2
    ? = x
    x = 2 * (9)2
    x = 162
    The number of customers Tom gets = 162 .

Daß man mit Schlüsselwörtern und ohne Berücksichtigung des semantischen Kontextes zu verblüffenden Ergebnissen kommen kann, illustrierten zur selben Zeit auch die Programme DOCTOR und ELIZA von Weizenbaum (1966; vgl. 1976). Trotzdem reicht, wie schon Paige und Simon (1966) im Anschluß an STUDENT gezeigt haben, eine lexikalisch-syntaktische Behandlung der Sprache nicht aus, um Verstehensprozesse zu modellieren. Es werden, wie die Autoren betonten, "auxiliary representations" benötigt, die von semantischer Information Gebrauch machen.[2]

Drei jüngere Simulationsmodelle zum Verstehen und Lösen arithmetischer Textaufgaben, die Modelle von Riley, Greeno und Heller (1983), von Briars und Larkin (1984), sowie von Kintsch und Greeno (1985), verdanken ihr Entstehen dem Aufschwung der Kognitiven Wissenschaft, genauer deren Zuwendung zu *bereichsspezifischeren* Strukturen und (Entwicklungs-)Prozessen des Verstehens, Lernens und der BegriffsbildungB. Modellieren die beiden ersten Theorien Entwicklungsprozesse des konzeptuell-mathematischen Denkens, so beschäftigt sich das Modell von Kintsch und Greeno (1985) vorwiegend mit der Verbindung sprachlicher und mathematischer Verstehensprozesse.

Im Modell von Riley et al. (1983) werden arithmetische Textaufgaben durch Zuordnung verbaler Aussagen zu im Gedächtnis gespeicherten, unterschiedlich differenzierten Problem- und Aktionsschemata verstanden und gelöst. Dem Modell von Briars und Larkin (1984) liegt die Idee zugrunde, daß jüngere Kinder einfache Problemsituationen durch konkret oder innerlich nachvollziehendes Handeln zu verstehen und repräsentieren suchen. Das Modell simuliert, wie Kinder mit Hilfe konkreter Zähleinheiten wie Spielmarken, und auf der Basis von Schlüsselwörtern, Problemsituationen handelnd durchspielen und daraus das numerische Ergebnis ermitteln.

Was beiden Simulationsmodellen fehlt, ist eine Sprachverarbeitungskomponente. Hier liegt der Schwerpunkt der Arbeit von Kintsch und Greeno (1985), welche in ihrem Modell erstmals den Versuch unternehmen, die zwei Theoriewelten der Textverarbeitung und des (mathematischen) Problemlösens miteinander zu verbinden. Im Modell werden die Annahmen der strategischen Theorie des Textverstehens von van Dijk und Kintsch (1983) mit jenen der Theorie des arithmetischen Problemlösens von Riley et al. (1983) verbunden. Die wichtigste Annahme besteht dabei darin, den Prozeß der mathematisch gerichteten Textverarbeitung als einen zweistufigen Vorgang aufzufassen: als Prozeß des Aufbaus einer textnahen, propositionalen Mikro- und Makrostruktur (von Kintsch seit 1974 als Textbasis bezeichnet) und als Prozeß der

---

[2] Mit dem Begriff der *auxiliary representations* haben Paige und Simon (1966) den Begriff des *mentalen Modells* (Johnson-Laird, 1983) oder des *Situationsmodells* (van Dijk & Kintsch, 1983) in gewisser Weise vorweggenommen.

Konstruktion eines von der Textbasis abgeleiteten bzw. vom Text denotierten, mathematischen Problemmodells, auf welchem durch arithmetische (Zähl-)Operationen ein numerisches Ergebnis ermittelt werden kann.

Das Modell von Kintsch und Greeno verfügt somit als einziges der beschriebenen Modelle über eine elaborierte Textverarbeitungskomponente. Der als Liste von Mikropropositionen dargebotene Problemtext wird mit Hilfe sprachlicher Bedeutungspostulate in eine mathematisch-begriffliche Problemrepräsentation übergeführt. Das Modell ist somit prinzipiell in der Lage, auch Voraussagen über die Wirksamkeit von linguistischen Variablen der Problemformulierung auf Problemverständnis und Fehlertypen zu machen (Cummins, Kintsch, Reusser & Weimer, 1988). Aus empirischen Untersuchungen ist bekannt, daß bereits geringfügige Veränderungen der Problemformulierung erhebliche Effekte auf Verlauf und Ergebnis von Verstehensprozessen haben können (Carpenter, Hiebert & Moser, 1981; Reusser, 1984; DeCorte, Verschaffel & DeWin, 1985; Kilpatrick, 1985; Staub & Reusser, 1991).

Trotz der unbestreitbaren Vorzüge des Modells von Kintsch und Greeno ist dessen Verstehenskompetenz beschränkt, vor allem deshalb, weil mentale Problemmodelle auch hier weitgehend mit Hilfe von Schlüsselwortstrategien konstruiert werden. Das heißt, auch bei diesem verstehensorientierten Modell fehlen Strategien des sprachlichen Schließens sowie inferenzielle Strategien der Verarbeitung von Weltwissen weitgehend. Während bei Riley et al. (1983) die Modellierung der Problemsituation bereits mit einem abstrakten, mathematiknahen mentalen Modell der Aufgabe beginnt, bedienen sich Kintsch und Greeno leistungsfähiger, über Schlüsselwörter im Text abrufbarer, schematischer Strategien, um das mathematische Ziel - die Herstellung einer numerischen Verknüpfungsstruktur - auf möglichst direkte Weise zu erreichen.

Den drei skizzierten Modellen des Lösens arithmetischer Geschichtenaufgaben ist gemeinsam, daß sie alle die mehr oder weniger *direkte Mathematisierung* einer Problemsituation anstreben. Dies leistet aber Verarbeitungsstrategien Vorschub, welche durch die allzu frühe Ausrichtung der Verarbeitung auf das Rechnen dazu beitragen, die textbezogene Analyse der Aufgabe und ihrer Repräsentation in der Gestalt eines vorerst qualitativen Situationsmodells zu vernachlässigen.

3   Vom Text zur Situation zur Gleichung: Ein Prozeßmodell

SPS (für *SituationProblemSolver*; Reusser, 1989a) steht für eine explizite psychologisch-didaktische Handlungs- und Prozeßtheorie des Verstehens und Lösens mathematischer Textaufgaben. Als kognitives Simulationsmodell ist SPS ein *Gedankenexperiment* im Sinne von Dennett (1978). Das Modell ist als Versuch zu sehen, die Beziehungen und Übergänge zwischen sprachlichem und mathematischem Verstehen theoretisch zu klären und daraus didaktische Folgerungen zu ziehen.

In Übereinstimmung mit der Theorie der strategischen Textverarbeitung von van Dijk und Kintsch (1983) wird der Prozeß des Verstehens und der Mathematisierung in SPS als kontinuierliche Sinnkonstruktion unter intentionaler (mathematischer) Perspektive aufgefaßt, das heißt als zielgerichteter Prozeß, welcher "nicht nur von Textmerkmalen, sondern ebenso von Charakteristika des Sprachbenutzers, wie dessen Zielen oder Weltwissen" (S. 11), abhängig ist.

Unter dem Vorgang des Lösens einer mathematischen Textaufgabe verstehe ich den inkrementalen, strategischen Prozeß der Konstruktion einer mathematischen Situationsvorstellung, an dessen Ausgangspunkt ein Problemtext und an dessen Ende ein Antwortsatz zu einer mathematisch gerichteten Frage steht. Der mehrstufige, unter mathematischer Perspektive stehende Prozeß verläuft dabei im Zusammenspiel von Textstruktur, Weltwissen und sozial-kognitivem Kontext. In aufeinander bezogenen, hierarchischen Stufen wird der Problemtext recodiert (Miller, 1956; Bock, 1978) und schrittweise und zielgerichtet in eine mathematische Repräsentation übergeführt. Der Prozeß besteht in einer von mehreren Hauptstrategien und zugeordneten Mikrostrategien gesteuerten Folge von Transformationen, das heißt aus einer endlichen Sequenz transitorischer Übergänge von einer propositionalen Zustandsbeschreibung zur nächsten. Er kann mit Johnson-Laird (1983, S. 44) als *reasoning with propositions* bezeichnet werden.

Sämtliches Wissen ist in SPS in Form von Strategien niedergelegt. Verstehen als strategischer Prozeß bedeutet somit Wissensanwendung von Beginn weg. Entsprechend bedeutet Lernen - als Veränderung von Wissen - das Hinzufügen, Weglassen, Zusammenfassen und Differenzieren von Strategien. Da sich Makro- und Mikrostrategien als Bedingungs-Aktions-Moleküle fassen und in die Form

$$\text{IF } (c_1, c_2 \ldots c_i) \text{ THEN } (a_1, a_2, \ldots a_j)$$

bringen lassen, ist SPS als Produktionssystem (Newell, 1973; Klahr, Langley & Neches, 1987; Opwis, 1988) ausgearbeitet. Jede Produktion bzw. jeder Wissensbaustein steht dabei für eine geistige oder physische Handlung, welche dann ausgeführt wird, wenn gewisse Bedingungen erfüllt sind.

Produktionssystemen unterliegt eine Konzeption des kognitiven Systems des Menschen als "physical symbol system" (Newell, 1980), das heißt als informations- oder symbolverarbeitendes System. Produktionssysteme sind in den letzten Jahren sogar zu den eigentlichen Trägern der Prinzipien und Annahmen einer Psychologie der Informationsverarbeitung geworden. Ein *Produktionssystem als psychologische Modellvorstellung* drückt aus, wie sich ein informationsverarbeitendes System angesichts einer Anforderung seinem eigenen Wissen gemäß verhält, in SPS, wie ein System des Verstehens und Lösens mathematischer Textaufgaben seine Verstehensarbeit organisiert und laufend über sein unmittelbar zukünftiges Verhalten entscheidet. Das *Datengedächtnis* des Produktionssystems enthält zu Beginn das zu lösende Problem, darauf folgend jeweils das zu einem Zeitpunkt t_i erreichte Problemverständnis. Das *Produktionsgedächtnis* enthält hingegen das auf die jeweilige Aufgabe beziehbare sprachliche, situationsbezogene und mathematische Verstehens- und Lösungswissen in prozeduraler Form. Der mit dem Arbeits- und dem Produktionsgedächtnis assoziierte *Interpreter* schließlich kontrolliert und steuert in vielfach wiederkehrenden Auswertungs-Auswahl-Ausführungszyklen (vgl. Opwis, 1988) einen Mustervergleichsprozeß, bei welchem das aktuelle Verständnis einer Aufgabe mit dem verfügbaren Wissen im Produktionsspeicher ständig verglichen wird.

Abbildung 1 gibt einen Überblick über die Architektur und die Makrostrategien von SPS. Das Verstehen und Lösen einer mathematischen Textaufgabe wird als Interpretations- und Konstruktionsprozeß über mehrere theoretisch unterscheidbare, transitorische Verarbeitungsstufen begriffen. Jede der Stufen kann durch die ihr zugeordneten *Makro- und Mikrostrategien* und durch die bei ihrer Anwendung erzeugten *mentalen Repräsentationen* beschrieben werden. Am Anfang des Prozesses steht das Verständnis des Aufgabentextes im engeren Sinne bzw. die Erzeugung einer *Textbasis* (Kintsch, 1974). Diese wird unter Nutzung des allgemeinen und aufgabenspezischen Weltwissens sodann zu einem *episodischen Situations- oder Problemmodell* ausgebaut, das heißt: die durch den Aufgabentext denotierte Handlungs- oder Problemsituation wird in ihrer zeitlich-funktionalen Struktur herausgearbeitet. Im weiteren Schritten wird die noch konkrete Handlungs-Situationsvorstellung auf ihr mathematisch relevantes Beziehungsgerüst, das *mathematische Problemmodell*, und anschließend auf die *Gleichung* (Rechnung) reduziert, und es wird ein *numerisches Ergebnis* ermittelt. Dieses wird zuletzt in einen situationsbezogenen *Antwortsatz* eingeordnet.

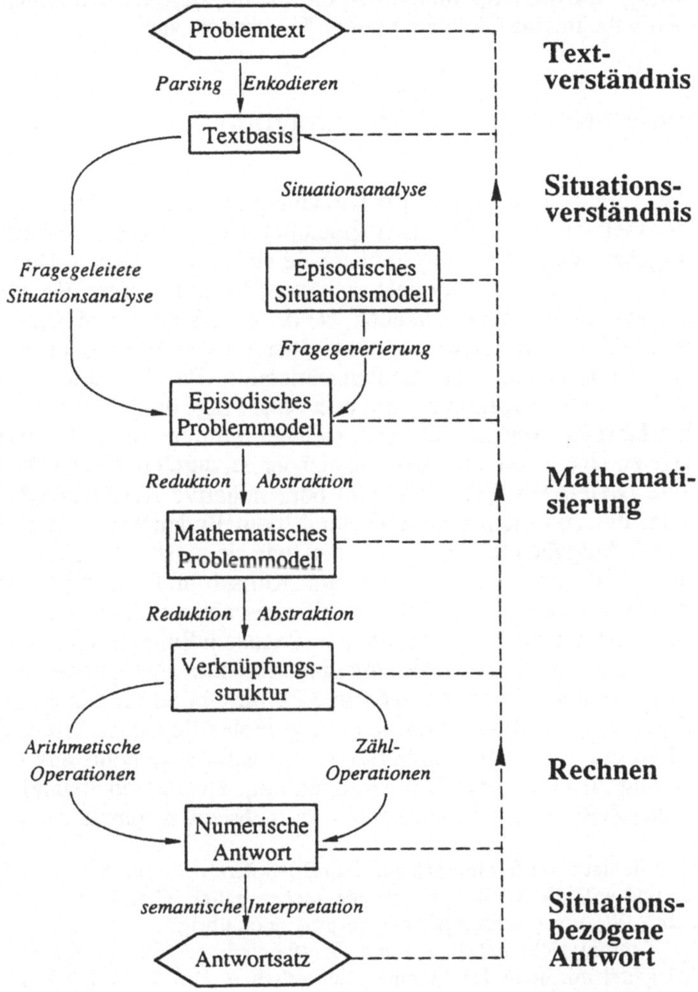

Abbildung 1: Vom Text zur Situation zur Gleichung. Darstellungs- und Verarbeitungsstufen bei der Mathematisierung von Textaufgaben. - Kern des sprachlich-sachlichen und mathematischen Verstehensprozesses ist der planvolle (strategische) Aufbau einer Situationsvorstellung und deren schrittweise Transformation in eine numerische Struktur. Die beiden Wege von der Textbasis zum Episodischen Problemmodell bedeuten, daß Aufgaben mit oder ohne Frage dargeboten werden können. Im letzteren Fall muss der Problemlöser oder das System eine adäquate Frage selber generieren.

Entsprechend den psychologisch-didaktischen Anforderungen an das Verstehen und Lösen mathematischer Textaufgaben (Reusser, 1984, 1989), umfaßt SPS vier Arten von Wissen: Sprachliches Basiswissen, qualitatives Handlungs- und Situationswissen, mathematisches Wissen sowie Planungs- und Kontrollwissen. Während die drei ersten Wissensarten für die semantische Interpretation von Aufgabensituationen erforderlich sind, steuert letzteres, durch das Setzen von Zwischenzielen bzw. das koordinierte Zusammenwirken einer Reihe von Makrostrategien den intentionalen Verstehens- und Mathematisierungsprozeß. Es steht damit für das heuristische Planungs- und Problemlösewissen eines Schülers und umfaßt Strategien wie: Studiere den Aufgabentext, vergegenwärtige dir die Handlungssituation, identifiziere die mathematische Lücke, forme die Aufgabe in eine Gleichung um und rechne sie aus.

3.1   Problemraum und Aufgabentypen

SPS löst die Aufgaben in Tabelle 1 sowie einige Dutzend Varianten davon. Bei den Aufgaben handelt es sich um Klassen sprachlich eingekleideter Additions- und Subtraktionsaufgaben, wie sie in der Grundschule verwendet werden. Der Problemraum umfaßt die Geschehenswelt des (zielgerichteten) Besitztransfers. Bei allen Aufgaben muß eine Besitz- und Handlungssituation, bei der ein oder mehrere Koaktoren über den Transfer von Objekten interagieren, unter einer Problemfrage oder mathematischen Perspektive, welche sich aus der Handlungsintention eines Koaktors ergibt, rekonstruiert werden. In der Standardform der mit oder ohne Frage dargebotenen Aufgaben (Tab. 1, Nr. 1-9) erfährt ein Ausgangszustand, welcher minimal durch die Zuordnung einer Objektmenge zu einem Aktanten gekennzeichnet ist, durch den Transfer von Objekten eine positive (ZUNAHMETRANSFER) oder negative (ABNAHMETRANSFER) Veränderung, die zu einem neuen Zustand, dem Endzustand führt. SPS löst alle VERÄNDERE-Aufgaben (change problems), wie sie in den Modellen von Riley et al. (1983), Briars und Larkin (1984) sowie von Kintsch und Greeno (1985) verwendet wurden. In einer erweiterten Form der Problemgeschichten (Tab. 1, Nrn 10-11) tritt in SPS ein Zielzustand oder ein Motiv zur Basishandlung hinzu, was dieser eine Mittelfunktion und der Gesamthandlung einen intentionalen Charakter verleiht. Eine Situationsbeschreibung einer Aufgabe in SPS besteht somit aus einer zeitlich und funktional geordneten Menge von Handlungsmolekülen oder Situationselementen (SEi), im Fall einer maximal elaborierten Aufgabe bestehend aus einem Setting, einem Ausgangszustand, einer Transferhandlung, einem Endzustand, einem Handlungsziel, einer Zieldifferenz sowie einem oder mehreren Kontextelementen.

1. Claudia hat zwei Schlümpfe auf dem Spielplatz verloren. Sie ist deshalb sehr traurig und will die Schlümpfe morgen suchen gehen. Claudia hat elf Schlümpfe gehabt. - Wieviele Schlümpfe hat sie jetzt noch übrig?
2. Im Turnunterricht hat Paul einen Wettbewerb gewonnen. Als Preis hat er eine Schachtel mit neun Tischtennisbällen erhalten. Drei Bälle hat er noch zuhause in seiner Spieltruhe gehabt. - Wieviele Bälle hat Paul nun im ganzen?
3. Urban hat letzten Sonntag beim Wandern neun Vogelfedern zusammengetragen. Heute hat er drei weitere schöne Federn gefunden. - Wieviele Vogelfedern besitzt Urban jetzt?
4. Bis gestern hatte Thomas drei dicke Filzstifte, mit denen er zeichnen konnte. Jetzt besitzt er schon acht Stifte. Heute hat er von seinem Taschengeld eine ganze Anzahl Filzstifte gekauft. - (F1) Wieviele Filzstifte hat sich Thomas gekauft? (F2) Wieviele Filzstifte hat Thomas jetzt mehr als gestern?

5. Vorgestern hat Lisbeth von Franzsika ein paar Marmeln erhalten. Zuvor hatte Lisbeth (erst) acht Marmeln. Jetzt besitzt sie neunzehn. - Wie viele Marmeln hat Franziska Lisbeth gegeben?

6. Erich hat im ganzen acht Leuchtstifte. Fünf hat er soeben von Willi geschenkt bekommen. - Wieviele Leuchtstifte hat Erich vorher gehabt?

7. Peter und Ruedi haben im Wald ein Körbchen Steinpilze und Eierschwämme gesammelt. Die Mutter will zum Abendessen deshalb Pilzschnitten zubereiten. Beim Rüsten muss die Mutter sieben verdorbene Pilze wegwerfen. Fünfzehn Pilze kann sie aber gebrauchen. - Wie viele Pilze haben die Kinder gesammelt?

8. Ursula ist ein Schleckmaul. Eben hat sie noch acht Schokoladestengel gehabt. Jetzt hat sie nur noch vier. Wieviel Schokoladestengel hat Ursula schon gegessen?

9. Walter hat ein Loch im Schulsack, und so kommt es, dass er häufig Dinge verliert. Gestern hat er auf dem Schulweg drei Farbstifte aus seiner neuen Farbschachtel verloren. Als er zu Hause den Schulsack auspackte, fand er nur noch neun Farbstifte. - Wie viele neue Stifte hat Walter in seiner Farbschachtel gehabt?

10. Selina möchte nach den Ferien ihrer Freundin eine Halskette aus kleinen Muscheln schenken. Deshalb sammelt sie eine Menge Muscheln am Strand. Am Abend prüft sie die Muscheln mit ihrem Bruder und scheidet sechs beschädigte Muscheln aus. Einundzwanzig schöne Muscheln bleiben übrig. Für eine lange Halskette benötigt Selina aber mindestens fünfundzwanzig Muscheln. - (F1) Wie viele Muscheln fehlen ihr noch? (F2) Wie viele Muscheln hat Selina am Strand gesammelt?

11. Anita will für ihr Zimmer einen Wandbehang weben. Sie braucht dazu etwa zwanzig Wollreste in verschiedenen Farben. Eva hat Anita letzte Woche einen ersten Sack mit Wollresten mitgebracht. Gestern hat sie von Regula (weitere) fünf Wollreste erhalten. Jetzt fehlen Anita nur noch vier Wollreste. - (F1) Wieviele Reste besitzt Anita schon? (F2) Wieviele Wollreste hat Regula Anita gegeben?

Tabelle 1:   Aufgabenbeispiele zu den in SPS modellierten Problemtypen.

Innerhalb dieser Besitz- und Transfersemantik und der damit verknüpften mathematischen Semantik, variieren die Aufgaben in SPS bezüglich einer Vielzahl weiterer, empirisch bedeutsamer Merkmale des Aufgabenraumes. Diese betreffen, nach einer Unterscheidung von Morgan und Sellner (1980; vgl. Staub & Reusser, 1991), die *Präsentationsstruktur* und die *linguistische Form* der Aufgaben. Das heißt, Textaufgaben (wie andere Sachverhalte) können einem Leser - jenseits ihrer mathematisch-semantischen Inhaltsstruktur (bei Morgan & Sellner: content structure) - in mannigfaltiger textlicher Formulierung und Variation dargeboten werden. Präsentationsstrukturvariablen des Aufgabenraumes sind in SPS etwa der Ort der mathematischen Lücke (welches ist die gesuchte Größe?), die Anzahl der Koaktoren, der Fragetypus, das Verhältnis von Textordung und Handlungsordnung (Sequenzierung), die Erzählperspektive, die Variation temporaler Markierungen oder das Auftreten von irrelevanter Information oder von Ambiguität. Fehlt im Aufgabentext zudem eine explizite mathematische Frage, so generiert das Modell aufgrund seines Situationsverständnisses selber eine adäquate Problemfrage.

3.2 Analyse eines Beispiels

SituationProblemSolver wurde auf einer XEROX 1186-Workstation in LISP implementiert. Zur Illustration des Modells wähle ich die folgende Aufgabe (mit Frage F4, jedoch ohne die zusätzlichen Markierungen "bereits", "die ersten" und "sodann"):[3]

---

[3] In Versuchen haben nur 10 bis 35 Prozent der Erst- und Zweitklässler diese für Grundschüler schwierige Aufgabe gelöst.

Derzeit hat Michael (bereits) neun Marmeln[4] . Einige Marmeln hat er (Die ersten
Marmeln hat er) vor einigen Tagen von Hannah auf dem Spielplatz bekommen.
Gestern hat ihm (sodann) Rosmarie drei weitere Marmeln geschenkt.

F1: Wieviele Marmeln hat Michael auf dem Spielplatz erhalten?
F2: Wieviele Marmeln hat Hannah Michael vor ein paar Tagen gegeben?
F3: Wieviele Marmeln hat Michael zuerst auf dem Spielplatz erhalten?
F4: Wieviele Marmeln hat Hannah Michael zuerst auf dem Spielplatz gegeben?

Unter semantisch-analytischem Gesichtspunkt weist die Aufgabe folgendes Merkmals-
profil auf: Es handelt sich um eine zu einer Subtraktion führende Zunahmetransfer-
Aufgabe mit drei Koaktoren und nebenaktorzentrierter Frage, mit interaktivem
Anfangszustand, welcher gleichzeitig der Ort der mathematischen Lücke ist, sowie mit
inkonsistenter Erzählperspektive oder Blickpunktwechseln; weiter stimmt die Textordnung nicht mit der Handlungsordnung überein; Zeitadverbien spielen eine wichtige
Rolle bei der Ermittlung der Handlungsabfolge; die Aufgabe ist unterbestimmt, d.h.
es wird präsupponiert, daß Michael seine ersten Marmeln von Hannah erhalten hat.

3.2.1 Der Aufbau der Textbasis

SPS erlaubt zwei Arten der Anfangsrepräsentation. Zum einen ist das Modell in der
Lage, eine Aufgabe ausgehend von einer Liste von Mikropropositionen zu verarbeiten. Zum andern besitzt es einen Parser, der die Problemeingabe in natürlicher Sprache
erlaubt. Der Parser wurde nach Prinzipien eines deterministischen Automaten für die
SPS-Sprachwelt entwickelt (Stiefenhofer & Gehri, 1988). Da ihm aber weniger psychologische Überlegungen zur Sprachverarbeitung, als vielmehr Erwägungen zur
Benutzerfreundlichkeit zugrunde liegen, wird hier auf eine ausführliche Beschreibung
verzichtet.

Textverständnis im engen Sinne bedeutet in SPS den Aufbau einer *Textbasis*
(Kintsch, 1974) in propositionalem Format. Die Verarbeitung von Text und von Wis-
sen wird als ein Inferenz-, Elaborations- und Konstruktionsprozeß verstanden, dessen
Elemente prädikatzentierte Propositionen darstellen. Propositionen haben sich für die
Darstellung kognitiver Prozesse und Strukturen als ein brauchbares Analyse- und
Notationsinstrument erwiesen. In Mikropropositionen zerlegte Satzaussagen gelten
dabei als die kleinsten Bedeutungseinheiten, die der empirischen Prüfung noch zugäng-
lich sind.

In der Satzproposition "Michael hat derzeit neun Marmeln". stellt das Prädikat
HABEN als possessives Relationskonzept eine Beziehung her zwischen vier Argumenten, dem *Besitzer* "Michael", dem *Objekt* "Marmel", der *Zahl* "neun" sowie dem
Zeitadverb "derzeit". Der Prädikat-Argumentkomplex kann somit in vier Mikropropositionen zerlegt werden:

    (HABEN, MICHAEL) & (HABEN, MARMEL) &
    (HABEN, NEUN) & (HABEN, DERZEIT)

Aber nicht nur Sätze, sondern auch ganze Texte lassen sich als propositionale Gefüge
darstellen. Die Textbasis ("a representation of the text as it is"; van Dijk & Kintsch,

---

[4] Marmeln stehen im Schweizerischen für Murmeln.

1983, S. 51) besteht dabei aus einer Sequenz von durch Argumentüberlappung miteinander verbundener Propositionen.

In SPS erfolgt der Aufbau einer Textbasis zum Zweck der Bildung einer textnahen mentalen Anfangsrepräsentation einer Aufgabe. In Anlehnung an Fillmores (1968) generative Semantik wird sie als Gefüge von satzphrasenzentrierten *Kasusrahmen* (case frames) mit einem prädikativen Kern und mehreren Argumenten gedeutet. Nach Fillmore (1977) läßt sich eine Satzproposition (P) durch ein Verb oder Prädikat (V) sowie eine prädikatsabhängige Anzahl obligatorischer (o) und fakultativer (f) Variablen, welche Rollenkasus oder Kasusrelationen (K) genannt werden, ausdrücken.

$$P => V + K_{o1} + K_{o2} + K_{o3} + ... K_{oi} + K_{f1} + K_{f2} + ... K_{fj}$$

Hörmann (1976) und Aebli (1980) haben - jenseits der linguistischen Fruchtbarkeit der Kasuslehre - auf die strukturellen Parallelen zwischen sprachlichen Kasusrelationen und menschlichen Handlungsrollen hingewiesen. Dies bedeutet, daß sich kasusgrammatische Strukturen auch *handlungstheoretisch* interpretieren lassen.[5] So wie jedes Satzprädikat einen Kasusrahmen definiert, bestimmt auch jede Handlung ihre notwendigen und optionalen Mitspieler. Analog dem Verständnis einer Handlung als dem geordneten Stiften einer Beziehung zwischen den Handlungsteilnehmern, kann das Verstehen eines Satzes als mentale Nachkonstruktion einer in einem Satz ausgedrückten Handlungsstruktur aufgefaßt werden. Alle Aufgaben in SPS sind Handlungsaufgaben, das heißt, in den Problemtexten spielen sich Handlungen des (zielgerichteten) Transfers ab. Die Wörter in den Sätzen spielen dabei jene Rollen, die ihnen nach Maßgabe ihres semantischen Gehaltes zukommen.

Ein wichtiger Grund für die Fruchtbarkeit der Kasusgrammatik liegt schließlich in dem, was Charniak (1981) die *case-slot identity theory* genannt hat. Es geht hier um die Ineinssetzung von *Rollenkasus* und *Eingabeöffnung* (slot) bei "Frames", wie sie Minsky (1975) und Winston (1984) als Bausteine geschichtenverstehender Computerprogramme beschrieben haben. Im vorliegenden Modell sind die Bedeutungsstrukturen ebenfalls als *Frames* implementiert. Sie bilden darin die eigentlichen Wissens- und Bedeutungsbausteine.

SLOT	WERT
PRÄDIKAT	<Verb>
KOAKTOR	<Eigenname>
KOAKTOR	<Eigenname>
OBJEKT	<ObjektName>
QUANTITÄT	<Zahl> <NumerischerPlatzhalter>
ZEIT	<Verbzeit> <Temporaladverb>
ORT	<LokativInformation>
PRÄD-SPEZ	<Adverb>
OBJ-SPEZ	<Adverb>
ZIEL-MOTIV-SPEZ	<Ziel-/MotivInformation>

Tabelle 2:   Kasusgrammatischer Strukturrahmen.

---

[5] Hörmann war dieser Handlungsaspekt wichtig, weil sich dadurch Anschluß gewinnen lässt an "eine grosse und lange verschüttete Tradition der Sprachforschung und der Sprachpsychologie" (1976, S. 225). Hörmann meinte hier vor allem Bühler (1934), bei welchem - auf Wundt zurückgehend - eine handlungstheoretische und prädikatzentrierte Kasuslehre in seinen Begriff des *Handlungsklischees* als dem "grundlegende(n) und übergreifende(n) Schema der indogermanischen Sprachen", vorgezeichnet ist (Hörmann, a.a.O. S. 227).

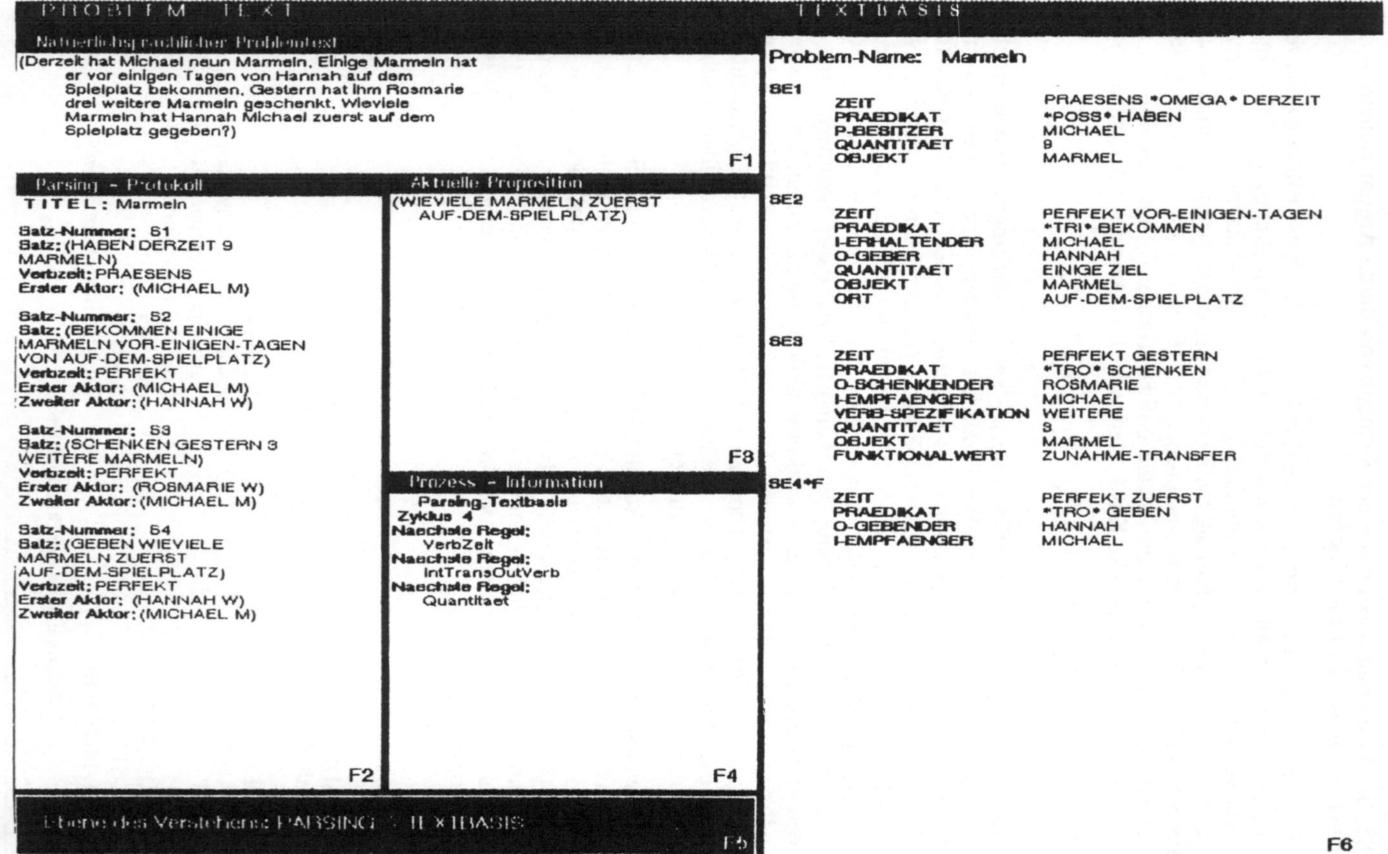

Abbildung 2:	Aufbau der Textbasis für die Michael-Aufgabe (IntTransOutVerb = Interaktives-AbnahmeTransferVerb; SEi = Satz-/Situationselement; Zyklus 4 = Einlesen der vierten Satzproposition)

Tabelle 2 zeigt die SPS zugrunde liegende Kasusrahmenfunktion, die als schematische Satzhülse den Assimilationsrahmen für die satzweise Verarbeitung der Aufgaben bildet. Strukturelles Zentrum der Kasusrahmen ist das zur Aufnahme von Zustands-, Handlungs- oder Prozeßinformation bestimmte Prädikat. Dem ergänzungsbedürftigen semantischen Kern ist eine variable Zahl obligatorischer und fakultativer Argumente beigeordnet, denen Eingabeöffnungen (slots) in einem Frame entsprechen. Personen, die im Eingabesatz vorkommen, werden von den KOAKTOR-Slots, das Objekt der Satzproposition vom OBJEKT-Slot aufgenommen. Entsprechend werden auch die weiteren Wortkonzepte des Satzes als funktionale Satzergänzungen gedeutet und eingeordnet.

Die Simulation wird durch die Funktion *Solve* gestartet. Zunächst wird eine Reihe von Fenstern (F1-F6) geöffnet, welche die Aufgabe und in rudimentärer Form Aspekte des kognitiven Apparates repräsentieren (vgl. das Layout von Abbildung 2): F1 beinhaltet die natürlich-sprachliche Aufgabe, während F2 ein Teilprotokoll von deren syntaktischer Verarbeitung im Parsingprozeß wiedergibt. Im Buffer F3 erscheint die zu einem gegebenen Zeitpunkt fokussierte Satzproposition. F4 gibt Informationen über den Verarbeitungsprozeß, während F5 zeigt, unter welcher Makrostrategie die Verarbeitung gerade steht. F6 illustriert schließlich das aktuell erreichte Problemverständnis als ein im Aufbau begriffenes Frame. Im Verlauf der Problemlösung wird in F6 sichtbar, wie sich das Verständnis der Aufgabe allmählich entwickelt und in kleinen und kleinsten Inferenzschritten zur Problemlösung erweitert und differenziert.

Der Verstehensprozeß beginnt mit dem zyklischen Lesen (Kintsch & van Dijk, 1978) des Aufgabentextes. Die Konstruktion einer Textbasis stellt dabei einen ersten, zur Bildung eines Frames (Minsky, 1975; Winston & Horn, 1981) führenden Mustervergleichsprozeß dar, welcher von der kasusgrammatischen Erwartungsstruktur (top-down Komponente) einerseits und von der dem System verfügbaren Menge lexikalischer *Bedeutungspostulate* (bottom-up Komponente) anderseits gesteuert wird.

Abbildung 2 zeigt einen Zwischenstand beim Aufbau der Textbasis. Während die drei ersten Satzpropositionen (SE1-3) bereits kasussemantisch interpretiert sind (F6), ist der teilweise noch im Arbeitsgedächtnis (F3) befindliche vierte Satz in Abarbeitung begriffen: Zwei lexikalische Erkennungsstrategien (*VerbZeit, AbnahmeTransVerb*; vgl. F4) haben bereits den interaktiven Handlungskern mit dem PRÄDIKAT GEBEN, den Aktanten GEBENDE und BEGÜNSTIGTER sowie die Verbzeit erfaßt. (Das in F6 dem Prädikat beigeordnete Merkmal *TRO* steht für das semantische Primitivum[6] TransferOut oder Abnahmetransfer.) Die als nächste feuernde Produktion *Quantität* (F4) wird das Fragepronomen WIEVIELE als numerischen Platzhalter interpretieren und dem vierten Sub-Frame (oder facet) SE4 in F6 als Rollenkasus QUANTITÄT anfügen. Drei weitere Produktionen, die sich als Mikrostrategien ebenfalls auf Bedeutungspostulate der natürlichen Sprache beziehen, werden sodann die Satzinterpretation abschließen.

---

6 Die lexikalische Verarbeitung in SPS benützt "semantic primitives" in Anlehnung an Norman und Rumelhart (1975): *POSS* steht für ein semantisches Merkmal für Besitz, während *TRO* und *TRI* für die manchen Aktionsverben als semantische Primitiva innewohnenden Elementarhandlungen *Zunahmetransfer* und *Abnahmetransfer* stehen.

3.2.2 Vom Text zur Situation:
Der Aufbau eines episodischen Problemmodells

Während die Erzeugung einer Textbasis - in Anlehnung an Hörmann (1983) - unter die
Frage gestellt werden kann: "Was tun die Wörter miteinander im Satz?", beantwortet
die Konstruktion eines episodischen Problemmodells die weiterführende Frage: "Was
tun die Sätze miteinander im Text?" Die Differenz zwischen der Textbasis und dem
episodischen Problemmodell EPM besteht vor allem in der unterschiedlichen Kohä-
renz der beiden Verstehensstrukturen. Handelt es sich bei der Textbasis um eine Folge
von bloß koreferenziell überlappenden, mittels anaphorischer Relationen verbundener
Kasusrahmen, so steht das episodische Situations- oder Problemmodell für den semantisch interpretierten, das heißt temporal und funktional geordneten Situations- und Hand-
lungszusammenhang. Das EPM entspricht somit dem mentalen Bedeutungszusammen-
hang, den eine Person beim Verstehen einer Aufgabe in ihrem Geist vergegenwärtigt.

Auf die Aufgaben von SPS bezogen, bedeutet der mentale Aufbau einer episodischen Situations- bzw. Problemvorstellung, zu erkennen - zeitlich und funktional -
what leads to what (Tolman, 1932). Das heißt, daß für einen episodischen Zusammenhang mit zu erkennender mathematischer Lücke rekonstruiert werden muß, welcher
Ausgangszustand über eine wie gerichtete Handlung zu welchem Endzustand führt. Im
Detail und am Beispiel bedeutet diese Rekonstruktion die Zuordnung von Funktions-
und Zeitwerten zu den Satz- oder Situationselementen der Aufgabe. So muß erschlossen werden, daß sich der erste Satz auf den resultierenden Endzustand, der zweite, zusammen mit der Problemfrage, auf den mathematisch unbestimmten und daher gesuchten Anfangszustand, und der dritte Satz auf die dazwischen liegende Dazubekom-
men-Handlung bezieht. Die Rekonstruktion der Handlungssituation und die entsprechende Konstruktion eines mentalen Modells schließen in SPS in der Regel vier allgemeine, durch Makrostrategien gekennzeichnete Teilziele ein:

a) *Die Rekonstruktion der Handlungsordnung aus der Textordnung*: Welches
    Satzelement im Aufgabentext bzw. welches Sub-Frame in der Textbasis refe-
    riert auf welches Situationselement im Situationsmodell? Was ist Anfangs-
    zustand (T1)? Was ist (wie gerichtete) Handlung (T2)? Was ist Endzustand
    (T3)? - Ziel der Strategie ist die Zuordnung von *Zeitwerten* (T1, T2, T3) zu den
    Zeiteingabeöffnungen der Situationselemente (SEi)

b) *Die Identifikation eines Protagonisten der Handlung*: Welcher im Text ge-
    nannte Koaktor "regiert" die Handlung? Welcher Koaktor zeichnet sich durch
    Charakter, Situation oder Umstände als der episodisch und mathematisch zen-
    trale aus? - Ergebnis dieser Strategie ist die Zuordnung des Labels PROTAGO-
    NIST zu dem in Frame als Protagonisten identifizierten Handlungsteilnehmer.

c) *Die Ermittlung von handlungslogischen Funktionalwerten* (Köhler, 1917;
    Duncker, 1935) *der Situationselemente oder Textglieder*. Erfährt der Protago-
    nist durch das Handlungsgeschehen in der Aufgabe eine (freiwillige oder unfrei-
    willige) Vermehrung oder Verminderung seines Besitzes? Welches episodische
    Element (SEi) steht hierbei für den Ausgangszustand, welches für den resul-
    tierenden Zustand der Handlung? - Bei diesem Schritt geht es um das Finden
    einer semantischen Rolle für die Situationselemente: ANFANGSZUSTAND,
    ZUNAHMETRANSFER, ABNAHMETRANSFER, ENDZUSTAND, ZIEL-
    DIFFERENZ, ZIELZUSTAND, SETTING oder KONTEXT.

d) *Die Identifikation und Analyse, gegebenenfalls die Generierung einer Problemfrage.* Ist eine Frage gegeben, so muß diese situationsfunktional interpretiert werden. Auf welches Situationselement bezieht sich die mathematische Frage? Steht die Aufgabe ohne Frage da, generiert SPS aufgrund seines Weltwissens und seines Verständnisses der Aufgabe selber eine mathematische Frage. Meist wird eine solche durch einen intentionalen oder motivationalen Aufgabenkontext nahegelegt.

Der progressive Ausbau der Textbasis zu einem Situations- oder Problemmodell läßt sich, in Übereinstimmung mit dem gesamten Verarbeitungsprozeß in SPS, als Abfolge von strategie- oder regelgeleiteten Übergängen von einem propositionalen Zustand zu einem nächsten, das heißt als inferenzielles Geschehen, kennzeichnen (vgl. Ballstaedt, Mandl, Schnotz & Tergan, 1981). Ausgehend von im Text selber auftretenden Propositionen, dann mehr und mehr von selber erzeugten propositionalen Zwischenzuständen, werden so lange neue (transitorische) Zustände erzeugt, bis ein vom Modell antizipiertes, temporal und funktional kohärent[7] interpretierbares Situations- oder Problemmodell aufgebaut ist.

Ausgehend von der Textbasis gibt es fast immer mehrere Inferenzpfade oder Verstehenswege zum Situationsmodell. Im folgenden wird für das Beispiel aber nur einer der (über ein Dutzend) möglichen Verstehenspfade detailliert dargestellt, während zwei weitere Pfade angedeutet werden. Die den verwendeten Verstehensstrategien zugrunde liegenden semantischen Intuitionen werden dabei als in natürliche Sprache übersetzbare, intuitiv nachvollziehbare *Bedeutungspostulate* (Carnap, 1952) verstanden.

Abbildung 3 zeigt den ersten Teil des Ausbaus der Textbasis zum Situationsmodell. Wie aus dem Informationsfenster F2 ersichtlich, haben fünf Regeln bereits gefeuert. Das erreichte Problemverständnis ist als Frame im Problemmodellfenster F5 festgehalten. Zuerst erkennt die Strategie *FrageIdentifizierung* aufgrund der Syntax der Frage, insbesondere des im QUANTITÄT-Slot auftretenden Frageoperators WIEVIELE, das Situationselement SE4*F als Frageproposition. Der Handlungsteil der Produktion besteht darin, dem in statu nascendi befindlichen Situationsmodell den neuen Slot Funktionalwert (FW; vgl. Duncker, 1935) mit dem Wert FRAGE zuzuordnen.

Der nächste Verstehensschritt hat die Identifikation des PROTAGONISTEN der Handlung zum Ziel, d.h. desjenigen Handlungsteilnehmers, um den sich sozusagen die Handlung dreht. Da sich im Aufgabenskript keine eindeutigen Hinweise darauf finden lassen, welcher der drei Koaktoren Hannah, Michael oder Rosmarie als (mathematisch relevanter) Hauptaktor in Frage kommt, ist dieser Schritt beim vorliegenden Beispiel keineswegs trivial. Würde die Frage lauten "Wieviele Marmeln hat Michael zuerst bekommen?", so wäre es einfach, den *einzigen Frageaktor* Michael als Haupthandlungsträger zu bestimmen. In SE4 kommen aber zwei Koaktoren vor - wobei der als Protagonist zu bestimmende Michael nicht einmal in grammatischer Subjektposition steht. Wegen dieser Komplikation erfolgt seine Identifikation durch die relativ komplexe Substrategie *ProtagonistAusSchnittmenge*. Michael wird als derjenige Aktor identifiziert, der in jeder Teilhandlung der Aufgabe vorkommt (als einziger Aktor in der Schnittmenge aller Koaktoren übrigbleibt) und als Träger einer kohärenten Erzählperspektive Gewähr für eine zusammenhängende Interpretation der Gesamthandlung bietet (Reusser, 1989b).

---

[7] Die kohärente Interpretation einer Situation stellt in SPS den Regelfall dar. Es gibt aber auch mehrdeutige, unterbestimmte und widersprüchliche Aufgaben, die keine kohärente Interpretation erlauben. SPS "versteht" solche Situationen und macht Fehler, wie sie bei empirischen Versuchspersonen auftreten.

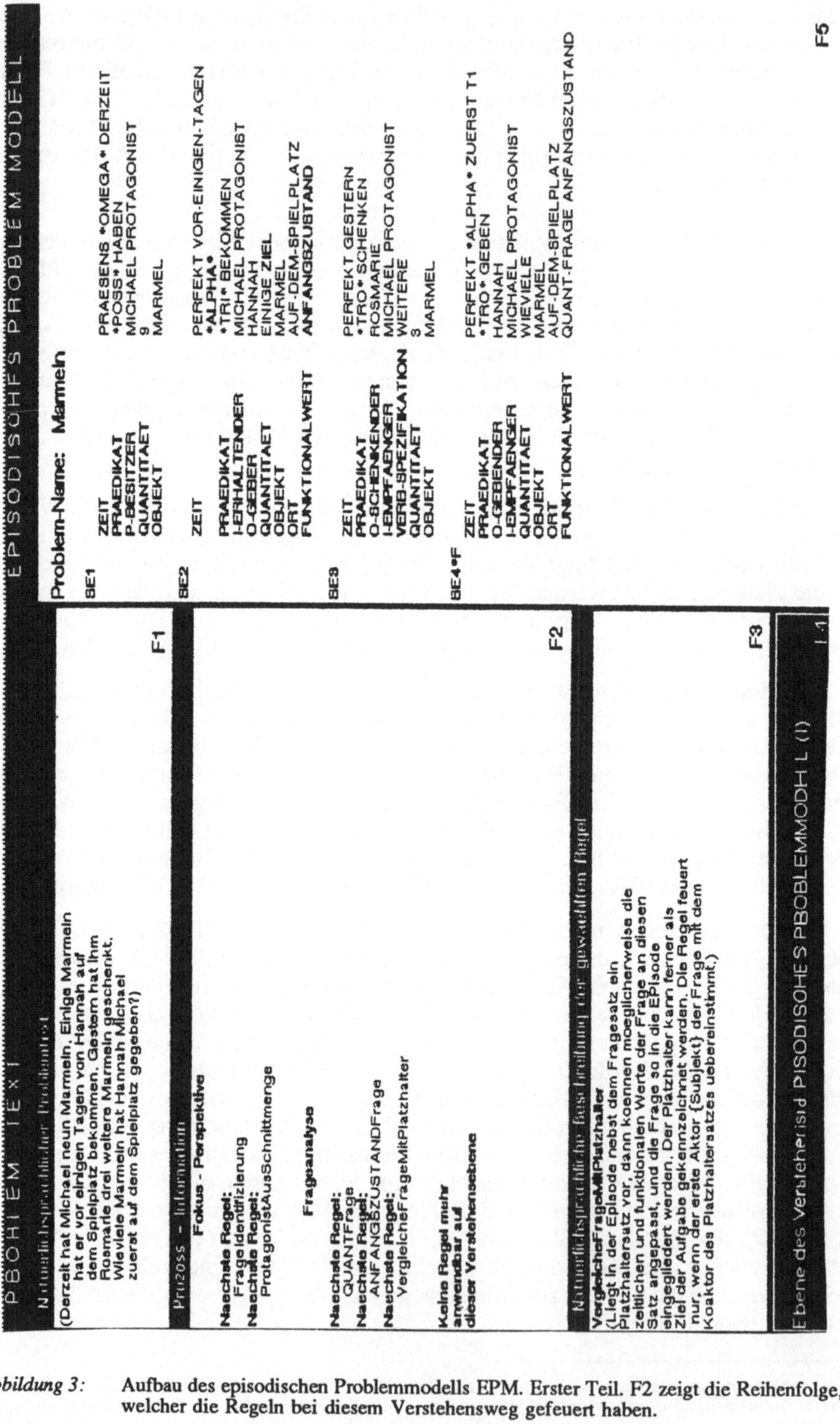

PROBLEM TEXT — EPISODISCHES PROBLEM MODELL

Natuerlichsprachlicher Problemtext

(Derzeit hat Michael neun Marmeln. Einige Marmeln
hat er vor einigen Tagen von Hannah auf
dem Spielplatz bekommen. Gestern hat ihm
Rosmarie drei weitere Marmeln geschenkt.
Wieviele Marmeln hat Hannah Michael
zuerst auf dem Spielplatz gegeben?)

F1

Prozess – Information

Fokus - Perspektive

Naechste Regel:
  FrageIdentifizierung
Naechste Regel:
  ProtagonistAusSchnittmenge

Frageanalyse

Naechste Regel:
  QUANTFrage
Naechste Regel:
  ANFANGSZUSTANDFrage
Naechste Regel:
  VergleicheFrageMitPlatzhalter

Keine Regel mehr
anwendbar auf
dieser Verstehensebene

F2

Natuerlichsprachliche Beschreibung der gewaehlten Regel

VergleicheFrageMitPlatzhalter
(Liegt in der Episode nebst dem Fragesatz ein
Platzhaltersatz vor, dann koennen moeglicherweise die
zeitlichen und funktionalen Werte der Frage an diesen
Satz angepasst, und die Frage so in die Episode
eingegliedert werden. Der Platzhalter kann ferner als
Ziel der Aufgabe gekennzeichnet werden. Die Regel feuert
nur, wenn der erste Aktor {Subjekt} der Frage mit dem
Koaktor des Platzhaltersatzes uebereinstimmt.)

F3

Ebene des Verstehens id PISODISCHES PROBLEMMODH L (I)

I-1

Problem-Name: Marmeln

BE1

ZEIT	PRAESENS *OMEGA* DERZEIT
PRAEDIKAT	*POSS* HABEN
P-BESITZER	MICHAEL PROTAGONIST
QUANTITAET	9
OBJEKT	MARMEL

BE2

ZEIT	PERFEKT VOR-EINIGEN-TAGEN *ALPHA*
PRAEDIKAT	*TRI* BEKOMMEN
I-ERHALTENDER	MICHAEL PROTAGONIST
O-GEBER	HANNAH
QUANTITAET	EINIGE ZIEL
OBJEKT	MARMEL
ORT	AUF-DEM-SPIELPLATZ
FUNKTIONALWERT	ANFANGSZUSTAND

BE3

ZEIT	PERFEKT GESTERN
PRAEDIKAT	*TRO* SCHENKEN
O-SCHENKENDER	ROSMARIE
I-EMPFAENGER	MICHAEL PROTAGONIST
VERB-SPEZIFIKATION	WEITERE
QUANTITAET	3
OBJEKT	MARMEL

BE4*F

ZEIT	PERFEKT *ALPHA* ZUERST T1
PRAEDIKAT	*TRO* GEBEN
O-GEBENDER	HANNAH
I-EMPFAENGER	MICHAEL PROTAGONIST
QUANTITAET	WIEVIELE
OBJEKT	MARMEL
ORT	AUF-DEM-SPIELPLATZ
FUNKTIONALWERT	QUANT-FRAGE ANFANGSZUSTAND

Abbildung 3: Aufbau des episodischen Problemmodells EPM. Erster Teil. F2 zeigt die Reihenfolge, in welcher die Regeln bei diesem Verstehensweg gefeuert haben.

Die nächste Mikrostrategie, welche ihren Beitrag zum Situationsverständnis liefert, heißt *QuantFrage*. Sie reagiert auf das Pronomen WIEVIELE und schließt auf eine quantitative Frage: Der Funktionalwert, der in SE4*F bis dahin bloß FW:FRAGE hieß, wird nun zu FW:QUANT-FRAGE differenziert, was dem Erkenntnisakt gleichkommt, daß es sich bei SE4*F um eine *quantitative* Frage handelt. Das Frageverständnis wird durch die nächstfolgende Produktion *AnfangzustandFrage* noch einmal vertieft. Diese reagiert auf das im Zeitslot des Frageelementes befindliche Zeitadverb ZUERST (semantisches Primitivum *ALPHA*) und präzisiert die Handlungsrolle der durch die Frage ausgedrückten Teilhandlung als FW:QUANT-FRAGE ANFANGSZUSTAND. Damit ist SE4*F als Frageelement vollständig bestimmt. Wir wissen nun, daß die Geschichte damit angefangen hat, daß Hannah Michael eine zu bestimmende (unbekannte) Anzahl Marmeln gegeben hat. Die nächste Strategie *VergleicheFrageMitPlatzhalter* knüpft an die Frageanalyse an. Die Strategie hilft, zu erkennen, daß sich die Frage (SE4) und der Platzhaltersatz (SE2) entsprechen, womit die in SE4 gewonnenen Erkenntnisse zur Interpretation von SE2 genutzt werden können. Dies geschieht bei dieser Strategie im vorliegenden Fall dadurch, daß sie den Zeitwert T1 und den Funktionalwert FW:ANFANGSZUSTAND auch in das Situationselement SE2 überträgt und den QUANTITÄT-Slot durch das intentionale Merkmal ZIEL ergänzt.

Damit ist die Situationsanalyse bei der Bestimmung des zeitlichen und funktionalen Aufbaus der Handlung angelangt. Die Fortsetzung der Analyse zeigt Abbildung 4, wo durch das Auftreten von Konfliktmengen nun auch das Potential der verschiedenen Verstehenswege deutlich sichtbar wird. Der in der Abbildung dokumentierte erste Verstehensweg (F2, F3) besteht aus zwei Inferenzen oder Mikrostrategien. *FixpunktAZ: Poss=>EZ* nutzt das bereits bekannte Wissen, daß SE2 die Anfangshandlung (FW: ANFANGSZUSTAND; ZEIT:T1) darstellt und daß das possessive episodische Element SE1 deshalb nurmehr für das Handlungsergebnis (FW:ENDZUSTAND; ZEIT:T3) stehen kann. Bei dieser Inferenz wird ein Stück Wissen über die allgemeine Struktur von Transferhandlungen präsupponiert, das Wissen nämlich, daß eine Transferhandlung immer zwischen zwei possessive Zustände eingebettet ist. Da Anfangs- und Endzustand bereits rekonstruiert sind, bleibt noch die Interpretation der dazwischen liegenden Handlung als Zunahmetransfer (ZT). Diese Deutung besorgt, in Abstützung auf die VerbSpezifikation WEITERE sowie die Erkenntnis, daß in SE3 der Protagonist Michael in der Rolle des EMPFÄNGERS oder Begünstigten auftritt, die Strategie *P-TriMehr=>ZT*. Umgangssprachlich ist die Strategie plausibel: Wer sagt, er habe drei WEITERE Marmeln (dazu) bekommen, meint, daß dies nicht die ersten Marmeln sind, die er/sie bekommen hat, sondern daß es sich mindestens um das das zweite Bekommen einer Anzahl Marmeln handelt. Dadurch, daß jedes episodische Element seine Funktionsrolle (FW: AZ, ZT, EZ) und seine temporale Rolle (ZEIT: T1, T2, T3) erhalten hat, ist der Handlungsaufbau der Situation durchsichtig geworden, das episodische Problemmodell aufgebaut.

In einem *zweiten Verstehenspfad* kommt zuerst die leistungsfähige Strategie *ZeitplanStruktur* zur Anwendung, welche die in den Situationselementen auftretenden Zeitadverbien DERZEIT (SE1), VOR EINIGEN TAGEN (SE2) und GESTERN (SE3) auf einer inneren Zeitskala abbildet, ordinal ordnet und die resultierenden Zeitwerte den entsprechenden Slots der Situationselemente zuordnet (T1 = SE2, T2 = SE3, T3 = SE1). Zur verbleibenden Deutung der Transferhandlung in SE3 (ZEIT=T2) tritt sodann wiederum die Strategie *P-TriMehr=>ZT* auf den Plan. Sie erschließt den Funktionalwert ZT aus der Beobachtung, daß in SE3 der Protagonist in der Rolle des Begünstigten auftritt.

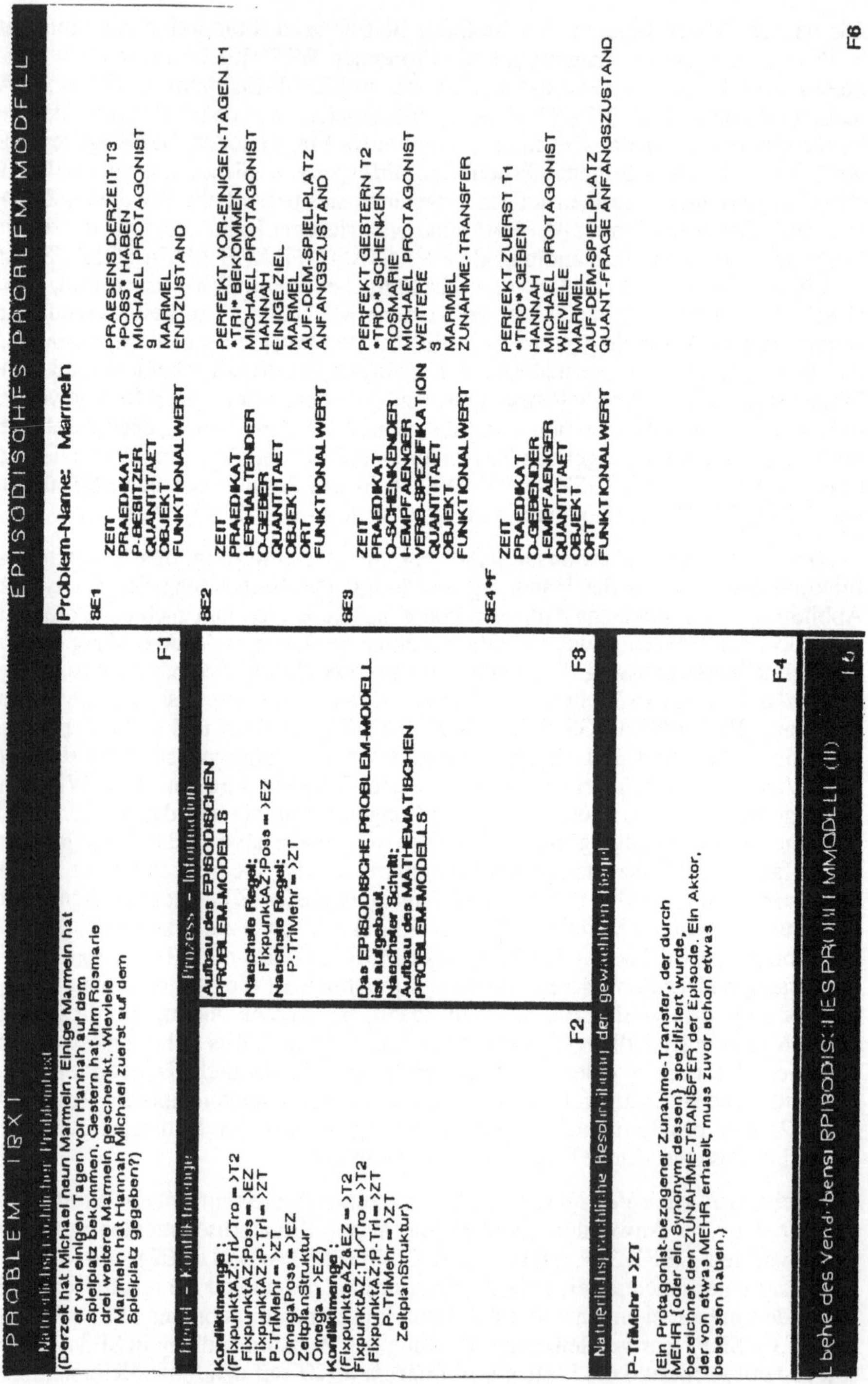

PROBLEM   IBXI   EPISODISCHES PROBLEM MODELL

Natuerlichsprachlicher Problemtext

(Derzeit hat Michael neun Marmeln. Einige Marmeln hat
    er vor einigen Tagen von Hannah auf dem
    Spielplatz bekommen. Gestern hat ihm Rosmarie
    drei weitere Marmeln geschenkt. Wieviele
    Marmeln hat Hannah Michael zuerst auf dem
    Spielplatz gegeben?)
                                                        F1

Problem-Name: Marmeln

SE1
    ZEIT   PRAESENS DERZEIT T3
    PRAEDIKAT   *POSS* HABEN
    P-BESITZER   MICHAEL PROTAGONIST
    QUANTITAET   9
    OBJEKT   MARMEL
    FUNKTIONALWERT   ENDZUSTAND

SE2
    ZEIT   PERFEKT VOR-EINIGEN-TAGEN T1
    PRAEDIKAT   *TRI* BEKOMMEN
    I-ERHALTENDER   MICHAEL PROTAGONIST
    O-GEBER   HANNAH
    QUANTITAET   EINIGE ZIEL
    OBJEKT   MARMEL
    ORT   AUF-DEM-SPIELPLATZ
    FUNKTIONALWERT   ANFANGSZUSTAND

SE3
    ZEIT   PERFEKT GESTERN T2
    PRAEDIKAT   *TRO* SCHENKEN
    O-SCHENKENDER   ROSMARIE
    I-EMPFAENGER   MICHAEL PROTAGONIST
    VERB-SPEZIFIKATION   WEITERE
    QUANTITAET   3
    OBJEKT   MARMEL
    FUNKTIONALWERT   ZUNAHME-TRANSFER

SE4*F
    ZEIT   PERFEKT ZUERST T1
    PRAEDIKAT   *TRO* GEBEN
    O-GEBENDER   HANNAH
    I-EMPFAENGER   MICHAEL PROTAGONIST
    QUANTITAET   WIEVIELE
    OBJEKT   MARMEL
    ORT   AUF-DEM-SPIELPLATZ
    FUNKTIONALWERT   QUANT-FRAGE ANFANGSZUSTAND

Regel – Konfliktmenge   Prozess – Information

Konfliktmenge :   Aufbau des EPISODISCHEN
(FixpunktAZ:Tri/Tro = >T2   PROBLEM-MODELLS
    FixpunktAZ:Poss = >EZ
    FixpunktAZ:P-Tri = >ZT   Naechste Regel:
    P-TriMehr = >ZT   FixpunktAZ:Poss = >EZ
    OmegaPoss = >EZ   Naechste Regel:
    ZeitplanStruktur   P-TriMehr = >ZT
    Omega = >EZ)
Konfliktmenge :
(FixpunkteAZ&EZ = >T2
 FixpunktAZ:Tri/Tro = >T2   Das EPISODISCHE PROBLEM-MODELL
 FixpunktAZ:P-Tri = >ZT   ist aufgebaut.
    P-TriMehr = >ZT   Naechster Schritt:
    ZeitplanStruktur)   Aufbau des MATHEMATISCHEN
                                     PROBLEM-MODELLS

                          F2   F3

Natuerlichsprachliche Beschreibung der gewaehlten Regel

P-TriMehr = >ZT

(Ein Protagonist-bezogener Zunahme-Transfer, der durch
MEHR (oder ein Synonym dessen) spezifiziert wurde,
bezeichnet den ZUNAHME-TRANSFER der Episode. Ein Aktor,
der von etwas MEHR erhaelt, muss zuvor schon etwas
besessen haben.)
                                                        F4

Uebe des Vend bensi EPISODISCHES PROBLEMMODELL (II)
                                                        F6

Abbildung 4:   Fortsetzung und Abschluss des Aufbaus des EPM. F2 zeigt die Regelkonfliktmengen,
aus denen aufgrund strategischer Metaregeln weitere Verstehenswege gebildet werden
können.

Komplizierter gestaltet sich ein *dritter Verstehensweg*, bei dem von der Situation ausgegangen wird, daß der Problemlöser den Informationswert der Frage zur Interpretation der Problemhandlung nicht zu nutzen weiß, oder bei dem das Problem ohne Frage dargeboten wird. Eine Verstehensmöglichkeit besteht hier darin, daß mit Hilfe der Strategie *OmegaPoss=>EZ* zuerst der Endzustand der Transferhandlung erschlossen wird. Die Strategie erkennt, daß es sich beim possessiven, im Präsens stehenden Prädikat (mit der Zeitcharakteristik *OMEGA*) um den zeitlichen Endpunkt (Zeit:T3; FW:ENDZUSTAND) der Episode handeln muß. Danach können mit Hilfe paarweiser Vergleiche der Zeitadverbien die Situationselemente wiederum in die zeitliche ordo naturalis gebracht werden. Am Schluß bleibt noch die Identifikation der Zwischenhandlung als Zunahmetransfer übrig. Diese erfolgt durch Betrachtung der zum Zeitpunkt T2 ablaufenden Handlung aus dem Blickwinkel des Protagonisten (*P-Tri:T2 =>ZT*).

3.2.3 Von der Situation zur Gleichung: Mathematisierung, numerische Problemlösung und Antwortsatz

Mit der Konstruktion des episodischen Problemmodells (EPM) ist der aufwendigste Teil der Verstehensarbeit abgeschlossen und die Basis die eigentliche Mathematisierung gelegt. Diese beinhaltet im wesentlichen die Herausarbeitung der mathematisch-operativen Beziehungsgestalt einer Aufgabe und besteht aus vier strategischen Schritten: Der Reduktion des EPM zuerst auf das mathematische Problemmodells (MPM), dessen weitere Reduktion auf eine Lösungsgleichung, die numerische Auflösung der Gleichung und die Interpretation des numerischen Ergebnisses in einem Antwortsatz.

a) *Der perspektivische, frageleitete Übergang zum mathematischen Problemmodell* (MPM). Unter der Kontrolle und Perspektive der (generierten) mathematischen Frage wird die Situationsvorstellung auf ihr mathematisch relevantes Gerüst reduziert: quantitative, funktionale und temporale - das heißt operativ relevante - Information wird im Problemmodell beibehalten, lokative, attributive und weitere, mathematisch irrelevante Information, wird weggelassen.

Auf das Beispiel bezogen: Die Strategie *MPM:AZ-Frage* erzeugt eine reduzierte Situationsvorstellung, in der die *zeitliche, funktionale* und *quantitative* Information beibehalten und vom Rest abstrahiert wird (oberer Teil von F2 in Abbildung 5). Gleichzeitig wird die Episode in die *ordo naturalis*, die chronologische Handlungsordnung gebracht. Als fiktive Problemzusammenfassung durch eine Versuchsperson würde die Aufgabe umgangssprachlich etwa so lauten: "Wieviele (Marmeln) waren am Anfang, wenn drei dazu kamen und am Schluß neun da waren?"

b) *Die Abstraktion der Lösungsgleichung.* Das MPM, bei welchem auf die gesuchte mathematische Größe fokussiert wird, stellt die eigentliche Nahtstelle zwischen der situationsbezogen-qualitativen und der mathematischen Problemrepräsentation dar. Trotzdem bleibt in der abstrakt betrachteten Transferstruktur mit mathematischer Lücke die algebraische oder numerische Struktur immer noch implizit, weswegen es eines weiteren Reduktionsschrittes bedarf, um diese vollends aus dem Handlungskontext herauszulösen, das heißt, um die *temporale Verknüpfungsstruktur von Handlungselementen in eine atemporale, rein numerische oder algebraische Struktur zu transformieren.*[8] Der Schritt erfolgt in unserem Beispiel durch die Strategie *AbstrahiereGleichung*, durch welche das MPM auf die numerische Struktur *? + 3 = 9* reduziert wird.

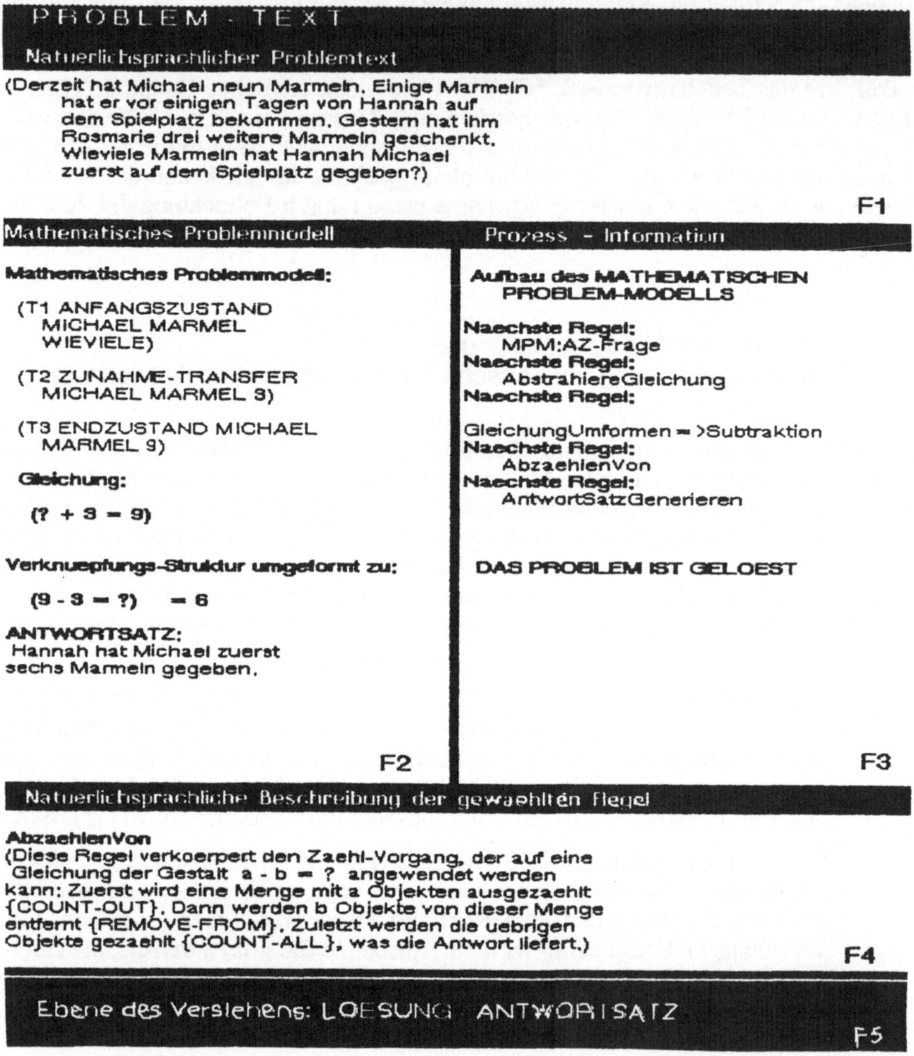

Abbildung 5:   Abstraktion des mathematischen Problemmodells und numerische Problemlösung. Das MPM ist im oberen, die Lösungsgleichung und ihre numerische Umformung sind im unteren Teil von F2 ersichtlich. Das MPM wurde durch einen fragegeleiteten Reduktionsprozess aus dem EPM (F6 in Abb. 4) gewonnen.

c) *Die Auflösung der Lösungsgleichung.* Diese erfolgt, je nach Vorwissen des Problemlösers, auf zwei Arten: mit Hilfe einfacher Zählstrategien, wie man sie bei Vorschulkindern antrifft (Carpenter, Moser & Romberg, 1982; Carpenter & Moser, 1983) oder mit Hilfe arithmetischer Operationsverfahren. Zähloperationen, welche empirisch gut bekannt sind (Piaget & Szeminska, 1941; Gel-

---

[8] Dieser Schritt erfolgt in Übereinstimmung mit Aeblis (im Anschluss an Piaget erfolgte) Deutung der elementaren mathematischen Operationen als *abstrakte Handlungen* (Aebli, 1980).

man & Gallistel, 1978; Gelman & Meck, 1983) und sich auch nahtlos in die Handlungstheorie von SPS einfügen, können als Verfahren der *direkten Modellierung*, d.h. der interiorisiert oder effektiv ausgeführten handlungsmäßigen Simulation numerischer Verknüpfungsstrukturen mit Lücke, aufgefaßt werden.

Im Beispiel (Abbildung 5) erfolgt zuerst die Umformung (*GleichungUmformen=>Subtraktion*) der Verknüpfungsstruktur *? + 3 = 9* in die ausführbare Rechnung *9 - 3 = ?*, und anschließend deren Auflösung mit Hilfe der Abwärtszählstrategie *AbzählenVon*.

d) *Die semantische Interpretation der numerischen Lösung.* Dieser letzte Verarbeitungsschritt besteht in der Generierung eines situationsbezogenen Antwortsatzes, das heißt der Deutung der numerischen Lösung in Begriffen der Situation. Kinder haben oft Mühe mit diesem Prozeß der semantischen Interpretation der Lösungszahl. Sie wissen nach dem Rechnungsvorgang häufig nicht mehr, *was* sie berechnet haben, bzw. *auf welche Frage* sie nun eigentlich eine *Antwort* gefunden haben. SPS aktiviert, nachdem das numerische Ergebnis ermittelt ist, noch einmal seine episodische Situationsvorstellung, sucht darin die mathematische Lücke und setzt darin die Lösungszahl ein. Schließlich generiert das Modell einen Antwortsatz. Im Beispiel knüpft die Strategie *AntwortsatzGenerieren* an den vorhandenen Fragesatz an und formt ihn nach grammatikalischen Regeln zu einem auf die Protagonisten bezogenen Antwortsatz um. Die Modellierung endet mit dem Satz: "Zuerst hat Michael von Hannah sechs Marmeln bekommen."

Was hier als Simulation des Verständnisses und der Lösung einer mathematischen Textaufgabe Schritt für Schritt an einem Beispiel entfaltet wurde, kostet den geübten Zweitkläßler zwischen zwanzig Sekunden und einer Minute. Viele der rekonstruierten Schritte werden dabei rasch und intuitiv, das heißt relativ unbewußt vollzogen. Dies heißt aber, daß nicht nur wer ein lauffähiges Computermodell entwickeln will, sondern auch, wer Schüler (oder angehende Lehrende) anleiten will, wie man einfache Texte versteht und wie man mathematische Textaufgaben löst (oder zu ihrer Lösung anleitet), nicht darum herum kommt, einige dieser Intuitionen explizit zu fassen.

4   Empirische Konsequenzen von SPS

Gemäß einer strukturalistischen (Nicht-Aussagen-)Konzeption von Theorien (Stegmüller, 1986), lassen sich psychologische Theorien nicht durch kritische Entscheidungsexperimente, sondern nur mit Bezug auf *intendierte Anwendungen* (ebenda) empirisch qualifizieren (Foppa, 1986). Um Wahrheits- oder Gütekriterien für die Theorieprüfung zu gewinnen, ist deshalb auch mit Bezug auf die vorliegende Theorie zu fragen, auf welche Empirie bzw. auf welche Anwendungssituationen sie sich bezieht. SPS läßt sich unter zwei Modellansprüchen qualifizieren und empirisch prüfen.

Unter *nomologischem Aspekt* handelt es sich bei SPS um ein *psychologisches Erklärungs- oder Prozeßmodell.* Empirische Fragen richten sich hier auf die Übereinstimmung von Verhaltensaspekten des Modells mit solchen von Versuchspersonen, etwa mit Bezug auf Strategien, Lösungswege und Aufgabenschwierigkeit. Dabei gilt, daß je mehr sich die zwei Systeme - Modell und Versuchspersonen - nach strukturellen und funktionalen Merkmalen und über Indikatoren, die Bestandteil der Theorie sein müssen, zur Deckung bringen lassen, desto eher wird geneigt sein man, das eine System als eine Simulation und damit als Erklärung des andern zu akzeptieren.[9]

Entsprechend der Hypothese, daß der textinduzierte, durch Inferenzen und Elaboration gekennzeichnete Aufbau eines episodischen und mathematischen Situationsmodells den Kern des Verstehens und Lösens einer Textaufgabe darstellt, haben sich die bisher durchgeführten Experimente zur Prüfung des psychologischen Prozeßmodells SPS vor allem auf die Variation sprachlicher und situationsbezogener Aufgabenmerkmale bezogen. Es hat sich gezeigt, daß neben mathematischen Strukturvariablen, wie der Transferrichtung oder dem Ort der mathematischen Lücke, Variablen, die sich auf die Präsentationsstruktur der Aufgaben beziehen, tatsächlich eine wichtige Rolle bei deren Verständnis und Lösung zukommt (Reusser, 1989b; Staub & Reusser, 1991). Bei den in SPS modellierten und bislang empirisch variierten Aufgabenmerkmalen handelte es sich um den Einfluß expliziter Problemfragen, die Variation der Textordnung gegenüber der Handlungsordnung, die Variation der Erzählperspektive sowie verschiedener Typen von temporalen und funktionalen *Cues*, durch welche die (mathematische) Situationsstruktur einer Aufgabe mehr oder weniger deutlich signalisiert wird. Die Ergebnisse der Experimente stehen im Einklang mit der dem Modell zugrundeliegenden *sprachlich-linguistischen Erklärungshypothese*, wie sie von Cummins, Kintsch, Reusser und Weimer (1988) als Alternative zu einer *logisch-mathematischen Erklärungshypothese* für die Verstehens- und Lösungsschwierigkeiten bei mathematischen Textaufgaben formuliert worden ist.

Pragmatischer Aspekt. SPS kann nicht nur als ein psychologisches Erklärungsmodell, sondern ebenso als ein *didaktisches Handlungs- und Anleitungsmodell* des mathematischen Verstehens und Problemlösens gesehen werden. Ob sich SPS in didaktischen Verstehens- und Handlungskontexten bewährt, hängt von der Beantwortung von Fragen ab wie: Lassen sich über Einsichten des Modells die Diagnose- und Urteilsfähigkeit von Lehrenden mit Bezug auf das sprachlich-mathematische Verstehen schärfen? Und lassen sich die durch das Modell gewonnenen Erkenntnisse bei der didaktischen Anleitung zum sprachlichen und mathematischen Verstehen nutzen?

Eine didaktische Umsetzung hat SPS bisher vor allem durch die Entwicklung des *computergestützten tutoriellen Systems* HERON erfahren (Reusser, Kämpfer & Stüssi, 1990; Reusser, 1992). HERON unterstützt Schüler von der Grundschule bis zur Sekundarstufe I beim Verstehen und Lösen mathematischer Situationsaufgaben. Neben Hilfen zur Durchdringung der sprachlichen und sachlichen Struktur von Textaufgaben liefert der Tutor den Schülern Werkzeuge zur Mathematisierung, das heißt zum externalisierten Aufbau mathematischer Problemmodelle am Bildschirm. HERON geht davon aus, daß ein Schüler beim Verstehen und Lösen einer mathematischen Textaufgabe einige der Repräsentationen erzeugt - und dabei auch den Schwierigkeiten begegnet - wie sie in SPS modelliert und beschrieben wurden. In Analogie zu den Makrostrategien von SPS besteht HERON aus drei miteinander verbundenen Komponenten: (I) einer Anleitungskomponente zum Verstehen des Problemtextes und der Sachsituation, (II) einer Komponente zur Lösungsplanung und Konstruktion von Problemmodellen in der Gestalt von Lösungsbäumen (Aebli,Ruthemann & Staub, 1986), und einer Problemlösekomponente, die das Aufstellen und Auflösen mathematischer Gleichungen unterstützt.

---

[9] Allerdings muss hier angemerkt werden, dass keine formalen Methoden existieren, um die Anpassungsgüte von Simulationsmodellen an empirische Daten auch in einem statistischen Sinne zu bestimmen (vgl. Greeno & Simon, 1984).

Mit der Umsetzung in einen Tutor stellt das Modell SPS, welches unter dem doppelten Anspruch des psychologischen Prozeßmodells und der didaktischen Handlungstheorie steht, sowohl eine *nichtintentionale Prozeßtheorie* als auch eine *intentionale Handlungstheorie* (beides im Sinne von Herrmann, 1987) dar. SPS steht somit exemplarisch für den Versuch einer psychologischen *und* didaktischen Analyse der bei Sachaufgaben implizierten Verstehens- und Mathematisierungsprozesse.

Literatur

Aebli, H. (1980). Denken: Das Ordnen des Tuns. Band 1: Kognitive Aspekte der Handlungstheorie. Stuttgart: Klett-Cotta.

Aebli, H., Ruthemann, U. & Staub, F. (1986). Sind Regeln des Problemlösens lehrbar? Zeitschrift für Pädagogik, 32, 617-638.

Ballstaedt, S.P., Mandl, H., Schnotz, W. & Tergan, S.O. (1981). Texte verstehen - Texte gestalten. München: Urban & Schwarzenberg.

Bobrow, D.G. (1964). Natural language input for a computer problem solving system. Doctoral thesis. Massachussetts Institute of Technology, September 1964.

Bock, M. (1978). Wort-, Satz-, Textverarbeitung. Stuttgart: Kohlhammer.

Briars, D.J. & Larkin, J.H. (1984). An integrated model of skill in solving elementary word problems. Cognition and Instruction, 1, 245-296.

Carnap, R. (1952). Meaning postulates. Philosophical Studies, 3, 65-73.

Carpenter, T.P., Hiebert, J. & Moser, J.M. (1981). The effect of problem structure on first-grader's initial solution processes for simple addition and subtraction problems. Journal for Research in Mathematics Education, 12, 27-39.

Carpenter, T.P., Moser, J.M. & Romberg, T.A. (Hrsg.) (1982). Addition and subtraction: a cognitive perspective. Hillsdale, NJ: Lawrence Erlbaum.

Carpenter, T.P. & Moser, J.M. (1983). The acquisition of addition and subtraction concepts. In R. Lesh & M. Landau (Hrsg.), Acquisition of mathematics concepts and processes. N.Y.: Academic Press.

Charniak, E. (1981). The case-slot identity theory. Cognitive Science, 5, (3), 285-292.

DeCorte, E., Verschaffel, L. & DeWin, L. (1985). Influence of rewording verbal problems on children's problem representations and solutions. Journal of Educational Psychology, 77, 460-470.

Cummins, D., Kintsch, W., Reusser, K. & Weimer, R. (1988). The role of understanding in solving word problems. Cognitive Psychology, 20, 405-438.

Dennett, D.C. (1978). Brainstorms: Philosophical essays on mind and psychology. Cambridge, Mass.: Cambridge University Press.

van Dijk, T.A. & Kintsch, W. (1983). Strategies of discourse comprehension. N.Y.: Academic Press.

Duncker, K. (1963). Zur Psychologie des produktiven Denkens. Berlin: Springer. (Original auf englisch, 1935)

Ericsson, A.K. & Simon, H.A. (1984). Protocol analysis. Verbal reports as data. Cambridge, Mass: MIT-Press.

Fillmore, C.J. (1968). The case for case. In E. Bach & R.T. Harms (Hrsg.), Universals in linguistic theory. New York: Holt, Rinehart and Winston.

Fillmore, C.J. (1977). Topics in lexical semantics. In R.W. Cole (Hrsg.), Current issues in linguistic theory. Bloomington: Indiana University Press.

Foppa, K. (1986). Thesen zur Rechtfertigungsproblematik in der empirischen Psychologie. Unveröffentlichtes Thesenpapier. Wintersemester 1985/86. Psychologisches Institut der Universität Bern.

Gelman, R. & Gallistel, C.R. (1978). The child's understanding of number. Cambridge, Mass.: Harvard University Press.

Gelman, R. & Meck, E. (1983). Preschoolers' counting: principles before skill. Cognition, 13, 343-359.

Greeno, J.G. & Simon, H.A. (1984). Problem solving and reasoning (Technical Report). Pittsburgh: Carnegie-Mellon University.

Herrmann, Th. (1987). Was ist das 'Psychologische' an psychologischen Theorien? In M. Amelang (Hrsg.), Bericht über den 35. Kongreß der Deutschen Gesellschaft für Psychologie in Heidelberg, Band 2, 169-167. Göttingen: Hogrefe.

Hilgard, E.R. & Bower, G.W. (1971^2). Theorien des Lernens. Band II. Stuttgart: Klett.

Hörmann, E. (1976). Meinen und Verstehen. Grundzüge einer psychologischen Semantik. Frankfurt: Suhrkamp.

Hörmann, H. (1983). Was tun die Wörter miteinander im Satz? oder Wieviele sind einige, mehrere und ein paar? Göttingen: Hogrefe.

Johnson-Laird, P.N. (1983). Mental models. Towards a cognitive science of language, inference, and consciousness. Cambridge: Cambridge University Press.

Kilpatrick, J. (1985). A retrospective account of the past twenty-five years of research on teaching mathematical problem solving. In E.A. Silver (Hrsg.), Teaching and learning mathematical problem solving (S. 1-15). Hillsdale, NJ: Lawrence Erlbaum.

Kintsch, W. (1974). The representation of meaning in memory. Hillsdale, NJ: Lawrence Erlbaum.

Kintsch, W. & Van Dijk, T.A. (1978). Toward a model of text comprehension and production. Psychological Review, 85, 363-394.

Kintsch, W. & Greeno, J.G. (1985). Understanding and solving word arithmetic problems. Psychological Review, 92, 109-129.

Klahr, D., Langley, P. & Neches, R. (Hrsg.) (1987). Production system models of learning and development. Cambridge, Mass.: MIT-Press.

Köhler, W. (1963). Intelligenzprüfungen an Menschenaffen. Berlin: Springer. Original erschienen 1917)

Miller, G.A. (1956). The magical number seven, plus or minus two: Some limits on our capacity for processing information. Psychological Review, 63, 81-97.

Minsky, M.L. (1975). A framework for representing knowledge. In P.H. Winston (Hrsg.), The psychology of computer vision (S. 211-277). New York: McGraw-Hill.

Morgan, J.L. & Sellner, M.B. (1980). Discourse and linguistic theory. In R.J. Spiro, B.C. Bruce & W.F. Brewer (Hrsg.), Theoretical issues in reading comprehension: perspectives from cognitive psychology, linguistics, artificial intelligence, and education (S. 165-200). Hillsdale, NJ: Lawrence Erlbaum.

von Neumann, J. (1960). The general and logical theory of automata. In J.R. Newman (Hrsg.), The world of mathematics, Vol. 4 (S. 2070-2098). New York: Random Heights.

Newell, A. (1973). Production systems: models of control structures. In W.G. Chase (Hrsg.), Visual information processes (S. 463-526). N.Y.: Academic Press.

Newell, A. (1980). Physical symbol systems. *Cognitive Science*, 4, 135-183.

Newell, A., Shaw, J.C. & Simon, H.A. (1958). Elements of a theory of human problem solving. Psychological Review, 65, 151-168.

Newell, A. & Simon, H.A. (1961). GPS, a program that simulates human thought. In E.A. Feigenbaum & J. Feldman (Hrsg.) (1963), Computers and thought (S. 279-293). New York: McGraw-Hill.

Newell, A. & Simon, H.A. (1972). Human problem solving. Englewood Cliffs, NJ: Prentice Hall.

Ohlsson, S. (1988). Computer simulation and its impact on educational research and practice. International Journal of Educational Research, 12(1), 5-34.

Opwis, K. (1988). Produktionssysteme. In: H. Mandl & H. Spada (Hrsg.), Wissenspsychologie (S. 74-98). München: Urban & Schwarzenberg.

Paige, J.M. & Simon, H.A. (1966). Cognitive processes in solving algebra word problems. In B. Kleinmuntz (Hrsg.), Problem solving. New York: Wiley.

Papert, S. (1973). Theory of knowledge and complexity. In G.J. Dalenoort (Hrsg.), Process models for psychology (S. 34-76). Rotterdam University Press.

Piaget, J. & Szeminska, A. (1941). La Genèse du nombre chez l'enfant. Neuchâtel: Délachaux & Niestlé.

Reitman, W.R. (1967). Computer simulation models: How to invent what you need to know. Paper presented at University of Chicago. Behavioral science workshop. April 1967.

Reusser, K. (1984). Problemlösen in wissenstheoretischer Sicht. Problemformulierung und Problemverständnis. Dissertation. Universität Bern.

Reusser, K. (1985). From situation to equation. On formulation, understanding, and solving "situation problems" (Technical Report No. 143). University of Colorado, Boulder, Institute of Cognitive Science.

Reusser, K. (1988). Problem solving beyond the logic of things: Contextual effects on understanding and solving word problems. Instructional Science, 17, 309-339.

Reusser, K. (1989a). Vom Text zur Situation zur Gleichung. Kognitive Simulation von Sprachverständnis und Mathematisierung beim Lösen von Textaufgaben. Habilitationsschrift. Universität Bern.

Reusser, K. (1989b) Textual and situational factors in solving mathematical word problems. Paper presented at the Third Conference of the European Association for Research on Learning and Instruction (EARLI), Madrid, September 4-7, 1989.

Reusser, K. (1992). Tutoring systems and pedagogical theory: Representational tools for understanding, planning, and reflection in problem-solving. In S. Lajoie & S. Derry (Hrsg.), Computers as cognitive tools. Hillsdale, NJ: Erlbaum (in press).

Reusser, K., Kämpfer, A. & Stüssi, R. (1990). HERON: Ein adaptives tutorielles System zum Lösen mathematischer Textaufgaben. In A. Reuter (Hrsg.), Informatik auf dem Weg zum Anwender. 20. Jahrestagung der Gesellschaft für Informatik, Band II (S. 368-376). Berlin: Springer.

Riley, M.S., Greeno, J.G. & Heller, J.I. (1983). Development of children's problem solving ability in arithmetic. In H.P. Ginsburg (Hrsg.), The development of mathematical thinking (S. 153-196). N.Y.: Academic Press.

Schmalhofer, F. & Wetter, Th. (1986). Kognitive Modellierung: Menschliche Wissensrepräsentationen und Verarbeitungsstrategien. In G. Richter & Th. Christaller (Hrsg.), Künstliche Intelligenz: Frühjahrsschule Dassel 1986. Informatikfachberichte. Heidelberg: Springer.

Simon, H.A. (1962). An information processing theory of intellectual development. Monographs of the society for research in child development, 27, 2.

Staub, F.C. & Reusser, K. (1991). What makes mathematical word problems difficult? The role of presentational factors. Fourth European Conference for Research on Learning and Instruction (EARLI), Turku, Finland, August 1991.

Stegmüller, W. (1986). Theorie und Erfahrung: Dritter Teilband. Die Entwicklung des neuen Strukturalismus seit 1973. Berlin: Springer.

Stiefenhofer, J. & Gehri, H. (1988). Textverständnis beim Lösen von mathematischen Textaufgaben in SPS. Ein Parser. Universität Bern: Abteilung Pädagogische Psychologie und Institut für Informatik.

Tolman, E.C. (1932). Purposive behavior in animals and men. New York: Appleton-Century-Crofts 1967.

Turing, A.M. (1950). Computing machinery and intelligence. Mind, 59, 433-460. Reprinted in E.A. Feigenbaum & J. Feldman (Hrsg.) (1963), Computers and thougt (S. 11-35). New York: McGraw-Hill.

Waltz, D.L. (1982). The state of the art in natural-language understanding. In W.C. Lehnert & H. Ringle (Hrsg.), Strategies for natural language processing. Hillsdale, NJ: Lawrence Erlbaum.

Weizenbaum, J. (1976). Computer power and human reason. San Francisco: Freeman.

Winston, P.H. (1984). Artificial intelligence. Reading, Mass.: Addison-Wesley.

Winston, P.H. & Horn, B.K.P. (1981). LISP. Reading, Mass.: Addison-Wesley.

Namensregister

lokale lineare Abbildung 10f
Lösungsplan 30; 46; 48; 50; 52; 53; 54;
   55; 56; 59; 107; 114; 211; 231; 241;
   246

machine learning 63; 125; 144; 201
– ähnlichkeitsbasiertes Lernen
   (similarity-based learning) 73; 91; 125;
   143; 145; 187; 198
– conceptual clustering 73
– erklärungsbasiertes Lernen
   (explanation-based learning) 71; 91;
   144; 150; 151; 159ff; 169f; 183; 197;
   210; 215
– fallbasiertes Schließen (case-based
   reasoning) 143; 149f; 154; 159; 179;
   181ff; 189; 198f
Merkmalsextraktion 16; 17; 107; 187; 188
Merkmalsvektor 8ff
Methode des lauten Denkens 114
Modell 8; 10; 23ff; 30; 35;f 39; 41; 45ff;
   49f; 52ff; 64f; 74; 83; 92; 101ff; 113ff;
   184; 198; 200f; 206; 208ff; 219; 221f;
   226; 228f; 232ff; 239; 245ff
– funktionales 182; 197
– konnektionistisches 122; 123; 146;
   164
– mentales 225; 229; 230; 235; 238
– Prozeßmodell 25; 30; 36; 47; 213; 226;
   229; 245ff
– Situationsmodell 143; 145; 150; 159;
   162; 170; 208; 211; 220ff; 229; 238f;
   246
Mustererkennung 3f; 19; 121; 153; 156;
   180; 230; 237

Netze, multiple 14; 16f; 19
Netze, neuronale 3ff; 8ff; 21; 122f

parallel distributed processing 146
Parallelisierbarkeit 4
Petrinetz 28
Prädikat 72; 107; 125ff; 129ff; 134ff; 141;
   145ff; 162f; 168; 215; 234f; 237; 243
Problemlösen 23; 24; 26f; 36; 53; 71f; 82f;
   85; 90f; 93; 101f; 122f; 144; 179; 204f;
   209; 210f; 214f; 217ff; 228; 243; 246
– diagnostisches 179f; 183; 185f; 197;
   200
– Problemanalyse 106f; 109
– Problemlösemechanismen 117
– Problemlösephasen 106; 122

– Problemlöseschablonen 104; 208; 216f;
   219
– Problemraum 211f; 232
– Problemrepräsentation 229
– rekursives 218
Produktionen 83; 90; 102ff; 107f; 230;
   237; 239; 241
– Produktionensystem 72; 89; 91; 102f;
   110; 153; 230
– Produktionsregeln 110; 170
– wissensbasierte 102
Programmierproblem, rekursives 101f; 113
Programmierschema 102; 104; 125; 132;
   135ff; 138; 140ff
Programmiersprache 25; 46; 101; 104;
   125; 143; 147; 150f; 169; 204; 210f;
   213; 215; 218f; 221; 223
Proposition 146f; 162ff; 166ff; 175; 208f;
   220ff; 228ff; 234f; 237; 239
– Mikroproposition 229; 234
– Satzproposition 234ff
Prototypen 89
Prozedur
– Prozeduralisierung 28; 83; 84
– Prozedurschablone 102; 104; 107
– rekursive 101; 105; 107; 114

Regeln 3f; 24; 28; 34ff; 45ff; 50; 71ff;
   82ff; 89ff; 103; 108; 122; 131; 140;
   143; 150ff; 159ff; 163; 166; 181; 183f;
   186; 189ff; 196ff; 239f; 242; 245
– Abkürzungsregeln 181; 184ff; 190f;
   193; 196f
– Diagnoseregeln 197
– Ergänzungsregeln 196ff; 201
– Redundanzregeln 196f; 199; 201
– Regelgenerierung 186ff; 191; 193;
   195ff; 200
– Regelmodell 129f; 131f
– Reihenfolgeregeln 184; 185; 197
Rekursion 73; 101ff; 107ff; 113f; 116;
   118ff; 122f; 141; 152f; 156f; 163; 165;
   214; 217f; 223
Roboter 6ff; 63ff; 74ff; 83; 85; 86; 89; 91ff
– Roboterhand 6f
– Robotersteuerung 64
– Robotik 4
Robustheit 5; 19; 21

Schema 3; 23; 41ff; 101f; 104ff; 114; 117f;
   120ff; 129ff; 135ff; 140f; 151ff; 162;
   218; 228f; 237

Autorenverzeichnis

Klaus-Dieter Althoff   Fachbereich Informatik, Universität Kaiserslautern,
Postfach 3049, W-6750 Kaiserslautern

Ralph Bergmann   Deutsches Forschungszentrum für Künstliche
Intelligenz, Erwin-Schrödinger-Straße,
W-6750 Kaiserslautern

Stefan Boschert   Deutsches Forschungszentrum für Künstliche
Intelligenz, Erwin-Schrödinger-Straße,
W-6750 Kaiserslautern

Rainer Goebel   Institut für Psychologie, TU Braunschweig,
Spielmannstraße 19, W-3300 Braunschweig

Andrea Meyering   Technische Fakultät, Universität Bielefeld,
Postfach 8640, W-4800 Bielefeld

Claus Möbus   Fachbereich 10, Informatik, Universität Oldenburg,
Postfach 2503, W-2900 Oldenburg

Kristina Reiss   Pädagogische Hochschule, Mürwiker Straße 77,
W-2390 Flensburg

Matthias Reiss   Stedingerstraße 40, W-7000 Stuttgart 31

Kurt Reusser   Abteilung Pädagogische Psychologie, Universität
Bern, Postfach 264, CH-3000 Bern

Helge Ritter   Technische Fakultät, Universität Bielefeld,
Postfach 8640, W-4800 Bielefeld

Franz Schmalhofer   Deutsches Forschungszentrum für Künstliche
Intelligenz, Erwin-Schrödinger-Straße,
W-6750 Kaiserslautern

Olaf Schröder   Fachbereich 10, Informatik, Universität Oldenburg,
Postfach 2503, W-2900 Oldenburg

Horst Spandl   Karlstraße 86, W-7500 Karlsruhe 1

Birgit Tausend   Fakultät für Informatik, Universität Stuttgart,
Breitwiesenstraße 20-22, W-7000 Stuttgart 80

Dirk Vorberg   Institut für Psychologie, TU Braunschweig,
Spielmannstraße 19, W-3300 Braunschweig

Gerhard Weber   Fachbereich 1 – Psychologie, Universität Trier,
Postfach 3825, W-5500 Trier